新编21世纪土地资源管理系列教材

土地法学

第二版

严金明　编著

Land Law Science

中国人民大学出版社
·北京·

内容简介

严金明教授的《土地法学》一书先后入选中国人民大学“十三五”“十四五”规划教材，是作者多年来在土地法学领域教学和研究成果的结晶，反映了近年来土地立法理论和实践的新进展。全书分四篇系统阐述了土地法学的基本概念、原理和方法。首先，以土地法学基础理论为开篇，阐述了土地法学的内涵、基本内容及研究方法，分析了土地法学的基本问题，梳理了土地法制的演变历程，并对土地法律关系、土地基本法律制度、土地权利法律制度进行了概述。在此基础上，沿着两条主线展开论述：一是土地权利流转主线，即第2篇土地权利流转法律制度，对土地征收、土地出让、土地转让、土地划拨、土地承包经营、集体建设用地流转等领域的法律制度进行了分析和阐释；二是土地行政管理主线，即第3篇土地行政管理法律制度，对地籍管理、规划管理、土地保护、土地整治、自然资源管理、土地税收等领域的法律制度进行了分析和阐释。最后，对土地纠纷处理、行政监督与法律责任进行阐述。

本书有三个方面的特点：第一，注重土地法学基本理论的阐述，以原理和理论将我国土地法学的立法成果串联起来，旨在帮助读者在掌握基本原理的前提下将其用于分析问题和解决问题。第二，注重阐释土地法律规范的不同含义，并着重阐明土地执法中的疑点和难点，以帮助读者更加准确地理解相关法律制度的内容。第三，注重反映我国土地立法的最新进展，反映了《民法典》中涉及土地管理的相关内容，体现了近年来新修订的《土地管理法》《土地管理法实施条例》《农村土地承包法》等法律法规的精神和内容。

作者简介

严金明 中国人民大学公共管理学院院长，教授、博士生导师，中国人民大学学术委员会管理学部主任委员。享受国务院政府特殊津贴专家。兼任全国公共管理专业学位研究生教育指导委员会秘书长、中国土地学会副理事长、中国国土经济学会副理事长等。主要研究领域为土地行政与土地法学、土地利用与空间规划、自然资源管理理论与方法等。主持国家社会科学基金重大项目、国家自然科学基金国际合作与交流项目、国家科技支撑计划项目，以及教育部、自然资源部、国家发展改革委及各级地方政府等部门研究课题30多项。入选第一批国土资源“科技领军人才”，荣获教育部高等学校科学研究（人文社会科学）优秀成果奖一等奖（第八届、第九届）、国土资源部优秀成果奖一等奖、国家级教学成果奖二等奖、北京市教育教学成果奖一等奖、第十四届钱学森城市学金奖、宝钢优秀教师奖、中国人民大学“十大教学标兵”等诸多奖项或荣誉称号。

前言

土地是财富之母、发展之基、民生之本、生态之依。土地制度是国家的基础性制度，土地问题始终与江山社稷和人民福祉息息相关。土地法律在我国社会发展史中占有重要地位，对推动社会进步和经济发展起着重要作用。探讨土地法学，完善土地立法，确立其在整个社会主义法治中的地位，是适应依法治国、依法用地和依法管地的时代要求。

土地法学是以调整土地关系的法律规范为研究对象的学科。它既是法学的一个分支，又是土地科学的重要组成部分。多年来，作者在中国人民大学土地资源管理专业开设土地法学课程，一直对主讲这门经世致用的课程怀有浓厚的兴趣和无比的热情，也一直对土地法学教材的定位、结构和内容进行着思考。呈现给大家的《土地法学（第二版）》是作者根据规划教材建设的要求和土地资源管理专业学生的培养性质及目标，在土地法学课程授课讲义的基础上，吸收新的教学和科研成果，结合土地立法理论和实践的新进展整理撰写而成的。

本教材被列入中国人民大学“十三五”“十四五”规划教材。教材按照中国人民大学人才培养路线图的要求，以立德树人为理念，立足“宽口径、厚基础、重能力”的学科人才培养模式，践行道术结合、知行统一的人才培养方式，在编写上注重土地法学的基本概念、基础知识、基本理论、基本方法；同时注重适应研究型教学的需要，推进研究型课程建设，完善土地法学人才培养方式，促进土地资源管理专业学生学习土地法学真知识，发现真问题，开展真研究，提出真见解。

本教材立足土地资源管理学科建设和课程建设的需要，力求把握土地资源管理学科的发展方向，以学科建设的指导思想为依据，注重教材建设与课程建设相互衔接。土地法学属于应用性很强的学科，是土地管理相关专业的必修课程，本教材的编写注重与一般公共课教材编写的区别。作者对比和参照国内外土地法学或相近教材编写经验，在马克思主义世界观和方法论的指导下，从社会主义核心价值观出发，坚持重视基础、体系完整、学以致用、理论与实践相结合、继承创新发展的原则，对教材整体内容、结构进行了系统设计。本教材框架设计的基本思路是：首先以土地法学基础理论为开篇；然后沿着两条主线展开，一是土地权利流转主线，二是土地行政管理主线；在此基础上，最后就土地纠纷处理、行政监督与法律责任进行阐述。

本教材从我国人多地少的基本国情出发，注重土地法学理论的阐述，以原理和理论串联我国土地法学的立法成果。本教材力求使学生通过学习，掌握土地法学的基本原理，并运用基本原理分析问题、解决问题；注重阐释土地法律规范的不同含义，阐明土地执法中的疑点和难点，使学生了解土地法律规范的基本内容，形成土地法律意识和土地法律观念，准确把握土地立法指导思想，促进土地法作用的充分发挥。

本教材反映了土地立法的最新进展。《中华人民共和国土地管理法》（以下简称《土地管理法》）自 1986 年颁布以来，经历了 1988 年、1998 年、2004 年、2019 年共 4 次修正或修订。2019 年 8 月 26 日，十三届全国人大常委会第十二次会议表决通过了《关于修改〈中华人民共和国土地管理法〉、〈中华人民共和国城市房地产管理法〉的决定》。2021 年 4 月 21 日，国务院第 132 次常务会议修订通过了《中华人民共和国土地管理法实施条例》（以下简称《土地管理法实施条例》），自 2021 年 9 月 1 日起施行。修改后的《土地管理法》和《土地管理法实施条例》坚持保护农民利益这一基本原则和重要目标，将永久基本农田保护制度确定下来，允许集体经营性建设用地入市，明确国家要建立国土空间规划体系，同时对征地补偿、宅基地等直接关系农民利益的制度进行了完善。《土地管理法》和《土地管理法实施条例》的修改完善和实施，标志着我国深化土地制度改革的进程取得了重大的阶段性成果。

近年来，作者参加了较多土地法律问题学术研讨会，在与许多专家学者的交流中受益匪浅，既拓宽了学术视野，也激发了学术思考。在本教材编写过程中，作者参阅了众多专家学者的论著与科研成果，在此对他们表示真挚的感谢！本教材的出版得到中国人民大学出版社朱海燕等多位编辑的大力支持，在此一并表示感谢！

由于土地法学和土地法本身发展很快，本教材肯定还有许多不足之处，殷切期望国内外同行，阅读本书的同人、朋友们能批评指正，不吝赐教！

严金明

2025 年 3 月于中国人民大学求是楼

目录

第1篇　土地法学基础理论

第1章 土地法学导论

第2章 土地法的基本问题

第3章 土地法制的演变

第4章 土地法律关系

第5章 土地基本法律制度

第6章 土地权利法律制度

第 2 篇　土地权利流转法律制度

第 7 章 土地征收法律制度

第 8 章 土地出让法律制度

第 9 章 土地转让法律制度

第 10 章 土地划拨法律制度

第 11 章 土地承包经营法律制度

第 12 章 集体建设用地流转法律制度

第 3 篇　土地行政管理法律制度

第 13 章 地籍管理法律制度

第 14 章 规划管理法律制度

第15章 土地保护法律制度

第16章 土地整治法律制度

第17章 自然资源法律制度

第18章 土地税收法律制度

第 4 篇 纠纷处理、行政监督与法律责任

第 19 章 土地纠纷处理

第 20 章 土地行政监督

第 21 章 土地法律责任

第 1 篇

土地法学基础理论

本教材以土地法学基础理论为开篇。本篇内容包括土地法学导论、土地法的基本问题、土地法制的演变、土地法律关系、土地基本法律制度和土地权利法律制度。

第1章

土地法学导论

本章主要从土地法学的内涵、基本功能、研究范畴、基本理论、基本内容和研究方法等六个方面进行阐述。

1.1 土地法学的内涵

1.1.1 土地的内涵和特征

1. 土地的内涵

土地是人类赖以生存的基础，是自然资源中最基本、最宝贵、最重要的资源，是人类不可替代的生存条件和生产条件。万物土中生，土地养育了人类，土地直接参与农产品的形成，土地是农业生产中的主要生产资料。土地也为人类提供居住、交通、休息、娱乐的场所和发展第二、第三产业的场所，是一切生产生活的载体。人类世世代代生活在土地上，对人类来讲，土地并不陌生，但人类对土地，尤其对其内涵和外延的认识，却经历了一个长期的过程。

对于什么是土地，我国古代著名学者有许多论述。东汉经济学家、文字学家许慎（约58—147年）所著《说文解字》一书中，对于“土”字是这样解释的：“土，地之吐生物者也。”他还用图示意“土”中的两横分别象征表土层和底土层，一竖象征植物生长的情况，表土层以上为植物的地上部分，其以下为植物的地下部分。书中写道：“元气初分，轻、清、阳为天，重、浊、阴为地，万物所陈列也。”古人以为盘古开天地，气上浮为天，下沉为地。可见《说文解字》对有关“土”（地）的概念已经做了形象的阐述。

关于土地的概念，地理学、地质学、天文学、生态学等自然科学，法学、政治学、经济学、社会学、历史学、人类学等社会科学，都从各自特定的角度赋予其内涵和外延。实际上，对土地概念存在各种各样的认识，在此不一一列举。但对土地概念的认识归纳起来可分为狭义和广义两个方面。狭义的土地，仅指陆地部分，是指地球陆地表层，它是自然历史的产物，是由土壤、植被、地表水及表层的岩石和地下水等诸多要素组成的自然综合体。从土地管理角度而言，土地是指地球陆地表面，包括陆地、内陆水域、滩涂、岛屿等。广义的土地是指地球表层的垂直剖面，从空中环境到地下的物质层。广义的土地不仅包括陆地部分，还包括海洋；不仅包括地球表面实体部分的水陆自然资源，且兼及土地的上空及地下。广义的土地即把土地看成由土壤、气候、地貌、岩石、生物和水文等因素构成的包括人类劳动在内的自然综合体。

法学上的土地是指权利主体在法律规定的地球陆地表面上下一定空间所享有的各种权益综合的载体，本质是一种公共性与私人性相交融的特殊物品。土地的公共性特征表现为：资源的稀缺性、需求的共同性、利用的外部性、规划的整体性、影响的全局性、市场的局限性。土地的私人性特征表现为：除了那些不能被独占的公有土地外。土地在占有使用上呈现出明显的排他性和竞争性特点。人类（土地人）在土地利用活动中也表现出“经济人（私）”与“社会人（公）”相交融的特征。公私交融性使得土地法呈现出“公法管治＋私权保护”的特有属性。

土地在土地法中为涉物法律概念，法律中没有明确定义土地的概念，而是将土地进行分类，并分别定义。《中华人民共和国土地管理法》（以下简称《土地管理法》）从中国的实际情况出发，同时借鉴国外一些发达国家的经验，将土地分为三大类，即农用地、建设用地和未利用地。农用地是指直接用于农业生产的土地，包括耕地、林地、草地、农田水利用地、养殖水面等；建设用地是指建造建筑物、构筑物的土地，包括城乡住宅和公共设施用地、工矿用地、交通水利设施用地、旅游用地、军事设施用地等；未利用地是指农用地和建设用地以外的土地。为了更有效地管理土地，在上述三种分类的基础上，2017 年，国家质检总局、国家标准化管理委员会批准发布并实施新的《土地利用现状分类》（GB/T 21010—2017），根据土地的用途、利用方式和覆盖特征等因素，将中国土地分为 12 个一级类和 73 个二级类。12 个一级类土地是：耕地（01）、园地（02）、林地（03）、草地（04）、商服用地（05）、工矿仓储用地（06）、住宅用地（07）、公共管理与公共服务用地（08）、特殊用地（09）、交通运输用地（10）、水域及水利设施用地（11）、其他土地（12）。

另外，国土、国土资源、土壤和不动产是与土地相关的几个概念。国土是国际法概念，是一个国家主权管辖范围内的领土、领海和领空，即一个国家的人民借以生存和发展的空间；国土资源是国家管理上的概念，是土地资源、水资源、矿产资源、海洋资源、气候资源、生物资源等的总称；土壤是农学概念，是地球表面能够生长植物的疏松表层；不动产是民法上财产分类的概念，是指土地以及土地上的附属物。

2. 土地的特征

土地作为人类生产和生活资料，有其固有的特性，而这些特性正是土地法学研究的出发点。

（1）土地面积的有限性。

土地是自然的产物，人类不能创造土地。地球自产生时起已有约46亿年的历史，广义土地的总面积在地球形成后就由地球的表面积所决定。地球表面积包括陆地和海洋，共5.1×10^8平千米，其中陆地表面（含内陆水域）约1.49×10^8平方千米，约占地球表面积的29%，海洋面积3.61×10^8平方千米，约占地球表面积的71%。人类虽然能移山填海，扩展陆地，或围湖造田，增加耕地，但这仅仅是土地用途的转换，并没有增加土地面积。

（2）土地位置的固定性。

土地最大的自然特性是地理位置的固定性，即土地位置不能互换，不能搬动。人们通常可以搬运各种物品，房屋及其他建筑物虽然移动困难，但可拆迁重建。只有土地固定在地壳上，占有一定的空间位置，无法搬动。从民法中财产分类的角度看，土地属于不动产。这一特性决定了土地的有用性和适用性随着土地位置的不同而有着较大的变化，这就要求人们必须因地制宜地利用土地；同时，这一特性也决定了土地市场是一种不完全的市场，即不是实物交易意义上的市场，而只是土地产权流动的市场。

（3）土地质量的差异性。

不同地域，由于地理位置及社会经济条件的差异，不仅土地构成诸要素（如土壤、气候、水文、地貌、植被、岩石）的自然性状不同，而且受人类活动的影响也不同，从而土地的结构和功能各异，最终表现在土地质量的差异上。土地质量是土地各种属性综合影响效应的总和。土地质量是土地的综合属性，也是土地对某种用途是否适宜，或适宜程度高低的表示。土地质量的差别，实质上是土地生产力高低的差异。土地质量既可以用可度量测定的土地属性，即土地特性指标综合表述，也可以用土地生产力的指标表示，如产量、产值、净产值、纯收入、利润、级差收益等。在不同的土地利用状态下，土地质量的含义也有差异。在农、林、牧业等利用中，土地质量指的是土地生物生产能力的差异，即土地劳动生产率的高低；在工业、交通、城镇等非农业建设利用中，土地质量则是指以区位条件优劣为主造成的劳动生产率或土地使用效益的差异①。

（4）土地利用的永续性。

土地作为一种生产要素，只要处理得当，就可以不断改良。在合理使用和保护的条件下，农用土地的肥力可以不断提高，非农用土地可以反复利用，永无尽期。土地的这一自然特性，为人类合理利用和保护土地提出了客观的要求。土地是一种非消耗性资源，它不会随着人们的使用而消失，相对于消耗性资源而言，土地资源在利用上具有永续性。土地利用的永续性具有两层含义：第一，作为自然的产物，它与地球共存亡，具有永不消失性；第二，作为人类的活动场所和生产资料，它可以永续利用。其他生产资料或物品，在产生过程或使用过程中，会转变成另一种资料、物品，或逐渐陈旧、磨损，失去使用价值而报废。土地则不然，只要人们在使用或利用过程中注意保护它，是可以年复一年地永远使用下去的。但是，土地的这种永续利用是相对的。只有在利用过程中维持了土地的功能，才能实现永续利用。

---

① 陆雄文．管理学大辞典．上海：上海辞书出版社，2013.

除了以上特性外，土地的特性还包括土地供给的稀缺性、土地需求的增长性、土地利用的区位性、土地价值的增值性、土地报酬的递减性、土地利用的社会性等。

关于土地的特性，政治学（国际法）注重国家主权属性，地学注重土地的自然属性，经济学注重土地的价值、效益和产出，社会学注重土地权利变化和土地开发利用与社会、政治、文化之间的联系，而土地法学注重的是土地公共性和私人性的交融。由于土地法学是交叉学科，因此除注重土地公共性和私人性的交融外，相关学科的特性也直接或间接成为土地法学研究的理论支撑。

1.1.2 土地法学的内涵和特征

1. 土地法学的内涵

法学（law，science of law），又称法律学或法律科学，是研究法、法的现象以及与法相关问题的专门学问，是关于法律问题的知识和理论体系。我国法学思想最早源于春秋战国时期的法家哲学思想。法学，在中国先秦时被称为“刑名之学”，自汉代开始有“律学”的名称。在西方，古罗马法学家乌尔比安（Ulpianus）对“法学”（拉丁语中的jurisprudentia）一词的定义是：人和神的事务的概念，正义和非正义之学。现代的法学，是指研究法律的科学。

土地法学是研究土地法律和土地法治的一门学科，是关于土地法律和土地法治问题的知识和理论体系。土地法学，在新兴的土地科学体系中是重要的分支学科，而在法学上也应该发展为独立的部门法律学科。土地法学直接建立在对土地法律规范的研究基础之上，因此，土地法学的研究对象就是土地法律规范本身。

土地法律规范有狭义和广义两种理解。狭义的理解是以管理为主，即现行的土地管理法律规范；广义的理解则是指调整在土地上所发生的各种社会法律关系，是一项具有综合性的法律规范。两种理解究竟以何者为主？从理论上说，应以后者为主。因为土地法律规范以研究土地法律关系为立足点，它既要反映土地的行政管理，又要反映土地产权的保护；既要反映土地的自然生态规律，又要反映土地的社会经济规律。面对当前我国人地关系的矛盾，单一的行政手段或经济手段是难以解决的。市场经济在某种程度上就是法治经济，尤其在社会主义市场经济蓬勃发展的今天，必然要有基础性、综合性和系统性的土地法律规范来调整错综复杂的土地关系。

目前，我国土地法学除了要研究土地的开发、利用、保护、整治和科学管理等方面的各种土地关系外，还要研究切实维护全民所有和集体所有的土地所有权制度和适应社会经济发展所需要的灵活的土地使用权制度。综上所述，土地法律规范可以归纳为两大类：一类是基于国家对土地资源的保护管理而产生的社会关系，具体表现为国家直接对土地资源进行保护而产生的土地管理关系，以及国家通过对土地财产权流转的管理（如土地市场管理）间接实现对土地资源的保护而产生的土地管理关系；另一类是基于土地的经济利益而产生的社会关系，具体表现为土地所有关系以及由土地所有关系派生的土地使用关系。

2. 土地法学的多视角认知

不同的历史阶段、不同的社会政治目标及不同学派的法学家之间认识方面的客观差别导致了对土地法学研究对象的不同角度和不同层次的研究。对土地法学研究对象从不同角度展开的探讨，主要可归结为以下几方面：

（1）从人类的历史发展角度研究。

这种研究主要以人类不同历史阶段和不同国家制定的土地法律规范为对象。其研究结果，在土地法学中主要表现为土地法律规范产生的哲学基础、土地法律规范的基本功能、土地法律规范的调整对象，以及土地法律规范产生、发展变化之规律等方面的知识。

（2）从土地法律规范本身的基本理论角度研究。

这种研究通常以特定国家现行的土地法律规范为主要研究对象。通过对现行的各种不同效力层次的土地法律规范的研究，形成科学的土地法律规范体系。其研究成果，在土地法学中主要表现为土地法的调整对象、土地法的基本法律术语、土地法律关系、土地法的法律原则、土地法的基本规则、土地法的基本内容等方面的知识。

（3）从土地法律规范的立法技术角度研究。

这种研究主要以具体的土地法律规范为对象，具体分析土地法律规范的内部结构以及土地法不同规范相互之间的逻辑结构。其研究结果，在土地法学中主要表现为土地法的立法体系、土地法的立法原则、土地法律体系、土地法律规范的基本结构等方面的知识。

（4）从土地法律效用角度研究。

这种研究将现行土地法律规范置于实施过程之中，侧重于土地立法目的、土地法基本任务和执行实际效果之间的比较研究。其研究结果，在土地法学中主要表现为土地法科学性评价、土地法存在的问题与完善、土地法基本功能发生作用的条件和环境、土地执法体系、土地法律成本等方面的知识。

土地法学除了从不同角度对土地法进行直接研究之外，还应当对土地法深层的普遍现象——土地法律行为和土地法律文化进行研究。

因此，土地法学以土地法律规范为研究对象，通过不同角度、不同层次对土地法律规范的研究，形成科学和完善的土地法学知识体系。

3. 土地法学的基本特征

对土地法学本质属性的综合概括，可以揭示土地法学的基本特征。

（1）实践性。

土地法学是在实践中产生的，其发展也是为了指导实践。法是调整人们行为的规则，以土地法律规范为研究对象的土地法学，必然具有实践性的特征，即它来源于社会实践，又为社会实践服务。

（2）时代性。

不同时空条件下的土地法学，总是印有特定的痕迹，其内涵和外延、内容和体系是有差别的。历史上，出现过四种为不同阶级利益服务的、体现不同意识形态的土地法律规范，即奴隶主的、封建主的、资产阶级的和无产阶级的。相应地，土地法学需要结合特定的历史条件和社会发展的客观实际来进行研究。当前我国的土地法学更应重视土地法理、土地立法和执法问题的研究。

（3）综合性。

在法学体系中，土地法学是具有相当大的跨越性的学科。土地法学的综合性可以从以下两个方面理解：其一，它的研究对象跨越多种法学分支学科。土地法学涉及立法学、法社会学、法解释学、比较法学、民法学、经济法学、行政法学和刑法学等。其二，土地法学理论、应用和历史三者兼容并包。土地法学是研究土地法律的科学，其研究范围既包括不同国家或地区的土地法律，也包括不同历史时期的土地法律。

（4）边缘性。

土地法学是法学和土地科学共同交叉形成的边缘学科。土地法学是随着社会经济和土地事业发展而产生的一门新兴学科，具有法律科学和土地科学双重学科属性，是一门边缘性知识科学体系。在实践上，土地法学既是土地科学的重要分支学科，也应是法学中独立的部门法律学科。另外，土地法学的边缘性还体现在法律因素、社会因素、经济因素、自然条件因素和技术因素在土地法学中融为一体。

1.2 土地法学的基本功能

土地法学的基本功能，不能等同于土地法的基本功能。通常情况下，土地法学直接对土地法发生作用，只有通过土地法，它才能对社会经济发生作用。因此，将二者混淆起来，或者直接从土地法学对经济建设的作用角度来研究与归纳，都是毫无意义和不准确的。关于土地法学基本功能的研究，主要通过揭示土地法学内在的、普遍的应有功能，回答土地法学在社会发展中具有哪些功能以及如何发挥这些功能等基本问题。依据这一研究的着眼点，土地法学的基本功能主要包括以下几方面①。

1.2.1 解释功能

社会经济关系和现象的日益纷繁复杂，决定了作为调整这种社会关系的法律规范具有普遍性和原则性，而这种普遍性和原则性，则必然要求在法律实施过程中对规范进行具体的解释。人类最初的土地法学，就是基于这种解释的社会需要而产生的。法学发展到今天，尽管土地法学的功能发生了许多变化，但解释仍然是土地法学的主要功能之一。就目前而言，土地法学在解释方面的功能具体包括：（1）以保证土地法的执法或实施为目的，对立法的原则性或不确定性规定，给予立法本来意义上的解释，以保证执法的准确性。（2）通过对法律条文的语义性分析，发现立法中语词使用的不准确性，以提高土地立法技术和立法的科学性与严密性，减少执法过程中因立法本身原因而产生的问题。（3）通过条文释义和语义分析，进而从方法论角度，研究土地法律规范的语词要素、结

---

① 唐世力，刘俊．关于土地法学的几个问题．中国土地科学，1996（5）．

构、语源、语境、语义，以实现土地立法语词使用的科学性和规范化，减少语词的误用、滥用导致的不确定性和混乱。

1.2.2 指导功能

土地法学源于土地法，又指导土地法。土地法学是对土地法进行研究而产生的知识体系，这一知识体系经过千百年来不同时期土地法学家的共同努力，具有理论的独立性和超前性特点。因而土地法学理论在指导土地立法方面，具有越来越重要的意义。土地法学虽然直接产生于对土地法的研究，然而一旦形成法学理论体系，它便具有自身的独立性和超前性。正是这种特点，才产生了土地法学的指导功能。土地法学的指导功能主要表现在以下几方面：(1) 指导土地立法。土地法是调整土地关系的有效工具，然而这一工具是否实际有效，直接取决于土地法本身水平的高低。土地法通过对土地法律价值功能、土地立法技术、土地法律内容体系等问题的研究，指导土地法的立法工作，使实际通过的土地法更适应于社会的需要。(2) 指导土地执法。由于社会经济发展不断出现新情况、新问题，因此，在土地法实施过程中，不可避免地会面临新类型的土地违法案件，立法本身也很难事事都超前预见，且都有明确的规范。对此，土地法学一方面可以通过其基本原理，指导土地法尚无明确规定的新类型案件的处理；另一方面通过对立法不确定性给予立法指导思想意义上的解释，确保执法的准确性。(3) 促进土地法律制度的科学发展和不断完善。土地法的发展和完善，主要依赖于土地法学的推动，许多土地法律制度内容的产生，建立在土地法学理论论证的基础上，如我国土地法的统一管理原则和土地有偿使用法律制度的确立等，都是土地法学理论研究的结晶，这就是法学所具有的造法功能。

1.2.3 论证功能

一个国家的法律不可能远离政治而独立存在。当国家的土地政策确立之后，都需要法学理论为一项具体法律的制定做理论上的准备。土地法学的任务之一，就是通过论证，说明特定土地法的合理性、科学性、社会公益性和社会适用性，从而实现土地法学为政治服务和辩护的目的。当然，土地法学在实现其辩护功能的同时，也注重对现实的批判。当今各国的土地法学，除了为满足现实土地关系调整的需要，对土地立法中的眼前问题给予解释和研究之外，也同时以科学理论所特有的理性，冷静地审视和洞察被现行立法认定合理的土地利用行为对未来社会可能产生的后果，比如人类与资源环境之间的关系问题，土地对人的最大承载能力问题，等等。一旦研究发现其土地利用方式或利用速度可能给人类未来社会带来灾难性后果，便会运用土地法学的批判功能和指导功能，使现行土地立法能够肩负起对未来社会的责任。

1.2.4 传播功能

土地法作为规范人们土地行为的准则，它不可能自行发挥作用。只有土地行为主体明确自己应当怎样行为、不应当怎样行为时，土地法的功能才可能得以发挥。因此，土地法发挥功能的首要条件，是行为者了解其基本内容，而土地法学则是沟通二者的桥梁。土地法学通过其理论研究、土地法教学等活动，宣传土地法的具体内容，阐释土地法律规范的不同含义，回答土地执法中的各种疑点和问题，使人们了解土地法律规范的基本内容，使全社会形成土地法律意识和土地法律观念，使执法者准确把握土地法的立法指导思想，从而最终促进土地法功能的充分发挥。

1.3 土地法学的研究范畴

确定土地法学的研究范畴有两大依据。一是土地法所调整的社会关系。土地法学是以土地法为研究对象的科学，土地法的调整范畴，直接决定了土地法学的研究范畴。二是土地法学的目的。土地法学所追求的目标，就是使土地法律制度更有效地发挥功能。因此，我国土地法学主要研究以下四个方面的问题。

1.3.1 土地法的根本问题

土地法的根本问题是土地法学研究的关键部分，包括以下方面：

1. 土地法的调整对象

任何一部专门的法律，都必须首先解决其适用范畴问题。准确界定一部法律的适用范畴，又取决于该法调整对象的特点。土地法的调整对象是土地关系，而土地关系纷繁复杂，因此，土地法学必须认真研究土地法应调整哪些具体的土地关系。土地关系包括土地产权关系和土地管理关系。土地产权关系是指土地产权的确立和流转过程中所发生的人与人之间的关系，这种关系可以体现为财产利益主体间的土地法律关系和土地经济关系。土地管理关系反映在依据统治阶级意志而制定的政治、经济、法律和行政等土地管理措施的体系之中。

2. 土地法的发展规律

法是人类社会发展到一定历史阶段的产物，是随着原始社会的解体、阶级和国家的产生而产生的。人类对客观规律性的认识是永无止境的。因此，土地法学在任何时期，都必须坚持不懈地探求土地法的规律性。这种规律性的探求，只有认真细致地研究土地法产生和发展中的各种现象，才能获得较客观和准确的结论。

3. 土地法的基本原则

土地法的基本原则，是贯穿整个土地法律规范的基本准则，它沟通了土地法指导思想和具体土地法律规范之间的联系，并使这种联系为土地法立法目的服务。因此，以什么为土地法的基本原则，必须在理论上认真研究。同时，即使基本原则已经确定，但是如何使这些原则产生作用，也需要土地法学展开认真、系统的研究。

4. 土地法律关系

法律关系是在法律规范调整社会关系的过程中所形成的人与人之间的权利和义务关系。法律关系是以法律为前提而产生的社会关系，没有法律的规定，就不可能形成相应的法律关系。土地法律关系是对土地法律规范科学的逻辑归纳，通过这种理论的研究和逻辑归纳，使各种土地法主体，都能在具体的权利和义务中定位，并由此形成便于对土地法律规范进行准确理解和执行的知识体系。

5. 土地法律规范

法律规范是指由国家制定或认可，并由国家强制力保证实施的行为规则。从系统论的角度而言，为了使各种土地法律规范相互协调与一致，土地法学必须对纷繁复杂的土地法律规范，如土地所有权法律制度、土地使用权出让转让法律制度、土地征收征用法律制度、土地规划法律制度、土地保护法律制度、土地整治法律制度、土地税收法律制度、土地监察法律制度等，从制度机制和基本功能方面进行系统的研究。通过这些制度的研究，使所有的土地法律规范都能被统帅于各自特定的土地法律制度的立法目的之中。

1.3.2　土地立法问题

土地法功能的发挥，首先取决于土地立法的科学性，即使是被理论证实为有效的土地法律制度方案，也有赖于土地立法才能成为现实。土地法学关于土地立法问题的研究，主要包括以下内容：

1. 土地立法原则

立法原则是立法主体据以进行立法活动的重要准绳，是立法指导思想在立法实践中的重要体现，反映立法主体在把立法指导思想与立法实践相结合的过程中特别注重什么，是执政者立法意识和立法制度的重要反映。尽管土地立法的一般性理论问题属于立法学研究的范畴，然而，土地立法必然有其与自身发展特殊性相适应的立法特点，依据这些特点建立起来的原则，是具有普遍意义的立法学无法完全包括的。即使与立法学所确立的原则完全相同，土地立法也必然会赋予它不同的特定内容。

2. 土地立法体制

立法体制是关于一国立法机关设置及其立法权限划分的体系和制度，即有关法的创制的权限划分所形成的制度和结构，它既包括中央和地方关于法的创制权限的划分制度和结构，也包括中央各国家机关之间及地方各国家机关之间关于法的创制权限的划分制度和结构。科学的立法体制，能够促进立法目的的充分实现。虽然土地法的基本功能是特定的和客观的，但是制定土地法的机构和人员是具有社会性、经济性和利益趋向性的。因此，确立科学合理的土地立法体制，起草机构、起草人员及其基本素质与品格是使土地立法科学和有效的关键。

3. 土地立法技术

立法技术是指在法的创制过程中所形成的一切知识、经验、规则、方法和技巧等的总和。立法技术包括法律文件的内部结构、外部形式、概念、术语、语言、文体以及立法预测、立法规划等方面的技术。立法技术的价值和目的在于使法律规范的表达形式臻于完善，使其与内容相符合，以便法律的遵守和适用。立法技术一般可分为预测技术、规划技术和表述技术。土地法功能的发挥是一项系统工程，它不仅要求从立法原则、立法体制等方面进行宏观研究，而且也要求从立法技术等微观方面进行认真分析，使法律规范在语义表述等方面准确反映立法指导思想和立法目的。

4. 土地法律成本

土地法的立法目标一旦确定，选择何种途径实现立法目标，在现实中并不是一个非此即彼的问题。在实现目标的途径多种并存，并且各种途径对目标的实现并无差别的情况下，研究法律成本就显得非常有意义。这不仅表现为不同的土地立法体制、立法组织结构所产生的立法成本的差别，而且更重要的是，表现为土地法律制度运作中的成本差别。譬如，对违法案件的处理，首先是国土管理部门处罚，对处罚不服，还可以申请复议，对复议决定不服，才能进入诉讼程序，在诉讼阶段，还有一审和二审程序。如果我们依据法律成本原则，对这种案件处理的法律途径进行研究，就可能会提出更简便的处理方式。

1.3.3 土地执法问题

土地执法是土地法律制度直接产生作用的关键性环节。徒法不足以自行，即便再有效的法律，也必须依赖严格而科学的执法。因此，土地法学也应当认真研究土地执法问题。这些问题概括起来主要包括以下方面：

1. 土地执法的界定

土地执法是指政府土地行政机关或司法部门依照法律对行政相对人采取的直接限制其权利义务，或对相对人权利义务的行使和履行情况进行监督检查的行为。执法有广义与狭义两种理解。广义的执法是指国家行政机关、司法机关及其公职人员依照法定程序实施法律的活动。狭义的执法是指国家行政机关和法律授权、委托的组织及其公职人员，在行使行政管理权的过程中，依照法定的职权和程序，贯彻实施法律的活动。在现代社会，国家行政机关和司法机关被称为国家立法机关的执行机关，国家立法机关制定的法律、法规主要由行政机关和司法机关来贯彻、执行、付诸实践。

2. 土地执法的原则

土地执法需要注重以下三项原则。（1）依法执行原则。这是指土地执法机关必须根据法定权限、法定程序和法治精神进行管理，越权无效，这是现代法治国家行政活动的一条最基本的原则。(2) 讲求效能原则。这是指土地执法机关应当在依法执行的前提下，讲究效率，主动有效地行使其权能，以取得最大的执法效益。(3) 公平合理原则。这是指土地执法机关在执法时应当权衡多方面的利益因素和情况因素，在严格执行规则的前提下，做到公平、公正、合理、适度，避免由于滥用自由裁量权而形成执法轻重不一、标准失范的结果。

3. 土地执法的规范

完善土地执法制度，强化土地执法管理。具体包括：(1) 土地执法方式，如土地行政执法和土地诉讼执法的方式选择及其相互协调，土地仲裁方式的必要性及其具体建立等；(2) 土地执法体制，如作为土地行政执法主要制度的土地监察制度，关于监察机构的法律地位和管理体制，究竟是建立垂直管理体制科学、有效，还是把土地监察机构作为同级政府的职能组织机构科学、有效等；(3) 土地行政执法人员及其任职资格，如土地执法人员应当具备的条件，任职资格的取得标准及取得程序等；(4) 土地执法机构的法律措施，如土地执法机构和执法人员，在执法中是否享有使用强制措施的权力，如果享有，应当界定具有哪些强制措施等；(5) 土地执法成本问题，如在保证实现土地法执法目的的前提下，以哪一种或哪几种方式执法更能兼顾社会效益和经济效益等；(6) 土地行政执法的问题，如是否所有的行政执法都应由人民法院执行等。

1.3.4 土地法律制度的评价问题

任何科学和有效的土地法律制度，都是在理论上对其优劣进行不断评价的基础上形成的。一部特定的土地法实施之后，土地法学理论就要依据实践的反馈对该部法律做出客观评价，即土地法是否产生或是否充分产生了立法所期望的作用？如果未能产生，那么，该部法律产生作用的条件是否具备？产生作用应当具备哪些条件？对于这一系列问题的回答，不能不要求土地法学对相关问题进行认真研究。这些相关问题主要包括以下方面：

1. 民族传统文化

民族传统文化是一个国家和民族可传承的行为规范、思维方式、价值观念，包括历史、地理、风土人情、传统习俗、生活方式、文学艺术等方面，是人类之间进行交流的普遍认可的一种能够传承的意识形态。民族传统文化本质上是对民族精神基因的解码，更是为未来发展寻找文化坐标的必经之路。土地法产生作用的基本前提，与其效力范畴的民族文化背景相适应。土地法学如果不了解其效力范畴内的民族传统文化基础，那么其指导的土地法是难以发挥预期作用的。

2. 基本国情

基本国情是指一个国家在特定时期的基本情况和特点，它包括自然国情、历史国情

（民族历史发展、民族传统、文化源流、文明发展历史）、现实国情、比较国情。不同国情，导致了同一法律制度内容之间的相对差别。我国自然资源丰富，种类繁多，但分布不均，而且虽然总量很大，但人均占有量少。我国土地资源的基本国情是“一多三少”，即总量多，人均耕地少，高质量的耕地少，可开发后备资源少。因此，我国土地法学应当通过对我国基本国情尤其是土地基本国情的研究，指导我国具体的土地立法，使其更符合我国国情的需要。

3. 经济体制

经济体制是指在一定区域内（通常为一个国家）制定并执行经济决策的各种机制的总和，通常是指国家经济组织的形式，它规定了国家与企业、企业与企业、企业与各经济部门之间的关系，并通过一定的管理手段和方法来调控或影响社会经济流动的范围、内容和方式等。土地法所调整的土地关系，是一种社会经济关系。作为直接建立于社会经济基础之上的土地法律制度，必须与其社会经济制度相适应。因此，土地法学在评价土地法作用的发挥时，必须研究社会经济环境和经济体制。

4. 政治体制

政治体制是指国家的政治、统治形态，即国家政治体系运作的形式。它一般是指一个国家政府的组织结构和管理体制，在不同的历史时期、不同的国家和地域，政治体制都不尽相同。政治体制与政治制度是密切相连的。我国是社会主义国家，政治制度主要包括人民代表大会制度、民族区域自治制度、基层群众自治制度及中国共产党领导的多党合作和政治协商制度等。任何法律制度作用的发挥，都与其政治制度有着必然的联系。因此，研究具体土地法律规范的实施与其政治体制的适应性，对土地法作用的发挥有着至关重要的意义。

5. 土地法制

土地法制是土地法律和制度的总称。统治阶级以法律化、制度化的方式管理土地，并且严格依法用地管地。土地法律制度的评价可以以土地法制存在问题为导向。一切事物都不可能是完美无缺的，否则就不会有发展。土地法自身存在的问题，常常只有通过具体的土地法的实施才能发现。从土地法的实施中去研究和发现土地法自身的问题，并对这些问题给予理论分类，归纳出不同性质的缺陷和产生的原因，才能在此基础上建立起克服土地法律制度自身缺陷的补救法律机制。

1.4 土地法学的基本理论

土地法学涉及的理论范畴十分广泛，下面主要就土地法学的基本理论进行阐述。这些基本理论既是土地法学需要深入研究的重要理论，也是指导土地立法的重要理论。

1.4.1　土地法制史的理论

法制史是研究法律及相关制度的发生、发展、演变及其规律的科学。土地法制史就是还原土地法律的历史，即评析历史的土地法律，探索中国传统土地法律文化的发展模式和特征。自古以来，人类发展史在某种程度上就是农业文明发展史，而农业文明发展史在某种程度上就是土地制度发展史。我国土地制度的确立，始于夏代，迄今已有4 000余年，土地法学的历史资料十分丰富。它反映了历代土地制度的演变、土地与人民之间的关系以及利弊得失，足以借鉴。

1.4.2　土地制度学说的理论

制度决定根本，道路决定命运。土地制度是反映人与地、人与人之间关系的重要制度。它既是一种经济制度，又是一种法权制度，是土地社会经济关系在法律上的体现，是构成上层建筑的有机组成部分。土地制度问题在我国极其重要，涉及面广，牵一发而动全身。目前要求改革农村土地制度的呼声强烈，多地也已经进行了改革的试点，关于土地制度改革向何处去、应该如何推进的问题值得理论学术界和有关决策机构继续深入探讨。我们研究土地制度学说既要以中国的视角看世界，又要以世界的视角看中国。中外学者在土地制度上主张土地公有和私有的论著甚多。探讨这些问题对于社会主义市场经济条件下我国土地权利保护和土地的开发、利用、管理都有十分重要的研究参考价值。

1.4.3　土地法律关系的理论

法律关系是法律在调整人们行为的过程中形成的特殊的权利和义务关系。法律关系由三要素构成，即法律关系的主体、法律关系的客体和法律关系的内容。土地法律关系是以土地法律为前提而产生的社会关系，没有土地法律的规定，就不可能形成相应的土地法律关系。土地法律关系具体是指土地法主体在土地利用、流转、管理等方面所形成的土地权利和义务关系。随着社会经济的发展，土地问题愈加重要、复杂和多样，这就决定了土地法律关系调整的重要性、复杂性和多样性，也就表明了深化土地法律关系研究的迫切性。

1.4.4　土地法律体系的理论

法律体系通常是指一个国家全部现行法律规范分类组合为不同的法律部门而形成的有机联系的统一整体。简单地说，法律体系就是部门法体系。部门法，又称法律部门，是根据一定标准、原则所制定的同类规范的总称。土地法律体系是国家总体法律体系中一个重要的部门法律体系。土地法律体系是一个需要深入研究的问题，其外延与内涵尚不甚明确。土地法律体系究竟按何种调整方法来划分，是一个值得进一步研究的土地法学的基本理论问题。因此，在未来的一段时间内，要采取措施进一步完善我国土地法律体系，推进土地立法科学化进程，使我国的土地法律体系为构建社会主义和谐社会贡献更大的力量。

1.4.5 土地公平效率的理论

土地问题不仅直接影响生态保护、农业生产和城乡建设，还关系到整个国民经济发展的宏观效率，更关系到社会的公平正义与和谐稳定。土地立法的目标应更为广义、更为深刻地理解为“公平”与“效率”的协调统一。通常来说，“公平”指的是社会的政治利益、经济利益和其他利益在全体社会成员之间进行合理而平等的分配，意味着权利平等、分配合理、机会均等和司法公正。对土地立法而言，不仅要关注土地价值显化、财产权利平等、增值收益分配合理，更要关注发展权损失补偿、保障土地可持续利用、生态保护和公共利益需求限制下的土地发展机会均等，同时也要强调监管体系的公正廉洁，切实实现“权利显化平等，利益分配公平”。“效率”通常指的是给定投入和技术的条件下，最有效地利用资源，付出最小化成本或是得到最大化效用。在土地立法中，要尽可能减少交易成本和改革风险，实现改革成本和管理成本最小化；同时，土地立法更要促进社会经济关系的协调并最终作用于社会生产力的发展，充分实现“地尽其利、地合其用”的高质量发展。

1.4.6 土地物权制度的理论

土地产权是不动产物权，是物权制度的一项重要内容。物权制度理论始于罗马法，它是在私有制基础上产生的，一千多年来在推进社会经济的发展方面起了很大的作用。马克思也曾就此做了深刻的研究。物权、债权是市场经济的两大法律基础，对国民经济生活具有十分重要的意义。其一是明确财产归属，保证经济运行有序；其二是设定财产权人之间的权利义务，实现资源优化配置。《中华人民共和国物权法》由第十届全国人民代表大会第五次会议于 2007 年 3 月 16 日通过，自 2007 年 10 月 1 日起施行。2020 年 5 月 28 日，第十三届全国人民代表大会第三次会议表决通过了《中华人民共和国民法典》（以下简称《民法典》），物权位列其中第二编。《民法典》自 2021 年 1 月 1 日起施行，《中华人民共和国物权法》同时废止。物权立法是为了维护国家基本经济制度，维护社会主义市场经济秩序，明确物的归属，发挥物的效用，保护权利人的物权。物权法的性质是私法，私法性质是基于民法的性质产生的，物权法所调整的基本内容仍是民事主体之间发生的民事法律关系。物权法是以不动产（其中主要是土地）为核心构建起来的规则体系，其施行无疑对同样以土地为调整对象的《土地管理法》有重大影响。

1.4.7 土地“三资协同”的理论

土地作为供给侧最为基本的生存要素、生产要素和生活要素，具备不同的资源、资产和资本属性：资源属性表现为为经济社会发展提供物质基础和空间载体的自然功能与环境属性；资产属性派生于资源属性，表现为产权关系与经济属性；资本属性又派生于资产属性，表现为流通功能与增值属性。因此，土地立法要以自然功能与环境属性为利用基础，以产权关系与经济属性为管理导向，以流通功能与增值属性为民生保障，建立资源、资产、资本“三资一体”统筹管理体系。在资源管理层面，关注土地数量、质量、生态的保护与提升，推进土地调查评价、开发利用、监测监管、综合整治等；在资产管理层面，强调明晰土地产权与保护土地权益，明确土地保护利用主体、权利和责任，关注土地占有、使用、收益和处分的内在利益机制；在资本管理层面，构建土地资本融通体系，探索显化土地的资本性收入，关注土地流转、权利抵押、建设用地增减挂钩等资本显化和流通政策。

1.4.8 土地永续利用的理论

土地永续利用是指既能满足当代人的需求，又不会对后代人需求构成危害的土地资源利用方式。按照我国古人的伦理观，“永续利用”可以阐释为“道法自然”“仁民爱物”“生生不息”。土地是可更新资源，利用得当，可循环永续利用。如果利用不合理，土地生产能力就会部分或全部丧失。例如，耕地乱占滥用、森林乱砍滥伐、草地超载过牧，就会引起耕地大量减少、土地沙化退化，使土地人口承载量与日益增长的人口数量越来越不协调。土地资源的永续利用早就引起了各国政府与土地专家们的注意。近几十年来，国际上对自然资源开发利用和生态环境保护的研究极为重视。如20世纪60年代末成立的罗马俱乐部，对全球的生态问题、环境状况、自然资源利用等发表了不少著名论点。自1990年以来，在欧盟、巴西、印度、加拿大和泰国就土地永续利用召开过多次国际学术讨论会。对土地永续利用中的生产性、安全性、保护性、可行性和可接受性五大原则达成了共识。针对“人类中心论”，自然资源在开发过程中应遵循“道法自然”的利用伦理，遵循自然资源发展演变的自身规律，以尊重自然的态度取代无节制占有自然的欲念，以自然为中心实现合理开发利用；针对“自我利己观”和“肆意消费观”，自然资源应在保护过程中遵循“仁民爱物”的利用伦理，把人类美好的精神品质如了解、尊重、博爱、节约和责任等，运用到爱护自然、保护自然的活动中去，取代盲目征服、肆意消费的行为；针对“经济至上观”，自然资源利用中应当遵循“生生不息”的伦理观念，注重经济、社会、资源和环境保护协调发展，促进自然资源循环永续利用。

1.5 土地法学的基本内容

本书的内容即为土地法学的基本内容。本书共4篇21章。设计的基本思路如下：首先以土地法学基础理论为开篇，包括土地法学导论、土地法的基本问题、土地法制的演变、土地法律关系、土地基本法律制度和土地权利法律制度；然后沿着两条主线展开，一是土地权利流转主线，包括土地征收法律制度、土地出让法律制度、土地转让法律制度、土地划拨法律制度、土地承包经营法律制度和集体建设用地流转法律制度，二是土地行政管理主线，包括地籍管理法律制度、规划管理法律制度、土地保护法律制度、土地整治法律制度、自然资源法律制度和土地税收法律制度；在此基础上，最后就土地纠纷处理、土地行政监督与土地法律责任进行阐述。

1.5.1 土地法学基础理论

土地法学基础理论有六个方面的内容：一是土地法学导论，包括土地法学的内涵、基本功能、研究范畴、基本理论、基本内容、研究方法；二是土地法的基本问题，包括土地法的内涵、土地法研究的任务、土地法的体系、土地法的渊源、土地法的效力；三是土地法制的演变，包括土地法制的内涵、古代的土地法制、近代的土地法制、当代的土地法制、土地法制的建设；四是土地法律关系，包括土地法律关系的内涵、构成、分类、演化、保护；五是土地基本法律制度，包括土地的社会主义公有制、土地基本国策制度、土地用途管制制度、不动产统一登记制度、自然资源统一管理制度；六是土地权利法律制度，包括土地权利制度、土地所有权、土地用益物权、土地担保物权和土地相邻权。

1.5.2 土地权利流转法律制度

土地权利流转法律制度有六个方面的内容：一是土地征收法律制度，包括土地征收制度、征地制度变迁、土地征收程序、土地征收补偿、征地制度改革；二是土地使用权出让法律制度，包括土地出让程序、条件、要求和续期；三是土地使用权转让法律制度，包括土地转让制度、条件、方式、程序和制度建设；四是土地使用权划拨法律制度，包括土地划拨制度、范畴、程序以及划拨土地流转、土地划拨制度建设；五是土地承包经营法律制度，包括土地承包经营制度及缘由、土地承包的法律关系、土地承包程序与合同、土地经营权流转；六是集体建设用地流转法律制度，包括集体建设用地流转制度、审批管理、流转方式、流转程序、制度建设。

1.5.3 土地行政管理法律制度

土地行政管理法律制度有六个方面的内容：一是地籍管理法律制度，包括地籍管理、土地调查、土地登记和土地统计；二是规划管理法律制度，包括土地利用规划体系、土地利用总体规划、土地利用计划管理和国土空间规划改革；三是土地保护法律制度，包括基本农田保护、土地生态保护、水土流失防治、土地沙化防治和土地环境保护；四是土地整治法律制度，包括土地整治、土地开发、土地整理、土地复垦和国土综合整治；五是自然资源法律制度，包括《中华人民共和国森林法》对林业用地的规定、《中华人民共和国草原法》对草原用地的规定、《中华人民共和国水法》中有关土地问题的规定、

《中华人民共和国矿产资源法》对矿业用地的规定；六是土地税收法律制度，包括土地税收制度、耕地占用税、土地使用税、土地增值税和土地税制建设。

1.5.4 纠纷处理、行政监督与法律责任

纠纷处理、行政监督与法律责任包括三个方面的内容：一是土地纠纷处理，包括土地纠纷的内涵、和解、调解、仲裁、复议和诉讼；二是土地行政监督，包括国家监督制度、土地执法监督和国家土地督察；三是土地法律责任，包括土地法律责任制度和土地民事、行政、刑事法律责任。

1.6 土地法学的研究方法

1.6.1 调查研究方法

调查研究历来是土地法学研究的主要方法。土地法学的研究，首先要了解客观实际，探求实践中发生的问题。毛泽东指出："……作几次周密的调查，乃是了解情况的最基本的方法。"[①] 为此，土地法学的研究，除了应认真学习、深刻理解党的政策精神以外，还必须加强调查研究，了解客观形势，并分析客观形势发展的趋势，探求实践中问题的解决途径，这样才不至拘泥于原来的法律规定而与客观形势的要求大相径庭。特别是在实行改革开放政策的今天，客观形势发展很快，更需要联系实际进行研究，使土地法治工作与改革开放的形势相适应，更好地为改革开放政策服务。所以，对土地法学的研究应持慎重态度，进行详细的、科学的实际调查，尊重客观实际。只有这样，才能使土地法制更加接近和符合客观规律的要求。

1.6.2 系统工程方法

系统工程方法是研究土地法学的重要手段。土地科学是以整体效益为重，土地法学的研究也必须运用整体系统论的观点来综合论证。土地法学涉及自然和社会的范畴，要反映自然本身要求的法律学科，以土地为对象进行的系统的科学研究更应重视用系统论的方法，使我们的认识、构想更符合土地本身的客观要求，以便制定出适应这种客观要求的法律规范。具体来说，即是从系统的观点出发，着重从整体与部分（要素）、整体与外部环境的相互联系、相互作用、相互制约的关系中，综合地、精确地考察土地关系的各种情况，以达到最优地处理土地问题，调整土地与整体之间的关系。

---

① 毛泽东．毛泽东选集：第3卷．2版．北京：人民出版社，1991：789.

1.6.3 唯物辩证法

唯物辩证法是研究土地法学的重要指南。唯物辩证法是运用统一的、辩证的、有机联系的、动态的、发展的观点去研究自然现象的一种方法。这种方法符合自然的特性和客观世界的运动规律。土地是自然资源之一，它在自然界中与其他自然资源有着内在的、有机的联系，并同处在不断运动、发展、变化的过程中，制约着各种土地关系。研究土地关系的土地法学，如果脱离土地这个自然体，只凭人的主观意识去研究有关土地问题，设定各种条件和行为规范，并据此提出调整、处理原则，往往不能正确反映土地关系的客观要求。

科学和完善的学科体系，必然建立于科学的研究方法基础之上。在我国依据市场资源配置原则重新构建土地法律规范体系框架时，与此相适应的土地法学体系的建立，使土地法学的研究方法问题具有十分重要的意义。

另外，根据土地法学的实质与特点，还应强调以下研究方法：分析比较方法、历史研究方法、多学科的交叉研究方法、与传统文化的研究相结合的方法、继承与创新的研究方法。

综上，土地法学在土地科学体系中是一门十分重要的科学，有着极其广阔的发展前景。（1）科学的性质就是不断地发生变化。科学是关于自然界、社会和思维发展规律的知识体系。科学是在人们社会实践的基础上产生和发展的，是实践经验的总结。没有科学本身的发展和变化，便不会有真正的科学。科学的这一基本属性是土地法学生命力的基础。（2）土地法学的基本任务就是对土地法领域内新问题的不断探索和对现存内容的不断修正。只要土地法及其社会功能不消失，土地法学的研究与发展，便是一个永恒的课题。（3）人们的愿望和社会的需要不断地为探索者的行为提供动力。科学的发展来源于人们和社会内在需要与外在需要的推动。就目前我们已经捕捉的发展趋向而言，人类未来最激烈的竞争，必然相对集中于资源与技术两个方面。由于自然资源的稀缺性，人类对自然资源的竞争相对于对技术的竞争更为激烈。随着人类对土地所产生的利益的关注以及对人类生存攸关问题的提出，必然要求不断加强对这类社会关系的法律调整。（4）依法治国的新要求给依法用地、管地和维护土地权益提供了新动力。依法治国要求国家的政治、经济、社会各方面的活动应依照法律进行，即依照体现人民意志和社会发展规律的法律治理国家。简而言之，依法治国就是依照宪法和法律来治理国家，是治理国家的基本方略，是发展社会主义市场经济的客观需要，也是社会文明进步的显著标志，还是国家长治久安的必要保障。因社会经济发展需要而具有重要地位的土地法律规范，一方面需要土地法学理论给予指导，另一方面也必然推动土地法学的迅速发展。

关键术语

土地	土地法学	土地法律规范	土地法制
土地制度	土地法律关系	土地法律体系	

复习思考题

1. 简述土地的概念和特征。
2. 如何理解法学上“土地”的内涵和本质?
3. 简述土地法学的内涵和特征。
4. 土地法学具有哪些基本功能?
5. 土地法学的基本理论有哪些?
6. 土地法学的基本内容有哪些?

第2章
土地法的基本问题

土地法学的研究对象是土地法。本章主要从土地法的内涵、土地法研究的任务、土地法的体系、土地法的渊源和土地法的效力五个方面进行阐述。

2.1 土地法的内涵

2.1.1 法的概念和特征

1. 法的概念

法是国家制定或认可的，反映统治阶级意志和利益的，并以国家强制力保证实施的行为规范的总称。这个意志和利益的内容是由统治阶级决定的。法通过规定人们在相互关系中的权利和义务，确认、保护和发展对统治阶级有利的社会关系和社会秩序。法的概念反映了法的基本特征。

立法通常是指特定国家机关依照一定程序，制定或者认可反映统治阶级意志，并以国家强制力保证实施的行为规范的活动。从狭义的解释来看，根据我国宪法，立法是指全国人民代表大会及其常设机关制定和变动法律这种特定规范性文件的活动。从广义来看，立法是指从中央到地方一切国家机关制定和变动各种不同规范性文件的活动。

2000年3月15日，第九届全国人民代表大会第三次会议通过《中华人民共和国立法法》，自2000年7月1日起施行。根据2015年3月15日第十二届全国人民代表大会第三次会议《关于修改〈中华人民共和国立法法〉的决定》第一次修正，根据2023年3月13日第十四届全国人民代表大会第一次会议《关于修改〈中华人民共和国立法法〉的决定》第二次修正，《中华人民共和国立法法》分为“总则”“法律”“行政法规”“地方性法规、自治条例和单行条例、规章”“适用与备案审查”“附则”6章，共计120条。其立法目的是规范立法活动，健全国家立法制度，提高立法质量，完善中国特色社会主义法律体系，发挥立法的引领和推动作用，保障和发展社会主义民主，全面推进依法治国，建设社会主义法治国家。

2. 法的特征

（1）法是调整人的行为的规范。

这一特征表明了法与思想意识和作为政治组织的国家、政党的区别。

法是规范（或规则），只是说法主要是由法律规范构成的，但不仅仅是规范。一般地，法是由法律概念、法律原则和法律规范三者组成的。例如，《中华人民共和国刑法》（以下简称《刑法》）第二章中大部分条文是有关《刑法》的基本概念，如犯罪，故意犯罪，过失犯罪，犯罪的预备、未遂和中止等。《中华人民共和国民事诉讼法》中以事实为根据、以法律为准绳、在适用法律上一律平等这些规定都是法律原则。法的主要内容是法律规范，因为不仅法律规范在数量上超过法律概念和法律原则，而且规定法律概念和法律原则，也是为了使人正确地理解法律规范。

所谓法律规范是指法律规范的逻辑结构。有的法学著作认为其有三个组成部分：假定，即适用这一规范的条件和情况；处理，即行为规范本身；制裁，即违反规范的后果。有的法学著作认为法律规范由行为模式和法律后果两个部分组成。行为模式大体上可以分为三种：可以这样行为（授权性规范）、应该这样行为（命令性规范）和不应该这样行为（禁止性规范）。后两类规范可合称为义务性规范，即通常所讲的“令行禁止”。“令行”指的是积极行为的义务，“禁止”是指消极的不行为的义务。法律后果大体上分为两种：肯定性法律后果，即法律上承认这种行为合法、有效并加以保护以至奖励；否定性法律后果，即法律上不予承认、加以撤销或制裁。

法律规范是一种抽象的、概括的规定，它的对象是一般的人而不是具体的人，它是反复适用的而不是仅适用一次的。所以，对有权制定法律（广义上）的国家机关所颁布的文件，要区别规范性文件和非规范性文件，前者属于法的范畴，后者虽然有一定法律效力，但不属于法的范畴，只是适用一定法律规范的产物（例如委任令、逮捕状、营业执照、调解书等）。

法是一种行为规范，也说明它有很多特点或优点，如：平等性（任何人不得享有法律之外的特权）、连续性（除法律程序加以改变外，不依人事变动而变动）、稳定性（不朝令夕改）、高效率（每个人可以根据法律而行为，不必事先经过任何人批准）等。

（2）法由国家制定或认可，具有普遍约束力。

这一特征表明了法与其他行为规范的区别之一，也说明法具有很大权威性。

法律是随着国家的出现而产生的，没有国家就没有法律。法由国家制定或认可，这是就法作为一个整体来说的。实际上，它是由各种不同层次或类别的国家机关或专门组织（如立法机关、行政机关、中央机关、地方机关等）制定或认可的，因而有宪法、法律、行政法规、地方性法规等之分，它们的法律地位或法律效力是不同的。

除法律外，还有其他很多行为规范，例如，政党、社会团体、企事业单位都有各自的规章，社会上还有各种道德、宗教规范、社会礼仪、习惯准则等。但它们都不是由国家制定或认可的，而且其中大部分也不能说对所有地区所有的人是普遍有效的。作为一个整体的法来说，它在国家主权所及的范围内是普遍有效的，具有普遍的约束力。统一性是法的又一个特点或优点。当然，各个具体的法律在适用的空间和对象上可以有所不同，有的在全国有效，有的仅在某一地区有效；有的对全体社会成员有效，有的仅对某一集团的人有效。

（3）法规定了权利和义务（职权和职责）。

这一特征表明法以权利和义务为主要内容。

法以外的某些行为规范也规定了权利和义务（如党章中规定了党员的权利和义务），但法律上的权利和义务不同于其他行为规范中所称的权利和义务。在内容、范围、保证实施的方式等方面都有很大的区别。有的社会规范，例如道德、宗教规范，一般来说仅规定了义务而没有规定权利。

从字面上讲，法律上的权利是指一定的主体（个人或组织）具有自己可以这样行为或要求其他人做某种行为的资格和能力；义务是指一定的主体必须这样行为或不这样行为的责任。在社会主义社会中，公民的权利和义务是不可分的。这里所讲的权利和义务，是从个人或企业等法人组织来说的。国家机关和国家工作人员执行公务是否也可以说国家机关和国家工作人员享有某种权利呢？从宪法来看，对公民使用了“权利”一词，对国家机关使用了“职权”一词（有的地方用“权限”）。权利和职权二词从字面上讲有某些共同之处，但也有一些重要差别。

首先，享有“权利”这一用语，一般来说与个人利益相联系，当然，在社会主义制度下，个人利益与集体利益、国家利益在根本上是一致的，个人利益应服从集体利益和国家利益。但行使职权只能说代表集体的，特别是国家的利益，绝不应指行使职权者的个人利益。其次，法律规定公民享有某种权利，使他具有自己可以这样行为或向他人提出要求的能力或资格，这并不是说他必须这样做，一般地，这是指他可以这样做也可以不这样做。但“职权”一词，一般来说，既指行使职权者可以这样做，而且往往也指他必须这样做，否则就是行使职权者的失职，甚至违法。在这里，职权与职责是合二为一的。最后，职权意味着公共权力，是国家机关或其代理人根据法律规定行使指挥、处分或监督的权力，在大多数情况下，行使职权与国家强制力是直接联系的。但个人在权利受到侵犯时，一般必须通过或请求国家机关的保护，而不能由自己来强制实施。

（4）法由国家强制力保证实施。

这一特征进一步表明法与道德等其他行为规范的区别。

在所有社会规范中，只有法才是由国家强制力保证实施的。法律的保障力量主要依靠国家强制力，是一种外在的强制手段；道德的保障主要靠人们内心的遵守和社会舆论的评价，是一种内心的约束。

以国家强制力保证实施，实际上就是指对违法行为实行法律制裁。根据违法行为的性质、情节以及实施制裁的机关和方法，法律制裁一般可分为两大类。一类是司法制裁，是指由法院判决的制裁，又可分为两种，第一种是刑事制裁，即对犯罪行为实行的制裁，称为刑罚（从罚金到死刑等）；第二种是民事制裁，一般指广义的民事违法行为的制裁（如判处违约金、损害赔偿、罚款等）。现在法院中经济审判庭一般处理经济纠纷案件，它所判决的制裁在性质上大体上属于民事制裁。另一类是行政制裁，这一般是指违反行政法规并由行政机关实施的制裁，又可分为两种，第一种是对国家机关工作人员违反行政法的行政处分，如警告、降职以至撤职等；第二种是对一般公民和组织违反行政管理（如工商行政管理、交通管理、食品卫生管理等）法规的制裁，通常称行政处罚，如警告、没收、罚款、拘留等。

总之，法是由国家制定或认可的，反映统治阶级意志，以权利和义务为内容，以确认、保护和发展统治阶级所期望的社会关系和社会秩序为目的的行为规范体系。

2.1.2 土地法的概念和特征

1. 土地法的概念

土地法是指调整土地关系的法律规范的总称。土地立法是指特定国家机关依照法定权限和程序制定具有法律效力的土地规范性文件的活动。土地立法是国家关于土地的意志形成和表达的必要途径和方式，是立法者协调土地社会关系、解决土地社会矛盾、指导土地开发利用保护的重要手段，是土地利用管理制度化、法律化的前提条件，是依法治国，建设法治国家的基础性活动。

目前，我国并没有形式意义上的综合性的《土地法》或《土地法典》，但存在实质意义上的土地法规范体系，即所有调整土地法律关系的法律规范的总和，并已经初步形成了以宪法为根本依据，由土地法律、法规、规章和其他规范性法律文件所组成的土地法律体系。

土地法有狭义、广义和最广义之分。狭义的土地法，就是指形式上经过一定法定程序所制定的土地基本法，即我国目前缺乏但需要尽快制定的《土地法》。因目前我国只有《土地管理法》，所以一般就将其视为狭义的土地法。广义的土地法，是指国家为调整土地方面的社会关系而专门制定的土地法律、法规和其他规范性文件。最广义的土地法是指由各类涉及土地关系的法规组成的法的体系所调整的全部内容和范围，包括国家宪法、民法、行政法、刑法、经济法、物权法及各类诉讼法中有关土地的规定以及专门制定的土地法律、法规和其他规范性文件等。

土地法与土地政策既有区别也有联系。党的政策是党的路线、方针的体现，一般也就是国家的政策。它是党和国家在一定历史时期为实现一定任务而规定的行动准则和依据。所以，我国法律的制定和实施都要以国家的政策为依据和准则。实际上，法就是国家政策的定型化、条文化和具体化。法律的基本精神是由政策的基本精神所决定的：法律的基本内容是由政策的基本内容所决定的。列宁说，法律是一种政治措施，是一种政策。这样说，既不是对政策和法律不加区分，也不是对法的社会职能、地位和作用，乃至法的国家意志性和独立性予以贬低，而是表明法与政策的关系，是在统一的前提下，各自发挥其特定的社会功能。只有明确这一点，才能在土地法学研究中重视党和国家的有关政策精神，因为中国共产党解决土地问题历来是以政策为先导的，历来是以政策的形式来贯彻实施的。我国1986年6月公布的《土地管理法》，也是遵循1986年3月21日中共中央、国务院发布的《关于加强土地管理、制止乱占耕地的通知》规定的基本精神而确立统一管理全国土地制度的。因此，土地法学的研究，首先要认真学习、理解党和国家有关土地关系的政策精神，并在此基础上正确处理政策与法律、法规的关系，切实做到立法工作与政策精神协调一致，并把经实践证明是正确的政策用法律形式固定下来，使土地法制不断臻于完善。

2. 土地法的特征

（1）土地关系的法律。

土地法是综合调整土地关系的法律。土地关系可分人与地的关系和人与人的关系两个方面，人与地的关系一般是指人对土地的开发利用问题，属于生产力的范畴；人与人的关系是以土地为中介在土地上发生的权利义务关系的社会问题，属于生产关系的范畴。前者的关系是要反映土地资源特性，后者的关系是要反映土地的社会性。人类社会的人地关系，可分为土地利用关系与土地分配关系。土地利用关系是指因土地而发生的人与地之间的使用关系，而土地分配关系是指与土地所建立的人与人之间的土地权利关系。实际上，土地法就是规范土地使用关系与土地权利关系的法律。这是由其调整对象的特殊性，即具有人与土地的自然关系和人与人的社会关系的双重关系的特定土地关系所决定的。在过去，人们认为土地关系只是人与人的社会关系，甚至简单地将其归结为土地权属关系。到了现代，随着人口的激增和经济的迅猛发展，土地数量的有限性与人们需要利用土地的无限增长性之间的矛盾日益突出。有效地保护土地资源的永续利用成为土地法调整的首要任务，于是各国土地法都非常重视调整人与土地的关系，对土地的利用做出种种限制。无论是土地公有制国家还是土地私有制国家都是如此。

（2）综合性的法律。

土地法律规范是综合性的法律体系。土地法律规范涉及的因素十分广泛，各种社会因素、自然因素、环境因素、人工因素、生产因素都包含在内。这样的覆盖面不是一部法律所能规范的，必然需要一个具有综合性的法律体系。土地法具有很强的综合性，它包括错综复杂的社会关系、行政关系、经济关系、区域关系、生态环境关系、地缘政治关系；土地法涉及的科学领域也十分广泛，包括法律科学、土地科学、社会科学、管理科学等；土地问题既是经济问题，又是社会问题，还是政治问题。

（3）公法与私法的混合法。

土地法内容广泛，其所规定之事项，涉及私人与国家间土地权利义务的公行为关系，如地籍管理、规划管理、耕地保护、土地征收、土地课税都是规范私人与国家间土地权利与义务关系，属公法性质。土地法也有部分内容涉及私人间土地权利义务关系，因而具有私法性质，如土地权利的规定、土地使用权转让、土地使用权租赁、农地承包经营权流转等规定，即是规定私权行为之权利与义务关系。实际上，土地法是具有民法规范（私法）和行政法规范（公法）的双重性质的法律规范。一般说来，土地法规范土地权利关系属于私法范畴，而规范土地管理关系则属于公法范畴。

（4）实体法兼程序法。

实体法的主要功能在于规定和确认权利和职权以及义务和责任。土地法律规范绝大部分为实体法，如《土地管理法》《城市房地产管理法》等规定了具体的土地权利义务内容或者法律保护的具体情况。程序法是以保证权利和职权得以实现或行使、义务和责任得以履行的有关程序为主要内容的法律，是正确实施实体法的保障。土地问题也涉及土地民事诉讼、土地行政诉讼和土地刑事诉讼等程序法。另外，土地法内容兼具实体规定及程序规定，如土地登记程序、土地出让程序、土地征收程序，皆是程序上的规定，其余大多是属土地权利义务关系的实体事项规定。由此可见，土地法是实体法兼程序法。

（5）强行法。

强行法是指必须绝对服从和执行的法律规范。凡不问当事人的意思表示，均一体适用的法律为强行法。国家基于公益的理由，必须强制实现其法律效力者，多属强行法。土地法是由国家制定或认可并以国家强制力保证其实施的规范。国家制定或认可的有关土地法律规范，对全社会成员具有普遍的约束力，任何单位和个人都必须严格遵守，对违反土地法律规范的行为，必须依法处罚，以保证国家土地法律的贯彻实施。土地法为实现国家土地政策之立法，凡所规定的事项，皆与社会公益有密切关系，自不容许当事人以合意与否变更其适用。对于有公法性质的规定部分，固应如是，即使在有私法性质之条款规定，也无例外。土地法所规定事项，除极少数例外，必须绝对适用，原则上，应为强行法。

2.2　土地法的任务

土地是宝贵的自然资源，是人类社会赖以生息繁衍的物质基础。土地法研究促进土地立法目的的实现和土地法基本功能的发挥。具体而言，土地法研究的任务主要包括以下几个方面。

2.2.1　揭示土地立法目的

一个国家的土地立法，究竟应当确立什么样的立法目的，是与这个国家的基本国情、政治制度、经济制度、文化传统以及长远利益等密切相关的。因此，科学和切合实际的土地立法目的，需要理论上的长期归纳和研究。这种归纳和研究，可以由土地法研究者来完成。首先，土地作为一种自然资源，它的存在是非人力所能创造的，土地本身的不可移动性、地域性、整体性、有限性是固有的，人类对它的依赖和永续利用程度的增加也是不可逆转的。通过土地立法、强化土地的管理，协调上述矛盾，以保证人类对土地的永续利用是土地立法的首要目的。其次，在市场经济条件下，土地的商品属性得到充分的显示和社会的认可，以法律的、行政的、经济的、技术的手段规范土地的流转，充分发挥土地的资本功能，促进生产力和社会经济的发展，是土地立法的又一目的。1998年修订后的《土地管理法》第一条明确了其立法目的，即为了加强土地管理，维护土地的社会主义公有制，保护、开发土地资源，合理利用土地，切实保护耕地，促进社会经济的可持续发展，根据宪法，制定本法。

土地法的立法目的一旦确立，面临的最艰巨的任务，就是需要研究如何将土地法的立法目的具体贯穿于整个土地法律体系之中，使具体的土地法律制度最大限度地为其立法目的服务。要实现这一目标，必然需要土地法学研究和探索科学的土地立法体制、立法原则和立法技术等重要问题。

2.2.2 探索土地法发展的内在规律

发展是历史的、具体的、分阶段的。人类社会发展规律首要的是社会存在决定社会意识，社会意识只有与所处的历史环境、具体实际和阶段性特征相一致，才能推动社会进步。只有把握我国社会经济发展的阶段性特征，体现人类社会发展的规律，明晰当今国内外发展大势，明辨我国人口发展、资源开发和环境保护面临的机遇和挑战，才能把握当代土地立法的基本方向。改革创新中国土地法律制度，借鉴国外的成功做法和经验固然重要，但立足中国国情，梳理土地法律制度在几千年历史长河中的发展演变，分析探求其中的特点和规律也很有必要。因此，需要研究和分析土地法律制度的产生、发展的条件及制约因素，揭示土地法律制度产生和发展的规律性，预测土地法律制度在未来社会发挥功能的条件与情形，并以此为依据，指导土地立法不失时机地修改与完善，以适应不断发展和变化的社会需要。探索土地法律制度的发展规律，也可以更自觉地运用土地法的基本功能和发挥土地法的社会功能。

2.2.3 研究土地法的基本理论、基本原则、调整方法

科学的土地法律规范体系，必然建立在科学的基本理论体系的基础上。中国土地法律制度是在历史发展的过程中结合中国国情制定的，具有中国特色。一是包括土地国家所有和农民集体所有的土地公有制；二是在土地所有权和土地使用权相分离制度基础上全面推行的土地有偿使用制度；三是根据我国人多地少的基本国情，实行世界上最严格的耕地保护制度。为此，中国土地法理论研究既需要对国外土地法律制度进行借鉴，又需要从中国实际出发，开展我国社会主义土地法的基本理论、基本原则、基本制度及其实践的专门研究。

研究和建立我国土地法律规范体系，主要在于加强法律规范之间的逻辑联系，消除土地法律规范相互之间的重复和矛盾。土地法的基本原则，是各种土地法律规范都必须遵守的基本准则，它直接服务于土地法的立法目的。

土地法的调整方法，主要研究以哪些方式调整土地关系最为有效。

2.2.4 规范土地执法体系、执法程序和执法方式

土地执法是指政府土地行政机关或司法部门依照法律对行政相对人采取的直接限制其权利义务，或对相对人权利义务的行使和履行情况进行监督检查的行为。土地执法是土地立法目的的实现的保障。

土地执法体系是指具有不同职权的国家行政机关或行政机关授权的执法组织，为执

行土地法律而构成的相互配合、相互分工的有机联系的系统。土地行政执法程序是由法律规定的行政执法机关在实施土地法律及法定处罚时所必须遵循的步骤、方法、期限和可以采取的手段、措施及其应用范围和对象的总称。土地行政执法方式是指土地行政执法主体为了贯彻执行土地法律、法规所采取的手段、方法和措施。随着我国法律制度的逐步建立、法治教育的深入、广大公民法治意识的提高，土地执法面临新的要求。如何完善执法体系、执法程序以及执法方式，做到依法行政、严谨执法，保证执法的严肃性和权威性是一项重要工作。建立起规范、有效的土地执法体系、程序、方式和形成良好的土地执法环境，必须依赖于土地法学理论对实际的指导。

2.2.5 评价土地法的实施效果

人们对客观世界的认识始终存在一定的差距，因此，任何一部土地法的制定和实施，与其立法时的初衷或立法目的都有一定的差距。只有通过对现行土地法及其实施状况进行理论研究，探索差距形成的原因和补救措施，才能使土地法的实施结果更接近于立法目的。为此，要建立科学的土地法治建设指标体系和考核标准，从实施角度出发对法律问题进行系统研究，重视对土地法律实施效果的评价考核，进而推动法律的全面准确实施，助推法治建设。

2.3 土地法的体系

2.3.1 法的体系与土地法的体系

1. 法的体系

法的体系，法学中有时也称为“法律体系”，是指一个国家的全部现行法律规范分类组合为不同的法律部门而形成的有机联系的统一整体。制度与制度之间、部门与部门之间，既存在差别，又相互联系、相互制约，于是形成一个内在一致的统一整体。中国特色社会主义法律体系，是以宪法为统帅，以法律为主干，以行政法规、地方性法规为重要组成部分，由宪法相关法、民商法、行政法、经济法、社会法、刑法、诉讼与非诉讼程序法等多个法律部门组成的有机统一整体。

任何一个国家的法律，不论其表现形式如何，都有其体系。它归根结底是由一定的经济关系所决定。建立在同一类型经济基础上的法，有基本上相同的法的体系，但每个国家不同的历史传统、民族特点和文化发展水平，对法的体系的形成和发展也产生一定的影响，因而同一类型的法的体系中，不同国家的法的体系又往往具有各自的特点。

法的体系和“法系”的含义不同。法的体系表明一个国家内部法律规范的统一、区别、内在的联系和协调一致性。法系是具有共同法律传统的若干国家和地区的法律，它是一种超越若干国家和地区的法律现象的总称。法学家们根据世界各国法律的基本特征，归纳出五大法系：中华法系、大陆法系、英美法系、伊斯兰法系、印度法系。

2. 土地法的体系

土地法的体系，也称土地法律体系，即将各种现行土地法律规范，按照一定的规律和原则组成相互联系、相互作用的有机统一整体。土地法律体系调整的主要对象范围分为土地行政法律关系和土地民事法律关系两个方面①。

（1）土地行政法律关系。

土地行政法律关系是指由国家土地管理机关参与组织的，人们在土地开发、利用、保护、整治以及土地管理中发生的以土地为内容的各种社会关系，包括国家行政管理机关与土地所有权人、使用权人以及其他公民、法人或者其他社会组织之间的行政法律关系。

土地法调整的这类行政法律关系，是国家对土地这一关系国计民生的生产资料和生活资料的合理利用加以调整的必然结果。其特点是：第一，这类行政法律关系在内容上表现为行政管理。国家土地行政管理机关有权依照法律的规定，对土地所有权，土地使用权的设立、变更和终止进行登记，批准土地征用，批准土地使用权出让与转让，制定和实施土地利用与保护的规划，查处土地违法行为，等等。第二，这类行政法律关系的主体之间地位不同。在土地行政法律关系中，国家土地行政管理机关处在管理者的地位，而土地所有权人和土地使用权人则处在被管理者的地位。第三，这类行政法律关系的发生、变更和终止取决于国家意志和社会公共利益。由于土地行政管理机关是国家根据宪法、国家行政机构组织法的规定和土地管理工作的实际需要而设立并依法行使职权的，所以，在土地行政管理机关行使职权过程中所引起的土地行政法律关系的发生、变更和终止的法律后果，从根本上说取决于国家依法管理土地的意志和社会公共利益的需要。至于被管理者是否同意接受土地管理机关的管理，并不妨碍这类土地行政法律关系的发生、变更和终止。第四，这类行政法律关系并不遵循等价有偿原则。由于土地行政管理机关依法行使管理职权的行为属于公法上的行为，即为社会公共利益从事管理活动，而不是从事民事活动，因此，土地行政管理机关的管理行为具有强制性和无偿性的特征，被管理者无权要求土地行政管理机关在依法行使职权时给付其任何对价。等价有偿的原则是不适用于土地行政法律关系的。

土地行政法律关系适用于行政调整的方法，即适用管理、监督等法律调整手段。具体表现为：在土地行政法律关系中，土地行政管理机关有权依法对被管理者进行监督和约束，被管理者不得拒绝接受调整方法；土地行政管理机关有权根据国家和社会公共利益的需要，命令或指令被管理者从事某些行为或限制被管理者从事某些行为，被管理者必须服从。

土地行政法律关系作为土地法的调整对象，其上述特点充分反映在《土地管理法》《城市房地产管理法》《城乡规划法》《土地管理法实施条例》《基本农田保护条例》《村庄和集镇规划建设管理条例》等法律、法规、规章和其他法律规范性文件之中。

---

① 龙翼飞．完善我国土地立法的思考．中国土地科学，1996（5）.

（2）土地民事法律关系。

土地民事法律关系是指平等民事主体间因土地发生的财产关系，包括土地所有权人或使用权人同其他公民、法人和其他社会组织之间的民事法律关系。

土地法所调整的这类民事法律关系，属于财产法律关系的范畴。其特点是：第一，这类民事法律关系在内容上可区分为土地物权关系和债权关系两大类。土地物权关系包括土地所有权关系、土地使用权关系、土地相邻权关系、土地承包经营权关系等，它们反映了静态的土地权利归属。土地债权关系包括土地使用权出让、转让关系，土地使用权出租、抵押关系，土地承包经营权转包关系等，它们反映了动态的土地权利交易。第二，这类民事法律关系的主体之间地位平等，土地所有权人、土地使用权人与其他公民、法人和其他社会组织在土地所有权的行使，土地使用权的出让、转让、出租、抵押过程中，彼此处于完全平等的地位，而不存在隶属关系或管理关系。第三，这类民事法律关系的发生建立在当事人自愿的基础之上。无论是土地使用权的出让或者转让，还是土地使用权的出租或者抵押，均须以当事人的自主自愿为基础，一方不得强迫另一方，他方更不得违法干涉。第四，这类民事法律关系体现着等价有偿的法律原则。由于当事人在这类民事法律关系中各有自己独立的经济利益，所以，等价有偿便成为当事人确定彼此权利与义务关系的基本准则。

土地民事法律关系适用民事调整方法，即适用平等、自愿、等价、有偿的原则进行调整。具体表现为：在土地使用权转让法律关系中，双方的法律地位完全平等，例如，城镇国有企业向农村集体企业转让土地使用权时，前者不得凌驾于后者之上；设立、变更或终止土地财产法律关系时，双方当事人应出于自愿，任何一方不得对他方施以强迫或干涉；在具体的土地财产法律关系的内容上，双方当事人应按照互利、互惠、等价、有偿的原则设定相互的权利与义务，不允许一方违背对方意愿无偿获取土地利益或进行显失公平的土地使用权交易。

土地法的这类调整对象的上述特点，在《民法典》《土地管理法》《城市房地产管理法》《不动产登记暂行条例》《城镇国有土地使用权出让和转让暂行条例》中表现得尤为突出。

2.3.2　土地法体系在法律体系中的定位与发展

土地法律制度为我国依法保障土地权利、保护土地资源、合理利用土地提供了法律保障。土地法律制度是我国宪法的一项重要内容。宪法对土地所有制和土地所有权、使用权的明确规定，是土地法律的根本指导原则，是土地立法、土地司法的根本依据。它对维护社会主义土地公有制、保护社会主义建设、促进社会主义经济繁荣与发展具有极为重要的意义。

土地法的体系是国家总体法律体系中一个独立的部门法律体系。这一定位是由土地法的调整对象决定的。如前所述，我国土地法的调整对象，是以土地为客体而产生的各种社会关系，并主要表现为民事法律关系和行政法律关系。由此决定，我国的土地法，既不能全部纳入《民法典》，也不能都作为行政法来规范。我国的土地法，应当而且必须是以土地为客体的民事法律规范和行政法律规范的有机结合，是具有特殊性的一个相对独立的法律部门。

我国目前土地法体系不健全，存在许多不足之处。诸如，土地法律体系的定位还存在争论，土地法律体系的指导思想和立法目的还需要进一步明确，土地法律法规散见于不同法律部门之中因而不便于执行，现行立法尚有许多空白和滞后现象，土地资产管理和土地市场管理相对薄弱，法律规定过于原则化而缺乏可操作性，等等。

土地法的体系发展以人口、资源、环境的协调发展为指导思想，以法律的统一性、规范性、稳定性、强制性、超前性等功能为保障，以“十分珍惜、合理利用土地和切实保护耕地”为基本国策，以充分考虑地区的自然、经济、社会、文化诸因素，有计划、因地制宜地均衡开发为条件，以促进土地资源的安全利用、有效保护、持续发展为最终目的。应以土地法为主线，综合运用现有的、已具规模的土地法律、法规，研究如何完善各个层次的各项法律制度，使土地部门法律体系在促进我国社会主义经济建设的发展中发挥其重要的、不可替代的作用。

因此，在确定我国土地法立法体系的基本框架时，应注意解决如下问题：第一，加紧制定《土地法》，作为统帅我国土地法律体系的基本法典，解决现行土地立法过于分散而不便执行并经常发生立法冲突的问题。《土地法》的基本内容应当包括：总则、土地产权、地籍管理、土地规划、土地保护、建设用地、土地征收、土地流转、土地估价、土地督察、法律责任和附则等。第二，注意土地立法和物权立法的有机衔接，解决土地立法和民事立法对土地产权的确权、转让、法律保护措施等方面可能出现的不协调问题，使土地立法和民事立法相辅相成，在法律实施中发挥共同的效用。第三，抓紧制定配套法律、法规、规章和其他土地法律规范性文件，解决土地资产管理和土地市场管理较弱、法律规范操作性不强的问题。例如，应制定《房地产交易法》《国土空间规划法》《农地保护法》《土地征收法》《土地违法案件处理条例》《土地估价条例》等，同时应制定上述法律的实施细则，使这些法律发挥实际调整作用。

2.3.3 土地法律体系与其他自然资源法律体系的关系

自然资源法是调整人们在开发、利用、保护和管理自然资源过程中发生的各种社会关系的法律规范的总称，一般包括土地法、水法、矿产资源法、森林法、草原法、海洋法、海岛保护法、风景名胜区法、野生动植物资源法等。土地是由地质、地貌、土壤、气候、水文、植被等各种自然因素组成的综合体，是最基本的自然资源。其他一切自然资源，如森林、草原、矿产、水、野生动植物资源等都与土地密切相关。如水利设施的建造、水资源的调配、矿产资源的开发，都与土地的合理规划利用有关。因此，土地法与其他各自独立的自然资源法都互有联系，但土地法是各种自然资源法的基础，土地法中根据国民经济的需要和自然客体的要求做出的基本原则规定，对其他自然资源法都有制约作用和指导意义。因为人们在开发、利用、保护其他自然资源的过程中，必然要涉及对土地的保护和利用问题。如果不顾土地资源的利用和保护而盲目地开发利用其他自然资源，将会产生严重的后果。如乱砍滥伐森林资源，致使出现土壤沙化加剧、动植物生存繁殖条件恶化等现象。所以，土地法律和其他自然资源法律中的原则规定有着共同的要求，这些基本要求首先反映在土地法律中。土地是一切生产生活的载体和基础，这就决定了土地法律体系在自然资源法律关系中居于主导地位。

2.4　土地法的渊源

法的渊源也称为法的形式，用以指称法的具体的外部表现形态，主要是指以规范性法律文件形式表现出来的成文法，如立法机关或立法主体制定的宪法、法律、行政法规、地方性法规、自治法规、行政规章、特别行政区法、国际条约等。

2.4.1　宪法

《中华人民共和国宪法》（以下简称《宪法》）是我国的根本大法，拥有最高法律效力。宪法规定的各项基本原则既是全国人民的共同政治基础，也是我国制定法律、法规、规章、制度时必须遵循的基本精神。宪法中有关土地的规定是具有最高效力的法律规范。国以民为本，民以食为天。土地是人类赖以生存的基础，是主权国家最基本、最重要、最宝贵的自然资源。从人类法律经验来看，作为国家根本大法的宪法必然要对土地做出规定。中华人民共和国成立后，曾于1954年9月20日、1975年1月17日、1978年3月5日和1982年12月4日先后通过四部宪法，现行版本以1982年《宪法》为基础，并历经1988年、1993年、1999年、2004年、2018年五次修正。我国先后颁布的四部宪法都对土地问题做出了原则性的规定，这些规定构成了我国土地法制的宪法基础，它们在我国的土地法制建设中发挥着纲领性的作用。1982年12月4日全国人民代表大会通过的《宪法》中第九条、第十条对国有土地和集体所有土地的范围、土地征用、土地流转、公民和法人使用土地时应尽的义务等重大问题做出了根本性规定。《宪法》第九条规定："矿藏、水流、森林、山岭、草原、荒地、滩涂等自然资源，都属于国家所有，即全民所有；由法律规定属于集体所有的森林和山岭、草原、荒地、滩涂除外。国家保障自然资源的合理利用，保护珍贵的动物和植物。禁止任何组织或者个人用任何手段侵占或者破坏自然资源。"《宪法》第十条规定："城市的土地属于国家所有。农村和城市郊区的土地，除由法律规定属于国家所有的以外，属于集体所有；宅基地和自留地、自留山，也属于集体所有。国家为了公共利益的需要，可以依照法律规定对土地实行征收或者征用并给予补偿。任何组织或者个人不得侵占、买卖或者以其他形式非法转让土地。土地的使用权可以依照法律的规定转让。一切使用土地的组织和个人必须合理地利用土地。"1988年4月12日全国人民代表大会通过的《中华人民共和国宪法修正案》（以下简称《宪法修正案》），删去了原第十条中的禁止土地出租的规定，并增加了"土地的使用权可以依照法律的规定转让"的条款，这是我国深化土地使用制度改革的根本依据。2004年3月14日全国人民代表大会通过的《宪法修正案》，在原第十条第三款中增加了国家对土地实行征收或者征用应"给予补偿"的规定，为进一步规范土地征收和征用行为提供了宪法依据。

2.4.2 土地基本法

土地基本法是指依《宪法》第六十二条之规定，由全国人民代表大会依该条第三项规定制定和修改的基本法律。它的效力高于由全国人大常委会制定的《土地管理法》。根据我国地广人多的情况，为了有效地保护土地资源，更好地发挥土地的基本功能和社会功能，制定土地基本法、完善土地法规体系是完全必要的。1986 年 6 月 16 日全国人大常委会审议《土地管理法》时即指出："考虑到本法主要是加强土地管理，解决乱占耕地、滥用土地的问题，关于国土规划、国土整治、国土开发等问题，由于实践经验不够，草案未做规定，因此将本法的名称改为《土地管理法》。"这表明，《土地管理法》的规定，未能完全适应现行土地制度的变革和其他有关土地问题的法律调整。制定土地基本法是我国土地制度发展的客观需要和必须解决的问题。

2.4.3 土地法律

土地法律是指由全国人民代表大会及其常务委员会制定的调整土地法律关系的法律规范性文件，是土地法的主要表现形式。土地法律主要由以下几个部分构成：

1. 民事法律

土地既是最重要的自然资源，也是最重要的财产，因此，以土地为客体而建立起来的土地权利体系（含土地所有权、使用权及其他土地权利）应该是土地法的核心内容和基础，也是有关土地资源的其他法律制度得以衍生的前提。一般而言，土地权利体系的构建主要是民法的任务，构成我国土地权利体系规范基础的主要是《民法典》以及一些单行的法律和法规。

（1）《民法典》，2020 年 5 月 28 日第十三届全国人民代表大会第三次会议通过，自 2021 年 1 月 1 日起施行。民法典是指规范平等主体之间私法关系的法典。民法典以条文的方式，以抽象的规则来规范各种法律行为、身份行为。《民法典》依次为总则编、物权编、合同编、人格权编、婚姻家庭编、继承编、侵权责任编，以及附则。

《民法典》总则编规定了民事活动的基本原则和一般规定，在《民法典》中起统领性作用。总则编提炼和归纳出民法普遍适用的一般性的规则、基本原则、概念和制度，对其做了系统性规定，包括基本规定、自然人、法人、非法人组织、民事权利、民事法律行为、代理、民事责任、诉讼时效、期间计算等，从而为实务工作提供指导。

《民法典》物权编调整因物的归属和利用产生的民事关系。物权立法是为了维护国家基本经济制度，维护社会主义市场经济秩序，明确物的归属，发挥物的效用，保护权利人的物权，根据宪法而制定的。因物的归属和利用而产生的民事关系，适用物权法。该法所称物，包括不动产和动产。所称物权，是指权利人依法对特定的物享有直接支配和排他的权利，包括所有权、用益物权和担保物权。

《民法典》担保编旨在规定和调整担保关系中各方当事人之间的权利和义务，保障各方权益，维护社会和经济秩序的稳定。担保是指为保障债务人对债权人的债务利益而实施的一项行为，其目的是将债务人的债务责任转嫁给担保人，从而保障债务人的还款能力和信用能力。《民法典》中规定了多种担保形式，包括保证、抵押、质押等，不同的担保形式适用于不同的情况和需求。

《民法典》合同编调整因合同产生的民事关系，为各编中条文体量最大的一编。合同制度是市场经济的基本法律制度，要贯彻全面深化改革的精神，使市场在资源配置中起决定性作用，必须坚持维护契约、平等交换、公平竞争原则，完善市场经济法律制度。与原《合同法》相比，《民法典》合同编充分考虑到了社会经济生产生活的新变化，在原《合同法》基础上做了一些修改和调整，使市场经济的法律规制更加明确。合同编通则中所有的规定对于土地使用权的出让、转让、赠与、租赁合同都具有规范效力（其他法律有特别规定的应优先适用该特别规定），关于租赁合同的规定同样也可适用于土地使用权租赁合同。

(2)《农村土地承包法》，2002 年 8 月 29 日第九届全国人民代表大会常务委员会第二十九次会议通过，自 2003 年 3 月 1 日起施行，根据 2018 年 12 月 29 日第十三届全国人民代表大会常务委员会第七次会议《关于修改〈中华人民共和国农村土地承包法〉的决定》第二次修正。该法是一部以规范农村土地承包、保护农村土地承包经营权及其流转为主要内容的法律，包括总则、家庭承包（包括发包方和承包方的权利和义务，承包的原则和程序，承包期限和承包合同，土地承包经营权的保护和互换、转让，土地经营权）、其他方式的承包、争议的解决和法律责任、附则，共五章。

此外，关于土地使用权的出资、继承、拍卖和土地项目招标等行为，也可适用《公司法》和《民法典》继承编相关内容、《拍卖法》、《招标投标法》等。

2. 刑事法律

《刑法》于 1997 年 7 月 11 日由第五届全国人民代表大会第二次会通过，2023 年 12 月 29 日第十四届全国人民代表大会常务委员会第七次会议通过《中华人民共和国刑法修正案（十二）》，自 2024 年 3 月 1 日起施行。1997 年，全国人民代表大会通过了修改后的《刑法》，增设了“非法转让、倒卖土地使用权罪”（第二百二十八条）、“非法占用耕地罪”（第三百四十二条，该条于 2001 年修正）、“非法批准征用、占用土地罪”和“非法低价出让国有土地使用权罪”（第四百一十条）。《刑法》的这些规定为加强土地管理，更好地打击土地违法行为和保护耕地提供了强有力的法律武器。

3. 土地行政法律

在土地管理方面，《土地管理法》和《城市房地产管理法》是我国规范土地行政管理法律关系的法律，我国现有的土地管理法律体系也主要是围绕这两部法律而构建起来的。

(1)《土地管理法》，1986 年 6 月 25 日第六届全国人民代表大会常务委员会第十六次会议通过，1988 年 12 月 29 日第一次修正，1998 年 8 月 29 日修订，2004 年 8 月 28 日第二次修正，2019 年 8 月 26 日第三次修正。该法是一部以调整土地行政管理法律关系为主要内容的法律，主要由总则、土地的所有权和使用权、土地利用总体规划、耕地保护、建设用地、监督检查、法律责任、附则八章构成，比较集中、全面地规定了我国土地管理方面的基本制度。《土地管理法》的出台，对于深化土地管理体制和土地使用制度改革，强化土地管理，推动土地管理事业的健康发展起了基础性作用。

（2）《城市房地产管理法》，1994 年 7 月 5 日第八届全国人民代表大会常务委员会第八次会议通过，自 1995 年 1 月 1 日起施行，2007 年、2009 年、2019 年进行了三次修正。该法是一部以国有土地使用权的取得及在国有土地上进行房地产开发、交易及房地产权属登记为主要内容的法律，包括总则、房地产开发用地（包括土地使用权出让和土地使用权划拨两节）、房地产开发、房地产交易（包括一般规定、房地产转让、房地产抵押、房屋租赁、中介服务机构）、房地产权属登记管理、法律责任、附则共七章。《城市房地产管理法》关于国有土地使用权取得、城市土地流转关系和市场管理的规范是我国土地管理法律制度的重要内容，对于健全我国土地管理法律体系具有重要作用。

4. 间接调整土地关系的法律

土地资源作为国土资源整体的一部分，虽然具有相对的独立性，但同时又与其他自然资源相互联系和相互影响。因此，以其他自然资源的利用和保护为调整对象的法律虽然不以土地关系为直接的调整对象，但其规范也会间接涉及土地关系，这些规范同样也是我国现行土地法的一个必要组成部分。这些由全国人民代表大会常务委员会通过的法律主要包括《森林法》《草原法》《渔业法》《野生动物保护法》《野生植物保护条例》《水法》《水土保持法》《矿产资源法》《煤炭法》《海洋环境保护法》《环境保护法》。

5. 涉及土地关系的其他法律

如企业法、税法、农业法、城乡规划法、科技法、能源法、铁路法、公路法等经济法或行政法从不同角度、在不同程度上调整或涉及土地法律关系。

2.4.4 土地行政法规

土地行政法规是指根据我国《宪法》第八十九条第一项规定，由国务院制定的。土地行政法规是土地法规体系中的主要组成部分。通称“条例”“办法”“规定”。根据宪法和法律，围绕土地行政的各个领域和各个方面，国务院先后发布了多项土地方面的行政法规。

（1）在用地管理方面，1982 年 5 月发布了《国家建设征用土地条例》（1958 年公布的《国家建设征用土地办法》废止），该条例在 1986 年被《土地管理法》所取代。1990 年 5 月发布了《城镇国有土地使用权出让和转让暂行条例》和《外商投资开发经营成片土地暂行管理办法》（2008 年废止）。

（2）在耕地、林地保护方面，2011 年 3 月发布了修改后的《土地复垦条例》，2011 年 1 月发布了新的《基本农田保护条例》，2002 年 12 月发布了《退耕还林条例》（2016 年 2 月修订）。

(3) 在土地市场管理方面，1988年9月发布了《城镇土地使用税暂行条例》(2019年第四次修订)，1993年12月发布了《土地增值税暂行条例》(2011年修订)，2014年11月发布了《不动产登记暂行条例》(2019年3月、2024年3月进行了两次修订)，1998年7月发布了《城市房地产开发经营管理条例》(2011年1月、2018年3月、2019年3月、2020年3月、2020年11月进行了五次修订)。

2.4.5 部门行政规章

部门行政规章是指国务院各部门（包括具有行政管理职能的直属机构）根据法律和国务院的行政法规、决定、命令在本部门的权限内按照规定的程序所制定的规定、办法、细则、规则等规范性文件的总称。土地部门行政规章，是指国务院所属各部委和其他依法有行政规章制定权的国家行政部门制定的调整土地法律关系的法律规范性文件。在我国，依据法律和行政法规制定的土地行政部门规章也具有规范性效力。这些行政规章的范畴包括如下几类：

(1) 地籍管理方面的部门规章，如《不动产登记资料查询暂行办法》，经2018年1月26日国土资源部第1次部务会议审议通过，2018年3月2日公布，自公布之日起施行。2019年7月、2024年5月分别进行修正。

(2) 用地管理方面的部门规章，如《国土资源部关于修改〈建设用地审查报批管理办法〉的决定》，经2016年11月25日国土资源部第4次部务会议审议通过，2016年11月29日发布，自2017年1月1日起施行。

(3) 土地利用规划管理方面的部门规章，如《土地利用总体规划管理办法》，经2017年5月2日国土资源部第1次部务会议审议通过，2017年5月8日公布，自公布之日起施行。自2019年7月24日起，该办法废止。

(4) 土地开发、整理与复垦方面的部门规章，如《土地复垦条例实施办法》，经2012年12月11日国土资源部第4次部务会议审议通过，2012年12月27日发布，自2013年3月1日起施行。2019年7月修正。

(5) 土地利用方面的部门规章，如《节约集约利用土地规定》，2014年5月22日国土资源部令第61号公布。2019年7月修正。

(6) 土地监察管理方面的部门规章，如《违反土地管理规定行为处分办法》，经2007年12月5日监察部第11次部长办公会议、2007年12月4日人事部第5次部务会议、2007年11月2日国土资源部第12次部长办公会议审议通过，2008年5月2日经国务院批准，自2008年6月1日起施行。2000年3月2日监察部、国土资源部第9号令发布的《关于违反土地管理规定行为行政处分暂行办法》同时废止。《国土资源执法监督规定》经2017年12月27日国土资源部第4次部务会议审议通过，2018年1月2日发布，自2018年3月1日起施行，根据2020年3月20日自然资源部第1次部务会议《自然资源部关于第二批废止和修改的部门规章的决定》修正为《自然资源执法监督规定》。

其他方面的部门规章还有很多，不再一一列举。

2.4.6 地方性法规和地方行政规章

地方性土地法规，是指由各省、自治区、直辖市和其他依法有地方法规制定权的地方人民代表大会及其常务委员会制定的调整土地法律关系的规范性法律文件。地方土地行政规章，是指由各省、自治区、直辖市人民政府和其他依法有地方行政规章制定权的地方人民政府制定的调整土地法律关系的规范性法律文件。二者数量众多，它们不仅在保证土地法律制度的实施方面起到了积极的作用，而且在积极探索土地制度改革、推动我国土地法律制度的进一步完善方面产生了重要的影响。

比如，1981 年，广东省人大常委会颁布的《深圳经济特区土地管理暂行规定》，在全国率先推行土地有偿使用的先河，随后，上海、广州等城市纷纷效仿，并制定和颁布了相关的法规，这些法律文件对此后我国土地有偿使用的统一立法工作（即 1988 年《宪法》和《土地管理法》对土地有偿使用和转让制度的确认）都产生了重要的影响。同样地，一些经济特区和较发达城市所颁布的土地储备办法（如 2003 年颁布的《珠海市土地储备办法》）和城市基础设施或公用事业特许经营办法（如 2003 年颁布的《深圳市公用事业特许经营办法》），对于我国土地储备制度和城市土地经营制度的进一步完善都起到了积极的推动作用。

2.4.7 司法解释

司法解释是指国家最高司法机关在适用法律过程中对具体应用法律问题所做的解释，其解释权来源于《全国人民代表大会常务委员会关于加强法律解释工作的决议》。司法解释包括审判解释和检察解释两种。审判解释是指最高人民法院对审判工作中具体应用法律问题所做的解释。如《最高人民法院关于审理预付式消费民事纠纷案件适用法律若干问题的解释》（2025 年 5 月 1 日起施行）。审判解释对各级人民法院的审判具有约束力，是办案的依据。检察解释是指最高人民检察院对检查工作中具体应用法律问题所做的解释。如《最高人民检察院关于审查起诉期间犯罪嫌疑人脱逃或者患有严重疾病的应当如何处理的批复》（2014 年 1 月 1 日起施行）。这种解释对各级人民检察院具有普遍约束力。

目前涉及土地问题的司法解释大多是最高人民法院的审判解释。最高人民法院就土地法适用问题所做的审判解释，属于有权解释，是人民法院处理土地案件的裁判准则，因而也是我国土地法律制度的组成部分。较为重要的有《最高人民法院关于审理破坏土地资源刑事案件具体应用法律若干问题的解释》（2000 年 6 月 22 日起施行）、《最高人民法院关于审理涉及国有土地使用权合同纠纷案件适用法律问题的解释》（2005 年 8 月 1 日起施行，2020 年 12 月修正）、《最高人民法院关于审理涉及农村土地承包纠纷案件适用法律问题的解释》（2005 年 9 月 1 日起施行，2020 年 12 月修正）、《最高人民法院关于房地产案件受理问题的通知》（1992 年 11 月 25 日起施行）、《最高人民法院关于办理申请人民法院强制执行国有土地上房屋征收补偿决定案件若干问题的规定》（2012 年 4 月 10 日起施行）等。某些综合性司法改革措施（如司法责任制、涉案财物处理等）需要最高人民法院和最高人民检察院协同推进时，可以联合发文。如《最高人民法院、最高人民检察院关于办理破坏黑土地资源刑事案件适用法律若干问题的解释》（2025年5月6日起施行）。

2.4.8　国务院及其所属各部、委发布的规范性文件

这些规范性文件为数众多，其表现形式通常为决定、通知、批复、意见等，它们虽然不是人民法院审理土地案件的裁判规范，但对土地行政机关的执法行为有约束力，因而也是土地行政法的一种表现形式。如《国务院关于加强国有土地资产管理的通知》（2001年4月）、《国务院关于深化改革严格土地管理的决定》（2004年10月）等。

土地法是调整特定土地关系的法律规范的总称。从法律渊源上看，其构成体系包括：宪法、土地基本法、土地法律、土地行政法规、部门行政规章、地方性法规和地方行政规章等。宪法、基本法、法律是由国家立法机关按立法程序制定的，效力最高。行政法规是由国家最高行政机关国务院制定的，效力仅次于法律。各省、自治区、直辖市及较大的市人大及其常委会制定的地方性法规，其效力虽仅及于受其管辖的机构和人民，但因其是地方立法机关依宪法授权制定的，其性质属于法，故称法规。其效力仅次于法律和行政法规。国务院各业务主管部门，为了贯彻执行法律、行政法规，依照《宪法》第九十条规定，可根据法律、行政法规规定制定行政规章，在全国范围内适用。其效力略次于法律、行政法规、地方性法规。即它的规定在与地方性法规相矛盾时，该地方可执行符合其本身特点的地方性法规。这是因为它不是由立法机关制定，其性质属行政规章，所以较法规的效力稍逊一筹。各省、市、县为执行法律、法规制定的地方规章，其效力次于中央各主管部门的行政规章，这是目前我国法律体系中效力最低的一种行政规章，它的制定不能与上述各项法律、法规、规章相抵触。如有抵触，则其抵触部分无效。如与其他法律部门的法律规定相矛盾，亦属无效。

2.5　土地法的效力

土地法是很重要的法律，在现实生活中，无论是执法者还是守法者都应当明确地了解其适用的范围。只有这样，土地法才能得到正确、及时、有效的贯彻实施。以下对土地法的适用范围进行探讨，以期有助于正确、有效地使用土地法。

了解土地法的适用范围是正确处理有关土地民事、刑事、行政案件的前提。那么，什么是土地法的适用范围呢？土地法的适用范围又称土地法的效力，是指土地法在哪些范围发生效力，它包括土地法在什么地方，对什么人、什么事，什么时间具有法律效力。可概括为四个方面的内容：（1）对地的效力；（2）对人的效力；（3）对事的效力；（4）对时的效力①。

① 陈海秋．论土地管理法的适用范围．国土经济，1999（6）．

2.5.1 土地法对地的效力

法对地的效力也称法的属地原则，是指法律适用的地域空间范围。一般而言，法律适用于其境内一切人。我国《宪法》第五条规定，“一切国家机关和武装力量、各政党和各社会团体、各企业事业组织都必须遵守宪法和法律。”“任何组织或者个人都不得有超越宪法和法律的特权”。即法律在我们国家主权管辖范围内生效。民族自治地方对国家法律不能全部适用的，报全国人大批准后施行。所谓国家主权管辖范围，除国家的领土、领海、领空外，还包括其延伸部分，即在领域外航行的中华人民共和国船舶、飞行器和驻外的使领馆地等。

《土地管理法》对空间的效力，是指《土地管理法》在什么地域内适用的问题。这里的地域包括领土、领海、领空等内容。从《土地管理法》的有关规定看，凡在我国领域内的有关土地的行为，都必须遵守我国《土地管理法》。土地管理法律、法规的空间效力因颁布机关的不同，在其空间上的效力亦有差别：凡属全国人民代表大会、全国人民代表大会常务委员会、国务院颁布的土地管理法律、法规，除有特别规定的外，适用于我国的一切领域，如《土地管理法》《土地管理法实施条例》等即是如此；凡属地方各级人民代表大会或地方各级人民政府、民族自治地方的自治机关等制定或发布的土地管理法规、规章只适用于该行政区域，即在该行政区域内有效。

在我国进行的土地行为，原则上都应适用《土地管理法》。但也有例外的情况：《土地管理法》不适用于香港、澳门地区，这是由《中华人民共和国香港特别行政区基本法》（以下简称《香港特别行政区基本法》）、《中华人民共和国澳门特别行政区基本法》（以下简称《澳门特别行政区基本法》）决定的；外国人在中国实施关于身份的法律行为，可以适用他们的属人法，如两个外国人在中国缔结有关土地方面的合同，涉及有关行为能力的，适用他们共同的本国法。

2.5.2 土地法对人的效力

法对人的效力也称法的属人原则，是指法律对人的适用范围。一般地说，一国法律只适用于本国公民，以及居住在本国境内的外国人和无国籍人。但有时为了保护国家或本国公民和外国公民的正当权益，在某些特殊条件下也可以适用不居住在本国境内的外国公民和本国公民。如我国《刑法》第八条规定：“外国人在中华人民共和国领域外对中华人民共和国国家或者公民犯罪，而按本法规定的最低刑为三年以上有期徒刑的，可以适用本法，但是按照犯罪地的法律不受处罚的除外。”

《土地管理法》对人的适用范围，是指《土地管理法》对哪些人有法律约束力。这里所说的人包括自然人和法人。《土地管理法》第七条做了规定，条文中指的“单位和个人”是我国《土地管理法》对人的效力的主体形式。

就个人即自然人而言，一国之内存在三种情况，即本国公民、外国人和无国籍人。原则上讲，我国《土地管理法》适用于我国境内的一切人，包括中华人民共和国公民、外国人和无国籍人。这里的“个人”通常包括土地的管理者、土地的所有者、土地的使用者等。在实施民事行为时，这里的“个人”必须是具有民事行为能力的人。

就单位而言，它包括公司、企业、事业单位、机关、团体等几个主体。这里的公司、企业等法人也包括外国的公司、企业等法人。原则上讲，我国的《土地管理法》适用于我国境内的所有单位，也包括外国在我国境内的公司、企业等法人。对于外商投资企业的用地问题，《土地管理法》第八十五条则规定：“外商投资企业使用土地的，适用本法；法律另有规定的，从其规定。”这就表明：在一般情况下，外商投资企业在涉及土地使用的问题上，要适用《土地管理法》，但如果法律另有规定的，则按另作规定的法律办理。这方面的法律包括《中华人民共和国外商投资法》等。这一规定，是“特别法优于一般法”在土地管理立法中的具体运用，其目的是吸引外资，推动对外开放，以促进我国社会经济的可持续发展。

作为例外的是：第一，对港澳居民不适用《土地管理法》，这是由《香港特别行政区基本法》及《澳门特别行政区基本法》决定的。第二，外国人的身份法上的有些行为，适用他们的本国法。第三，外国驻华使领馆的外交人员及外国、国际驻华组织享有外交豁免权，不适用于我国《土地管理法》。

2.5.3　土地法对事的效力

土地法对事的效力，是指土地案件的审理或处罚，应适用于有关的土地管理法律、法规。对事的效力可分为两大类：对土地违法行为的效力、对土地犯罪行为的效力。后一类可依据《刑法》及《刑事诉讼法》等有关法律规定处理。对土地违法行为的效力又可进一步细分为：对民事违法行为的效力、对土地行政违法行为的效力。前一种土地违法行为，可参照《民法典》等法律、法规办理。而对后一种违法行为的效力如何认定呢？从《土地管理法》的有关规定看，其对土地行政违法行为的效力规定主要体现在《土地管理法》法律责任中，分别给予行政处分和行政处罚。

土地管理法对事的效力，从另一个角度讲，也就是县以上人民政府土地行政主管部门主管土地违法案件的范围。其主要内容为：（1）土地违法案件由土地所在地土地行政主管部门管辖。县级以上土地行政主管部门管辖本行政区域内发生的土地违法案件，依照有关规定应当由上级土地行政主管部门管辖的除外。设区的市已实行土地监察集中统一管理体制的，由市土地行政主管部门管辖所辖区内的土地违法案件，依照有关规定应当由上级土地行政主管部门管辖的除外。政府非法批地的土地违法案件，由上级土地行政主管部门管辖。（2）自然资源部管辖下列案件：国务院交办的省级人民政府非法批地的案件或者其他案件，在全国范围内有重大影响的案件，法律、法规规定由其管辖的案件。（3）有管辖权的土地行政主管部门因特殊原因不能行使管辖权的，由上级土地行政主管部门指定管辖。管辖权有争议的土地违法案件，争议双方应当协商解决；协商不成的，共同报上级土地行政主管部门指定管辖。（4）上级土地行政主管部门，在必要时可以查处下级土地行政主管部门管辖的土地违法案件，也可以将自己管辖的土地违法案件交下级土地行政主管部门查处。下级土地行政主管部门对其管辖的土地违法案件，认为有需要由上级土地行政主管部门处理的，可以报请上级土地行政主管部门决定。(5) 上级土地行政主管部门对交由下级土地行政主管部门查处的土地违法案件，必要时可以督促办理。上级土地行政主管部门发现下级土地行政主管部门对依法由其管辖的土地违法案件不查处或者不及时查处的，可以发出土地违法案件查处督办通知书，必要时也可以自行依法查处。

2.5.4 土地法对时的效力

法对时的效力是指法的生效期、失效期、溯及力以及追诉时效、诉讼时效等问题。

(1) 法的生效期。

法一般是从公布之日起生效。如《城镇国有土地使用权出让和转让暂行条例》第五十三条规定："本条例自发布之日起施行。"有的法为了有充分时间向公民宣传，另行规定生效期。如《土地管理法》于1986年6月25日公布，规定于1987年1月1日起施行。与生效时间间隔6个多月。1998年修订后的《土地管理法》第八十六条规定："本法自1999年1月1日起施行。"从1998年8月29日公布到1999年1月1日生效，这中间共有4个多月的时间。为什么要采取这种方式呢？这是因为，《土地管理法》修订后，要保证其实施需要做大量的准备工作，如清理以前制定的各种法规、规章、办法等，修订《土地管理法实施条例》及《基本农田保护条例》，进行宣传、教育、培训等。上述这些工作，需要有一个过程。有的法规为了总结实践经验，先予试行，然后补充修正。如《环境保护法》《森林法》等。

(2) 法的失效期。

法的失效有四种情况：一是法规本身规定的有效日期届满。二是新法公布，旧法废止。如《土地管理法》施行后，原有的《村镇建房用地管理条例》《国家建设征用土地条例》同时废止。三是颁布特别规定，宣布废除或改变某项法律规定。四是法律规定的原有条件已经消失，法律自然失效。

(3) 法的溯及力。

所谓溯及力，是指对该法生效前的行为是否适用的问题。如果适用就有溯及力，如果不适用就没有溯及力。一般法律不溯既往，即既往不咎，没有溯及力。但法律本身有特殊规定者除外。对于《刑法》的溯及力，各国采取不同的原则，在法学理论上有四种意见：第一种是德国学者费尔巴哈提出的从旧原则，即新法不溯既往。第二种是法国学者孟德斯鸠提出的从新原则，即什么时候发觉即按发觉时的法律规定处理。第三种是从新从轻原则，即新法可以溯及，但旧法比新法轻时，仍适用旧法。第四种是从旧从轻原则，原则上不溯，除非新法轻于旧法时，适用新法。我国原则上一般采用从新从轻原则。

《土地管理法》原则上没有溯及力。如1998年修订后的《土地管理法》对施行以前的行为如何处理呢？1）对1998年8月29日至1999年1月1日之间发生的土地管理问题，修订后的《土地管理法》对其不发生法律效力，应当按照原《土地管理法》执行，但如果这些问题仍然延续到1999年1月1日以后，就应当适用修订后的《土地管理法》。2）对于修订后的《土地管理法》施行前发生的土地案件，无论是已经受理尚未审结，还是今后受理的，凡修订后的《土地管理法》施行前的土地管理法律、法规已有规定的，则适用原来的法律、法规及有关政策；原来没有规定的，则适用于修订后的《土地管理法》；在修订后的《土地管理法》施行之前已经发生法律效力的决定，当事人提出申诉或再审的案件，仍应按原来的法律法规处理。

（4）追诉时效。

追诉时效是与法的效力密切相关的一个内容。在行政法中，所谓追诉时效，是指对违法行为人实施行政处罚的有效期限。在法定的有效期限内，行政处罚的实施机关有权依法给予违法行为人行政处罚。超过法定的追诉期限，则不得对违法行为人适用行政处罚，已经处罚的应予以撤销。规定追究责任时效既体现了我国行政处罚的目的，又有利于行政机关集中精力打击现行违法行为，避免案件的久拖不决和保证行政执法的高效率。

《土地管理法》属于行政法的范畴，它主要适用于土地行政违法行为，其追诉时效应当遵循《行政处罚法》的有关规定。1）《行政处罚法》对追究责任时效原则规定为两年，凡是超过两年才被发现的违法行为，不再给予行政处罚。但是规定了例外的情况："法律另有规定的除外。"需要注意的是，此款强调的是"法律"另有规定的除外，不包括其他设定处罚的行政法规、地方性法规和规章等规范性文件的规定。若行政法规、地方性法规或者规章等规范性文件与该法规定不符的，应适用该法。2）《行政处罚法》对规定追究责任期限的计算方法有具体说明。"违法行为有连续或者继续状态"，是指违法行为是连续行为或继续行为。连续行为是指行为人在一定时间内连续数次实施了性质完全相同的违法行为。继续行为是指一个违法行为发生之后，行为以及由此造成的不法状态一直处于持续状态。对这两种违法行为，其追究责任期限从违法行为终了之日起计算。

此外，根据《最高人民法院行政审判庭关于如何计算土地违法行为追诉时效的答复》的规定，对非法占用土地的违法行为，在未恢复原状之前，应视为具有继续状态，其行政处罚的追诉时效，应根据《行政处罚法》的规定，从违法行为终了之日起计算；破坏耕地的违法行为是否具有连续或继续状态，应根据案件的具体情况区别对待。这就是说，非法占用土地的违法行为，不受两年追诉时效的限制。

另外，《刑法》追诉时效是指按照《刑法》的规定追究犯罪分子刑事责任的有效期限。犯罪分子的犯罪行为已经超过《刑法》规定的追诉时效期间的，不再追究其刑事责任。根据各种犯罪法定刑的轻重，分别规定长短不一的追诉时效期间：1）法定最高刑为不满 5 年有期徒刑的，追诉时效的期间为 5 年；2）法定最高刑为 5 年以上不满 10 年有期徒刑的，追诉时效的期间为 10 年；3）法定最高刑为 10 年以上有期徒刑的，追诉时效的期间为 15 年；4）法定最高刑为无期徒刑、死刑的，追诉时效的期间为 20 年。如果 20 年以后认为必须追诉的，须报请最高人民检察院核准。在人民检察院、公安机关、国家安全机关立案侦查，或者在人民法院受理案件以后，逃避侦查或者审判的，不受追诉时效期间的限制。犯罪人在追诉时效期间又犯罪的，前罪追诉时效的期间从犯后罪之日起计算。

（5）诉讼时效。

诉讼时效是指民事权利受到侵害的权利人在法定的时效期间内不行使权利，当时效期间届满时，债务人获得诉讼时效抗辩权。《民法典》第一百八十八条至第一百九十九条对诉讼时效有详细规定。普通诉讼时效通常为 3 年。

诉讼时效期间自权利人知道或者应当知道权利受到损害之日起计算。法律另有规定的，依照其规定。但是自权利受到损害之日起超过 20 年的，人民法院不予保护；有特殊情况的，人民法院可以根据权利人的申请决定延长。

关键术语

土地法	土地关系	土地法体系	土地行政法律关系
土地法渊源	土地基本法	土地法律	土地行政法规
部门行政规章	司法解释	土地法效力	法的溯及力

复习思考题

1. 简述法和土地法的概念和特征。
2. 如何理解土地法是土地关系的法律？
3. 法的体系和“法系”有何区别？
4. 简述土地法的体系。
5. 简述土地法的渊源。
6. 简述土地法的效力。

第3章

土地法制的演变

我国的土地法制有着悠久的历史。自有人类社会以来，有关土地归属和利用的制度，便始终与社会的安定和经济的发展紧密相连，与社稷的兴衰和人民的福祉息息相关。历代的政治变革往往伴随着以土地为核心的法制变革。本章主要阐述土地法制的内涵、古代的土地法制、近代的土地法制、当代的土地法制和土地法制的建设等问题。

3.1　土地法制的内涵

土地法制是土地法律和土地制度的总称。法制是指统治阶级以法律化、制度化的方式管理国家事务，并且严格依法办事的原则，也是统治阶级按照自己的意志通过国家权力建立的用以维护本阶级专政的法律和制度。社会主义法制通常是指社会主义国家的法律和制度，代表社会主义国家全体人民的最大利益和意志，包括立法、执法、守法三个方面，要求做到“有法可依，有法必依，执法必严，违法必究”。其基本原则主要有社会主义民主、法律由国家统一制定和实施、法律面前人人平等。正是由于土地问题的极端重要性，关于土地问题的法律制度历来是一切国家法律体系中的一个十分重要的法律部门。

1. 从自然资源的角度看

土地是人类最珍贵的自然资源，是一切生产和一切存在的源泉，是人类赖以生存和发展的基础，是一国宝贵的物质财富之一。土地作为人类可利用的一切自然资源中最基本、最宝贵的资源，具有特殊重要的地位。人类社会的生产、生活、消费都离不开土地。土地和国家的经济建设与生存发展有着极密切的关系，管好、用好土地资源，是国家的重大战略任务。土地本身的不可移动性、地域性、整体性、有限性是固有的，人类对它的依赖和永续利用程度的增加也是不可逆转的。通过土地立法，强化土地的开发、利用、保护、整治和管理，协调上述矛盾，以保证人类对土地的永续利用是土地法制建设的重要内容。

2. 从社会政治的角度看

一个国家的土地制度状况直接反映了这个国家的社会政治状况，政治体制与土地制度在本质上密切关联，二者互相影响、相辅相成，中国古代的政治变革往往伴随着以土地为核心的经济变革。由于土地是人类社会生产、生活的物质基础，因此，以土地为客体形成了广泛而复杂的土地关系，或者说，人类社会立足于土地之上，围绕土地而进行的生产、生活活动中，所产生的土地关系广泛存在。土地虽然不是人力所创造的自然资源，却是可供人类社会开发和支配的财富，除人与土地之间的关系外，还形成了以土地为基础的人与人之间的广泛的社会经济关系，它们都需要体现于法律形式，用法律来调整这种关系。或者说，广泛存在的土地关系，必须有统一的规则，并且能有效地遵守，这就要求制定法律，协调普遍存在的由开发利用土地而形成的利益关系，调整人们的权利和义务。在市场经济条件下，土地的商品属性得到充分的显示和社会的认可，以法律的、行政的、经济的、技术的手段规范土地的流转，充分发挥土地的资本功能，促进生产力和社会经济的发展，是土地法制建设的重要目的。

3. 从基本国情的角度看

人多地少，耕地资源相对不足，人地矛盾日趋尖锐，短期内难以改变。我国即将迎来人口高峰、城镇化高峰和工业化高峰，城镇化、工业化进程的加快使土地资源的压力加大，人口和基础产业在空间上过度集聚使国土自然基础之间的失衡加剧，城镇无序蔓延和重化工业不合理布局严重威胁农产品生产安全，海洋开发强度不断加大导致海陆资源统筹利用、海洋环境保护和权益维护的任务更加艰巨，全球化进程加快使维护国家资源安全和经济安全面临更加复杂的局面。目前，《土地管理法》立法是为了加强土地管理，维护土地的社会主义公有制，保护、开发土地资源，合理利用土地，切实保护耕地，促进社会经济的可持续发展。加强土地法制建设，建立和健全土地法律、法规，使土地法制成为管好土地的重要武器，使“十分珍惜、合理利用土地和切实保护耕地”的基本国策真正得以贯彻和落实。

综观全球，我们不难发现这样一种共同现象：越是经济发达、社会发展进度快的国家和地区，越重视利用土地资源，并通过立法使之规范化、法律化和制度化。虽然中国古代与现代意义上的法制含义有所不同，中外学者对立法概念的理解和界定也有所差异，但古今中外，许多国家曾制定过一项项土地法律，它们在历史上发挥过重要作用，这种历史事实既说明了土地资源的重要性，又说明了法律手段的必要性。在现代社会中，人类更能深刻地认识土地的重要性，也更有必要重视土地法制，更充分地运用法律手段，所以，土地法制反映了历史的和时代的特点。

3.2　古代的土地法制

中国是世界上文明发达最早的国家之一。中国古代史经历了以下几个阶段：原始社会（170万年前—公元前2070年）、奴隶社会（公元前2070年—公元前475年）和封建社会（公元前475年—1840年）。历代的政治变革往往伴随着以土地为核心的法制变革。以下从原始社会、奴隶社会、封建社会三个阶段来阐释土地制度和土地立法的发展变化。

3.2.1　原始社会的土地共有制

原始社会是人类产生之后所建立的第一个共同体，也就是人类历史的第一阶段。我国的原始社会时期起自大约170万年前的元谋人时期，止于公元前21世纪夏王朝的建立。到目前为止，还没有发现世界上有哪个民族没有经历过原始社会。人类出现，原始社会也就产生了。处于原始社会的人类生产力水平很低，生产资料都是共有的。原始社会还没有出现国家，当然也就谈不上土地立法，土地为整个社会共同所有。

土地共有制时期是指夏代以前的氏族时期。这一时期，人少地多，人们逐水草而居。土地为全体人民所共有。氏族公社是原始社会的基本单位，是以土地生产资料公有制为基础、以血缘纽带和血统世系相联结的社会组织形式，曾普遍存在于世界各地的原始社会中，是人类社会发展的初级阶段。氏族公社经历母系氏族公社和父系氏族公社两个阶段。母系氏族公社经蒙昧时代高级阶段继续发展，到野蛮时代低级阶段臻于全盛。到野蛮时代中高级阶段，随着社会生产力和劳动分工的发展，母系氏族公社逐渐为父系氏族公社所取代。氏族公社具有以下特征和职能：土地生产资料的氏族占有制是氏族社会生产关系的基础，母系氏族公社时期，氏族内部没有贫富贵贱之分，氏族成员共同劳动和消费。到父系氏族公社时期，已有贫富和贵贱的分化；有以族长为首的管理机构，族长一般由氏族成员选举或撤换；氏族内部禁婚；死后遗产须留在氏族内，由同族成员继承；同氏族人有相互援助、保护及执行血亲复仇的义务；氏族有自己的名称、共同的宗教节日和墓地。

随着生产力水平的提高，出现产品的剩余之后，就出现了贫富分化和私有制，原先的共同分配和共同劳动的关系被破坏，而被阶级社会所取代。随着私有制和阶级的产生，氏族公社趋于解体。在阶级社会初期，仍不同程度地保存着氏族公社的某些残迹。

3.2.2　奴隶社会的土地法制

随着私有制的产生，社会上出现了剥削阶级和被剥削阶级，原始社会开始解体，奴隶社会产生。奴隶被视为奴隶主的财产，可以自由买卖，奴隶主可强迫奴隶工作，劳力活动须以奴隶为主，奴隶无报酬和人身自由。

世界上奴隶制国家曾经制定了关于土地所有和使用的法律。公元前20世纪，《乌尔纳姆法典》《亚述法典》都有田园继承权等土地关系的法律规定。公元前18世纪，《汉谟拉比法典》中也有许多关于土地占有、租佃的规定，如第四十五条规定：自由民以其田租与农人佃耕，并将收取其田的佃金①。

在中国，奴隶社会从夏开始，经历商、周，至春秋末期为止。这一时期，业已建立了国家雏形，人民接受国家分田，从事耕作，死后复还于官。《周礼》记载，西周奴隶制国家的法律规定，周天子拥有土地的最高所有权，只有天子才有权将土地分给诸侯，诸侯再分给大小贵族占有和使用，不准买卖和自相授受。西周时期开始实行井田制，这是我国奴隶社会的土地制度。周朝的一切土地属周王所有，即奴隶社会的土地国有制。当时把耕地划分为方块，每方块九百亩，再均分为九块，如“井”字状，每块面积一百亩。四周的八块称为私田，分给八家农户耕种。中间一块为公田，由八家共同耕作，所得收获归公家。实行“男子三十授田百亩，六十还田”，说明在当时土地公有制下，给具有劳动力的农民分土地，年老力衰后就由公家收回。关于井田制，《孟子》《诗》《周礼》《左传》等均有记载。当时由周王将土地和随同土地的奴隶分赐给诸侯臣下世代享用，但不得转让和买卖。奴隶主强迫奴隶集体耕作，剥夺其全部劳动果实，并按期向周王缴纳贡赋。

在奴隶社会末期，出现了一批由奴隶主阶级中产生的大土地所有者，广大自由民逐渐沦为与奴隶处境大体相同的被剥削、被压迫的阶级，社会矛盾日益激化。各奴隶占有制国家通过长期的不同形式的革命性变革，逐步走上了封建化的道路，大土地所有者演变为封建主，奴隶和自由民转化为农奴。以剥削农奴为主的封建生产方式逐渐取代以奴隶占有制为主导的生产方式。

3.2.3 封建社会的土地法制

封建社会地主阶级成为统治阶级，地主阶级与农民阶级之间的矛盾是封建社会的主要矛盾。封建社会形成的自然经济是以土地为基础，农业与手工业结合，以家庭为生产单位，具有自我封闭性、独立性，以满足自身需要为主的经济结构。这种经济结构中的关键生产资料大部分掌握在地主（或封建领主）手中，故而能够形成“地主（封建领主）剥削农民”的阶级关系。

世界上许多国家的法律曾经确认和维护封建土地所有制。法兰克王国查里大帝颁布《庄园敕令》，推行采邑分封制度。1215年，英国《大宪章》确认了封建贵族和教士的权利，保证贵族和骑士的封土继承权。土耳其、印度、朝鲜、日本的封建帝王也都通过颁布法律、诏书、敕令等确认其封建土地制度。中国是世界上封建社会土地立法最多的国家之一。如春秋时期鲁国的“初税亩”、西晋的占田制、从北魏太和九年（公元485年）到唐初的均田令，以后的《元律》《大明律》《大清律》等对土地制度都有详细的法律规定。

我国从公元前475年战国时期起，到1840年鸦片战争前夕，经历了2 300多年的封

① 何勤华．外国法制史．6版．北京：法律出版社，2016.

建社会。

1. 土地私有制萌芽时期

土地私有制萌芽时期，自战国开始，历经秦汉至魏晋南北朝止。战国时铁器生产工具普遍推广，大大提高了生产力，使私田数量不断增长，从而破坏了原有的井田制，导致奴隶制生产关系的崩溃。一些国家的君主为增加收入，打破公田、私田的界限，一律按亩收税，从而确认了封建土地私有制度。公元前594年，鲁国实行“初税亩”，承认土地私有制。鲁国的“初税亩”、齐国的“相地定籍”、秦律的“废井田，开阡陌”等，都是确认以经营“私田”开始的封建地主土地所有制。以后的中国历代封建王朝都颁布了大量关于土地的律、令、诏、敕等，进一步确认了封建地主土地私有制。如秦始皇下令“使黔首自实田”，《秦律十八种》中的《田律》，详细规定了国家对农田、水利、山林、苑囿的管理制度，其中也包括有关分配土地的内容。《汉律》规定：官田（皇室占有的土地）禁止买卖，民田（地主占有的土地）允许买卖和继承。此时期授田还田之制已彻底遭到破坏，私人可以自由买卖土地，因此，不久即造成“富者田连阡陌，贫者无立锥之地”。春秋时期随着奴隶社会逐步瓦解，井田制亦为土地私有制所代替。当时一些贵族把公田化为私田，逐渐采取了让种田劳动者交出大部分产品的剥削方式。这样，土地奴隶主所有制宣告瓦解，奴隶主贵族就转变为封建地主，耕种井田的奴隶转变为农民，形成了新的封建剥削形式。春秋末期，其他一些诸侯国的井田制也逐渐瓦解。商鞅变法后期土地兼并严重，农民失地变为奴婢、流民。公元8年，王莽夺取西汉政权，进行“改制”，田地改称王田，占田加以限制。

2. 均田制实施时期

自北魏孝文帝开始，历经北齐、北周，而至唐朝中叶为止，仿行周代以前之旧制，略加修正后，改行授田还田之均田制，施行共约260年。公元485年，北魏孝文帝实行改革，颁布均田令，实行租调制。从581年起，中国封建社会进入繁荣时期，唐太宗贞观年间，实行均田制、租庸调制。凡18岁以上男子受20亩“永业田”、80亩“口分田”。成年男子每年向官府缴纳租谷二石，纳绢二丈或布二丈四尺，叫作“调制”；服役20天，不去者可纳绢或布代役，称“庸”。这种土地管理制度使农民得到了一定土地，且保证了农民的生产时间。

3. 土地私有制确立时期

自唐玄宗天宝年间，安史之乱后，均田制便遭到破坏。历经宋、元、明、清，到民国成立，此长达近1 200年的时间均为土地私有权盛行时期。随着唐朝的衰落，均田制和租庸调制遭到破坏以后，唐朝于780年实行两税法，即按每户土地和财产的多少，一年分夏秋两季征税，这就改变了过去以人丁为主的收税标准。唐朝后期，皇室、贵族、大官僚和大地主都大量兼并土地，许多农民失去土地，四处逃亡，土地关系十分紧张。北宋时期于1069年推行王安石变法，政府重新丈量土地，按亩收税，官僚、地主不得例外，称作方田均税法。当时以东西南北各千步约4 166.5亩为一方田，即千步方田法。

在方田的四角，立土为峰，四周植树为界。在丈量土地面积的同时，还调查地块的地形和土壤，据以评定土地质量，在此基础上进行土地登记，建立土地台账。自 1072 年至 1085 年历经 13 年，清查、登记入簿的方田共有 2 484 349 顷。南宋时期于 1142 年（绍兴十二年）实行经界法，即按地块的不同形状，采用不同的方法，逐块丈量，计算田亩面积，调查确定地块的质量，并将其记入“砧基簿”（即地籍簿）。当时还成立经界面，以推行经界法，对于量田不实、登记不实等均给予法律制裁。

明、清时期，封建专制进一步加强，土地高度集中。1371 年（明代洪武四年），由于当时土地兼并和隐瞒情况非常严重，朱元璋下令设户口田帖，登记全国人户所占田亩，编制全国土地登记簿，用以核实和管理田亩。后又在此基础上，于 1387 年（洪武二十年）开始推行鱼鳞册管理制度，在全国范围内，按地权类型逐块丈量面积，记载四至和土质并评定其等级。最终以州、县、乡为单位加以汇总，绘成鱼鳞总图册。明代鱼鳞图册，就其所登记的项目而言，已是相当完备的土地登记册。它的编制，使赋役的征收具备了确实根据，在一定程度上防止了产去税存或有产无税的弊端，使政府税收有了保证，耕地及税额也有所增长。鱼鳞图册的编制，对于巩固高度专制主义中央集权国家的经济基础，曾发挥了较大的作用。明朝天启、崇祯年间，陕北连年旱荒，农民纷起暴动。李自成于 1629 年（崇祯二年）起义，其领导的农民战争提出了“均田免粮”的口号，强烈反对封建土地所有制和封建剥削。

3.3 近代的土地法制

1840 年开始的鸦片战争是中国历史的一个转折点，标志着中国近代史的开端。中国近代史是指从 1840 年鸦片战争到 1949 年中华人民共和国成立之前，历经清王朝晚期以及民国时期，是中国半殖民地半封建社会逐渐形成到瓦解的历史。

3.3.1 民国时期的土地法制

近代中国社会的主要矛盾是帝国主义和中华民族、封建主义和人民大众的矛盾。在尖锐的社会矛盾下，南京国民政府的土地产权制度早已病入膏肓，甚至不能支持社会简单的再生产[①]。

“平均地权”是孙中山先生的革命理论之一。早在 1905 年《同盟会宣言》发布以前，孙中山便提出了“平均地权”的口号。同盟会成立后，“平均地权”成了国民党的正式纲领，之后，孙中山先生在不断的革命实践中，对其加以充实、发展，写进《三民主义》，“平均地权”成为他的民生主义的重要理论。“平均地权”是孙中山先生所主张的解决中国土地问题的方针，是民生主义的纲领之一，主张用征收地价税和土地增价归公的办法，消除地主从地租及地价增长中获得暴利的可能性。所拟办法是：私有土地由地主估价呈

① 张志红，杨士泰．简论抗战前南京国民政府的土地立法．历史教学，2005 (4).

报，国家按价征税，以后涨高的地价归公，同时保留由国家照呈报地价收买的权利，以防地主少报地价。1924 年中国国民党改组，重新解释三民主义，进一步提出“农民之缺乏田地沦为佃户者，国家当给以土地”，希望实现“耕者有其田”。

土地立法是这一时期政府整个法制的重要内容。它虽然没有真正实施，在当时没有起到实际的作用，但不管是在形式上还是在内容上，它还是有不少可供借鉴之处，在中国首次形成了系统的土地法律法规体系，主张土地国有，力促荒地开发，尽力充分发挥土地使用效率等。它还对我国的法制近代化有着一定的影响和作用。当时的《土地征收法》《土地法》《土地法施行法》是最主要的法律。《土地征收法》由国民政府于 1928 年制定，1934 年修正。1930 年，国民政府颁布了《土地法》。该法分总则、土地登记、土地使用、土地税、土地征收 5 篇，共 397 条。1935 年，国民政府公布《土地法施行法》。《土地法》和《土地法施行法》于 1936 年 3 月 1 日施行。

《土地法》规定了两种土地所有制形式：公有土地和私有土地。第七条规定，中华民国领域内之土地属于中华民国国民全体。其经人民依法取得所有权者为私有土地。但附着于土地之矿不因取得土地所有权而受影响。第八条规定了以下土地不得私有：可通运之水道、天然形成之湖泽而为公共需用者、公共交通道路、矿泉地、瀑布地、公共需用之天然水源地、名胜古迹、其他法令禁止私有之土地。第十二条规定，凡未经人民依法取得所有权之土地为公有土地。这种规定，首先确认了“经人民依法取得所有权之土地为私有土地”，就当时的情况而言，绝大多数土地成为私有。同时，把没有被私人所有的土地规定为公有，不过这在数量上很少，并且公有土地实际上被官僚阶层所把持。第十六条规定：国民政府对于私有土地所有权之移转、设定负担或租赁，认为有妨害国家政策者，得制止之。最后，对地租作出限制。第一百七十七条规定：地租不得超过耕地正产物收获总额的 375‰，约定地租超过 375‰者，应减为 375‰，不及 375‰者，依其约定。此即三七五减租。

《土地法》立法追求地尽其用。第一百四十一条阐明了土地使用的概念——土地使用，谓施以劳力、资本为土地之利用，并对如何利用土地做了规定。首先，把全国土地按其用途划分为不同种类。《土地法》规定土地得就国家经济政策、地方需要情形及其所能供使用之性质编为各种使用地；并且规定凡编为某种使用地之土地不得供其他用途之使用，但经地政机关核准暂为他种使用者，不在此限；同时还规定市地为市行政区域内之土地，分为限制使用区及自由使用区，并把农地划分为耕地和荒地。对耕地，规定租用的方法以促进其使用，对荒地则鼓励对其开发。其次，限定了土地可分割的最小面积。《土地法》第一百四十七条规定，地政机关于其管辖区内之土地，得依其性质及使用之种类为最小面积单位之规定，前项规定最小面积单位之地段不得再为分割。再次，重划土地。《土地法》第十八条规定，因一定区域内之土地，其分段面积不合经济使用者，得由主管地政机关就该区域内土地之全部重新划分，并将重划地段分配于原土地所有权人。最后，限制“不在地主”。不在地主是指长期不在乡村耕作或监督耕作而居住在其他地方的地主。对不在地主的土地，《土地法》第一百七十五条规定，该法施行后同一承租人继续耕作十年以上之耕地，其出租人为不在地主时，承租人依法请求征收其耕地；第三百三十一条规定，不在地主之土地，除改良物外，由主管地政机关按其应纳地价税率递年增高之。这样规定，有利于促使地主从事土地耕作或监督生产，以防土地荒芜。

土地法是涉及多部门法的社会性法律，除了上面的几部法，《中华民国民法》物权编中关于不动产的规定也是涉及土地问题的重要法律内容，包括：地上权，即以在他人土地上有建筑物或其他工作物或竹木为目的而使用其土地之权；永佃权，即支付佃租永久在他人土地上为耕作或牧畜之权；地役权，即以他人土地供自己土地便宜之用之权；抵押权，即对于债务人或第三人不移转占有而供担保之不动产，就其卖得价金受清偿之权；典权，即支付典价占有他人之不动产而为使用及收益之权。另外还规定了承租人的优先购买权和优先承租权。这些他物权的规定，从经济的角度讲，符合等价有偿和效率原则，对合理充分利用土地是有利的。其他的还有《中华民国森林法》等。综合《中华民国法规大全》《农业法规汇编》《财政经济·农业》《立法院公报》等资料，大致有 32 项关于土地问题的立法。

综上所述，国民政府的土地立法，在形式即法律渊源上已经基本形成了一个体系，那就是以国民党决议为指导，以宪法性文件为统纲，以土地基本法《土地法》和《土地法施行法》为主体，其他法规和判例、民事习惯为辅助的土地法律法规体系。而且，从数量上看，已颇具规模，据统计，南京政府所制定和颁布的“地政法规和各省市单行章则不下 240 余种”。这些法律、法规，构成了南京政府土地立法的主体，虽然在体系上还显得有些凌乱，不过，在很短的时间里就产生了这么一个规模宏大的土地法部门，还是应该肯定的。

中华民国成立以后，内忧外患，致使上述土地制度始终未能实现。土地所有权集中，土地使用权分散，这就是旧中国农村土地关系的主要特征。随之而来的是地租剥削的苛重程度达到惊人的地步。有关资料表明，旧中国实物地租量平均占正常收获量的 50%；货币地租的租率（租额对地价的百分比）平均为 11%购买年（即指多少年的地租等于地价）。

国民政府之前，我国没有一部完整的土地立法，更不用说土地法律体系。虽然这一时期的土地立法存在许多问题，但是它毕竟开了一个先河，而且从指导思想、立法形式和内容来看也有许多长处及创举。从立法的初衷来看，它追求一种公平、效率的法律价值。孙中山要实现的“耕者有其田”，是一种令人向往的理想制度。不管现实是怎样的，这已废止了君临天下、土地为皇帝私产的说法。从法律形式来看，如前面所述，国民政府时期的土地立法已经形成了一个系统的法律体系，而且立法形式统一、规范。就《土地法》来说，把复杂的土地法规集中到一个法典之内，在世界上也是一个创举。从法律内容来看，它几乎涉及了近代社会中土地问题的所有方面，包括土地登记、测量、整理、税收、所有权、使用权、土地征收等。

总之，国民政府土地立法虽没真正实施，也不乏缺点和错误，但它在中国土地立法史乃至整个法制史上应该有一席之地，是有一些积极作用的。

3.3.2 新民主主义革命时期的土地法制

解决土地问题是中国新民主主义革命的最主要内容之一。中国共产党自 1921 年一大党纲中提出土地问题起，就一直十分重视土地问题，将土地问题作为中国革命的重要组成部分高度重视，并在不同历史时期进行艰辛探索，不断推进。反帝反封建是中国共产党在新民主主义革命时期面临的主要任务之一。其中，反封建最根本的任务是消灭封建制度的经济基础——地主所有的封建土地制度，建立农民个体土地所有制①，即把地主阶级的土地无偿分配给无地少地的农民阶级。

1. 建党之初和大革命时期及土地革命战争时期

中国共产党在建党之初，就已认识到中国面临的民主革命性质及农民和土地问题的重要意义。大革命失败后，中国共产党深刻认识到土地革命的重要性。在土地革命战争中，中国共产党开辟了以农村为根据地、农村包围城市、武装夺取政权的道路。中国共产党提出了“限租、限田”“耕地农有”“减租减息，交租交息”“耕者有其田”等农村土地政策，到土地改革完成时，中国基本上实现了“农民个体所有，家庭自主经营”的农村土地政策目标②。1927 年，党的五大通过了《土地问题决议案》。1928—1931 年，中华苏维埃政府先后完善和颁布了《井冈山土地法》《兴国土地法》《中华苏维埃共和国土地法》，并不断制定、颁布和实施与土地法相配套的土地法律法规。

（1）《井冈山土地法》。

自 1927 年的八七会议后，土地革命就成为党最主要的任务之一。1928 年 3 月，中共中央发布关于没收土地和建立苏维埃的第 37 号通告，明确一切土地于实行共有后，重新分给农民耕种，以县苏维埃政府名义发给土地证，旧时田契、佃约一概废除。1928 年 4 月，井冈山专门成立了分田领导机构——土地委员会，以乡为单位，按人口平均分配土地，不少红军干部也被抽调下乡帮助分田。与此同时，毛泽东深入宁冈的坝上村、洋桥湖等地开展以土地情况为主题的调查，形成了《宁冈调查》，获得了第一手资料，全面掌握了湘赣边界的土地使用情况。在此基础上，1928 年 12 月，毛泽东起草并主持制定了《井冈山土地法》，这是党史上第一部土地法。该法全文 9 条，共约 1 500 字。其中规定，没收一切土地归苏维埃政府所有；一切土地，经苏维埃政府没收并分配后，禁止买卖；分配土地之后，除老幼疾病没有耕种能力及服公众勤务者以外，其余的人均需强制劳动；以人口为标准，男女老幼平均分配；以劳动力为标准，能劳动者比不能劳动者多分土地一倍；土地税依照生产情形分为三种，即 15%、10%、5%。这些规定在实施之初产生了积极效果。但由于该法是在革命斗争开始不久制定的，规定没收一切土地而不是只没收地主土地、土地所有权归苏维埃政府所有而不是归农民、禁止买卖土地，这些规定不符合当时农民的思想和传统习惯，没过多久，弊端就显露出来，当地农民从事生产、参军参战的积极性并没有被调动起来，甚至存在不满情绪。

（2）《兴国土地法》。

1929 年 4 月，红四军到达兴国，开展政治宣传，发动群众打土豪、分田地，帮助各地发展地方武装，建立革命政权。毛泽东在那里指导兴国的土地革命斗争，根据党的六

---

① 樊志全．中国共产党不同历史时期的土地法规．人民网，2012－11－17.
② 胡穗．中国共产党农村土地政策的演进．长沙：湖南师范大学，2004.

大精神，总结《井冈山土地法》的经验和教训，起草制定了《兴国土地法》。《兴国土地法》曾被油印成册，以红四军政治部名义，在赣南、闽西各县散发和张贴。该法把“没收一切土地”改为“没收公共土地及地主阶级土地”，这是一个原则性的改正。1929 年 7 月，在上杭召开的中国共产党闽西第一次代表大会总结了闽西等县土地斗争的经验，通过了《关于土地问题决议案》。其中规定，“没收一切收租的田地山林”“随即分配于贫农”“自耕农的田地不没收”“富农田地自食以外的多余部分，在贫农群众要求没收时应该没收”“田地以乡为单位，按原耕形势，抽多补少平均分配”，后来又提出“抽肥补瘦”的办法。《关于土地问题决议案》明确已分配土地的地方要登记，由县政府发放耕田证；强调所有地主阶级的田契佃批等限期交当地政府焚烧。政策得到广大群众的积极拥护，闽西出现了“分田分地真忙”的大好形势。在很短的时间内，在长汀、连城、上杭、龙岩、永定等地区内，解决了 50 多个区 500 多个乡的土地问题，约有 60 万人得到土地。广大农民欢天喜地，积极从事生产，粮食产量增加，生活也得到改善。1930 年初，红四军由闽西转移到赣南。同年 2 月 7 日，毛泽东在吉安陂头召开了一次联席会议，决定一要“分”，二要“快”，端正了赣西南土地革命的方向。二七会议后，赣西南土地斗争蓬勃开展起来。

(3)《中华苏维埃共和国土地法》。

1930 年，中国革命军事委员会颁布了《苏维埃土地法》，规定“田地分配后，由县苏维埃或区苏维埃发给耕种证”。之后，全国各地苏区相继发布条例、决议，实施土地登记发证任务。同年，鄂豫边区革命委员会制定《鄂豫边区革命委员会土地政纲实施细则》，明确焚烧豪绅地主一切契约，发给分得土地者土地使用证。同年，龙岩县第二次工农兵代表大会通过田地问题决议案，具体内容包括领耕田人应向乡政府登记，由乡苏维埃报请区政府转请县政府颁发耕田证；农民垦殖的荒地，免纳土地税五年，但须向政府请领土地证；果园地应归政府分配发给耕田证。同年，永定县第二次工农兵代表大会通过土地问题决议案，十三条决议中有三条提到土地登记发证，明确田地已分配的地方要登记，由县政府发给耕田证。同年，闽西第一次工农兵代表大会通过土地法案，明确农民领耕田证，应报告乡政府登记转请县政府发耕田证，耕田证失落或破损者，应请求补发，无耕田证发生争执时，政府不予保护。同年，兴国革命委员会印发的兴国苏维埃土地法也包括田地分配后，由县苏维埃或区苏维埃发给耕田证。同年 5 月，由全国苏维埃区域代表大会通过《土地暂行法》(1930 年 9 月修正)，明确农民所耕种土地，必须领苏维埃颁发的土地使用证。同年，峡江县土地暂行条例中也规定，分田后由苏维埃政府发给土地证。

在土地确权登记发证的进程中，起到重大推动作用和具有深远政治意义的是 1931 年 11 月举行的第一次苏维埃全国代表大会。会上，通过《中华苏维埃共和国土地法》的同时，又通过了土地部提交的《土地登记法》。中华苏维埃共和国中央政府土地人民委员会土地部在瑞金成立，下设四个局，还专门设立了土地调查登记局。

1933 年 6 月 1 日，中央政府土地人民委员会土地部发布《关于实行土地登记的布告》，强调要实行土地登记。苏维埃发给农民土地证，用这个土地证去确定农民的土地所有权，他人不得侵占。这是中国共产党在历史上第一次从法律上、组织上、宣传上和行动上提出和施行土地确权登记发证。

1934 年 7 月，黔东特区第一次苏维埃代表会议通过没收土地和分配土地条例，规定土地分配完结后，应按界址分插标记，并由区苏维埃发给土地登记证。同年 12 月 30 日，川陕省平分土地须知中重申，土地分完之后，立马公布分田单，张贴于热闹的场口，并马上根据苏维埃决定，发分田证；分田之时，立即宣布过去的一切契约完全无效，号召群众去烧毁。

总之，中国共产党在 1927—1937 年初步形成了反封建主义土地所有制和封建剥削关系的路线、方针和政策：依靠贫农，联合中农，限制富农，消灭地主阶级，变封建半封建的土地所有制为农民的土地所有制。

2. 抗日战争时期

抗日战争时期，中日民族矛盾上升为社会的主要矛盾。在这一特殊的历史时期，中国共产党改变了土地革命时期的政策，在政治上建立广泛的抗日民族统一战线，在经济上实行调节各阶级的经济利益的民主集中的经济政策，服从和服务于“抗战”这一时代使命。中央边区政府在这一时期颁布了《陕甘宁边区保障人权财权条例》等一系列土地法规，以贯彻和落实“减租减息”的土地政策，具有战时的特点，其立法体现了法律面前人人平等的原则，促进了边区经济的发展，稳定了社会秩序，巩固了抗日民族统一战线，为抗战的最终胜利奠定了坚实的基础。

党中央在延安战斗的 13 个春秋中，为全国开创和奠定了“土地法定、地权证定”的重要基础。1937 年，发布实施《陕甘宁边区政府颁发土地所有权证条例》。1939 年后，相继颁布了《陕甘宁边区土地条例》《陕甘宁边区地权条例》《陕甘宁边区土地租佃条例》等。其中，都把土地所有权、土地登记、地权处理作为主要章节。

《陕甘宁边区政府颁发土地所有权证条例》是中国共产党成立以来第一部在法理和制度上比较完善的土地确权登记发证的法规。该条例共 17 条规定。第一条阐述了土地的定义：“本条例所称土地，包括农地、林地、牧地、房地、荒地、水地，及其他水陆天然富源。”该条例已达到与国际通用的物权法、不动产统一登记接轨的程度。第三条规定：“凡属第一条所定土地及其定着物之所有人，必须依本条例向当地县政府领取土地所有权证。”第五条规定：“土地所有权证，为土地所有权之唯一凭证，在土地所有权证颁发后，原有关于土地所有权之各种契约，一概作为无效。”第六条规定：“土地所有权证，由边区政府统一印制，由各县政府盖印颁发后，即发生效力。”该文件还就土地所有权证载明事项、颁发公告、损坏遗失等做出明确规定。该文件的颁布和实施，标志着中国共产党土地确权登记发证在理论与实践上的历史性飞跃。它大大推进了各个根据地、解放区的土地确权登记发证工作，为新中国成立后的土地改革奠定了坚实基础。

1942 年 1 月，中共中央颁布了《关于抗日根据地土地政策的决定》，指出：实行减租减息，保障农民的人权、政权、地权、财权，借以改善农民生活，提高农民抗日与生产积极性；又必须保障地主、富农的人权、政权、地权、财权，借以联合地主阶级一致抗日。

总之，抗战时期，为了抗战的胜利和巩固边区，中国共产党及时调整了当时的土地政策，即变土地革命时期的“没收封建地主的土地分配给农民”的政策为“减租减息”的土地政策。中央边区政府所颁行的系列土地法规与当时中国共产党的相关政策密切联系，并有效地保障了党的政策的顺利转变。

3. 解放战争时期

1947 年 9 月，中国共产党在西柏坡召开了全国土地会议，详细研究了中国土地制度和土地改革的经验，并制定了具有历史意义的《中国土地法大纲》，宣布将抗日战争时期的“减租减息”政策恢复为“没收地主土地”的政策。该大纲共 16 条。其中，第一条明确，“废除封建性及半封建性剥削的土地制度，实行耕者有其田的土地制度”；第十一条明确，“分配给人民的土地，由政府发给土地所有证”。1947 年 10 月 10 日，中共中央正式发布《关于公布中国土地法大纲的决议》，要求全国各地民主政府、农民大会、农民代表会及其委员会加以讨论并采纳，并确定适合当地情况的具体办法。

各地解放区认真宣传贯彻中共中央决议精神和《中国土地法大纲》，开展了轰轰烈烈的土地改革运动。各地相继制定出台了土地确权登记发证的具体办法。1948 年 2 月，陕甘宁边区政府发布了《颁发土地房窑证办法》，明确土地改革后各阶层人民之土地、房屋所有权，保障其不受侵犯，凡土地问题已解决的地区，不论原有或分得的土地、房窑均应依照该办法进行登记，发给土地证、房窑证。同年，陕甘宁边区政府发布《关于调剂土地确定地权的布告》，强调“普遍发土地证，确定地权，并保证其不受侵犯，使人人安心生产，发家致富”。1948 年 8 月 20 日，晋绥边区行政公署、晋绥边区农会发出《关于填发土地证的通知》，“宣布确定地权，所有各阶层人民之土地均发给土地证，一律加以保护”。《关于填发土地证的通知》还强调，各级政府、代表会、农会应将布告切实张贴于各村，并在群众中进行广泛深入的宣传，认真负责领导，迅速填发土地证。1948 年 8 月 20 日，东北行政委员会也发布《关于颁发地照的指示》，要求各省（市）县政府认识到“发放地照必须是艰苦细致的工作进程”，要求发放地照必须有深入群众的思想动员工作与组织领导工作。同时，还要求在发放地照时，必须采用规定的统一丈量标准，明确评定土地等级，评定方法应为有组织、有领导的自报公议，民主评议。为了搞好土地确权登记发证工作，东北行政委员会还相继下发了《关于填发土地房产所有证的指示》《关于划一度量衡和丈量土地标准》等十几个文件。

当时，颁发土地证成为各地完成土地改革、巩固胜利成果、确定产权、查实田亩、提高农民生产组织性的一个重要措施。中共中央也及时肯定和推广各地土地改革中确权登记发证的成功做法和经验，并多次对一些地区土地改革的报告做出重要批示。

至 1949 年新中国成立前夕，中国共产党已领导面积约 230 万平方千米、农业人口约 1.6 亿的老解放区废除了封建土地制度，实现了耕者有其田。

3.4 当代的土地法制

中国当代是指 1949 年 10 月中华人民共和国成立至今。这一时期中国人民建立、巩固政权，努力探索与发展，中国走向富强、民主、自立。新中国成立后，实行了土地改革，实现了土地的社会主义公有制，土地法律体系基本形成，土地立法进入新的阶段。改革开放后，随着我国社会主义市场经济的深入发展，土地资源在国民经济中的地位和作用越发突出和重要。建立中国特色的土地法律体系面临良好的社会空间环境和有利条件。进一步完善土地立法，确立其在整个社会主义法律体系中的地位，是适应依法治国和对有限土地资源进行依法管理的新时代要求。

3.4.1 新中国成立到改革开放前（1949—1978年）

1949年10月1日，中华人民共和国成立。中国共产党成为执政党，党对土地法制工作十分重视，采取了一系列强化土地法制的重要措施。

1. 土地改革阶段（1949—1953年）

该阶段有三部重要法律，第一部为1950年1月发布的《政务院关于处理老解放区市郊农业土地问题的指示》，主要适用于新中国成立前即已进行土地改革的城市郊区。第二部为1950年6月颁布的《中华人民共和国土地改革法》（以下简称《土地改革法》），主要适用于尚未进行土地改革的一般农村地区。第三部为1950年11月颁布的《城市郊区土地改革条例》，主要适用于决定建设的大工业区及大城市郊区。关于城郊土地还有一个补充规定，即1951年2月发布的《中央关于城市郊区土地改革中没收地主房地产的补充规定》。此外，对于少数民族地区，中央于1951年11月专门颁发了《关于处理西北少数民族土地问题的指示》，1952年5月颁发了《中共中央关于新疆土地改革工作的指示》。它们成为20世纪50年代初期土地改革的主要法律和政策规范。

1950年6月，中央人民政府委员会第八次会议讨论通过中国人民政治协商会议第一届全国委员会第二次会议提出的《土地改革法（草案）》，决定自1950年6月30日起公布实施。该法共6章40条。《土地改革法》对土地的没收和征收、土地的分配、特殊土地问题的处理、土地改革的执行机关和执行方法、《土地改革法》的适用范围均做了详细的规定，确定了土地改革的基本任务、性质、路线，以及政策界限和土地所有权。根据《土地改革法》的规定，土地改革的基本任务是废除地主阶级封建剥削的土地所有制，实行农民的土地所有制，借以解放农村生产力，发展农业生产，为新中国工业化开辟道路。土地所有权在土地改革完成后，由人民政府发给土地所有证进行确定，并承认一切土地所有者有自由经营、买卖及出租其土地的权利。

《土地改革法》的实施，使我国实现了新中国成立后土地制度的第一次重大变革，即推翻封建土地所有制，建立以农民土地所有制为主体的社会主义土地制度。从此，农民作为土地的真正主人，获得了土地的占有权和使用权，实现了历代农民起义所追求的“耕者有其田”的目标。通过没收地主阶级土地和有限度地保护富农土地的政策，也为社会主义土地公有制的建立奠定了基础。在当时的历史条件下，土地所有权、经营权和使用权三位一体，为土地高效化利用创造了优越的条件。总之，《土地改革法》解决了新中国土地所有制变革问题，为我国土地制度的建立奠定了宪法基础。以《土地改革法》为依据的土地改革，是中国历史上一次创造性的大变革，也是一次伟大的社会进步。

1950 年 11 月，政务院通过并发布《城市郊区土地改革条例》。《城市郊区土地改革条例》的主要内容如下：第一，城市郊区所有没收和征收得来的土地，一律归国家所有，由市人民政府管理，连同国家在郊区所有的其他农业土地分配给无地少地农民耕种使用，凡使用城市郊区国有土地从事耕种者，除向国家缴纳农业税外，不再缴租，但经营人不得将国有土地出租、买卖或荒废，原经营人如不需该项土地时，必须交还国家。所有没收来的房屋，除大建筑及风景区的别墅等不适合于农民居住的房屋应当作公用外，其余均应分配给农民所有。第二，国家因建设需要收回农民耕种的国有土地或征用私人所有的农业土地时，应给耕种该土地的农民以适当安置，并对其在该项土地上的生产投资（如凿井、植树等）及其他损失，予以公平合理的补偿，或以相等的国有土地调换。第三，城市郊区土地改革完成后，对分得国有土地的农民，由市人民政府发给国有土地使用证，保障农民对该项土地的使用权。对私有农业土地者发给土地所有证，保障其土地所有权。这一阶段，国家还颁布了一系列与土地所有权相关的政策法令，确立了一系列土地问题的处理原则，如土地改革中对华侨财产的处理原则、土地改革前出典土地的处理原则、土地改革中对土地纠纷问题的处理原则等。

至 1953 年春，除中央决定暂缓进行土地改革的地区以外，连同老解放区，完成土地改革地区的农业人口占全国农业人口总数的 90%以上，免除了过去为耕种土地而被迫向地主缴纳 3 000 万吨粮食的地租，结束了在中国延续了两千多年的封建土地所有制，取而代之的是农民土地所有制。

这一阶段，对于土地的使用、征用及占用，亦有一系列法律法规予以规范，比如《铁路留用土地办法》（1950 年 6 月）、《关于铁路留用土地办法的几点解释》（1950 年 9 月）、《公路留地办法》（1950 年 10 月）、《关于铁路系统的房屋土地使用办法》（1951 年 9 月）。总体看来，这一时期土地的使用、征用和占用主体为公路、铁路及建筑工程。

新中国成立前，封建势力、外国资本、官僚资本和弱不禁风的民族资本，占据了绝大部分城市土地。新中国成立后，国家在城市中有条不紊地实施土地国有化政策。一是没收外国资本、官僚资本以及原国民党政府和敌对分子占有的城市土地。1950 年 11 月，中国政府公布了《城市郊区土地改革条例》，没收封建地主在市郊的土地归国家所有，并规定了相应的分配、使用办法。到 1951 年底，历史性的土地没收工作基本完成，新中国的政府拥有了属于全民所有的一部分城市土地，这为以后的城市土地国有化奠定了物质基础。二是对市区中、小资本占地先保护，后赎买，逐渐将其变为国有土地。因此，1949—1955 年，中国在城市中实行了土地公有制与私有制并存的政策。即使在城市郊区的土地改革中，对民族资本、私人学校、宗教团体的市郊占地也实施了有偿的征收。

同时这一阶段对土地房产登记发证也做了规定。1950 年 11 月 25 日，中央人民政府内务部发布《关于填发土地房产所有证的指示》（以下简称《指示》）。这是中华人民共和国成立后第一部关于土地确权登记发证的规定。《指示》共计 11 项规定，并附有土地证式样。《指示》首先表明：为切实保障土地改革后各阶层人民的土地房产所有权，均应颁发土地房产所有证，强调土地制度改革以前的土地契约一律作废。《指示》还要求，颁发土地证是土地改革中的一项重要工作，领导应当作政治任务来完成；在颁发土地证时，必须注意发动群众，运用人民代表会议或人民代表大会讨论；在发证前，必须注意解决遗留问题及群众间土地房产纠纷问题；填发土地证应与清理土地工作密切结合，以求得土地亩数大致准确；土地证以户为单位填发，样式参照内务部所定样式；发证时，乡或行政村政府，应备置土地清册，以便备考。《指示》下发后，中央政府又相继下发多个关于土地纠纷、处理林权、建设征用土地、铁路用地、工厂矿山土地方面的实施办法。北京、上海、天津、江西、福建、绥远、新疆、西藏、南京、武汉、太原等省、市、自治区和地方政府也相继出台《土地登记发证办法》《房地产权登记暂行规则》等，大大推动了土地改革中土地确权登记发证工作，保证了全国土地改革的顺利完成。

2. 农业合作化阶段（1954—1957 年）

该阶段有两部重要的法律法规，一部是 1955 年 11 月通过的《农业生产合作社示范章程》，主要适用于初级合作社；另一部是 1956 年 6 月通过的《高级农业生产合作社示范章程》，主要适用于高级合作社。而此前《关于农业生产互助合作的决议》（1951 年）、《关于发展农业生产合作社的决议》（1953 年）及《关于农业合作化问题的决议》（1955 年）则对农业合作化指明了方向，它们通过对农业合作化过程中各个环节进行政策规定，极大地推动了农村土地制度变革的进程。

《关于农业合作化问题的决议》对社员土地做出如下规定：第一，根据土地质量评定入社土地质量。第二，规定国家的土地报酬数量，土地和劳动按一定比例分配报酬。土地报酬一般应低于劳动报酬。土地报酬数量应稳定一个时期，为照顾农民土地私有观念，不应过早地取消土地报酬。第三，社员应有少量的自留地，一般相当于全村每人平均土地的 2%～5%。林业、鱼塘等属于个人分散经营有利的副业生产资料，不宜入社，更不宜归社所有。这个决议对农民土地入股及土地报酬均做了充分的肯定，这与前期国家鼓励劳动互助和生产合作（包括较高一级的以土地入股为特点的生产合作社）的精神是相辅相成的，而通过有重点地发展土地入股这种形式的农业生产合作社，亦可以使农民从分散的小生产的个体经济逐渐走向便于统一计划经营管理土地的集体经济。所以，这一决议实际上奠定了农民土地所有制向集体土地所有制转化的基础。

《农业生产合作社示范章程》和《高级农业生产合作社示范章程》是集体土地所有制替代农民土地所有制过程中的两部曲。前者确定了在土地私有的基础上，实行土地入股，统一经营的方式，后者则确定了土地的完全集体所有；前者对于土地转为合作社集体所有的办法并未做规定，后者则明确规定了通过取消土地报酬的方法使社员的土地完全转为合作社集体所有；前者由于承认农户土地等入社财产的所有权，所以保留了“私有尾巴”，使初级合作社具有半社会主义的性质，后者对农户入社等财产所有权以取消分红方式给予否定，改变了土地等生产资料的权属关系，确认了由农民土地所有制向集体土地所有制的转变；前者对于农户拥有土地所有权而由集体统一经营的规定，使土地所有权和经营使用权处于分裂状态，后者则通过取消土地报酬的规定使农村土地的所有权和经营使用权由分裂转向合一，这是土地制度继农民土地所有制确立之后的第二次重大变革。集体土地所有制先后经历了三个阶段，即互助组、初级农业生产合作社、高级农业生产合作社。互助组只是劳动上的互助，土地及农产品分配都是独立的。初级农业生产合作社也称土地合作社，特点是土地入股、按股分红、统一经营。高级农业生产合作社是在初级社的基础上，取消土地分红，每个合作社的报酬分配主要由劳动数量与质量决定。通过这个循序渐进的过程，我国土地制度成功地实现了第二次变革。

《高级农业生产合作社示范章程》对这次变革具有决定性的意义，其具体规定如下：第一，社员入社必须把私有的土地、耕畜、大型农具等主要生产资料转为合作社集体所有。第二，社员土地上附属的私有塘、井等水利建设，随着土地转为合作社所有。第三，社员土地转为合作社集体所有，取消土地报酬。对完全丧失劳力、历来依靠土地收入维持生活的社员，用公益金维持他们的生活，或暂时给予适当土地报酬。从事城市职业家居农村的，如果本主生活困难，历来依靠土地收入补助生活，仍可付给一定的土地报酬。第四，社员原有的坟地、房屋地基不入社。社员新修房屋需用的地基和坟地由合作社统筹解决。第五，农业生产合作社应抽出一定数量土地分配给社员种植蔬菜，分配数量是按每户人口多少决定，每人使用这种土地，一般不超过当地每人平均土地的5%。通过这些具体规定，农村土地开始由个人所有转变为社会主义劳动群众集体所有。土地的国有化主张，中国共产党早在1927年土地革命时就已提出，但这个主张的真正实现则是在《高级农业生产合作社示范章程》公布之后社员入社才开始的。该章程可以说是一个历史性的转变，它标志着土地已由私有制转为公有制。

这一阶段出台了一系列法律法规对建设用地使用、征用予以规范，如《中央人民政府政务院财政经济委员会关于铁路局留用土地征、免农业税办法的通知》（1953年1月）、《中央人民政府政务院关于进行建筑工程需占用坟地、发现古墓以及严格取缔结伙掘坟的决定》（1953年8月）、《国家建设征用土地办法》（1953年12月）。《国家建设征用土地办法》是这一阶段最具代表性的法规，基本确立了国家建设征用土地制度。此阶段，在城市中仍然实行土地公有制与私有制并存的政策。

3. 人民公社化阶段（1958—1966年）

人民公社化运动是在1958年8月通过的《中共中央关于在农村建立人民公社问题的决议》之后迅速发展起来的。人民公社化主要是通过农业生产合作社的合并来实现的。具体方式就是实行集中劳动、集体经营、产品按需分配，取消按劳分配原则。合作社合并，由小社扩大到大社，从乡内扩展到乡外、县内扩展到县外的过程，也就是土地所有制从集体所有制向全民所有制过渡的过程。通过土地所有制的变迁和公有化，前期农业生产合作社确立的集体土地所有制得到进一步深化。

这一阶段有一部重要法规，即1962年颁布的《农村人民公社工作条例修正草案》，这是国家为了进一步提高农业集体化程度，统筹安排土地劳力，进行各项水利工程建设，并为推行农业机械化做准备，于1958年起在高级农业生产合作社基础上，以原有的乡为单位，建立了政社合一的人民公社之后，颁布的一部有关土地所有制问题的法律。它规定：第一，生产队范围的土地都归生产队所有。生产队所有的土地，包括社员的自留地、自留山、宅基地等一律不能出租和买卖。第二，生产队所有的土地不经过县以上人民委员会的审查和批准，任何单位和个人都不得占用。要爱惜耕地，基本建设必须尽可能不占用或少占用耕地。第三，集体所有的山林、水面和草原，凡是对生产队比较有利的，都归生产队所有。第四，在不破坏水土保持、不破坏山林、不破坏草原的条件下，生产队有权在本队范围内开垦荒地，经营荒山和充分利用一切可能利用的资源。以上规定进一步明确了农村集体土地的范围，使土地社会主义公有制得以完全确立。

由于人民公社化产生了很多遗留问题，国家提出了“调整、巩固、充实、提高”的方针，《关于改变农村人民公社基本核算单位问题的指示》便是响应这一方针而出台的，它规定：第一，生产队的规模相当于初级农业生产合作社的规模，大队则相当于高级农业生产合作社。第二，原来固定到生产队使用的土地，基本不动，个别进行调整，其所有权可以归大队，也可以归小队。第三，原来生产队所固定使用的耕畜，其所有权一般归生产队所有。第四，原来归大队所有的大片集中的森林，可依据具体情况，或归大队，或下放归生产队。分散在各生产队土地上的小片森林，一般归生产队所有。第五，水利设施，原属于一个生产队使用的仍归原生产队使用，原属几个生产队共用的，由几个生产队联合管理和使用，原属全大队共同使用的仍旧由大队“管理”。

从这里可以看出，20 世纪 60 年代初期“三级所有，队为基础”的农村土地制度是在纠正人民公社化的基础上确立的，其核心内容如下：第一，土地变成公社、大队和生产队三级所有。第二，土地使用是在生产队为基本单元的基本框架下由农民统一劳动。第三，农民基本上是一个劳动主体，并不是经营主体。第四，生产队集中发展为不完全的土地所有者和经营、使用主体。因为生产队对土地的经营、产业结构的确立都是按严格的国家计划进行的，农作物的播种面积规模同样也受国家计划控制。第五，劳动报酬按劳动工分分配。因此，这一时期的农村土地制度在所有权和使用权上出现了高度集中化的倾向。通过“三级所有，队为基础”的土地制度变革，集体土地所有制得到了巩固和完善。在农村实行人民公社化后，1975 年《宪法》和 1978 年《宪法》都规定了农村土地为基本核算单位的生产队集体所有。

这一阶段在土地经营与管理方式上先后出现了各种形式的“包产到户”生产责任制。这是完善农村土地制度的一个极其有益的尝试。其政策依据就是 1960 年 11 月发布的《关于农村人民公社当前政策问题的紧急指示信》，目的是纠正“大跃进”以来产生的“五风”，彻底清理“一平二调”。这种责任制形式主要是实行“包产到户、定户到田、责任到人”。具体而言，就是在实行五个统一（计划统一、分配统一、大农活和技术农活统一、用水管水统一、抗灾统一）的基础上，先“三包”“四固定”到组，然后再定产到田，责任到人，并签订包产合同。这种制度虽然一度被取消，但到 1961 年左右又重新恢复，为 1978 年开始的土地联产承包责任制提供了有益的经验，“包产到户”的土地经营方式的这种开创性变革，因建立在土地公有制的基础上，在当时对集体土地所有制的深化起了促进作用。

这一阶段，为适应国家建设的需要，慎重地、妥善地处理国家建设征用土地问题，国务院对 1953 年 12 月 5 日政务院公布的《国家建设征用土地办法》进行了修正，1958 年 1 月 6 日全国人民代表大会常务委员会第九十次会议批准通过。抗美援朝战争结束后，国家着手开始对城市资本主义工商业的社会主义改造。对城市市区的私人地产主要采取赎买、公私合营、国家经租等方式，定价收购，按本付息。由于这部分土地私有者占全社会人口的比重不大，政策在推进中也比较宽松、稳妥，所以这一历史进程虽长达十余年，却没有引起大的社会动荡。1966 年，中央政府宣布取消定息，停止付租，社会主义改造运动正式结束。当时，中国城市中只剩下极其有限的私房占地了。

4. 土地立法停滞阶段（1966—1978 年）

1966—1976 年，由于在党和国家工作的指导上出现了“左”倾错误，法律虚无主义开始流行，特别是“文化大革命”，给党和国家各项事业带来了灾难性影响和巨大损失，人民权利受到践踏，这个教训极为深刻。“文化大革命”开始后，一直到 1978 年，中央和地方的土地管理和立法机构被解散，土地法制遭到严重破坏，土地立法工作基本上处于瘫痪状态，这是土地立法的停滞时期。

总之，从 1950 年土地改革到 1953 年党确立过渡时期的总路线，再到党的十一届三中全会召开，是中国共产党领导中国农民确立“劳动群众集体所有，集体统一经营”农村土地政策的时期。新中国成立初期的土地改革使在中国延续了两千多年的封建土地所有制终止，取而代之的是农民土地所有制，然后在短短几年内，通过互助组、初级社、高级社、人民公社，土地又转为了公有制。在这期间，农村土地政策从“农民个体所有，家庭自主经营”向“农民个体所有，劳动互助”“农民个体所有，统一经营”发展，再向“劳动群众集体所有，集体统一经营”演变，最终发展演变成为“劳动群众集体所有，集体统一经营”的“一大二公”“一平二调”的人民公社农村土地政策。农村土地政策的这种演变，既反映了中国在走社会主义道路的过程中选择土地集体化、公有制的历史必然性，又体现了脱离生产力水平追求生产关系变革导致的农村土地政策演变的盲目性。因此，这既使中国的农村、农业、农民在现代化过程中取得了巨大的成就，又使其付出了沉重的代价①。

3.4.2 改革开放至今

1978 年 12 月，党的十一届三中全会实现了新中国成立以来党史上具有深远意义的伟大转折。会议提出把党和国家工作的重心转移到经济建设上来、实行改革开放；同时提出发展社会主义民主、健全社会主义法制，做到有法可依、有法必依、执法必严、违法必究。

1. 改革开放初期的土地立法（1978—1985 年）

自 1978 年至 20 世纪 80 年代末，发展经济是大势所趋，而土地作为经济发展的重要环节之一，在国民经济发展中的地位不断提升，土地问题亦在经济改革的大潮中日益严峻和复杂化，原来对土地所有制和使用制的法律规定，需要在新的形势下进行调整，特别是这一时期土地制度的改革，使土地立法进入一个新的发展阶段。在这一阶段，土地所有制与土地使用制在立法上都有重大突破，专门的土地管理法开始出台，土地管理的业务体系初步建立，土地立法体系的基本框架开始形成。

---

① 胡穗．中国共产党农村土地政策的演进．长沙：湖南师范大学，2004.

（1）家庭联产承包责任制的建立。

党的十一届三中全会后，我国农村实行了以“家庭联产承包责任制”为主要内容的“劳动群众集体所有，家庭承包经营”的农村土地政策。1979 年，安徽省凤阳县小岗村 18 位农民自发签下“生死状”，将村内土地分开承包，实行土地包产到户，签订土地承包合同，奏响了农村土地使用改革的序曲，开创了家庭联产承包责任制的先河。当年，小岗村粮食大丰收。1982 年 1 月 1 日，中国共产党历史上第一个关于农村工作的一号文件正式出台，明确指出包产到户、包干到户都是社会主义集体经济的生产责任制。此后，中国政府不断稳固和完善家庭联产承包责任制，鼓励农民发展多种经营，使广大农村地区迅速摘掉贫困落后的帽子，逐步走上富裕的道路。

1978 年的家庭联产承包责任制改革，将土地产权分为所有权和经营权。所有权仍归集体所有，经营权则由集体经济组织按户均分包给农户，集体经济组织负责承包合同履行的监督，公共设施的统一安排、使用和调度，土地调整和分配，从而形成了一套有统有分、统分结合的双层经营体制。家庭联产承包责任制的推行，纠正了长期存在的管理高度集中和经营方式过分单调的弊端，使农民在集体经济中由单纯的劳动者变成生产者和经营者，大大调动了农民的生产积极性，较好地发挥了劳动和土地的潜力。

（2）建设用地法律制度的构建。

国家建设征用土地制度在新中国成立初期已基本确立，但随着经济建设的不断发展，原来的征用土地办法与新的形势已不相适应，一些新情况和新问题亟待有新的法令出台予以规范和解决。1980 年颁布的《中外合营企业建设用地的暂行规定》便是该时期出台的第一部法律。随后，《村镇建房用地管理条例》于 1982 年 2 月颁布施行，表明国家对各种建设用地关系开始进行法律调整。之后，《国家建设征用土地条例》于 1982 年 5 月由全国人大常委会第二十三次会议批准，并于同年同月由国务院公布施行。该条例公布施行以后，各省、自治区、直辖市也都相应地制定了自己的建设征用土地实施实例。这三部法令的颁布施行，开始把国家建设征用土地纳入法制轨道，对于在国家建设征用土地过程中发生的社会关系发挥了积极的调整作用，抑制了乱占、滥用耕地，浪费土地等各种不正之风，保证了国家建设用地。

（3）城市土地国有化制度的确立。

在土地所有制方面，这一时期确立了城市土地国有化制度。此时，中国城市中尚属于集体和私人所有的土地已经很少。1982 年《宪法》第十条规定“城市的土地属于国家所有”，这是我国首次在法律上规定城市土地的国有性，它既是对 30 多年来城市土地所有制规范空白的填补，也是对国家土地所有制和农村集体土地所有制的补充和完善。这是这一时期土地立法的一个重大贡献。

1982 年《宪法》第十条还规定：农村和城市郊区的土地，除由法律规定属于国家所有的以外，属于集体所有；宅基地和自留地、自留山，也属于集体所有。国家为了公共利益的需要，可以依照法律规定对土地实行征用。任何组织或者个人不得侵占、买卖、出租或者以其他形式非法转让土地。一切使用土地的组织和个人必须合理地利用土地。

（4）土地有偿使用制度改革的尝试。

党的十一届三中全会以后，随着我国经济体制改革的深入和社会主义法制建设的加强，土地使用制度改革及其立法逐步深入。1979 年，《中外合资经营企业法》首次对土地的有偿使用进行了规范，提出了土地使用权和使用费的概念。1980 年，《中外合营企业建设用地的暂行规定》对土地使用费的计算、投资方式、具体标准及使用水平均做了具体的规定。同年，全国城市工作会议明确提出征收城镇土地使用费的问题。1983 年，《中外合资经营企业法实施条例》进一步对土地使用权有偿出让的形式和程序进行了规范。与此同时，一些经济特区和沿海开放城市也制定了地方性的土地有偿使用法规，如《深圳经济特区土地管理暂行规定》（1981 年）、《广州市征收城镇土地使用费试行办法》（1984 年）、广东省人民政府颁布的《关于土地使用费征收范围问题的通知》（1984 年）、《广州市征收中外合营企业土地使用费暂行办法》（1985 年）等。同时，不少省市也开始制定外商投资企业用地管理的地方性法规或规章。这些法规对土地使用费的规定，不仅奠定了此后土地使用权有偿出让和转让的基础，同时也为此后土地使用制度改革的开展提供了立法准备。因此，土地使用制度改革立法成为这一时期土地立法的亮点和重点。

2. 加强土地管理的立法阶段（1986—2006 年）

（1）《土地管理法》的颁布施行。

1986 年 6 月 25 日，经第六届全国人民代表大会常务委员会第十六次会议通过的《土地管理法》正式颁布，自 1987 年 1 月 1 日起施行。这是一部加强土地管理，维护土地的社会主义公有制，保护耕地，保护土地权益，促进社会经济可持续发展的重要土地法律。

改革开放以来，随着经济建设的发展，我国人多地少的矛盾日益突出，土地资源家底不清、土地权属混乱、纠纷频繁、滥用耕地、土地浪费严重等土地问题日益严重。国家及时提出“要尽快颁布土地法”，并责成农业部负责起草，这是国家对土地管理工作的一项重大改革决策，即土地管理工作必须纳入法制轨道。1986 年 2 月，国务院第 100 次常务会议决定，组建中华人民共和国国家土地管理局，属国务院，负责全国土地、城乡地政的统一管理工作。1986 年 3 月，中共中央、国务院发出《关于加强土地管理、制止乱占耕地的通知》，通知各地紧急采取法律、行政和经济的综合措施，强化土地管理，制止乱占耕地之风，说明将土地管理纳入法制轨道已迫在眉睫。1986 年 6 月 25 日，发布《土地管理法》，从法律上对各级政府土地统一管理机构的设置做了明确规定，也明确了全国土地和城乡地政统一管理的原则，这对于过去城乡土地由部门分管的体制是一次重大的变革，土地管理体制的改革由此开始。从国务院到地方各级人民政府都设置国土管理部门，实行全国城乡土地统一管理制度。土地是资源、资产、资本的综合体，具有自然、经济、社会和生态等多种属性，是推进工业化、城镇化和农业现代化发展的重要基础，是统筹城乡发展的重要载体，也是促进城乡和谐稳定的重要保障。在城乡统筹中，土地立法坚持统一管理原则，强化国家对土地的管理，是有效地组织和协调土地利用的需要，是全面、长远、有序地调整土地关系的需要，也是进行国家土地管理体制改革的需要。《土地管理法》共 57 条，设有总则、土地的所有权和使用权、土地的利用和保护、国家建设用地、乡（镇）村建设用地、法律责任、附则共 7 章。这部法律是新中国成立后颁布的第一部比较全面的调整土地关系的法律，在我国的土地管理工作中发挥着巨大的作用，成为这一阶段管理土地的基本法律。为此，国务院将每年的 6 月 25 日确定为

“全国土地日”。

1998年8月29日，第九届全国人民代表大会常务委员会第四次会议对《土地管理法》进行了全面修订，修订后的该法于1999年1月1日正式施行。修法有两种方式，局部修改叫“修正”，全面修改则称为“修订”。经过此次修订，新的《土地管理法》对比1986年版本，除了两条没有改变外，其他条款全部新修设定。《土地管理法》修订以促进社会经济可持续发展为指导思想，在原有法律的基础上，实行建设用地总量、耕地保有量控制指标和土地用途管制制度，并使土地利用总体规划法律化，强化了耕地的特殊保护和土地执行监督检查制度。从那时起，我国确立了以耕地保护为核心的土地用途管制制度。

根据2004年3月4日第十届全国人民代表大会第二次会议通过的《中华人民共和国宪法修正案》第二十条关于“国家为了公共利益的需要，可以依照法律规定对土地实行征收或者征用并给予补偿”的规定，2004年8月28日第十届全国人民代表大会常务委员会第十一次会议对《土地管理法》进行了修正，修正后的《土地管理法》规定：“国家为了公共利益的需要，可以依法对土地实行征收或者征用并给予补偿。”

（2）土地使用制度改革立法。

1987年，深圳率先敲响拍卖土地使用权第一槌，显现出土地资源的资产属性。1988年4月12日，第七届全国人民代表大会第一次会议通过的《中华人民共和国宪法修正案》规定：“土地的使用权可以依照法律的规定转让。”1988年12月29日，第七届全国人民代表大会常务委员会第五次会议根据《宪法修正案》对《土地管理法》做了相应的修改，规定“国有土地和集体所有的土地的使用权可以依法转让”“国家依法实行国有土地有偿使用制度”。这些规定为国有土地进入市场奠定了法律基础。这次修改的主要内容是删去了土地不得买卖的规定，增加国有土地和集体所有的土地使用权可以依法转让，国家依法实行国有土地有偿使用的制度。所以1988年的《土地管理法》虽然修改的幅度不是很大，但是扫清了土地作为生产要素进入市场的法律障碍，拉开了国有土地有偿使用制改革的序幕，可以说为我国工业化、城镇化的快速推进奠定了重要的基础①。为了进一步改革城镇国有土地使用制度，合理开发、利用、经营土地，加强土地管理，促进城市建设和经济发展，国务院于1990年5月19日发布国务院令第55号《城镇国有土地使用权出让和转让暂行条例》和国务院令第56号《外商投资开发经营成片土地暂行管理办法》。

（3）城市房地产管理立法。

为了加强对城市房地产的管理，维护房地产市场秩序，保障房地产权利人的合法权益，促进房地产业的健康发展，第八届全国人民代表大会常务委员会第八次会议于1994年7月5日审议通过了《城市房地产管理法》，自1995年1月1日起施行。《城市房地产管理法》的实施，对于推动房地产法制的发展发挥了重要作用。《城市房地产管理法》颁布后，土地管理体系开始形成以《土地管理法》和《城市房地产管理法》为基本法律的格局，围绕这两部法律，各项配套法规及地方性法规不断建立和完善，形成土地管理规范体系的基本框架。

---

① 魏莉华.《土地管理法》的修订背景和主要特点.农村经营管理，2017（9）.

3. 加强土地权利保护的立法阶段（2007 年至今）

（1）物权立法。

2007 年 3 月 16 日，第十届全国人民代表大会第五次会议通过《物权法》（2007 年 10 月 1 日起施行），标志着中国物权法律的基本成熟和完善，对维护国家基本经济制度、社会主义市场经济秩序，以及明确物的归属、发挥物的效用、保护权利人的物权，具有重大的现实意义和历史意义。其中，对国家所有权和集体所有权、私人所有权和物权的设立、变更、转让和消灭，物权的保护，不动产登记簿与不动产权属证书，特别是对土地承包经营权设立和登记发证及建设用地使用权登记发证等做了具体规定。

2009 年，为了贯彻落实党的十七届三中全会精神，国土资源部起草了《土地管理法修正案草案》，上报国务院审议。2012 年 11 月，国务院常务会议通过了《土地管理法修正案草案》，决定提请全国人大常委会审议。2012 年的修改主要涉及《土地管理法》第四十七条，主要是想通过法律修改授权国务院制定土地征收补偿安置条例。所以，2012 年 12 月，十一届全国人大常委会第三十次会议对国务院提请审议的草案进行了初次审议。2014 年，考虑到形势发生了很大的变化，全国人大常委会决定终止对《土地管理法》第四十七条的修改。所以这次《土地管理法》修改是一次没有完成的修改。

2010 年初，中央一号文件首次提出，加快农村集体土地所有权、宅基地使用权、集体建设用地使用权等确权登记发证工作。这是中央统筹城乡发展，促进农村社会和谐稳定和硬化地权的重大决策，对于依法确认和保障农民土地物权、激活城乡统筹发展的动力源泉、有效解决农村土地纠纷、加强农村土地管理和社会管理，已经并正在产生推进作用。

2013 年 11 月，党的十八届三中全会审议通过了《中共中央关于全面深化改革若干重大问题的决定》，提出了建立城乡统一的建设用地市场。在符合规划和用途管制的前提下，允许农村集体经营性建设用地出让、租赁、入股，实行与国有土地同等入市、同权同价。缩小征地范围，规范征地程序，完善对被征地农民合理、规范、多元的保障机制。扩大国有土地有偿使用范围，减少非公益性用地划拨。建立兼顾国家、集体、个人的土地增值收益分配机制，合理提高个人收益。完善土地租赁、转让、抵押二级市场。

2014 年 11 月，国务院公布《不动产登记暂行条例》，该条例自 2015 年 3 月 1 日起施行。整合不动产登记职责、建立不动产统一登记制度，既是国务院机构改革和职能转变方案的重要内容，也是完善社会主义市场经济体制、建设现代市场体系的必然要求，对于保护不动产权利人合法财产权、提高政府治理效率和水平，尤其是方便企业、方便群众，具有重要意义。不动产实行统一登记，整合土地、房屋、林地、草原、海域等登记职责，实现不动产登记机构、登记簿册、登记依据和信息平台“四统一”，由国土资源部负责指导监督全国不动产统一登记职责。2014 年 3 月，不动产登记工作部际联席会议第一次会议召开，明确用三年左右的时间全面实施不动产统一登记制度。5 月，经中央编办批复，国土资源部挂牌成立不动产登记局。2014 年 11 月 28 日，中央编办已批复同意中国土地矿产法律事务中心更名为国土资源部不动产登记中心，主要承担不动产登记相关政策、业务、技术等方面的支撑工作。与此同时，不少地方政府也成立了不动产登记主管部门，并已展开相关工作。

2014 年 12 月，中共中央办公厅、国务院办公厅下发了 71 号文件，对农村土地制度改革涉及的农村土地征收、集体经营性建设用地入市、宅基地制度改革，就是媒体所说的“三块地”改革试点进行了顶层设计，同时决定在全国 33 个县开展三项改革的试点。由于这个试点内容突破了现行法律规定，所以在 2015 年 2 月全国人大常委会通过授权决定，授权国务院在这 33 个试点范围内可以暂时调整实施《土地管理法》五个条款、《城市房地产管理法》的一个条款，保障试点重大改革必须于法有据。土地制度改革属于认识还不一致，但又必须推进的改革，所以中央决定必须试点先行，审慎稳妥推进。在整个推进过程中，要牢牢把握四条底线。这四条底线就是：无论怎么改，都不能把集体土地所有制改垮了，不能把耕地改少了，不能把粮食生产能力改弱了，不能把农民利益损害了。

(2)《土地管理法》修改。

2016 年，中央改革办把修改《土地管理法》作为国土资源部第一项重点改革任务，国土资源部也高度重视，按照立法与改革同步推进的原则，在试点过程中，国土资源部稳步推进《土地管理法》的修改，10 月形成了修正案初稿，按照立法程序征求中央和国务院有关部门的意见，以及地方国土资源管理系统的意见，形成了送审稿。在 12 月，经国土资源部第五次部务会议审议通过。按照正常立法程序，部务会议审议通过就可以报到国务院法制办，但是从 2007 年开始国务院法制办做了改革，一些重大的立法项目，在部门起草阶段就要先向社会公开征求意见。按照国务院法制办的要求，经过国务院批准，2017 年 5 月 23 日，国土资源部把《土地管理法修正案》（征求意见稿）在国土资源部网站上公开征求全社会意见，为期一个月。截至 2017 年 6 月 23 日，共收到社会各界通过电子邮件正式提出修改意见 262 人次，提出修改意见 840 条。征求意见结束之后，对社会各界提出的意见进行了认真研究、吸收和采纳，对修正草案又进行了 18 处修改。经国土资源部部长办公会审议通过后，2017 年 7 月 27 日，国土资源部起草的《土地管理法修正案》送审稿正式上报国务院审议。在维持现行《土地管理法》总体框架和章节结构不变的背景下，通过修正案的方式对相关条款进行修改完善。

2018 年，根据党的十九届三中全会的部署，国务院机构改革方案正式颁布实施；2018 年 12 月 29 日，十三届全国人大常委会第七次会议通过了关于修改《农村土地承包法》的决定，在农村土地承包经营权制度领域将“三权分置”予以法制化，集体土地制度改革迈出了重要一步。

2019 年，土地立法进程明显加快。2019 年 1 月 4 日，经十三届全国人大常委会第七次会议审议通过的《土地管理法修正案（草案）》在网上公布，面向公众征求意见。2019 年 8 月 26 日，十三届全国人大常委会第十二次会议表决通过《关于修改〈中华人民共和国土地管理法〉、〈中华人民共和国城市房地产管理法〉的决定》，自 2020 年 1 月 1 日起施行。此次《土地管理法修正案》，主要对集体土地征收及补偿制度、集体经营性建设用地入市进行重要的修改，而且还涉及“多规合一”制度设计、宅基地审批权限下放、永久基本农田保护制度的构建等。

为落实新《土地管理法》的改革措施，国务院其后启动了《土地管理法实施条例》

的修订工作，旨在细化法律条文，增强可操作性。2020 年 3 月，自然资源部发布了《土地管理法实施条例（修订草案）》的征求意见稿，向社会公开征求意见。2020 年 9 月，司法部组织召开了《土地管理法实施条例（修订草案）》专家论证会，进一步听取专家意见，完善草案内容。2021 年 4 月，国务院常务会议审议通过了《土地管理法实施条例》，自 2021 年 9 月 1 日起施行。修订后的《土地管理法实施条例》在耕地保护、土地征收程序、宅基地管理、集体经营性建设用地入市等方面进行了全面细化，进一步强化了土地管理的法治化水平。

根据十三届全国人大常委会立法规划，2022 年 10 月，由自然资源部起草的《不动产登记法》（征求意见稿）出台，总结了多年来我国不动产统一登记工作的丰富经验，吸收了近年来不动产登记理论研究和司法实践的新内容，在《不动产登记暂行条例》和《不动产登记暂行条例实施细则》的基础上进一步加以修订和完善，从行政规章提升到法律，加强对市场主体的产权保护力度，以满足公民保护合法财产权益的更高需求。

根据 2025 年度立法工作计划，自然资源部正研究起草不动产登记法、国土空间规划法、矿产资源法实施条例、永久基本农田保护红线管理办法、地籍管理暂行办法、矿业权登记办法；研究修改风景名胜区条例、划拨用地目录、闲置土地处置办法、建设用地审查报批管理办法、建设项目用地预审管理办法、矿产资源规划编制实施办法等。

综观以上，从土地革命时期到改革开放以后，土地政策在大半个世纪的时间里不断变化。从苏区的“耕地农有”到抗战时期的“减租减息”，土地改革时期的“耕者有其田”到社会主义改造后的“劳动群众集体所有”，直至家庭承包，在如此曲折的变化背后能隐隐看出政策和制度的制定所追求的宏大的理想目标。无论是实现中国农民千年来拥有土地的梦想，集中力量发展工业建设国家，还是发展经济提高人民生活水平，无不反映出土地法制对中国现实不断适应和调整的过程。总之，土地法制应从基本国情出发，尤其是要根据当时当地生产力和生产关系主要矛盾的转换而转换，做到认清国情，与时俱进。因此，正确认识国情是制定和实施土地法律的前提条件，解放和发展生产力是制定和实施土地法律的根本标准。

3.5 土地法制的建设

当今世界，综合国力角逐日趋激烈；当代中国，完备治理体系、提升治理能力任务愈发紧迫。中国正在经历现代化进程中具有决定性的深刻变革。越是社会结构深刻变动、利益格局深刻调整、思想观念深刻变化的改革攻坚期、矛盾凸显期、发展关键期，越需要发挥土地法制的引领和推动作用，确保在法制的轨道上推进土地改革，更好地统筹社会力量、平衡社会利益、调节社会关系、规范社会行为，把治理体系和治理能力的整体提升转化为现代化建设的巨大推力，让深刻变革中的我国社会既井然有序又生机勃勃，使中国特色社会主义土地法制更加成熟、更加定型。

3.5.1　土地立法存在的问题

土地法制在我国社会经济发展中一直占有重要地位，对推动社会进步和经济发展起着重要作用，为我国依法保护土地资源、十分珍惜和合理利用土地资源以及实行土地资源市场配置与宏观调控提供了法律上的保障，但目前土地立法还存在一些问题。

1. 土地立法体系不完善

目前，由于没有《土地法》，我国的土地立法体系还不完善，正如只有树枝，没有主干，就不能成为一棵完整的大树。土地立法体系应该是由调整土地关系各方面的法律、法规汇集而成的门类齐全、结构合理、层次分明、内外协调的有机整体，我国虽已形成了以《土地管理法》和《城市房地产管理法》为核心、系列单行法规并举、诸多规章相补充的法律体系框架，但仍存在不少问题。众所周知，《土地管理法》并不能代替《土地法》，其职能范畴不一样。在大多数国家，考虑到土地是人们一切生产和生活的物质基础，所以都十分重视《土地法》的制定颁布，并使《土地法》成为调整土地关系的最重要、最基本的法律，在其之下形成一个比较完整的调整土地关系的法律体系，但新中国成立以来由于主观和客观的原因，《土地法》千呼万唤至今未能出台，这就导致彼此关联的土地方面的部门法及其实施细则等难相呼应，不易自纵向、横向汇合成一个统一系统。土地立法体系不健全、不完善的后果有三点：一是给法律的实施带来许多空档，不少方面无法可依，管理脱节；二是法律关系主体的合法权益得不到充分保障，致使法律的权威性、公正性大打折扣，执法与守法难度增加；三是实际操作时弹性颇大，导致一些土地方面的法律法规相互矛盾，内部欠协调、外部不配套。

2. 土地立法层次偏低

我国土地立法层次较低，像《土地管理法》《城市房地产管理法》那样由全国人大常委会通过的法律寥寥无几，行政法规也不多，大批量的则是部门规章如“报告”“意见”“暂行规定”或者司法解释等，实践中易将土地政策和土地法规相混淆，操作起来权威性不大，规范性差，执法空间大。比如：(1) 国土空间规划是土地管理的“龙头”，但目前规划没有独立立法，只是在《土地管理法》中做了简单阐述，其规范性差、执法空间大，难以操作，大大降低了规划的法律权威性。(2) 土地整治已经成为我国生态文明建设和城乡统筹的重要抓手，但其相关规定散见于各种法律法规、政策文件中，缺乏专门的、适用于全国范围的土地整治法律法规。在土地整治实践中，解决具体问题的依据多为政策文件，存在立法层次不高、法律效力较低等问题。(3) 土地违法行为定罪的时候，很多土地刑事违法行为的罪名与土地民事和行政违法行为的罪名描述基本一致，同一行为是否构成刑事犯罪，主要界限即“情节严重”与否。2000 年 6 月 16 日，最高人民法院审判委员会第 1119 次会议通过并公布了《最高人民法院关于审理破坏土地资源刑事案件具体应用法律若干问题的解释》，对《刑法》中有关土地刑事责任进行了量化。2000 年 3 月，监察部、国土资源部令第 9 号发布的《关于违反土地管理规定行为行政处分暂行方法》，对土地违法行为主体的行政处分程度也进行了量化。但是，这两个规定一个是解释，另一个是方法，分别是司法解释和部门规章，立法层次低，致使执法空间弹性过大。

3. 土地立法主体多元化

土地立法工作中存在部门化倾向。受传统立法习惯的影响，不论是土地法律、行政法规还是地方土地法规，表面上看，由人大或人大常委会通过，实际上通常均由相应的职能部门负责起草。涉及土地一般方面的，由土地部门草拟；涉及房产方面的，由房管部门草拟；涉及城市建设方面的，由城建部门草拟；涉及林木的，由林业部门草拟；涉及草原的，由农业部门草拟。如此一来就使土地立法主体产生多元性。在有关土地立法标准上，大多侧重于各自不同的工作之需和经济利益，部门利己意识难以克服，全局观念较差。简言之，多元化的立法容易造成法律法规之间的不统一、欠协调，同层次的法律规范在内容上标准不一、宽严失调。

4. 注重公法关系（纵向）的立法，忽视私法关系（横向）的立法

土地法律关系和土地法律规范涉及内容复杂多样，就其属性包括私法关系与公法关系，因而土地法律关系在本质上反映了横向与纵向两类法律关系，这是由土地本身具有的私益性和公益性决定的。具体说来，土地民事法律关系是私法关系，其规范是任意性规范；土地行政管理关系属于公法关系，其规范属于强制性规范；而土地经济关系既涉及私法关系，又涉及公法关系，其规范既涉及任意性规范，又涉及强制性规范。我国土地立法比较重视纵向“管理”方面，如《土地管理法》《城市房地产管理法》，而横向方面即土地民事关系调整存在一些空白，如土地流转以及利益分配方面的法律相对较少。土地征收是与广大民众休戚相关的问题，我国近年来在这些方面集思广益，做了不少努力，陆续推出了一系列举措，也制定了一些征地法律政策措施，但有关行政规定欠合理，不易操作。

5. 土地资源永续利用的立法内容相对匮乏

党的十八大报告指出，“面对资源约束趋紧、环境污染严重、生态系统退化的严峻形势，必须树立尊重自然、顺应自然、保护自然的生态文明理念，把生态文明建设放在突出地位，融入经济建设、政治建设、文化建设、社会建设各方面和全过程，努力建设美丽中国，实现中华民族永续发展”。20 世纪以来，人类为了满足自身生存需求和发展经济，严重干预了土地利用系统，使全球范围内多处出现森林覆盖减少、草原退化、水土流失、沙漠扩大、水源枯竭、水质污染、大气质量恶化等，同时随着人口迅猛增加和城市化、工业化、现代化的快速发展，土地利用现实日益严峻，人地关系紧张加剧，土地利益摩擦不断，严重威胁人类的生存和发展。毋庸讳言，当前我国各地尊重自然、顺应自然、保护自然的生态文明理念并没有被完全贯彻执行。以建设生态文明为理念的法律变革要求人们（包括立法者）清醒地审视人与自然的关系，依据法则约束人性，要求资源开发利用活动以接受生态规律的约束为条件，不超出生态系统承载力，不破坏生态系统的稳定性，不造成生态无法弥补的损害。以往我们在立法上较注重近期发展、注重向

自然索取，而忽视了生态环境、自然资源与经济、社会、人口的协调发展方面的立法。

3.5.2　土地立法完善的思路

法治的典型要义，是权利受法律保护，权力受法律制约。以1986年《土地管理法》的颁布为标志，中国开始了土地法制体系建设的历程，几十年来成就斐然，立法体系、执法机制不断完善，但同时土地法制建设也面临着时代的挑战。如何适应经济体制由计划经济向市场经济转变和经济增长方式由粗放型向集约型转变的要求，对土地法制进行改革，仍是一个亟待回答的问题。

1. 尽快制定土地基本法，健全土地立法体系

《土地法》的立法应该尽快纳入国家的立法规划之中。土地资源既具有资源属性，又具有财产属性，《土地法》应是自然资源法与财产法的统一，既是以土地为客体的独立专门法律，同时又是广泛涉及诸多政府管理职权和民事权利的综合性法律。《土地法》应是建立在总结《土地管理法》《城市房地产管理法》的基础上，“地”“房”“规划”结合的土地基本法律。《土地法》在内容上应当包括对所有权和使用权进行解释和限定的总则；对土地测量、登记、地籍管理的方法和程序进行说明的地籍篇；对土地用途管制、使用权取得和处分方式进行规定的土地使用篇；对土地税收、土地交易及政府对于土地交易宏观调控进行阐述的市场篇；对土地征收、征用条件、程序和补偿进行说明的征地补偿篇；对土地规划和保护的形式和地位进行明确的规划保护篇；对执法机关、手段、权能进行确定的执法监察篇；约束前述所有行为规范的法律责任篇。另外，我们应重视土地立法与其他法律的协调，如作为根本大法的《宪法》、作为基本法的《民法典》，其中的一般原则也是土地立法的依据。《土地法》又受到农业法、草原法、森林法、水法、水土保持法、海洋法、城市规划法、建筑法、环保法、公司法和税法等诸多法律规范的制约，而且这许多法律之间还有一个上下左右彼此配套、衔接，互为依存、互相制约的问题。为此，对以上几个方面需要进行全面研究，为土地基本法的尽快出台和土地法律体系的完善打下基础。

2. 循序渐进，逐步推出各具体职能法规、规章

土地立法涉及范围广、专业性较强，而我们对市场经济条件下土地管理经验则相对不足，因此与《土地法》相应的一系列职能法规必须分清轻重缓急，有计划、有步骤地制定颁布，如填补立法空白的法律法规——《国土空间规划法》《不动产登记法》《征地法》《农用地保护法》《集体土地流转条例》《土地市场管理条例》或其他填补重大立法空白的法律法规。各法律、法规、规章间力求能内外协调、彼此联系，注意阶段性与总体性的一致。同时，各职能法的制定还应注意总结近年来土地法制建设中正、反两方面的经验，对成功的经验和可望实施的目标应及时用法律形式加以固定；对与土地基本法相抵触的或过时的规定应尽快修改；对那些符合发展和改革条件，但时机不够成熟或暂时缺乏经验的问题，则可以暂订一些原则性规定，待具备条件后再予细化、充实。

3. 改变部门立法的模式，设立专门的、中性的常设“立法机构”

这主要是为了切实提高立法质量和法律的公正性。应摒除由职能部门负责制定法规、规章的部门立法模式，建议集中组建超越于部门利益之上的相应层次的土地立法机构。其成员可以由常设法律专家、可更换的有关专家学者以及各相关主管部门代表（视所立法律之需而变动）三部分组成，必要时应当有法律相对人代表如公众代表参加。由中性的“立法机构”从事法律、法规、规章的制定工作，能最大限度地体现法条的内外协调性、严谨性、全局性、公正性、公开性，戒除部门立法的先入为主与权利之争，且能避免法出多门、政出多门之虞。另外，由于土地是一切生产和生活的物质基础，几乎涉及所有的部门和所有的人，因此，土地立法尤其不可忽视立法前的调查、论证工作，在相应主管部门的密切配合下，“立法机构”可以广泛听取各阶层、各部门的不同意见和建议。不带偏见地、广泛深入地调研论证，有利于在立法的难点和管理的重点上迅速聚焦，把握立法调控的“度”，预测其执法、守法效果。通过以上两方面的工作，可望大大提高土地立法的质量及执法力度。

4. 注重生态平衡，将永续发展的理念贯穿于土地立法工作之中

今天，永续发展作为一种新的发展观、发展战略和发展模式，已为世界各国广泛接受。在宏观上，永续发展是生态、经济、社会三大系统的综合发展，是发展与永续的有机吻合，若孤立地追求经济效益，只是一种没有发展的短期行为；永续发展同时又是全地区、全国乃至全球的整体发展，若只是某个地区或某部分人的发展，则不可能具有永续性。怎样维持生态平衡、保护自然环境，使国土、草原、森林、水源等自然资源得到永续利用，以保证整个社会和世世代代的永续发展，乃是我国土地立法及其他相关立法要努力补课的内容。因此，土地立法的重大方向是要从农地保护向生态保护转变，应聚焦到新型城镇化背景下的热点和难点问题，需要解决耕地保护、生态保护和建设发展之间的矛盾。目前，《土地管理法》作为我国土地法律体系中的最重要的法律，其立法目的应当全面、准确地体现生态文明理念。以生态文明理念指引《土地管理法》的修改，就是要坚持节约优先、保护优先、自然恢复为主的思想，坚持在发展中保护、在保护中发展。具体到土地保护法制建设，就是要运用法律手段将优化国土空间开发格局与土地保护结合起来，将降低土地消耗强度与节约集约用地结合起来，将“合理开发利用土地资源”与“土地保护”结合起来。考虑到《土地管理法》是我国保护土地的重要法律，应当将“土地保护”或“保护土地的生态功能”确立为《土地管理法》的立法目的，并在新一轮修改中落实，同时建立生态用地保护法律制度，保障我国土地生产更多优质生态产品的能力。建议加强土壤环境保护相关的立法工作，借鉴国外经验，由政府组织研究制定修订土壤环境质量标准；同时加强土地污染修复的技术研发和示范，规范市场秩序，提高企业社会责任。

5. 进一步加强对国外土地立法和执法制度的研究

世界上绝大多数国家的土地管理，都是从制定法律开始，土地资源立法统一、完善，

以法治而不是人治来约束和指导土地资源保护和管理工作。综观国外所制定的浩如烟海的有关土地资源的法律、法规，其一大特点是内容涉及面广，包括国家资源管理机构及资源管理相关机构的法律地位和主要职责，对包括地方公有和私有资源在内的一切资源利用和资源交易行为进行限制和干预，对合理利用、保护资源的行为给予经济补偿的鼓励，对破坏和浪费资源的行为进行制裁等。如美国制定了许多土地法规，形成了一整套适用于美国的土地法律体系。其中与土地资源保护和管理有关的有：《联邦土地政策和管理法》《水土资源保护法》《林地和草地牧场资源推广法》《国有草地牧场改良法》《国家环境政策法》等。日本是一个土地法制比较健全的国家，十分注意依法管地，依法行政。日本有关土地管理的法律达500多部，形成了较完备的土地管理法制体系。现有《土地基本法》《国土利用计划法》《国土调查法》等基础法律，还有一大批专项用地的管理法规。德国是一个制定了众多土地法律的国家，由《基本法》派生出来的各种土地法律、法规数不胜数。这些国家正是依靠这些法律、法规，协调了部门之间的关系，创造了良好的工作气氛，提高了工作效率。另外，大多数国家在土地交易、征用、税收、估价、登记等方面也制定了许多法规，形成制度，使人们有法可依。因此，需要进一步加强对国外土地法制度的研究，博采众长，为我所用。

总之，土地法制建设应注重以下四点：(1) 在土地管理关系的调整上，应由主要依靠行政审批制向主要依靠用途管制转变；(2) 在土地财产关系的调整上，应由注重保护静态土地所有权向注重保护土地资源利用过程中非土地所有人的权利转变；(3) 在土地关系的法律调整上，应由主要依靠“公法”调整向同时依靠“公法”和“私法”调整转变；(4) 在土地法律部门的结构上，应由单一的部门结构向多元的统一协调的部门结构转变。

3.5.3　土地法制建设的重点任务

土地法制属于国家上层建筑的重要组成部分，必须服从服务于社会经济基础和生产力发展的要求；同时，土地法制对于社会经济基础和生产力发展具有巨大的反作用。土地法制的功能既体现在对于各种土地社会关系予以确认、保护、规范和调整上，又体现在对于经济社会发展发挥引导、定向、推动和促进作用上。当前，需要注重发挥好土地法制的保障作用，明确土地法制建设的具体任务①。

1.《土地管理法》配套法规的修订和制定

《土地管理法》自1987年实施以来，在1988年、1998年、2004年和2019年先后进行过四次修改和完善。但随着改革的深入，《土地管理法》的一些配套法规已不能适应经济、社会发展的需要。因此，在《土地法》一时还不能启动立法的情况下，完成《土地管理法》配套法规的修改和制定，是新时期国土资源法治建设的一项重要任务。

《土地管理法》配套法规的修改和制定，应当突出五个方面的重点内容：一是适应经

① 魏莉华．“十三五”时期国土资源法治建设的十大重点任务．中国土地，2016 (1)．

济发展新常态的要求，进一步强化土地用途管制制度，落实建设用地总量和强度双控；二是适应城乡一体化发展和推进农业现代化的要求，在总结农村土地征收、集体经营性建设用地入市、宅基地管理制度改革试点经验的基础上，推进农村土地管理法律制度创新，切实保护农民的土地物权；三是强化存量建设用地管理，创新存量建设用地管理机制，调动地方利用存量建设用地的积极性和主动性，完善闲置土地处置制度和土地整治制度；四是按照简政放权、放管结合、优化服务的要求，进一步改革完善土地审批制度，厘清建设项目用地预审、农用地转用审批和土地征收征用审批的关系，提高审批效率；五是强化土地执法，将国家土地督察制度上升为法律，加大执法力度，完善执法手段，提高执法效能。

目前，要协调推进相关配套法规的制定与修订，研究制定《农民集体土地征收补偿安置条例》《农村集体经营性建设用地流转管理条例》，并同步推进《土地管理法实施条例》《基本农田保护条例》等的修改完善。

2. 积极推动生态文明法律制度建设

当前在推动生态文明法律制度建设方面，首先，要做好自然资源产权法律制度研究。产权制度是市场经济的基石。归属清晰、权责明确、监管有效的自然资源产权制度，是建设生态文明的基础性制度。改革开放以来，我国对自然资源产权制度进行了一系列的改革探索，但仍然存在着中央与地方的权责界定不清和利益冲突、部分自然资源的全民所有权虚置及资产流失严重等问题。其次，要对水流、森林、山岭、草原、荒地、滩涂等自然生态空间进行统一确权登记，形成归属清晰、权责明确、监管有效的自然资源产权制度。要建立空间规划体系，划定生产、生活、生态空间开发管制界线，落实用途管制。最后，要做好《土壤污染防治法》的贯彻和《海洋环境保护法》《农村土地承包法》《测绘法》等法律的修订落实工作，同时应该启动《不动产登记法》的研究起草工作。

3. 创新土地资源行政复议机制

近年来，土地资源行政复议案件的数量持续上升，成为中央国家机关中行政复议的“大户”。行政复议案件数量多，涉及面广，纠纷化解难度大，已经成为新时期土地资源行政复议工作的新常态。要适应这种新常态，必须创新土地资源行政复议机制。一是要进一步增强做好行政复议工作的信心、决心和职业自豪感，带着对人民群众深厚的感情，带着推进依法行政的责任感和使命感，尽职尽责地做好行政复议工作，克服畏难和厌战情绪。二是要把自由、平等、公正、法治始终作为行政复议工作的基本价值取向，通过行政复议活动努力保护人民群众的自由，保护他们在法律面前平等的权利，使每个行政复议决定都能符合公平正义，使每个案件的处理都有助于培育社会主义法治文化、弘扬社会主义法治精神。三是要注重解决办案中发现的普遍性问题，从根源上防止和减少行政争议。要善于找准突破口、牵住“牛鼻子”，主动化解重点领域的行政争议，从根本上扭转同类案件多发高发的势头。要注意总结办案中发现的普遍问题，及时向有关部门反馈，为清理、修改、废止有关法律法规提供支持。四是要更加注重行政复议案件审理方式的改革完善，提高行政复议的质量和效率。要规范案件审理程序，明确各环节责任分工，细化办案标准、统一格式用语，探索推进案件办理的模块化、标准化，形成更加顺畅的工作流程。五是要加强行政复议制度建设，改进行政复议委员会工作规则和行政复议案件会审制度，建立行政复议和行政诉讼季度通报制度。将书面会审与会议会审相结合，将会审定位为审理重大、疑难、复杂的复议诉讼案件，研究复议诉讼工作中反映出的重大问题。六是要加强行政复议队伍建设，提高行政复议工作人员的履职能力和工作艺术，形成制度规范完备、复议工作畅通、工作人员得力的行政复议体系和机制。

4. 注重法治思维的培育和养成

注重对土地资源管理部门各级领导干部法治思维的培育和养成。法治思维是基于法治的固有特性和对法治的信念，认识事物、判断是非、解决问题的思维方式。法治思维是规则思维，法治思维是权利义务思维，法治思维是正当程序思维，法治思维是权力限制思维，法治思维是公平正义思维。各级领导干部只有牢固树立法治思维，才能做到“在法治之下、而不是法治之外、更不是在法治之上想问题、作决策、办事情”“心中高悬法律的明镜，手中紧握法律的戒尺，知晓为官做事的尺度”。要特别注重对领导干部法治思维的培育和养成，通过宪法法律学习制度，深化对法治的认识，把法治作为价值来追求；树立对法治的信仰，内心敬畏法治，自觉把法治顶在头上、记在心中；提高法治素养，越是问题复杂，越是情况紧急，越要用法治思维去思考、处理；坚守法治底线，把对法治的坚守转化为严格依法办事的实际行动，自觉坚持法律面前人人平等，在土地资源行政执法活动中只服从事实，只服从法律。

关键术语

土地法制	井田制	初税亩	均田制
鱼鳞图册制度	平均地权	《井冈山土地法》	《土地改革法》

复习思考题

1. 简述原始社会的土地共有制。
2. 简述奴隶社会的土地法制。
3. 简述封建社会的土地法制。
4. 简述民国时期的土地法制。
5. 简述新民主主义革命时期的土地法制。
6. 简述《土地改革法》的主要内容。
7. 《土地改革法》的实施有何重大意义？
8. 简述“三级所有，队为基础”土地制度的核心内容。
9. 哪部法律明确了城乡地政统一管理的制度？
10. 简述土地立法存在的问题和完善的思路。

第4章

土地法律关系

本章主要从土地法律关系的内涵、土地法律关系的构成、土地法律关系的分类、土地法律关系的演化、土地法律关系的保护五个方面进行阐述。

4.1 土地法律关系的内涵

4.1.1 土地法律关系的概念

法律关系是法律在调整人们行为的过程中形成的特殊的权利和义务关系。土地法律关系是土地法律规范在调整社会关系的过程中所形成的人们之间的权利和义务关系。土地法律关系是以土地法律规范为前提而产生的社会关系，没有土地法律规范，就不可能形成相应的土地法律关系。土地法律关系是以国家强制力为保障的社会关系，当法律关系受到破坏时，国家会动用强制力进行矫正或恢复。通过土地法律规范，确认某种社会关系转化为当事人之间的具体权利和义务关系，并用国家强制力保障这种关系的稳定性，以促进土地资源的可持续利用。国家通过对特定土地关系的法律调整，来影响社会关系的参加者，即土地所有者、使用者和管理者的意志，以实现维护社会主义土地公有制，保护土地权益和合理利用土地的目的。

4.1.2 土地法律关系的特征

1. 土地法律关系是以土地法律规范为前提的社会关系

土地法律关系是由于土地法律规范的存在而建立的社会关系，没有土地法律规范的存在，也就不可能形成与之相应的土地法律关系。土地法律关系与土地法律规范两者之间的关系可以从两个方面来理解：一方面，土地法律规范是土地法律关系存在的前提，没有相应的土地法律规范的存在就不可能产生土地法律关系。另一方面，任何一种土地法律规范只能在具体的土地法律关系中才能得以实现。土地法律规范只规定人们的行为规范和相应的法律后果，它所针对的对象为一类人，因此具有普遍适用性。只有当人们按照土地法律规范的行为模式，或者说符合一定的土地法律事实时，才形成了个人之间的权利义务关系。

2. 土地法律关系具有行政法律关系和民事法律关系二重性

土地是非人力所能创造的自然资源，又是供人们开发利用的财富。其本身具有两种基本法律关系，即土地行政法律关系和土地民事法律关系。土地行政法律关系是一种隶属性法律关系，在许多场合下具有强制性特征。土地行政法律关系是否建立、如何建立，往往是由代表国家意志的土地管理一方依法决定的，不需要和当事人协商或征得当事人一方的同意，如国家对集体所有土地的征收即是如此。土地民事法律关系又称为平等的法律关系，它在许多场合下具有任意性，即这种关系是否建立、如何建立，当事人可以自由选择，互相之间可以充分协商。这种法律关系的存在是土地具有商品的特性所决定的。因为土地的开发、利用是要发挥人的作用，必须有当事人自己意志体现在这些物中才能发生法律关系。如土地的有偿出让只有通过双方共同一致的行为，才能缔结具体的土地法律关系。土地法律关系中的这种二重性是不可分割的，它的统一性是土地本身属性的客观反映。

3. 土地法律关系是以国家强制力为保障的社会关系

通过社会舆论和道德约束来实现的社会关系具有不稳定性和非强制性，而在法律关系中，一个人可以做什么、不得做什么和必须做什么都是国家意志的体现，反映国家对社会秩序的一种维持态度。当土地法律关系受到破坏时，就意味着国家意志所授予的权利受到侵犯，意味着国家意志所设定的义务被拒绝履行。这时，权利受侵害一方有权请求国家机关运用国家强制力，责令侵害方履行义务或承担未履行义务所应承担的法律责任，也即对违法者予以相应的制裁。因此，某种社会关系如果被纳入土地法律调整的范围之内，就意味着国家对它实行了强制性的保护。这种国家的强制力主要体现在对法律责任的规定上。

4. 土地法律关系要体现国家利益和社会公共利益

土地法律规范在确认当事人利益的同时，也赋予当事人必须接受和履行国家行政管理部门规定的义务。即他在行使对土地的占有、使用、收益、处分的权利时，也需要对国家履行其应尽义务。如土地征收，国家虽给予一定补偿，被征单位有受补偿权利，但这项权利只能在国家法律规定范围内享受，不能以个人意志向国家漫天要价。因此，享受土地征收中受补偿的权利，同时也得履行国家征地的义务。当然，国家在行使该项权利时，也要注意土地市场的客观规律和社会主义市场经济的内在要求，给予公平、合理的补偿。

土地法律关系的上述特征是紧密联系的，土地法律关系是具有内在关联的一个整体，同时这又形成了土地法律关系从内部到外在统一的特征。

4.2 土地法律关系的构成

任何法律关系都是由主体、客体、内容三个要素构成，土地法律关系的构成也不例外。

4.2.1 土地法律关系的主体

1. 土地法律关系主体的概念

土地法律关系主体是土地法律关系的参加者，是指参加土地法律关系、依法享有权利和承担义务的当事人，即在土地法律关系中，一定权利的享有者和一定义务的承担者。在每一具体的土地法律关系中，主体的多少各不相同，在大体上都属于相对应的双方：一方是权利的享有者，成为权利人；另一方是义务的承担者，成为义务人。

2. 土地法律关系主体的类型

（1）公民。

公民是指具有某一国国籍，并根据该国法律规定享有权利和承担义务的人。这里的公民即指中国公民（自然人）。我国《土地管理法》第十条规定："国有土地和农民集体所有的土地，可以依法确定给单位或者个人使用。使用土地的单位和个人，有保护、管理和合理利用土地的义务。"这表明凡是公民都享有使用土地的权利和承担相应的义务，成为土地法律关系的主体。

（2）社会组织。

社会组织包括社团组织、企事业经济组织等。根据《土地管理法》的规定，国有土地和农民集体所有的土地，可以依法确定给单位或者个人使用。这一规定表明社团组织、企事业经济组织均可成为土地法律关系的主体。这些机构和组织主体，在法学上需要具有成为"法人"的资格。

（3）国家机关。

国家机关包括立法机关、行政机关和司法机关等各种国家机关。如土地行政机关既是代表国家对土地进行管理的主体，又是本身使用土地的主体。因此，国家机关在土地所有权法律关系中、土地管理法律关系中、土地使用法律关系中，都是权利主体。中国的国家机关，既可以是公法人，也可以是私法人，依其所参与的法律关系的性质而定。

（4）国家。

在特殊情况下，国家可以作为一个整体成为法律关系主体。例如，国家作为主权者是国际公法关系的主体，可以成为外贸关系中的债权人或债务人。在国内法上，国家作为法律关系主体的地位比较特殊，既不同于一般公民，也不同于法人。国家可以直接以自己的名义参与国内的法律关系（如发行国库券），但在多数情况下则由国家机关或授权的组织作为代表参加法律关系。

在我国社会主义土地公有制条件下，国家既是领土主权的主体，又是国有土地所有权的主体。据此，主权主体具有政治权力主体的身份，它高于一切经济上的所有权。我国《宪法》规定：国家为了公共利益的需要，可以依法对集体所有的土地实行征收征用。此时，国家又成了土地征收征用的主体。

（5）农村集体经济组织。

农村集体经济组织是集体土地的所有者，又是国有土地和集体所有土地的使用者。《土地管理法》规定，集体所有土地，全民所有制单位、集体所有制单位使用的国有土地，可以由集体或者个人承包经营，从事农、林、牧、渔生产。

（6）外国人、无国籍人和外国社会组织。

外国人、无国籍人和外国社会组织，以我国有关法律以及我国与有关国家签订的条约为依据，也可以成为我国土地法律关系的主体。

3. 土地法律关系主体的能力

公民和法人要能够成为土地法律关系的主体，享有权利和承担义务，就必须具有权利能力和行为能力，即具有成为法律关系主体的资格。

（1）权利能力。

权利能力又称权义能力（权利义务能力），是指能够参与一定的法律关系，依法享有一定权利和承担一定义务的法律资格。它是法律关系主体实际取得的权利、承担义务的前提条件。

公民的权利能力可以从不同角度进行分类。首先，根据享有权利能力的主体范围不同，可以分为一般权利能力和特殊权利能力。前者又称基本的权利能力，是一国所有公民均具有的权利能力，它是任何人取得公民法律资格的基本条件，不能被任意剥夺或者解除。后者是公民在特定条件下具有的法律资格。这种资格并不是每个公民都可以享有，而只授予某些特定的法律主体。如国家机关及其工作人员行使职权的资格，就是特殊的权利能力。其次，按照法律部门的不同，可以分为民事权利能力、政治权利能力、行政权利能力、劳动权利能力、诉讼权利能力等。其中既有一般权利能力（如民事权利能力），也有特殊权利能力（如政治权利能力、劳动权利能力）。

法人的权利能力没有上述的类别，所以与公民的权利能力不同。一般而言，法人的权利能力自法人成立时产生，至法人解体时消灭，其范围是由法人成立的宗旨和业务范围决定的。

（2）行为能力。

行为能力是指法律关系主体能够通过自己的行为实际取得权利和履行义务的能力。

公民的行为能力是公民的意识能力在法律上的反映。确定公民有无行为能力，其标准有二：一是能否认识自己行为的性质、意义和后果，二是能否控制自己的行为并对自己的行为负责。因此，公民是否达到一定年龄、精神和智力是否正常，就成为判断公民是否享有行为能力的标准。例如，婴幼儿、精神病患者，因为他们不可能预见自己行为的后果，所以在法律上不能赋予其行为能力。在这里，公民的行为能力不同于其权利能力。具有行为能力必须首先具有权利能力，但具有权利能力，并不必然具有行为能力。这表明，在每个公民的法律关系主体资格构成中，这两种能力既可能是统一的，也可能是分离的。

公民的行为能力也可以进行不同的分类。其中较为重要的一种分类，是根据其内容不同分为权利行为能力、义务行为能力和责任行为能力。权利行为能力是指通过自己的行为实际行使权利的能力。义务行为能力是指能够实际履行法定义务的能力。责任行为能力（简称责任能力）是指行为人对自己的违法行为后果承担法律责任的能力。它是行为能力的一种特殊形式。

公民的行为能力问题，是由法律予以规定的。世界各国的法律，一般把本国公民划分为完全行为能力人、限制行为能力人和无行为能力人。(1) 完全行为能力人。这是指达到一定法定年龄、智力健全、能够对自己的行为负完全责任的自然人（公民）。例如，我国《民法典》规定，18 周岁以上的自然人为成年人，具有完全的民事行为能力，可以独立进行民事活动，是完全民事行为能力人。16 周岁以上不满 18 周岁的公民，以自己的劳动收入为主要生活来源的，也被视为完全民事行为能力人。(2) 限制行为能力人。这是指行为能力受到一定限制，只具有部分行为能力的公民。例如，《民法典》规定，8 周岁以上的未成年人、不能完全辨认自己行为的精神病人，是限制民事行为能力人，实施民事法律行为由其法定代理人代理或者经其法定代理人同意、追认，但是可以独立实施纯获利益的民事法律行为或者与其年龄、智力相适应的民事法律行为。我国《刑法》将已满 14 周岁不满 16 周岁的公民视为限制行为能力人（不完全的刑事责任能力人）。(3) 无行为能力人。这是指完全不能以自己的行为行使权利、履行义务的公民。在《民法典》中，不满 8 周岁的未成年人、完全的精神病人是无民事行为能力人。由其法定代理人代理实施民事法律行为。在《刑法》中，不满 14 周岁的未成年人和精神病人，也被视为无刑事责任能力人。

法人组织也具有行为能力，但与公民的行为能力不同。表现在：第一，公民的行为能力有完全与不完全之分，而法人的行为能力总是有限的，由其成立宗旨和业务范围所决定。第二，公民的行为能力和权利能力并不总是同时存在的。也就是说，公民具有权利能力却不一定同时具有行为能力，公民丧失行为能力也并不意味着丧失权利能力。与此不同，法人的行为能力和权利能力却是同时产生和同时消灭的。法人一经依法成立，就同时具有权利能力和行为能力，法人一经依法撤销，其权利能力和行为能力也就同时消灭。

4.2.2 土地法律关系的客体

土地法律关系的客体是指作为土地法律关系内容的权利义务指向的对象，又称权利义务客体。关于客体内涵的认识，主要有两种：一种认为客体就是物，另一种认为它包括物、精神财富和行为。客观存在的土地法律关系是多种多样的，其构成要素的客体也是多样的。在各种土地法律关系中，客体的具体形式，取决于主体权利、义务的性质和主体参加法律关系所要实现的目标。

法律意义上的物是指法律关系主体支配的在生产和生活上所需要的客观实体。作为土地法律关系客体的物，主要是指物质形态的土地。土地作为土地法律关系客体一般是指具体土地类型，如耕地、园地、林地、草地、商服用地、工矿仓储用地、住宅用地、公共管理与公共服务用地、特殊用地、交通运输用地、水域及水利设施用地或其他土地等。具体地说，土地作为法律关系的客体时都有其特定内容，如作为土地所有权客体的全民所有土地和集体所有土地都有其特定的范畴和内容。同样，土地使用权的客体也是如此。如集体土地不能作为有偿出让和转让的建设用地客体，如果要作为有偿出让和转让的建设用地客体，必须先转为全民所有。自留山、自留地不能作为建设用地的客体等。再如土地使用权出让的土地客体范围也有具体要求：(1) 土地使用权的出让是在国有土地范围内进行的，集体所有的土地必须办理征收手续转化为国有土地后才能出让；(2) 地下的各类自然资源、矿产以及埋藏物和市政公用设施等，不在土地使用权出让范围之列；(3) 土地使用权出让的客体可以是“生地”，即待开发的土地，也可以是已完成市政设施的“熟地”，即实行“三通一平”或“七通一平”的土地。

法律意义上的行为是指人们所实施的能够发生法律效力、产生一定法律效果的行为。作为土地法律关系客体的行为，主要是指土地法律关系的主体之间所发生的各种行为。一是土地行政管理行为，它是政府为维护土地制度，调整土地关系，合理组织土地利用所进行的行政、经济、法律方面的活动。一般而言，国家把土地管理权授予政府及其土地行政主管部门。因此，土地管理也是政府及其土地行政主管部门依据法律和运用法定职权，对社会组织、单位和个人占有、使用、利用土地的过程或者行为所进行的组织和管理活动。二是土地所有者、使用者、经营者的各种行为，包括自身占有、使用、收益和处分土地的各种行为。如果以上行为是在土地法律规范的范围内，其行为受到土地法律规范的保护，如果以上行为是土地法律规范所禁止的，其行为要受到土地法律规范的制裁。

法律意义上的非物质财富是指人通过某种物体（如书本、图件、砖石、纸张、胶片、磁盘、信息系统）或大脑记载下来并加以流传的思维成果，其价值和利益在于物中所承载的信息、知识、技术、标识（符号）和其他精神文化。作为土地法律关系客体的非物质财富，主要是指土地方面的智力成果，如土地测量、遥测、评估、规划等形成的土地测量图件、土地遥测影像、土地评估方法、土地规划方案、土地信息系统或者相应的著作权、专利权等成果。

综上所述，土地法律关系必须以法律规范为依据，它是法律规范中国家意志的反映。在研究土地法律关系客体问题时，还必须看到，实际的土地法律关系有多种多样，而且有多种多样的法律关系就有多种多样的客体，即使在同一法律关系中也有可能存在两个或两个以上的客体。例如，土地出让法律关系的客体不仅包括“土地”，也包括“权利”，还包括“出让金”。在分析多向（复合）法律关系客体时，我们应当把这一法律关系分解成若干个单向法律关系，然后再逐一寻找它们的客体。多向（复合）法律关系之内的诸单向关系有主次之分，因此其客体也有主次之分。其中，主要客体决定着次要客体，次要客体补充说明主要客体。它们在多向（复合）法律关系中都是不可缺少的构成要素。

4.2.3 土地法律关系的内容

土地法律关系的内容是指土地法律关系主体享有的权利和承担的义务。内容是土地法律关系最基本的要素。

权利是指主体按照自己的意志依法做出一定行为或要求他人依法做出一定行为，在必要时有权请求国家机关（法院、行政机关）以强制性的协助实现其权利。主张或做出权利要求必须符合法律规定或有法律依据，以便受法律保护，如果法律不予保护，则其权利就无从实现，因此，权利人的行为，一般来说总是合法的，否则，和其自身的目的相反。当然，权利人的行为不当，也是常有的，此时法律不予保护，其权利不但不能实现，相反地，有服从法律规定的义务。如非法占用土地，要责令退还非法占用土地，限期拆除或没收非法占用土地上新建的建筑物和其他设施，并处以罚款。

义务是指义务人必须做出一定行为或禁止其做出一定行为，以保证权利人的权利获得实现。义务分作为或不作为。作为的义务如缴纳土地税费，义务人必须依法缴纳，这种义务也称积极义务。不作为的义务即法律上的禁止性的规定。我国《土地管理法》有禁止占用耕地和基本农田的规定，违反上述规定的要给予法律处分。

权利和义务是相互联系、相互依存的，彼此共同构成法律关系的内容。

4.3 土地法律关系的分类

按土地法律关系的性质和内容，土地法律关系可以分为以下类型。

4.3.1 土地所有权法律关系

土地所有权法律关系是指特定土地所有人与一切非特定的组织或个人确立的一种权利义务关系。土地所有权依《民法典》物权编的规定是一项财产权，即土地所有权是一项民事权利，被视为物权，是人对土地的支配权。其实我国土地所有权与一般的财产权是有一些区别的。一般的财产权人是法人和公民，而我国土地的所有权人则是特定的，限于国家和农民集体。一般的组织和个人均不能成为土地所有权主体。

国家有占有、使用、收益和处分国有土地的权利，国家以外的任何组织和个人都负有不侵犯国有土地所有权的义务。国有土地所有权由国务院代表国家行使。国家并不具体行使对国有土地的占有、使用等权限，而是通过城市或县级人民政府实施国有土地使用权的出让、划拨等处分权来获得收益权。

农民集体有占有、使用、收益和处分农民集体所有土地的权利，其他任何单位和个人都负有不侵犯农民集体所有土地所有权的义务。农民集体所有的土地依法属于村农民集体所有的，由村集体经济组织或者村民委员会经营、管理；已经分别属于村内两个以上农村集体经济组织的农民集体所有的，由村内各该农村集体经济组织或者村民小组经营、管理；已经属于乡（镇）农民集体所有的，由乡（镇）农村集体经济组织经营、管理。

4.3.2　土地使用权法律关系

土地使用权法律关系是土地使用者因使用土地而与土地所有者及其他土地使用者之间形成的一种权利义务关系。土地使用权是指土地使用者在相应的法律规定范围内对土地享有占有、使用和收益的权利，是我国土地使用制度在法律上的体现。土地使用权是外延比较大的概念，包括农用地、建设用地、未利用地的使用权。土地使用权与土地所有权是土地法规中最基本、最重要的概念。从权属上，我国土地使用权包括国有土地使用权和集体土地使用权。国有土地使用权的取得方式有划拨、出让、出租、入股等，而集体土地使用权是指集体土地的使用人依法利用土地并取得收益的权利。

国有土地使用权法律关系的客体一般可分为：(1) 国家有偿出让给土地经营者或使用者的特定土地；(2) 国家拨给农民集体使用的土地；(3) 国家无偿划拨给机关、部队、学校、国有企业和事业单位使用的土地；(4) 国家批准无偿划拨给集体所有制企事业单位使用的国有土地；(5) 国家划拨给公民个人使用的荒山、荒地；(6) 城镇居民住宅使用的国有土地。

集体土地使用权法律关系的客体主要包括：(1) 集体依法划分给农民使用的自留山、自留地；(2) 集体根据国土管理部门批准的面积拨给农民使用的宅基地；(3) 集体依法或根据经营管理的需要，依据农业承包合同发包给承包者使用的耕地、园地、鱼塘、荒山、滩涂及小流域等；(4) 农民集体与国有企业或其他企业共同投资举办的联营企业，以土地入股供其企业使用等。

土地使用权法律关系，实际上只是一种合理利用土地的权利义务关系。如果违反合理利用原则，即使是特定的土地使用权人也无权行使，即也不能与非特定使用人建立出让土地使用权的法律关系。《土地管理法》规定各级人民政府必须贯彻执行十分珍惜和合理利用土地的方针。这就明确表明，土地使用者负有珍惜、保护、节约和合理使用的义务。

4.3.3　土地征收征用法律关系

土地征收征用法律关系是国家建设需要使用集体土地时，在国家、农民集体和用地单位之间形成的一种复合性的权利义务关系。《宪法》第十条规定："国家为了公共利益的需要，可以依照法律规定对土地实行征收或者征用并给予补偿。"《土地管理法》对集体所有土地征收办法做了具体规定。被征地单位有服从国家需要的义务并取得适当补偿的权利。土地征收具有强制性，征收是国家强制取得他人土地所有权的行为，并不以征得被征地人的同意为必要条件；土地征收还具有公益性，即土地征收必须符合公共利益。征收土地的行为一经发生，国家、农民集体、用地单位三者之间的权利义务关系即告形成。

4.3.4 土地承包法律关系

农村联产承包的土地关系是推进农村商品生产发展的一种土地法律关系。由农村集体经济组织或村民委员会作为发包方与农民签订的土地承包合同形成了双方的权利义务关系。发包方享有发包本集体所有的或者国家所有依法由本集体使用的农村土地的权利，监督承包方依照承包合同约定的用途合理利用和保护土地的权利。发包方承担维护承包方的土地承包经营权，不得非法变更、解除承包合同的义务；尊重承包方的生产经营自主权，不得干涉承包方依法进行正常的生产经营活动的义务。承包方依法享有承包地使用、收益和土地承包经营权流转的权利，有权自主组织生产经营和处置产品。承包方承担维持土地的农业用途，不得用于非农建设的义务。如承包方在承包期内自愿将其承包地转让给第三方，则其法律关系有三个方面，即发包方、承包方、转包方。三方的权利义务是在原承包合同上产生的。原承包合同期满，三方的权利义务也同时终止。

4.3.5 土地利用规划法律关系

土地利用规划法律关系是国家在制定和实施土地利用规划过程中形成的一种权利义务关系。《土地管理法》第十五条规定："各级人民政府应当依据国民经济和社会发展规划、国土整治和资源环境保护的要求、土地供给能力以及各项建设对土地的需求，组织编制土地利用总体规划。土地利用总体规划的规划期限由国务院规定。"第十六条规定："下级土地利用总体规划应当依据上一级土地利用总体规划编制。地方各级人民政府编制的土地利用总体规划中的建设用地总量不得超过上一级土地利用总体规划确定的控制指标，耕地保有量不得低于上一级土地利用总体规划确定的控制指标。省、自治区、直辖市人民政府编制的土地利用总体规划，应当确保本行政区域内耕地总量不减少。"各级政府必须严格按照用地规划、用地计划、用地标准审批土地。各级政府与各土地使用者之间就形成了实施规划和服从规划的权利义务关系。

4.3.6 土地整治保护法律关系

土地整治保护法律关系是指人们在依法开发、整理、复垦和保护土地的过程中形成的一种特定的权利义务关系。各级人民政府应当采取措施，保护耕地，维护排灌工程设施，改良土壤，提高地力，防止土地沙化、盐渍化、水土流失，制止荒废、破坏耕地的行为。违反法律规定，在耕地上挖土、挖沙、采石、采矿等严重毁坏种植条件的，或因开发土地，造成土地沙化、盐渍化、水土流失的，责令限期治理，可以并处罚款。《民法典》规定，国家所有的土地，可以依法由全民所有制单位使用，也可以依法确定由集体所有制单位使用，国家保护它的使用、收益的权利；使用单位有管理、保护、合理利用的义务。在土地整治等有关法规中，对保护生态、保护土地所带来的经济效益的分享等问题都做了相应的规定，这些规定都是当事人间享有权利、承担义务的依据。

4.3.7　土地行政法律关系

土地行政法律关系是国家土地管理机关依法行使职权时，与土地所有者（集体土地所有者）或使用者之间形成的一种权利义务关系。为了管好、用好我国的土地资源，国家设立专门机构对全国的土地实行统一管理。土地管理机关代表国家行使管理权时就与一定的土地所有者和使用者发生一系列的法律关系。如土地使用前的申请、审批关系，土地使用中的监督、监察关系，土地使用权转移的变更登记关系，以及对土地违法行为的查处关系等。这类土地法律关系的形成，主要是由土地管理机关行使行政管理权的行为引起的。

4.3.8　土地税收法律关系

土地税收法律关系是指国家与土地所有人或土地使用人之间依我国土地税法规定形成的一种权利义务关系。它是国家参与国民收入分配、再分配的经济关系在法律上的表现。土地税收是国家的重要财政收入。耕地占用税、土地增值税、契税、印花税、城镇土地使用税等都是必须征收的土地税。国家与土地所有人、使用人等的征纳关系，即是土地税收法律关系的具体体现。

4.4　土地法律关系的演化

4.4.1　基本概念

1. 土地法律关系的产生

土地法律关系的产生，即是由于一定客观现象的发生，使特定的土地关系主体间形成一定的权利义务关系。如国家关于土地管理方面的规定、命令和措施的发布，土地有偿出让合同的签订，用地申请的批准等现象的出现，便使特定主体间确立相应的权利义务关系。

2. 土地法律关系的变更

土地法律关系的变更也是某种客观现象发生所导致的结果。它使原有土地法律关系主客体或内容发生变化。如国家征收土地这一现象的出现，集体土地所有权主体就由农民集体变为国家。土地转包这一现象的出现，就使原土地承包关系主体权利义务发生转移。土地法律关系客体的变更是指土地数量、质量、地段、范围、性质等的变化。如土地承包者对土地进行掠夺性经营，使肥沃土地变为贫瘠，也导致了土地使用权法律关系的变更。土地法律关系内容的变更，是指主体双方权利义务的改变。如农业承包合同承包条件的修改，就使合同主体双方的权利义务发生变化。由于引起土地法律关系产生、变更的事实都是依法发生的，因此，产生、变更后的权利义务受国家法律保护。如集体土地所有权和各项使用权的变更，国家历来都实行严格的管理。

3. 土地法律关系的消灭

土地法律关系的消灭，即由于一定客观现象的出现，土地法律关系主体间的权利义务关系即告终止。如土地承包合同期限届满，该合同主体双方的权利义务关系即随之终止。国家建设征收了农民的住宅用地，农民与集体之间的宅基地使用的法律关系即告消灭。

土地法律关系的产生、变更和消灭都不是孤立的现象。它们相互之间往往存在着因果关系。某一类土地法律关系的产生，可能导致另一类土地法律关系的变更和消灭。某一类土地法律关系的变更和消灭，又会伴随另一类土地法律关系的产生。

4.4.2 土地法律事实

1. 法律事实的概念

法律事实是引起土地法律关系产生、变更和消灭的原因，也是法律关系的基础。法律关系与法律事实是紧密相连、不可分割的。没有事实关系，谈不上法律关系；只有某种事实，没有法律对这种事实加以确认，这种事实就不能形成一定的权利义务，即法律关系的主体不能单就事实实现其权利。

法律规范、法律事实、法律关系三者是互相依存的。法律规范是确认法律事实的依据，法律事实是发生、变更、消灭法律关系的原因，法律关系则是人们之间依法形成的权利义务关系。

2. 法律事实的分类

法律事实有基于人的意志活动，有属于自然发生的现象。一般把它分为行为和事件两类。

（1）行为。

1）行政行为。行政行为即国家土地管理机关根据其职能和权限，在法定范围内行使职权的行为。如对用地申请的审批，有关土地管理规定的发布，对土地权属的确认，对违法行为做出的行政处罚，对土地纠纷的调处等都能引起土地法律关系的产生、变更和消灭。

2）当事人的行为。当事人的行为是指符合土地法律规范的行为。即当事人在土地法律规范允许范围内所进行的各种活动。如用地申请的提出，土地承包合同的签订、修改和履行，征地协议的签订，土地使用权依法转让等行为，都能引起一定的法律后果。由于这些行为是依法进行的，它的后果受到法律保护。另外一种行为是没有依法进行，但也导致了某种事实的产生、变更和消灭。如非法占用耕地建房，使原有耕地变成了宅基地；违法开荒，造成土地沙化、水土流失等。由于这种行为是土地法律规范所禁止的，所以，它所导致的这种事实的产生不但不受法律的保护，而且要受法律的制裁。这是因为土地法律规范是由国家制定，并以强制力保证实施的行为规范所规定的。所以土地管理机关有权责令其在一定时间内拆屋还地，限期治理。非法行为人应接受应有的处罚，限期履行。再如，土地使用者不按规定用途使用，土地管理机关依法有权收回其使用的土地，注销其土地使用证。所有这些不依法进行的行为而发生的土地法律关系，行为人不具有权利内容，但有必须履行法律给予处分的义务。这是国家为了维护社会主义土地公有制，维护当事人正当权益，确保国家意志得以贯彻实施的一种土地法律关系。它与一般体现当事人意志的法律关系是有质的区别的。国家在制定土地法律规范时规定相应的法律责任，就是为了防止这种非法行为的发生。因此，国家在追究其法律责任时，可以运用强制力保证实现。

3）司法行为。司法行为即司法机关所为的行为。它包括各级人民法院的裁定和判决。这些司法行为均能引起土地法律关系的产生、变更和消灭。

（2）事件。

事件是不以土地法律关系主体的主观意志为转移的客观现象。它包括自然现象和社会现象。凡能引起土地法律关系产生、变更和消灭的客观现象，都可称为法律事件。如洪水泛滥、塌方、河滩冲刷等会使土地所有权或使用权的法律关系客体的数量产生增减，进而导致主体权利义务范围的变化。土地使用制度的改革，也会使新的土地法律关系大量发生，原来的土地使用关系相应消灭。

4.5　土地法律关系的保护

土地法律关系是特定主体之间依法建立起来的权利义务关系。它一经形成，就具有法律效力，受国家法律保护。国家对法律关系的保护是通过有关机关的职能活动，对土地法律关系参加者的行为进行引导、监督和协调，保证其合法性；并在发生纠纷时，通过法定程序予以及时解决；制裁违法者，保证土地法律关系主体的权利得以实现，义务得以全面履行。所以，土地法律关系的保护，即是保证土地法律关系主体的权利义务的实现，维护社会主义土地公有制，保护土地资源，确保土地的合理利用。

4.5.1　土地法律关系保护的机构

土地法律关系在各类法律关系中占有重要地位。它的产生、变更和消灭是否符合有关法律规范的要求，直接关系到社会主义土地公有制的巩固和土地资源的保护，关系到社会主义经济秩序的稳定和国家安定团结。但要使土地法律关系的产生、变更和消灭符合有关法律规范的要求，除了要加强和完善土地立法以外，还必须有相应的机构来保证土地法规的实施。

根据现行法律的规定，我国对土地法律关系进行保护的机构，主要有以下几种。

1. 地政机关

地政机关，即各级土地管理机关，其作为各级人民政府的职能机构从事土地管理工作。其主要职责之一，就是会同有关部门进行土地资源开发、利用、保护和权属方面的管理，解决土地纠纷，查处违法占地行为，保证土地法的实施。实践证明，各级土地管理机构通过履行上述职责，对各类土地法律关系的保护和土地法的实施，起着重要作用。因此，土地管理机关是土地法律关系保护的主要机构。

根据党的十九届三中全会审议通过的《中共中央关于深化党和国家机构改革的决定》《深化党和国家机构改革方案》和第十三届全国人民代表大会第一次会议批准的《国务院机构改革方案》，设立自然资源部，统一管理土地等自然资源。自然资源部是国务院组成部门，为正部级，对外保留国家海洋局牌子。

自然资源部在土地管理方面的主要职责如下：自然资源部要落实中央关于统一行使全民所有自然资源资产所有者职责，统一行使所有国土空间用途管制和生态保护修复职责的要求，强化顶层设计，发挥国土空间规划管控作用，为保护和合理开发利用自然资源提供科学指引。进一步加强自然资源的保护和合理开发利用，建立健全源头保护和全过程修复治理相结合的工作机制，实现整体保护、系统修复、综合治理。创新激励与约束并举的制度措施，推进自然资源节约集约利用。进一步精简下放有关行政审批事项、强化监管力度，充分发挥市场对资源配置的决定性作用，更好地发挥政府作用，强化自然资源管理规则、标准、制度的约束性作用，推进自然资源确权登记和评估的便民高效。

地方各级自然资源管理部门负责本行政区域内土地的管理和监督工作，业务上受上级自然资源管理部门领导。

2. 人民政府

各级人民政府应当根据《民法典》物权编和《土地管理法》等法律法规，结合区域实际情况，采取措施，全面规划，严格管理，保护、开发土地资源，制止非法占用土地的行为，解决土地所有权和使用权争议。其具体职责如下：

（1）各级人民政府应当编制本行政区域的土地利用总体规划，规定土地用途，严格限制农用地转为建设用地，控制建设用地总量，对耕地实行特殊保护。

（2）各级人民政府应将耕地保护纳入政府年度工作目标责任和政府领导任期目标责任进行考核，严格控制耕地转为非耕地。县级以上人民政府应当根据土地利用总体规划，按照《土地管理法》和《基本农田保护条例》的规定，划定基本农田保护区，并严格保护和管理。

（3）市、县人民政府为了公共利益的需要，可以依照法律规定对土地实行征收或者征用，并予以补偿。征地方案经依法批准后，市、县人民政府应当在被征地所在地的乡（镇）、村予以公告。

（4）市、县人民政府按照所有权与使用权分离的原则，实行城镇国有土地使用权出让、转让，土地使用权出让、转让、出租、抵押、终止及有关的地上建筑物、其他附着物的登记，由政府国土管理部门依照法律和国务院的有关规定办理。

（5）县级以上人民政府是土地登记造册，确认土地所有权、使用权，核发土地所有权、使用权证书的法定机关，县级以上人民政府土地行政主管部门负责具体实施。

（6）县级以上人民政府应当将土地利用年度计划的执行情况列为国民经济和社会发

展计划执行情况的内容，向同级人民代表大会报告，同时报送上一级人民政府及其土地行政主管部门。

（7）县级、乡（镇）人民政府应当采取措施，按照土地利用总体规划，逐步对田、水、路、林、村进行综合整治和中低产田土改造，提高耕地质量，增加有效耕地面积，改善农业生产条件和生态环境。

（8）土地所有权和使用权争议，由当事人协商解决；协商不成的，由人民政府处理。单位之间的争议，由县级以上人民政府处理；个人之间、个人与单位之间的争议，由乡级人民政府或者县级以上人民政府处理。在土地所有权和使用权争议解决前，任何一方不得改变土地利用现状，不得破坏土地上的附属物，不得影响生产和在有争议的土地上兴建建筑物和变更附着物。

3. 司法机关

司法机关是行使司法权的国家机关，是国家机构的基本组成部分，包括法院、检察院及有关功能部门。司法机关是保证社会主义法制实施的专门机关，是各种法律关系实现的保障。当事人对有关人民政府的处理决定不服的，可以自接到处理决定通知之日起 30 日内，向人民法院起诉。人民法院通过对当事人依法提起诉讼的经济案件和人民检察院依法提起的公诉案件进行审判，保证土地法律关系主体权利的行使和义务的履行。

4.5.2　土地法律关系保护的特点

1. 国家对土地法律关系的保护是主动保护

所谓主动保护，是指在没有发生权利义务纠纷之前，土地管理机关通过检查、监督、登记、审批等手段来防止违法行为的出现，预防纠纷的发生，保证土地法律规范的正确实施，即以事先把关为主，事后处理为辅。这种保护是主动的、直接的、积极的。

2. 国家对土地法律关系的保护是全程保护

土地法律关系，特别是土地权属关系，从形成之日起，国家就通过登记发证，以法律文书的形式来确认土地的所有权和使用权，维护土地的社会主义公有制，保护土地所有者和使用者的合法权益。土地权属关系变更时，当事人也要到土地管理机关注销其土地使用证。所以，国家对土地法律关系的保护是自始至终的。

4.5.3　土地法律关系保护的方法

土地法律关系是一种较为复杂的法律关系，具有综合性和多样性的特点，对其保护方法也是多种多样的。我国主要采取行政、法律、经济、科技等手段，互相配合，综合运用。

关键术语

法律关系　　土地法律关系　　土地法律关系的主体
土地法律关系的客体　　土地法律关系的内容　　土地法律事实

复习思考题

1. 土地法律关系有哪些特征?
2. 土地法律关系主体有哪些类型?
3. 土地法律关系如何分类?
4. 简述法律规范、法律事实、法律关系三者的关系。
5. 简述土地法律关系保护的机构、特点和方法。

第5章

土地基本法律制度

制度是指在一定历史条件下形成的政治、经济和文化方面的规则体系。土地制度是指在一定历史条件下形成的有关土地、土地资源、土地利用和土地管理等方面的规则体系。我国土地法制经过长期的建设，现在已经形成以土地公有制为基础，以基本国策为目标，以用途管制和统一登记为核心，以自然资源统一管理为支撑的土地基本法律制度。土地基本法律制度为维护土地权益、保护耕地、合理用地、维护社会稳定、保障现代化建设发挥了重要作用。

5.1　土地的社会主义公有制

5.1.1　实行土地的社会主义公有制

土地所有制是指在一定社会生产方式下，由国家确认的土地所有权归属的制度。土地所有制是生产资料所有制的重要组成部分，是土地制度的核心和基础。

我国实行土地的社会主义公有制。《宪法》第六条规定，中华人民共和国的社会主义经济制度的基础是生产资料的社会主义公有制，即全民所有制和劳动群众集体所有制。《宪法》第九条规定，矿藏、水流、森林、山岭、草原、荒地、滩涂等自然资源，都属于国家所有，即全民所有；由法律规定属于集体所有的森林和山岭、草原、荒地、滩涂除外。《宪法》第十条规定，城市的土地属于国家所有。农村和城市郊区的土地，除由法律规定属于国家所有的以外，属于集体所有；宅基地和自留地、自留山，也属于集体所有。《土地管理法》第二条规定，中华人民共和国实行土地的社会主义公有制，即全民所有制和劳动群众集体所有制。中华人民共和国成立以后，我国土地的社会主义公有制逐步确立，形成了全民所有土地，即国家所有土地，劳动群众集体所有土地（农民集体所有土地），这样两种基本的土地所有制形式。

土地所有制的法律表现形式是土地所有权，即土地所有者对其土地享有占有、使用、收益和处分的权利。根据《宪法》和《土地管理法》，我国城市市区的土地属于国家所有。农村和城市郊区的土地，除由法律规定属于国家所有的以外，属于农民集体所有。

因此，我国土地公有制的法律表现形式是国有土地所有权和农民集体土地所有权。国家和农民集体对自己所有的土地行使权利受法律保护。任何侵犯公有土地所有权的行为，都将受到法律制裁。为了保护土地的社会主义公有制不受侵犯，《宪法》第十条第四款规定："任何组织或者个人不得侵占、买卖或者以其他形式非法转让土地。"买卖行为的法律特征是将财产的所有权由出卖人转移给买受人，因此买卖行为的法律后果是改变财产的所有权。

土地是最宝贵的自然资源，同时也是最基本的生产资料。土地公有制既是我国土地制度的基础和核心，也是我国社会主义制度的重要经济基础，一切土地立法都必须遵循和维护这一制度。

5.1.2 公有土地所有权的行使

我国公有土地所有权的行使主体是国家和有关农民集体，国家为公共利益的需要可以依法征收集体所有的土地。

1. 国有土地所有权由国务院代表国家行使

国务院代表国家依法行使对国有土地的占有、使用、收益和处分的权利。在法律上规定国务院是国有土地所有权的代表，一是明确地方各级政府无权擅自处置国有土地，只能依法根据国务院的授权处置国有土地；二是赋予中央政府行使国有土地资产经营管理的职能；三是明确国有土地的收益权归中央政府，国务院有权决定国有土地收益的分配办法。国务院代表国家行使国有土地所有权，但是在国有土地的具体经营、管理上，国务院既可以直接行使有关权利，也可以授权地方政府或者委托国有公司行使有关权利。

2. 农民集体所有土地的所有权由农民集体经济组织行使

农民集体所有土地的所有权应当由作为该土地所有权主体的农民集体行使。至于具体经营、管理，根据法律的规定，农民集体所有的土地依法属于村农民集体所有的，由村集体经济组织或者村民委员会经营、管理；已经分别属于村内两个以上农村集体经济组织的农民集体所有的，由村内各该农村集体经济组织或者村民小组经营、管理；已经属于乡（镇）农民集体所有的，由乡（镇）农村集体经济组织经营、管理。

3. 国家可以依法征收农民集体所有的土地

国家为公共利益的需要可以依法征收农民集体所有的土地。《宪法》第十条第三款规定："国家为了公共利益的需要，可以依照法律规定对土地实行征收或者征用并给予补偿。”这就赋予了国家土地征收权，确立了土地征收制度。在我国，土地不是为国家所有，就是为集体所有。各项公共或者公益事业的发展所需要的土地，主要来源于对国有土地的分配调整，但由于国有土地不足而涉及集体所有的土地时，为了保证社会公共事业或者公益事业的发展，体现全社会的长远利益，建立一种使集体所有土地转为国有，以用于公用的特殊取得制度，并使其合法化。土地征收具有强制性和补偿性的特征，即被征地单位（集体土地所有权人）不得以其所有权从事对抗行为，不得阻挠；国家在一定的范围内依法对被征地单位予以适当补偿，而不是赔偿。同时需要指出的是，为了保护集体土地所有权人的合法权益，国家土地征收权也不能滥用，必须依照法律规定的条件和程序行使。

国家为了公共利益的需要可以依法征收农民集体所有的土地，但土地所有权的公有性质是不能改变的。任何买卖或者变相买卖土地，即通过买卖改变土地所有权的行为都是非法的，都必须依法禁止。

5.1.3　土地使用权可以依法转让

土地不仅是我国最紧缺的自然资源，也是最重要的公有资产。在计划经济条件下，土地实行无偿划拨使用，从而造成国有土地资产严重流失、土地资源浪费、土地利用效益低下。随着我国经济体制改革的不断深入，特别是社会主义市场经济体制的逐步建立，土地的商品属性日益显现出来。为了适应土地使用制度改革的需要，1988 年 4 月第七届全国人民代表大会第一次会议通过《宪法修正案》，将《宪法》第十条第四款“任何组织或者个人不得侵占、买卖、出租或者以其他形式非法转让土地”，修改为“任何组织或者个人不得侵占、买卖或者以其他形式非法转让土地。土地的使用权可以依照法律的规定转让”，即删去了禁止出租土地的规定，增加了土地使用权可以依法转让的规定。同年 12 月，第七届全国人民代表大会常务委员会第五次会议通过关于修改《土地管理法》的决定，根据《宪法修正案》对《土地管理法》的有关规定做了相应修改。这些规定为土地使用制度改革提供了有力的法律保障。

城市土地使用制度改革将土地使用权和所有权分离以实现土地的商品属性，实行土地的有偿使用，这是经济体制改革和产权理论的要求，它理顺了土地所有者与使用者之间的经济关系，维护和强化了社会主义公有制性质，有利于探索土地公有制的有效实现形式，有利于合理利用土地，有利于强化国家对土地的管理，有利于促进土地资源的优化配置，有利于国有土地资产的保值和增值。

5.2　土地基本国策制度

基本国策，是国家赖以生存发展的基本准则和保障。“十分珍惜、合理利用土地和切实保护耕地”是我国的基本国策。

5.2.1 土地基本国情

我国土地利用的现状特征总体表现为：一是土地总量大，人均土地少；二是地貌类型多样，山地、丘陵多，平地少；三是水土资源空间不匹配，耕地资源区域分布不平衡；四是土地资源承载压力大，土地生态环境脆弱。

我国土地基本国策制度是由我国人多地少的基本国情决定的。我国国土面积辽阔，但宜农地少，后备资源少，人均占有量少，人均占有耕地更少。对于总人口占世界人口约1/5的中国来说，土地资源显得尤为宝贵。虽然我国土地面积居世界第三位，耕地面积列世界第四位，但人均土地面积仅及世界平均数的1/3，人均耕地面积仅为世界平均数的40%左右。

5.2.2 土地基本国策制度的形成

我国土地基本国策的内容是逐步发展完善的。

1982年2月13日，国务院发布的《村镇建房用地管理条例》第三条规定：我国人多地少，珍惜和合理利用每寸土地是我们的国策。同年5月4日，全国人大常委会第二十三次会议通过的《国家建设征用土地条例》第三条规定：节约土地是我国的国策。

1984年五届全国人大常委会第四次会议审议《政府工作报告》时提出："我国人口多，耕地少，随着人口增长，这个矛盾将会越来越尖锐。十分珍惜每寸土地，合理利用每寸土地，应该是我国的国策。"

1986年3月，中共中央、国务院颁发的《关于加强土地管理、制止乱占耕地的通知》指出：十分珍惜和合理利用每寸土地，切实保护耕地，是我国必须长期坚持的一项基本国策。1991年七届全国人大常委会第四次会议通过的关于我国国民经济和社会发展十年规划和"八五"计划纲要，将合理利用土地列为我国的三项基本国策之一。1992年6月2日，李鹏总理题词："十分珍惜和合理利用每寸土地，切实保护耕地，是我国必须长期坚持的一项基本国策。"

1998年8月29日，九届全国人大常委会第四次会议通过的修订后的《土地管理法》规定，"十分珍惜、合理利用土地和切实保护耕地是我国的基本国策"，首次以立法形式确认了土地基本国策的法律地位，这也是我国第一个写进法律的基本国策。这一规定意义十分重大，它不仅表明土地管理在国家行政管理中具有十分重要的地位，还表明作为基本国策的土地管理方针具有长期性、稳定性的法律特点，是制定具体土地法规和政策必须遵循的准则。

5.2.3 土地基本国策制度的落实

为了落实土地基本国策，1998年修订后的《土地管理法》加大了各级政府在土地管理方面的责任，特别是在耕地保护方面的责任。"各级人民政府应当采取措施，全面规划，严格管理，保护、开发土地资源，制止非法占用土地的行为。”这是对土地基本国策和各级政府土地管理责任的规定。

1. 严格保护耕地制度

（1）耕地保护面临的挑战。

耕地保护是指运用法律、行政、经济、技术等手段和措施，对耕地的数量和质量进行的保护。耕地是人类赖以生存和发展的基础，耕地保护是关系维护国家粮食安全，保持社会稳定，促进我国经济和社会可持续发展的全局性战略问题。“十分珍惜、合理利用土地和切实保护耕地”是必须长期坚持的一项基本国策。从长远来看，我国耕地红线的目标实现不易，耕地总体质量不高，耕地后备资源不足。

随着经济发展进入新常态，新型城镇化、新型工业化、生态文明新要求使耕地保护仍面临严峻的形势。一是我国严峻的人多地少的基本国情将长久存在；二是我国粮食需求保持在高位，随着消费结构升级，未来一个时期我国粮食需求仍呈刚性增长态势，处于供不应求的不平衡状态；三是在高速城镇化、现代化建设过程中，土地非农化加剧，耕地占补平衡难度加大，“占优补优”政策难以实现。

（2）耕地保护的法律责任。

面对中国耕地严重不足的严峻形势，采取各种措施，预防和消除危害耕地及环境的因素，稳定和扩大耕地面积，维持和提高耕地的物质生产能力，预防和治理耕地的环境污染，是保证土地得以永续和合理使用，稳定农业基础地位和促进国民经济发展的重大问题。应落实藏粮于地、藏粮于技的战略，坚持基本农田保护，严格按规划计划落实耕地保有量、基本农田保护面积。

《土地管理法》关于耕地保护法律责任具体包括以下内容。

一是编制规划。各级政府应当依据国民经济和社会发展规划、国土整治和资源环境保护的要求、土地供给能力以及各项建设对土地的需求，组织编制国土空间总体规划。通过编制规划，将土地分为农用地、建设用地和未利用地。严格限制农用地转为建设用地，控制建设用地总量，对耕地实行特殊保护。

二是实行省域耕地总量动态平衡。各省、自治区、直辖市政府必须采取措施，确保本行政区域内耕地总量不减少；耕地总量减少的，由国务院责令在规定期限内组织开垦与所减少耕地的数量与质量相当的耕地，并由国务院土地行政主管部门会同农业行政主管部门验收。个别省、直辖市确因土地后备资源匮乏，新增建设用地后，新开垦耕地的数量不足以补偿所占用耕地的数量的，必须报经国务院批准减免本行政区域内开垦耕地的数量，进行易地开垦。

三是实行耕地占用补偿制度。非农业建设经批准占用耕地的，按照“占多少，垦多少”的原则，由占用耕地的单位负责开垦与所占用耕地的数量和质量相当的耕地；没有条件开垦或者开垦的耕地不符合要求的，缴纳耕地开垦费，专款用于开垦新的耕地。开垦未利用的土地，必须经过科学论证和评估，在土地利用总体规划划定的可开垦的区域内，经依法批准后进行。禁止毁坏森林、草原开垦耕地，禁止围湖造田和侵占河滩地。省、自治区、直辖市政府应当制定开垦计划，监督占用耕地的单位按照计划开垦耕地或者按照计划组织开垦耕地，并进行验收。

四是推行节约用地制度。非农业建设必须节约使用土地，可以利用荒地的，不得占用耕地；可以利用劣地的，不得占用好地。县级以上地方政府可以要求占用耕地的单位将所占用耕地耕作层的土壤用于新开垦耕地、劣质地或者其他耕地的土壤改良。

五是开展土地综合整治。县、乡（镇）政府应当组织农村集体经济组织对田、水、路、林、村进行综合整治，提高耕地质量，增加有效耕地面积，改善农业生产条件和生态环境。还应当采取措施，改造中、低产田，整治闲散地和废弃地。各级政府应当采取措施，维护排灌工程设施，改良土壤，提高地力，防止土地荒漠化、盐渍化，防止水土流失和土地污染。禁止占用耕地建窑、建坟或者擅自在耕地上建房、挖砂、采石、采矿、取土等。

此外，还对各种非法占用土地的行为规定了相应的法律责任。具体包括：责令限期改正或者治理；责令缴纳复垦费；责令退还非法占用的土地；限期拆除在非法占用的土地上新建的建筑物和其他设施，恢复土地原状；没收在非法占用的土地上新建的建筑物和其他设施；罚款；对非法占用土地单位的直接负责的主管人员和其他直接责任人员依法给予行政处分；构成犯罪的，依法追究刑事责任等。各级政府只要认真执行《土地管理法》的有关规定，就能做好土地管理工作，将“十分珍惜、合理利用土地和切实保护耕地”的基本国策落到实处，造福当代和子孙后代。

（3）加强耕地保护和改进占补平衡。

2017 年，《中共中央 国务院关于加强耕地保护和改进占补平衡的意见》，是继 1997 年《中共中央 国务院关于进一步加强土地管理切实保护耕地的通知》后的又一重大举措，也是时隔 20 年对我国耕地保护及耕地占补平衡政策的实践总结和调整完善。目前，耕地占补平衡作为耕地保护的一项基本制度，是基于我国特殊的土地国情而制定的，对于遏制耕地锐减、实现耕地总量动态平衡目标和保障国家粮食安全具有重要意义。现行的耕地占补平衡制度存在缺少长效监管和激励机制、忽视生态环境保护、倚重后备资源开发等问题。由于后备资源的限制，一些省市已经或者面临难以实现耕地占补平衡的严峻挑战。

该意见注重目标导向与问题导向相结合，坚持严管严保、节约优先、统筹协调和改革创新的原则，提出了改革的新思路。一是将耕地定位为我国最为宝贵的资源；二是加强耕地数量、质量、生态“三位一体”保护；三是加强耕地管控、建设和激励多措并举；四是加强土地规划管控和用途管制，充分发挥土地利用总体规划的整体管控作用；五是占补平衡算大账，探索补充耕地国家统筹的新办法，提出耕地占补实行县域自我平衡为主，省内调剂为辅，国家统筹为补充；六是实施耕地质量保护和提升行动，统筹推进耕地休养生息；七是鼓励采取政府和社会资本合作（PPP）模式，大力实施土地整治，多渠道落实补充耕地任务；八是推行从行政管控到利益机制调节的办法，加强对耕地保护责任主体的补偿激励，实行跨地区补充耕地的利益调节；九是最大限度、最广泛调动社会力量保护耕地积极性，调动粮食主产区保护耕地积极性，调动农民自我保护耕地积极性；十是实行耕地保护党政同责，对履职不力、监管不严、失职渎职的，相应追究党政领导责任。这一文件使保护耕地体系更加成熟，保护耕地系统性、整体性和可操作性更上一层楼。

2. 节约集约用地制度

（1）土地利用存在的问题。

土地作为一种宝贵的自然资源，是人类生存和生活的基本生产资料。随着人口的激增和经济的迅速发展，土地数量的有限性和人类利用土地需要的无限增长性之间的矛盾日益突出，积极探索土地资源的科学管理和合理利用的重要性就日益凸显。有效保护土地资源，合理利用土地也成为土地法调整的重要任务和立法原则。

在土地实际利用过程中存在如下诸多问题：一是城市建设占地加剧，城市“摊大饼”式扩展，土地利用粗放，土地闲置浪费严重；二是土地利用结构不合理、土地供需矛盾尖锐、人均耕地面积不断下降、生态环境恶化；三是水土流失、土地沙化、次生盐渍化、土地污染、耕地质量退化、土地生态破坏等。

根据社会经济可持续发展的总目标，结合我国基本国情和土地利用的现实情况，需要彻底摒弃落后的土地利用方式，因地制宜，优化土地利用结构，科学调整布局，节约集约用地，走土地资源可持续利用战略的道路。确立土地法律在管理中的权威地位，在土地立法、司法和监督等环节上加大改革力度，健全和完善我国的土地法律制度。

（2）推行节约集约用地。

节约集约用地主要包括了三层含义：一是节约用地，就是各项建设都要尽量节省用地，想方设法地不占或少占耕地；二是集约用地，每宗建设用地必须提高投入产出的强度，提高土地利用的集约化程度；三是通过整合、置换和储备，合理安排土地投放的数量和节奏，改善建设用地结构、布局，挖掘用地潜力，提高土地配置和利用效率。

2008 年，《国务院关于促进节约集约用地的通知》明确要求，大力促进节约集约用地：一要按照节约集约用地原则，审查调整各类相关规划和用地标准；二要充分利用现有建设用地，大力提高建设用地利用效率；三要充分发挥市场配置土地资源基础性作用，健全节约集约用地长效机制；四要强化农村土地管理，稳步推进农村集体建设用地节约集约利用；五要加强监督检查，全面落实节约集约用地责任。

2014 年，国土资源部发布《节约集约利用土地规定》（以下简称《规定》）（2019 年 7 月修正）。这是我国首部专门就土地节约集约利用进行规范和引导的部门规章，共 9 章 38 条，自 2014 年 9 月 1 日起实施。其中，重点提出对建设用地进行总量控制，对存量用地要注重盘活利用。

一是进一步加强规划引导。《规定》强调国家通过土地利用总体规划，对建设用地实行总量控制，确定建设用地的规模、布局、结构和时序安排。

二是进一步强调布局优化。《规定》根据实践中探索出的成功经验，提出城乡土地利用应体现布局优化的原则，引导工业向开发区集中、人口向城镇集中、住宅向社区集中，推动农村人口向中心村、中心镇集聚，产业向功能区集中，耕地向适度规模经营集中。鼓励线性基础设施并线规划和建设，集约布局、节约用地。禁止在土地利用总体规划和城乡规划确定的城镇建设用地范围之外设立各类城市新区、开发区和工业园区。同时，城市建设用地应因地制宜采取组团式、串联式、卫星城式布局，避免占用优质耕地。

三是强化标准控制作用。国家实行建设项目用地标准控制制度，国土资源部会同有关部门制定工程建设项目用地指标、工业项目建设用地控制指标、房地产开发用地宗地规模和容积率等建设项目用地控制标准。建设项目用地审查、供应和使用，应符合建设项目用地控制标准和供地政策。

四是充分发挥市场配置作用。《规定》提出各类有偿使用的土地供应应充分贯彻市场配置原则，运用土地租金和价格杠杆，促进土地节约集约利用。进一步强调除军事、保障性住房和涉及国家安全和公共秩序的特殊用地可以以划拨方式供应外，国家机关办公和交通、能源、水利等基础设施（产业）、城市基础设施及各类社会事业用地中的经营性用地，实行有偿使用。针对实践中创造的工业用地新方式，《规定》明确，市、县国土资源主管部门可以采取先出租后出让、在法定最高年期内实行缩短出让年期等方式出让土地。禁止以土地换项目、先征后返、补贴、奖励等形式变相减免土地出让价款。

五是突出了存量土地的盘活利用。《规定》总结近年来土地整治领域多项改革经验，从农用地整治和建设用地整治两方面提炼节约集约用地的创新做法。对农用地整治、高标准基本农田建设、城镇低效用地再开发和农村建设用地整治、工矿废弃地整治等方面提出了新的要求。

六是完善了监督考评新机制。县级以上国土资源主管部门应当加强土地市场动态监测与监管，对建设用地批准和供应后的开发情况实行全程监管，定期在门户网站上公布相关情况，接受社会监督。省级国土资源主管部门应当对节约集约用地情况进行监督，依据法律法规对浪费土地的行为和责任主体予以处理并公开通报。

5.3 土地用途管制制度

5.3.1 土地用途管制制度的内涵

1. 土地用途管制制度的概念

土地用途管制制度是指国家为保证土地资源的合理利用，促进经济、社会和环境的协调发展，通过编制土地利用总体规划划定土地用途分区，确定管制规则，使用土地的单位和个人必须严格按照土地利用总体规划确定的用途使用土地的制度。

土地用途管制制度依据土地利用规划划定土地用途，并依法规范土地利用行为，划分土地管理权限，控制土地用途变更。此外，土地用途管制制度采用规划公示的办法，向社会公众告示土地用途分区和用途限制，有利于社会公众对土地利用和管理实施监督。

2. 土地用途管制制度的法律依据

《土地管理法》规定，国家实行土地用途管制制度。国家编制土地利用总体规划，规定土地用途，将土地分为农用地、建设用地和未利用地。严格限制农用地转为建设用地，控制建设用地总量，对耕地实行特殊保护。农用地是指直接用于农业生产的土地，包括耕地、林地、草地、农田水利用地、养殖水面等；建设用地是指建造建筑物、构筑物的土地，包括城乡住宅和公共设施用地、工矿用地、交通水利设施用地、旅游用地、军事设施用地等；未利用地是指农用地和建设用地以外的土地。

3. 土地用途管制制度的国际借鉴

土地用途管制是世界上一些土地管理制度较为完善的国家采用的一种土地利用管理制度。国外也称“土地使用分区管制”（日本、美国、加拿大等）、“土地规划许可制”（英国）、“建设开发许可制”（法国、韩国等）等。实行这种制度的目的，是通过土地利用规划引导合理利用土地，促进区域经济、社会和环境的协调发展，其核心是依据土地利用规划对土地用途转变实行严格控制。这些国家实行土地用途管制的措施和手段大致相同，概括起来，就是主管地政的部门经过调查研究，用科学方法主动规划土地用途，先把区域内土地划分成各种使用区，再把使用区内土地逐宗编定为各种使用地，只要使用区划分合理，各种使用地编定恰当，并依法加以各种管制措施，就能使有限的土地资源满足经济和社会发展各方面的需要。从一些国家的情况看，土地用途管制在合理利用土地资源，特别是耕地保护方面取得了良好的效果。

5.3.2 土地用途管制制度的内容

1. 规划是土地用途管制的依据

《土地管理法》明确规定了土地利用总体规划的地位、作用、编制原则及审批程序。土地利用总体规划是在一定区域内，根据国家、社会、经济可持续发展的要求和当地自然、经济、社会条件，对土地的开发、利用、治理、保护在空间上、时间上所做的总体安排和布局。根据区域土地利用特点、社会经济发展的需求和规划的指导思想、原则，进行土地用途分区，制定不同分区的管制规则。

2. 农用地转用许可是土地用途管制的关键

《土地管理法》明确规定了农用地转为建设用地的批准权限。根据土地用途管制的要求，建设用地必须符合土地利用总体规划所确定的用途，并且严格限制农用地转为建设用地，控制建设用地总量。《土地管理法》适应土地用途管制的要求，将征地审批权集中于国务院和省级政府两级。取消了省级以下政府的征地审批权。征收农用地还必须先行办理农用地转用审批手续，经国务院或省级政府批准。

3. 土地用途变更登记是土地用途管制的有效措施

首先，土地用途是土地权利的重要内容，土地权利未经登记不受法律保护；其次，土地用途是依照土地利用总体规划确定的，改变用途要审查其是否符合土地利用总体规划；再次，改变土地用途应有合法批准手续，通过土地用途变更登记可以进行有效的监督；最后，土地用途决定土地价值和收益，通过土地用途变更登记有助于保障国家土地收益。

4. 监督检查是土地用途管制的必要保障

实行土地用途管制需要健全土地监督检查制度，强化土地法律责任。实行土地用途管制制度要求使用土地的单位和个人必须严格按照土地利用总体规划确定的用途使用土地。为加强监督检查，1998 年《土地管理法》修订时专门增加了“监督检查”一章，授权县级以上政府土地行政主管部门，对包括违反土地用途管制在内的土地违法行为进行监督检查，并对各种土地违法行为规定了相应的法律责任。

5.3.3 土地用途分区与管制规则

土地用途分区将规划区域内的土地划分为不同的、特定的土地利用分区，并规定其不同的土地用途管制规则，以对规划区域的土地利用活动实行用途管制措施。

土地用途管制规则是指对土地用途区内的土地利用活动进行限制的规范，包括区内允许的、受限制的和禁止的土地用途和利用方式的规定以及违反规定的处理办法。

规划本身就具有法律特征，任何单位和个人，不经过一定的法律程序不得任意修改由规划所制定的区域土地利用分区方案，这也是公众参与规划、公众自觉监督执行的一个方面。

当前我国土地用途管制的主要内容是农用地和建设用地的用途管制。另外，对未利用地和自然人文景观保护区的用途管制也是土地用途管制的重要组成部分。

5.4 不动产统一登记制度

5.4.1 不动产统一登记制度的建立

不动产是人民群众最重要的财产，不动产登记关系千家万户的重大财产利益和财产安全。不动产统一登记制度作为一项基础性的制度，不但有利于更好地落实《民法典》物权编的规定，保障不动产交易安全，有效保护不动产权利人的合法权益，还具有激活沉淀资产、撬动经济发展的杠杆功能，对提高政府治理效率，方便企业和群众等都具有重要意义。

所谓不动产，包括土地、海域及其附属的房屋等建筑物、构筑物和森林、林木等定着物。由此可见，不动产既是重要的资源，也是重要的资产和资本。不动产登记又称为不动产物权登记，是《民法典》物权编确立的一项物权制度，是权利人、利害关系人向国家确定的职能部门申请将有关申请人的不动产物权的事项记载于不动产登记簿的行为。

自 1982 年以来，我国的不动产登记逐步恢复并全面开展，最终形成了不动产分散登记的格局。具体地说：土地权利和矿权由县级以上人民政府国土资源行政主管部门登记，房屋权利由直辖市、市、县人民政府建设（房地产）主管部门或者其设置的负责房屋登记工作的机构登记，林权（包括林地所有权、林地承包权或使用权、林木所有权等）由县级以上林业主管部门登记，草原所有权与使用权（含承包经营权）由农业行政主管部门登记，水域滩涂养殖使用权由县级以上地方人民政府渔业行政主管部门负责登记，滩涂、海域使用权由国家海洋部门登记，耕地承包经营权由农业部门登记。各个登记机关在登记原则、类型、程序、效力、登记簿和权利证书的设置等方面都有差异[①]。长期以来，我国的不动产处于分散登记的状况，职能交叉、各自为政，不但制度成本高，而且很多技术上的问题也无法解决，造成了不动产产权不明晰、管理权责不明确，客观上阻碍了不动产市场交易的正常运行，影响了不动产权利人财产权益的实现，弱化了城乡经济协调发展的动力。实行不动产统一登记，是明晰不动产的物权、促进不动产的市场交易、显化不动产价值的关键性改革，它将唤醒长期沉睡的不动产，将其源源不断地转化为促进经济、社会发展的流动资本，为国家经济加快发展提供强劲的动力。

党中央、国务院高度重视不动产统一登记工作，2013 年 3 月，《国务院机构改革和职能转变方案》明确要求，整合房屋、林地、草原、土地等不动产的登记职责，由一个部门承担。2013 年 11 月，国务院第三十一次常务会议明确，由国土资源部负责指导监督全国土地、房屋、草原、林地、海域等不动产统一登记职责，基本做到登记机构、登记簿册、登记依据和信息平台“四统一”。同年 12 月，中央编办下发《关于整合不动产登记职责的通知》，明确了职责整合的路径和方向。2014 年 11 月 24 日，《不动产登记暂行条例》正式颁布，并于 2015 年 3 月 1 日起正式实施，标志着不动产统一登记制度基本建立[②]。《不动产登记暂行条例》施行的第一天，国土资源部在江苏徐州为申请领证的市民颁发了全国第一本不动产权证书。当天，山东青岛、四川泸县、江西崇义等地陆续颁发不动产权证书，我国不动产登记制度改革迈出了实质性一步。2016 年 1 月 1 日，《不动产登记暂行条例实施细则》正式发布实施。这是我国不动产统一登记制度建设的又一关键节点，也是现代法治国家发展的重要一步。2019 年，党的十九届四中全会明确要求，推进自然资源统一确权登记法治化。2020 年，《民法典》对保护民事权利和完善不动产登记制度提出了新的要求。其后，我国以《民法典》为统领、以《不动产登记暂行条例》为核心、以《不动产登记暂行条例实施细则》等配套规章规范为支撑的不动产统一登记制度体系基本形成，为不动产统一登记制度的全面实施提供了充分的制度依据和坚实的法治保障。

进入新时代，不动产统一登记工作面临新形势、新要求。一方面，随着改革不断深入，产权保护的重要性与行政法规、规章效力层次较低的矛盾日益凸显；另一方面，按照“放管服”改革要求，各地深入推进不动产登记信息集成、流程集成或人员集成、压缩登记时间、优化登记服务，形成很多便民利企的好做法、好经验，亟待立法总结提炼。为更好保护人民群众依法申请登记的权利，顺应人民群众保护合法财产权益的需求，自然资源部贯彻落实党中央、国务院决策部署，健全完善不动产登记制度，根据十三届全

---

① 楼建波．正确认识不动产统一登记的目的和作用．群言，2014（10）．

② 刘振国．提供法律依据　保护物权权益：国土资源部政策法规司负责人谈《不动产登记暂行条例》．国土资源通讯，2014（24）．

国人大常委会立法规划，于2022年起草了《不动产登记法》（征求意见稿），在公开征求意见的基础上，拟于2025年将《不动产登记法草案》报国务院审查。

5.4.2 不动产统一登记制度的作用

建立不动产统一登记制度，是经济、社会发展阶段的必然要求，是建立健全社会主义市场经济体制的客观需要，是加强和创新社会管理的重要手段，是贯彻落实《民法典》建立不动产统一登记制度的重要举措，是规范不动产登记行为、维护不动产交易安全、保护不动产权利人合法权益的重要保障。

建立并实施不动产统一登记制度，具体说来有以下三方面的重要作用。

1. 保护不动产权利人合法财产权，保障交易安全

不动产登记的目的就是确定不动产的权利归属，并在登记簿上进行记载公示，从而达到保护不动产物权的目的。在以前分散登记制度下，各部门的登记方法、技术规程等不一致，容易导致各种不动产权利的重叠、漏登现象。由不同的部门管理和登记，容易导致农林用地、农牧用地以及林牧用地之间的权属界限不清，权利归属不明确，引发众多矛盾和纠纷。不动产统一登记后就可以大大减少甚至完全杜绝类似的问题发生，可以更好地厘清不动产权利界限，减少权属纠纷，提高登记的准确性和权威性，可以更好地维护当事人的不动产物权。同时，不动产统一登记实施后，建立不动产登记信息依法公开查询系统，可以有效保障不动产交易安全，更好地维护不动产市场的正常交易秩序。

2. 提高政府行政效率和治理水平

相关不动产管理部门都办理不动产登记，各个部门都配备一整套专门的人员、机构、场所以及设施、设备等，国家不仅为此多支付人力、物力成本，而且各部门之间的职能交叉，容易导致各部门之间争权夺利或者推诿扯皮，降低行政办事效率。政府部门多头管理、职能重叠带来的不只是资源浪费和效率低下，也使得不动产审批、交易和登记信息在有关部门间无法互通共享，形成“信息孤岛”。建立不动产统一登记制度，可以理顺部门职责关系，大大减少政府行政成本，提高办事效率，提高政府的公信力。

3. 便民利民，减轻当事人的负担

分散登记时，在农村，当事人仅就其财产要分别到四个不同的部门办理不同证件：住房要到住建部门办理《房屋所有权证》，宅基地要到国土资源部门办理《集体土地使用证》，承包的土地要到农业部门办理《农村土地承包经营权证》，栽种的树木要到林业部门办理《林权证》。在城市，当事人最少也要办两个证：到住建部门办理《房屋所有权证》，到国土资源部门办理《国有土地使用证》。各种证书满天飞，不仅增加了人民群众办证的不便，而且增加了其时间、资金成本。统一登记之后，在统一不动产登记依据的基础上，确保实现登记机构、登记簿册证和登记信息管理平台的统一；逐步实现一个窗

口对外，减少办证环节，可以让当事人少跑路，大大减轻群众负担，方便企业和群众[①]。

不动产作为老百姓的重要财产，需要有明确的登记法律法规予以保护。制定《不动产登记暂行条例》，主要是将中央确定的加快形成权界清晰、分工合理、运转高效、法治保障的不动产统一登记体系，以及不动产登记的相关制度法律化，为最终实现各类不动产从分散登记到统一登记的转变，转变政府职能，保障不动产交易安全，保护不动产权利人的合法财产提供法律法规依据[②]。

5.4.3　不动产统一登记制度的内容

市场经济是产权经济，产权保护是市场经济的基石。在全面深化改革的大格局中，不动产统一登记是一项基础性和前置性改革。不动产统一登记制度改革涉及体制机构、法律政策、技术标准等方面，是包括机构组建、人员整合、系统建设、流程再造等的一项复杂的系统工程。不动产统一登记具体包括登记机构、登记簿册证书、制度体系和信息平台的“四统一”。

1. 统一的登记机构

统一的登记机构，是不动产登记“四统一”的前提。2014 年，国家层面机构整合到位。国土资源部在地籍司加挂不动产登记局牌子，作为国土资源部负责指导监督全国土地、房屋、林地、草原、海域等不动产登记和组织指导土地调查、统计、遥感监测、不动产权属争议调处的职能部门。地方不动产登记职责整合工作有序推动。2015 年，全国省、市、县三级不动产登记职责和机构整合基本到位。2017 年，全国所有地区完成了职责机构整合。

2. 统一的登记簿册证书

统一的登记簿册证书，是国家法律保护公民财产权的庄严宣示。为了给社会和老百姓一颗“定心丸”，不动产统一登记工作启动之初，就要求务必保持稳定性和平稳过渡，并向社会发出安民告示——现有各类不动产权证书继续有效，旧证书继续有效；统一的不动产权证书颁发后，不强制换发新证，即“不变不换”。统一的簿册证书在设计上秉持充分满足各部门行业管理需要和最大限度减轻农民负担两大原则。

在不动产登记改革历史上，有两个时间节点值得铭记：2015 年 3 月 1 日，江苏省徐州市市民从国土资源部部长姜大明手中接过全国第一本不动产权证书；2017 年 6 月 19 日，西藏自治区阿里地区革吉县开始颁发不动产权证书，不动产登记“发新停旧”覆盖全国所有地区，标志着不动产统一登记制度在全国全面落地。

3. 统一的制度体系

统一的制度体系，是不动产登记的依据。2015 年 3 月 1 日，《不动产登记暂行条例》

---

① 蔡卫华．不动产统一登记，究竟为了什么．国土资源，2013（12）.

② 冷宏志，孙宪忠．不动产统一登记权威访谈精粹．国土资源，2014（9）.

正式实施，这是我国物权法治建设具有重大突破意义的关键节点，公民的不动产财产权从此受到法律更全面、更权威、更庄严的保护，中国作为现代法治国家迈出了至关重要的一步。以《不动产登记暂行条例》为依据，《不动产登记暂行条例实施细则》《不动产登记操作规范（试行）》《不动产登记数据库标准》等陆续出台，目前已经形成了《民法典》物权编、《不动产登记暂行条例》及其实施细则、操作规范等规章为支撑的不动产登记制度体系。

4. 统一的信息平台

统一的信息平台，是落实不动产登记制度、保障交易安全和实现信息共享的技术支撑。覆盖全国的不动产登记信息管理基础平台，能实现国家、省、市、县四级登记信息的实时共享，并面向各级不动产登记机构、不动产审批和交易主管部门、其他相关部门及社会公众四类服务对象，提供登记业务支撑、信息实时互通共享、信息共享交换和信息依法查询服务。这对于方便群众办证，提高办证效率，消除“信息孤岛”，促进不动产登记信息更加完备、准确、可靠，建立健全社会征信体系等具有重大意义。2017 年，全国已有 20 多个省级信息平台投入使用，99%的地市、98%的县区接入国家级信息平台。

经过几年的努力，我国不动产统一登记制度已经基本建成。2014 年完成了各级职责整合和基础制度建设；2015 年健全了统一登记配套法规制度，平稳有序实施；2016 年全面形成统一登记的制度体系，正常有效运行；2017 年建成了不动产登记信息管理基础平台，实现信息共享，依法公开查询。2017 年以后，不动产统一登记制度从基础建设转向深化服务、数据整合和法律完善阶段，不仅提升了行政效率，也为产权保护、市场规范和政策制定提供了坚实支撑。未来随着《不动产登记法》的出台，该制度将进一步法治化和规范化。

5.5 自然资源统一管理制度

根据党的十九届三中全会审议通过的《中共中央关于深化党和国家机构改革的决定》《深化党和国家机构改革方案》和第十三届全国人民代表大会第一次会议批准的《国务院机构改革方案》，决定组建自然资源部，实行自然资源统一管理。

5.5.1 自然资源统一管理的背景

2018 年 3 月 13 日，第十三届全国人民代表大会审议通过《国务院机构改革方案》。该方案提出，组建自然资源部，作为国务院组成部门。自然资源部的主要职责是，对自然资源开发利用和保护进行监管，建立空间规划体系并监督实施，履行全民所有各类自然资源资产所有者职责等。自然资源部作为国务院组成部门，将国土资源部的职责，国家发展和改革委员会的组织编制主体功能区规划职责，住房和城乡建设部的城乡规划管理职责，水利部的水资源调查和确权登记管理职责，农业部的草原资源调查和确权登记管理职责，国家林业局的森林、湿地等资源调查和确权登记管理职责，国家海洋局的职责，国家测绘地理信息局的职责整合到一起。国家将同时组建国家林业和草原局，监督管理森林、草原、湿地、荒漠和陆生野生动植物资源开发利用和保护，组织生态保护和修复，开展造林绿化工作，管理国家公园等各类自然保护地等。国家林业和草原局由自然资源部管理。

自然资源统一管理可以追溯到党的十九大。党的十九大报告提出，深化机构和行政体制改革。统筹考虑各类机构设置，科学配置党政部门及内设机构权力、明确职责。统筹使用各类编制资源，形成科学合理的管理体制，完善国家机构组织法。转变政府职能，深化简政放权，创新监管方式，增强政府公信力和执行力，建设人民满意的服务型政府。赋予省级及以下政府更多自主权。在省市县对职能相近的党政机关探索合并设立或合署办公。报告提出，统一行使全民所有自然资源资产所有者职责，统一行使所有国土空间用途管制和生态保护修复职责，统一行使监管城乡各类污染排放和行政执法职责。构建国土空间开发保护制度，完善主体功能区配套政策，建立以国家公园为主体的自然保护地体系。坚决制止和惩处破坏生态环境行为。

自然资源统一管理着眼于转变政府职能的要求。坚决破除制约使市场在资源配置中起决定性作用、更好发挥政府作用的体制机制弊端，围绕推动高质量发展，建设现代化经济体系，加强和完善政府经济调节、市场监管、社会管理、公共服务、生态环境保护职能，结合新的时代条件和实践要求，着力推进重点领域和关键环节的机构职能优化和调整，构建起职责明确、依法行政的政府治理体系，提高政府执行力，建设人民满意的服务型政府。自然资源部是国务院自然资源资产管理机构，主要行使各种自然资源摸清底数、确权登记、用途管制等职能。

5.5.2 自然资源统一管理的动因

自然资源统一管理的动因主要是统一行使全民所有自然资源资产所有者职责，统一行使所有国土空间用途管制和生态保护修复职责，着力解决自然资源所有者不到位、空间规划重叠等问题，实现山水林田湖草整体保护、系统修复、综合治理。

1. 自然资源管理分散在多部委，自然资源开发利用与保护的监管存在缺位现象

《宪法》和《民法典》物权编都将自然资源作为一个整体。《宪法》第九条规定：“国家保障自然资源的合理利用，保护珍贵的动物和植物。禁止任何组织或者个人用任何手段侵占或者破坏自然资源。”《民法典》物权编强化了各种自然资源的财产属性，并明确了其所有者身份。

新中国成立以来，在不同的历史时期，由于发展重点和任务的差异，土地、矿藏、水流、森林、山岭、草原、荒地、滩涂等自然资源分别由不同的行政机构管理，如国家土地管理局，1986年2月，国务院第一百次常务会议决定，组建中华人民共和国国家土地管理局；地质矿产部，1952年8月，中央人民政府委员会第十七次会议决定从重工业部中分设出地质部，1970年6月撤销，改为国家计委地质局，1975年国务院设立地质总

局，1979年9月重设，1982年5月改名为地质矿产部；国家海洋局，1964年经国务院批准正式成立，2013年国务院重新组建国家海洋局，以中国海警局名义开展海上维权执法，接受公安部业务指导；国家测绘地理信息局，1956年国家测绘局成立，2011年，国务院办公厅正式发文，国家测绘局更名为国家测绘地理信息局。1998年3月10日，第九届全国人民代表大会第一次会议表决通过《关于国务院机构改革方案的决定》。根据这个决定，由地质矿产部、国家土地管理局、国家海洋局和国家测绘局共同组建国土资源部。当年国土资源部虽然组建，但水流、森林、山岭、草原等自然资源仍然属于不同部门管理。

基于不同利益的考虑，自然资源的开发利用和保护并未形成一个统一的整体。一些个人和组织采取迂回或绕道的办法获得自然资源使用权，全民所有自然资源资产所有者职责并不明确，各自只管自己管辖的范围，加之多种多样规划之间的互相扯皮，造成监管乱、监管难、监管者缺位现象，国家保障自然资源的合理利用并未完全实现。例如，有一种珍稀青蛙，生活在湖泊、湿地及其周围的农田、山林之中。为了保护它，法律赋予林业和渔业部门的主管职责。不过，在此之前，大型湖泊和水库同时归属于水利部门管理，而农田、山林也同时涉及国土部门和林业部门。这样一来，问题就出现了，青蛙在河流里属水利部门管，游到鱼塘就归渔业部门管，跳到岸上就归林业部门或者国土部门管，被人抓了呢，就归工商部门管……在青蛙的管理上，我们很容易看到类似于基层执法时“七八个大盖帽，管不好一个破草帽”的“政出多门”“九龙治水”现象。

2. 自然资源的资产属性尚未充分体现，所有者职责没有明确

自然资源是人类生存和发展的重要物质基础。回顾新中国成立以来我国自然资源管理的历史，最初，我们主要是将自然资源视作农业、林业、牧业、副业、渔业、工业资源，相应的管理机构也分设于不同的管理部门，直到1998年国土资源部组建时将土地、矿产管理进行组合。从市场角度来看，经过多年来的不断探索，中国自然资源资产管理秩序逐渐趋于稳定，相应的体制机制也日趋完善。同时，自然资源市场更加规范。当然还有一些不足，与体制有关的是迄今自然资源管理仍未在管理机构中重视其资产属性，而更多是以资源来进行管理的。

3. 国土空间用途管制处于多、散、乱状态，各种规划难以真正落地

在自然资源部成立以前，有关国土空间用途管制的规划多达几十种，其中，国土资源部有组织编制土地利用规划、国土资源规划、矿产资源规划、地质勘查规划等规划的职责，国家发展和改革委员会有组织编制主体功能区规划的职责，住房城乡建设部有组织编制城乡规划的职责，水利部有组织编制水资源规划的职责，农业部有组织编制草原规划的职责，国家林业局有组织编制森林、湿地等资源规划的职责，国家海洋局有组织编制海洋规划的职责，等等。各种规划编制受资料所限，更多是基于部门利益，也只能基于部门范围内考虑，法律依据不统一、标准不统一、实施时间段不统一、基础不统一，致使规划在落实中大打折扣，甚至根本不能执行。

5.5.3 自然资源部的主要职能

自然资源部贯彻落实党中央关于自然资源工作的方针政策和决策部署，在履行职责过程中坚持和加强党对自然资源工作的集中统一领导。

（1）履行全民所有土地、矿产、森林、草原、湿地、水、海洋等自然资源资产所有者职责和所有国土空间用途管制职责。拟订自然资源和国土空间规划及测绘、极地、深海等法律法规草案，制定部门规章并监督检查执行情况。

（2）负责自然资源调查监测评价工作。制定自然资源调查监测评价的指标体系和统计标准，建立统一规范的自然资源调查监测评价制度。实施自然资源基础调查、专项调查和监测。负责自然资源调查监测评价成果的监督管理和信息发布。指导地方自然资源调查监测评价工作。

（3）负责自然资源统一确权登记工作。制定各类自然资源和不动产统一确权登记、权籍调查、不动产测绘、争议调处、成果应用的制度、标准、规范。建立健全全国自然资源和不动产登记信息管理基础平台。负责自然资源和不动产登记资料收集、整理、共享、汇交管理等。指导监督全国自然资源和不动产确权登记工作。

（4）负责自然资源资产有偿使用工作。建立全民所有自然资源资产统计制度，负责全民所有自然资源资产核算。编制全民所有自然资源资产负债表，拟订考核标准。制定全民所有自然资源资产划拨、出让、租赁、作价出资和土地储备政策，合理配置全民所有自然资源资产。负责自然资源资产价值评估管理，依法收缴相关资产收益。

（5）负责自然资源的合理开发利用。组织拟订自然资源发展规划和战略，制定自然资源开发利用标准并组织实施，建立政府公示自然资源价格体系，组织开展自然资源分等定级价格评估，开展自然资源利用评价考核，指导节约集约利用。负责自然资源市场监管。组织研究自然资源管理涉及宏观调控、区域协调和城乡统筹的政策措施。

（6）负责建立国土空间规划体系并监督实施。推进主体功能区战略和制度建设，组织编制并监督实施国土空间规划和相关专项规划。开展国土空间开发适宜性评价，建立国土空间规划实施监测、评估和预警体系。组织划定生态保护红线、永久基本农田、城镇开发边界等控制线，构建节约资源和保护环境的生产、生活、生态空间布局。建立健全国土空间用途管制制度，研究拟订城乡规划政策并监督实施。组织拟订并实施土地、海洋等自然资源年度利用计划。负责土地、海域、海岛等国土空间用途转用工作。负责土地征收征用管理。

（7）负责统筹国土空间生态修复。牵头组织编制国土空间生态修复规划并实施有关生态修复重大工程。负责国土空间综合整治、土地整理复垦、矿山地质环境恢复治理、海洋生态、海域海岸线和海岛修复等工作。牵头建立和实施生态保护补偿制度，制定合理利用社会资金进行生态修复的政策措施，提出重大备选项目。

（8）负责组织实施最严格的耕地保护制度。牵头拟订并实施耕地保护政策，负责耕地数量、质量、生态保护。组织实施耕地保护责任目标考核和永久基本农田特殊保护。完善耕地占补平衡制度，监督占用耕地补偿制度执行情况。

（9）负责管理地质勘查行业和全国地质工作。编制地质勘查规划并监督检查执行情况。管理中央级地质勘查项目。组织实施国家重大地质矿产勘查专项。负责地质灾害预防和治理，监督管理地下水过量开采及引发的地面沉降等地质问题。负责古生物化石的监督管理。

（10）负责落实综合防灾减灾规划相关要求，组织编制地质灾害防治规划和防护标准并指导实施。组织指导协调和监督地质灾害调查评价及隐患的普查、详查、排查。指导开展群测群防、专业监测和预报预警等工作，指导开展地质灾害工程治理工作。承担地质灾害应急救援的技术支撑工作。

（11）负责矿产资源管理工作。负责矿产资源储量管理及压覆矿产资源审批工作。负责矿业权管理。会同有关部门承担保护性开采的特定矿种、优势矿产的调控及相关管理工作。监督指导矿产资源合理利用和保护。

（12）负责监督实施海洋战略规划和发展海洋经济。研究提出海洋强国建设重大战略建议。组织制定海洋发展、深海、极地等战略并监督实施。会同有关部门拟订海洋经济发展、海岸带综合保护利用等规划和政策并监督实施。负责海洋经济运行监测评估工作。

（13）负责海洋开发利用和保护的监督管理工作。负责海域使用和海岛保护利用管理。制定海域和海岛保护利用规划并监督实施。负责无居民海岛、海域、海底地形地名管理工作，制定领海基点等特殊用途海岛保护管理办法并监督实施。负责海洋观测预报、预警监测和减灾工作，参与重大海洋灾害应急处置。

（14）负责测绘地理信息管理工作。负责基础测绘和测绘行业管理工作。负责测绘资质资格与信用管理，监督管理国家地理信息安全和市场秩序。负责地理信息公共服务管理。负责测量标志保护。

（15）推动自然资源领域科技发展。制定并实施自然资源领域科技创新发展和人才培养战略、规划和计划。组织制定技术标准、规程规范并监督实施。组织实施重大科技工程及创新能力建设，推进自然资源信息化和信息资料的公共服务。

（16）开展自然资源国际合作。组织开展自然资源领域对外交流合作，组织履行有关国际公约、条约和协定。配合开展维护国家海洋权益工作，参与相关谈判与磋商。负责极地、公海和国际海底相关事务。

（17）根据中央授权，对地方政府落实党中央、国务院关于自然资源和国土空间规划的重大方针政策、决策部署及法律法规执行情况进行督察。查处自然资源开发利用和国土空间规划及测绘重大违法案件。指导地方有关行政执法工作。

（18）管理国家林业和草原局。

（19）管理中国地质调查局。

（20）完成党中央、国务院交办的其他任务。

自然资源部内设机构包括办公厅、综合司、法规司、自然资源调查监测司、自然资源确权登记局、自然资源所有者权益司、自然资源开发利用司、国土空间规划局、国土空间用途管制司、国土空间生态修复司、耕地保护监督司、地质勘查管理司、矿业权管理司、矿产资源保护监督司、海洋战略规划与经济司、海域海岛管理司、海洋预警监测司、国土测绘司、地理信息管理司、国家自然资源总督察办公室、执法局、科技发展司、国际合作司（海洋权益司）、财务与资金运用司、人事司等。

自然资源部派出机构包括：（1）根据中央授权，自然资源部向地方派驻国家自然资源督察北京局、沈阳局、上海局、南京局、济南局、广州局、武汉局、成都局、西安局，承担对所辖区域的自然资源督察工作；（2）陕西测绘地理信息局、黑龙江测绘地理信息局、四川测绘地理信息局、海南测绘地理信息局实行由自然资源部与所在地省政府双重领导、以自然资源部为主的管理体制；（3）自然资源部在北海、东海、南海三个海区分别设立派出机构。

关键术语

制度	土地制度	土地所有制
土地基本国策	土地用途管制制度	不动产统一登记制度

复习思考题

1. 简述我国土地公有制的法律表现形式。
2. 节约集约用地主要包括哪三层含义？
3. 简述土地用途管制制度的内容。
4. 简述不动产统一登记制度的作用。
5. 简述不动产统一登记制度的主要内容。
6. 简述自然资源统一管理的动因。

第6章

土地权利法律制度

土地权利体系的建设对国家有重大政治意义和经济意义。本章主要阐述我国土地权利制度、土地所有权、土地用益物权、土地担保物权和土地相邻权等法律制度。

6.1　土地权利制度

土地权利是土地法律制度的核心内容，是指权利人按照法律的规定直接支配土地的权利。土地权利制度不仅关系人民群众的切身利益，而且是建立和完善社会主义市场经济体制的重要前提。

6.1.1　土地权利

1. 土地权利的概念

土地权利是指土地法律关系主体在法律规定的范围内，为满足其特定的利益而享有的土地权力和利益。土地权利是一个法律概念，从通常的角度看，权利是法律赋予权利主体作为或不作为的许可、认定及保障，一般是指赋予人们的土地的权力和利益，即自身拥有的维护土地利益之权。土地权利表现为享有土地权利的主体有权做出一定的行为和要求他人做出相应的行为。

土地权利服从于国家主权。国家主权又称主权（sovereignty），是一个国家对其管辖领土所拥有的至高无上的、排他性的政治权力，简言之，为“自主自决”的最高权威，也是对内立法、司法、行政的权力来源。全体国民及其生活的地域一起形成国家，国家主权的根源存在于全体国民。国家对其领土内的一切人（享有外交豁免权的人除外）和事物以及领土外的本国人实行管辖的权力，有权按照自己的情况确定自己的政治制度和社会经济制度。

2. 土地权利的范畴

土地权利通常包含权力和利益两个方面。权力是指权利能够实现的可能性，它并不要求权利的绝对实现，只是表明权利具有实现的现实可能；利益则是权利的另一主要表现形式，是权力现实化的结果。权力具有可能性，利益具有现实性。

从法律渊源上来看，土地权利的保护可以分为私法上土地权利的保护和公法上土地行政管理权的行使。

私法上的土地权利保护主要目的是明晰土地权利人的合法权益，激励其最有效地利用土地资源，并在个人之间的权益发生冲突时协调土地权利人之间的利益。从这个意义上来说，土地权利是以土地所有权为核心的一系列土地财产权所组成的权利体系，即土地产权。土地产权是指公民、法人依法享有的土地财产权利。土地产权是一项重要的民事财产权利，是我国民事基本法律原则在土地立法中的具体体现，保护土地产权人的合法权益是土地立法的一个主要原则。土地产权保护是依法对土地所有权、使用权及他项权利的保护。保护对象是土地所有者、使用者及他项权利拥有者的合法权益。我国实行的是土地公有制，即土地属国家所有或农民集体所有，保护土地所有者的权益，就是要使国家、集体的各项土地权益不受侵犯，维护国家、农民集体的土地所有者地位。保护土地使用者、他项权利拥有者的权益，就是要运用法律、经济等手段保护他们的合法权益，包括经营、收益、相邻关系等各项权利，为他们利用土地从事各项生产、生活提供保障。土地产权保护具体表现在三个方面：一是允许和保护产权人根据其意愿依法享有占有、使用、收益和处分土地的权利；二是禁止任何单位和个人侵犯合法土地产权权益；三是当土地产权合法权益受到侵害，对于土地产权人依法提出的赔偿和诉讼请求，法律应给予支持和保护。

公法上的土地权利行使则是对土地产权予以确认和保护，并在国家利益、公共利益和个人利益发生冲突时予以协调、统筹和管理，通常带有一定的强制性[①]。从这个意义上来看，土地权利不仅包括权利主体土地产权，还包括国家土地行政管理权。国家土地行政管理权是基于土地是人类社会一切生产和生活的物质基础和土地资源的公共性特征，其开发利用关系到全体人民的幸福和安全，应由国家统一管理，即国家管理、支配土地的行政管理权利，如土地规划权、土地征收权、土地管制权、土地发展权、土地限制权、土地分配权、土地督察权、土地执法权和管理权。国家土地行政管理权以土地基本国情为基础，以发挥土地社会功能为手段，以实现土地利用的公平、公正、公益和效率为原则，以粮食安全、生态保护、节约集约用地和保障社会经济可持续发展为目标。

---

① 潘世炳．中国城市国有土地产权研究．北京：企业管理出版社，2006.

6.1.2 土地物权

1. 物权的立法

物权法所称物包括不动产和动产。物权是指权利人依法对特定的物享有直接支配和排他的权利，包括所有权、用益物权和担保物权。

物权法具有以下性质：

（1）物权法是私法（规范土地民事关系）而非公法（规范土地行政关系）。

（2）物权法主要是强行法（土地权利法律规定）。

（3）物权法是普通法而非特别法（适用全国领域、规定一般事项，并且无适用的时间限制的民事法律）。

（4）物权法具有固有法的特点（固有法是指保留了较多的国家、民族、历史和传统的法律）。

2. 土地物权的概念

土地物权是指权利人依法对特定的土地享有直接支配和排他的权利。

物权法的重点是规定不动产，即土地及其附着物。从物权法的发展及其规范内容来看，土地自始至终均为物权的最重要的标的，土地物权是最基本的不动产物权。不动产是指土地以及建筑物等土地附着物，物权及其法律的重心是不动产物权，不动产物权主要是土地上的物权。我国的物权法律即是以不动产物权为核心而构建起来的规则体系，其中对土地上的物权的规定则是其重要内容。实际上，一宗土地应该属于谁？拥有者或使用者可怎样处置这宗土地？别人侵占了这宗土地，拥有者或使用者该怎么办？这样的问题，拥有者或使用者都会时常遇到。作为《民法典》的最重要的组成部分，物权编就是旨在解决这些土地问题的法律。

关于土地物权，物权法回答了三个问题：一是土地是谁的；二是对土地享有什么权利，其他人具有什么义务；三是怎样保护土地物权，侵害土地物权的人要承担什么法律责任。简单地说，物权法立法目的在土地上的直接体现包括两个方面：一是土地定分止争，二是地尽其用。物权法是要通过法律来巩固劳动者和企业的物质利益，调动人们创造财富、爱护财富、积累财富的热情，提高社会生产力。因此，制定物权法，对明确土地的归属，充分发挥土地的效用，维护经济秩序，促进社会主义现代化建设，具有重要意义。

3. 土地物权的性质

土地物权的性质表现在四个方面。

（1）物权法定原则。

物权的种类法定，当事人不得随意创设；物权的内容法定，禁止当事人创设与物权法定内容相悖的物权；物权的效力法定，当事人不得协议变更；物权的公示方式法定，当事人不得随意确定。

（2）一物一权原则。

一物一权，一方面是指一个物之上只能设立一个所有权而不能同时设立两个及以上的所有权；另一方面，也是指在一个物上不能同时设立两个或者两个以上在性质上相互排斥的定限物权。

（3）公示公信原则。

所谓公示，是指在物权变动时，必须将物权变动的事实通过一定的公示方法向社会公开，从而使第三人知道物权变动的事实，以避免第三人遭受损害并保护交易安全。不动产权人经登记获得了公共权力机关统一颁发的权利证书。登记证书原则上是公开的正式法律文书，可供公众查阅，其功能即在于向世人公开所有权等物权的作用。因此，登记簿（登记证书）具有公示所有权及其他物权的作用。登记成为不动产权利公示手段，并直接赋予这种公示手段公信力。

（4）效率原则。

所谓物权效率原则，是指物权制度以维护物的经济价值、发挥物的最大效用和追求物的高效率为根本的法则和标准。土地物权的效率原则具体体现在：一是可以设立多个并不矛盾和冲突的土地物权，二是强化土地用益物权的功能，三是所有权的权能分离日益复杂，四是土地物权的证券化趋向。

4. 土地物权的体系

土地物权包括土地所有权、土地用益物权、土地担保物权和土地相邻权。我国土地物权制度形成了以土地所有权为基础，以土地用益物权为核心，以土地担保物权和土地相邻权为延伸的土地权利体系。其中，土地用益物权包括了土地承包经营权、建设用地使用权、宅基地使用权、地役权，土地担保物权包括土地抵押权等。

6.1.3 土地债权

1. 债权的概念

债权是请求他人为一定行为（作为或不作为）的民法上的权利。合同是债权产生最主要的原因。债的消灭原因则有清偿、提存、抵消、免除等。在贷款、加工款、租金、交货、货物运输、技术服务六种债权标的形式中，对于前三种，即贷款、加工款、租金，我们可归之为金钱债权，因为它们都是直接以货币为内容的；对于后三种，我们可称之为非金钱债权，它们不直接以金钱为内容，而是直接表现为一种行为、一种物或者智力成果。其中，金钱债权是最常见的债权，也是最重要的债权。从会计上看，债权是指单位未来收取款项的权利，包括应收账款、应收票据、预付账款、其他应收款、应收股利、应收利息和应收补贴款等。

2. 物权与债权的联系

实际上，在财产权体系中，物权与债权的关系最为密切，物权与债权同为财产法的两大支柱。物权规范财产的归属和利用关系，债权则规范财产的流转关系。在财产关系的运作过程中，物权是债权的起点和最终归宿，债权则是人们获得和实现物权的桥梁与手段。明确二者的关系，有利于把握民法中财产权体系的构造。

3. 物权与债权的区别

物权与债权的区别具体表现在：（1）物权法定与债权多为契约约定；（2）物权为支配权，债权为请求权；（3）物权的客体是物，债权的客体是行为；（4）物权为对世权，债权为对人权，仅对抗特定的人；（5）物权具有排他性，债权具有相容性，物权具有优先性，债权具有平等性，物权具有追及性，债权没有追及性；（6）物权是静态财产权，债权是动态财产权。

6.1.4 物权立法与土地立法

1. 物权立法是土地立法的重要依据

物权法的制定主要是明确物的归属，保护物权，并发挥物的效用，维护社会主义市场经济秩序，维护国家基本经济制度。它是关系人民群众切身利益的一部民事基本法律。我们在讲物的归属的时候，这个物主要指的是动产和不动产，而不动产是物权法的核心立法内容，从这个角度来说，它对土地立法的影响非常大。因为不动产是以土地为主，土地及土地上的附属物我们称之为不动产，因此《民法典》是土地法的上位法，是土地立法的重要依据。

2. 物权立法可以促进土地资源优化配置和合理利用

物权立法对促进土地资源优化配置和合理利用的作用也非常明显，然而人们往往忽视这一作用，对物权法与土地资源优化配置和合理利用的联系理解不够。实际上，物权法制定的初衷就是要促进财产的高效利用，土地资源利用的最终目的也是要提高土地资源的利用率和生产率。

3. 物权立法可以促使土地资源公平合理分配

土地资源管理具有公共资源管理的特性，因此我们在土地资源分配过程中，要强调公平。物权立法有助于理清产权，明确主体，对于公平合理分配土地资源的作用也是巨大的。

6.2 土地所有权

6.2.1 土地所有权的概念和特征

1. 土地所有权的概念

土地所有权是指土地所有者依法对土地享有占有、使用、收益、处分的权利，是土地所有制在法律上的反映。其中所谓占有权，是指土地权利人对于土地在事实上的支配权与实际控制权，它是土地所有人使用其土地的前提；所谓使用权，是指土地权利人按照土地的性能和用途对土地的利用权，土地的使用决定于土地的使用价值；所谓收益权，是指土地权利人依法收取土地所产生的利益的权利；所谓处分权，是指土地所有人对自己土地命运的决定权，这是土地所有人享有的一项最重要的权利，但要受国家法律的严格控制。上述所有权的四项权能，其中一项或几项可以与所有权分离，由非所有人享有和行使，所有权人并不因此而丧失所有权。

土地所有权属于财产所有权的范畴，具有所有权的一般属性，是全部土地问题的核心。我国《宪法》《民法典》《土地管理法》等法律、法规均明确规定了我国的土地所有权制度。

2. 土地所有权的特征

根据我国现行土地法律规定，土地所有权具有以下特点：

（1）土地所有权主体的特定性。

我国实行土地的社会主义公有制。土地所有权的权利主体只能是国家或农民集体，其他任何单位或个人都不享有土地所有权。两类土地所有权主体及其代表均为法定的特殊主体，即国家和农村集体经济组织。

（2）土地所有权交易的限制性。

根据我国法律规定，土地所有权不能进入市场流通，土地所有权不得买卖、出租、抵押或者以其他形式非法转让。土地所有权的买卖、赠与均因非法而无效。

（3）土地所有权权属的稳定性。

由于土地所有权主体的特定性和交易的限制性，我国的土地所有权处于高度稳定的状态。除国家为公共利益的需要，可以依法对集体的土地实行征收以外，土地所有权的归属状态不能改变。

（4）土地所有权权能的可分离性。

在土地公有制状况下，为了实现土地资源的有效利用，法律允许将土地占有、使用、收益等权能的一项或多项同土地所有权人相分离。根据法律规定，土地使用权不仅可与土地所有权分离，而且可成为一种相对独立的财产权从而具有商品的属性，成为社会主义市场经济体制中极为重要的生产力要素之一。

6.2.2　土地所有权的类型

我国实行土地的社会主义公有制。在我国《宪法》《民法典》《土地管理法》等法律中，对国家土地所有权做了明确规定。城市市区的土地属于国家所有。农村和城市郊区的土地，除法律规定属于国家所有的以外，属于农民集体所有。因此，我国土地所有权的形式只有两种：国有土地所有权和集体土地所有权。它们都属于土地共同共有的形态。公民个人及其他社会团体不得拥有土地所有权，土地私人所有不为法律承认。

1. 国有土地所有权

国有土地所有权是指国家作为土地所有权的权利主体依法对国家所有的土地享有占有、使用、收益和处分的权利。国有土地所有权具有以下法律特征：

（1）主体的唯一性。

在所有权主体方面，国家是国有土地所有权的唯一权利主体。国家所有的土地只属于国家。国有的实质是全民所有，只有代表全体人民意志和利益的国家才能作为土地国家所有权的主体，任何单位和个人均不得充当这一主体。国家所有土地的所有权由国务院代表国家行使。

（2）客体的广泛性。

在所有权客体方面，土地国家所有权的客体具有相当的广泛性。依照《土地管理法实施条例》规定，土地国家所有权的客体包括：城市市区的土地；农村和城市郊区中已经依法没收、征收、征购为国有的土地；国家依法征收的土地；依法不属于集体所有的林地、草地、荒地、滩涂及其他土地；农村集体经济组织全部成员转为城镇居民的，原属于其成员集体所有的土地；因国家组织移民、自然灾害等原因，农民成建制地集体迁移后不再使用的原属于迁移农民集体所有的土地。

（3）权能的可转移性。

国家土地所有权的四项权能是通过法律规定将其中占有、使用、收益的权利固定给使用者，而国家仅保留最后的处分权。由于国家本身不直接使用土地，因此，除了未利用的土地外，占有和使用国有土地的权利一般由具体的单位和个人取得。国有土地的收益权能一部分由土地使用者实现，另一部分由国家通过收取土地使用权有偿使用费来实现。由于我国法律禁止土地买卖，因而国家对国有土地的处分权主要是对土地的使用权而言，即划拨、出让或者确认、收回土地使用权的权利。有偿取得的国有土地使用权，可以依法转让，则说明国家土地所有权中的处分权能，有一部分也可以由土地使用者行使。

（4）取得方式的强制性。

国有土地所有权的取得方式带有国家的强制性。《宪法》规定，国家为了公共利益的需要，可以依照法律规定对土地实行征收或者征用并给予补偿。国家可以作为主体，以其对外的独立自主权和对内的最高权，用强制的方式取得国有土地，这些方式包括国有化、没收、征收等。

（5）确权的直接性。

在土地所有权的确认方面，国家土地所有权直接以法律的形式确认，不进行国有土地所有权登记。中国境内的一切未被确认为集体所有的土地均属于国家所有。依据 1950 年《土地改革法》及有关规定，凡当时没有将土地所有权分配给农民的土地属于国家所有；根据 1962 年《农村人民公社工作条例（修正草案）》未划入农民集体范围内的土地属于国家所有。

2. 集体土地所有权

集体土地所有权是指农村劳动群众集体经济组织在法律规定的范围内占有、使用、收益、处分自己所有的土地的权利，是集体所有制在法律上的表现。集体土地所有权具有以下法律特征：

（1）主体的多元性。

《土地管理法》规定：农民集体所有的土地依法属于村农民集体所有的，由村集体经济组织或者村民委员会经营、管理；已经分别属于村内两个以上农村集体经济组织的农民集体所有的，由村内各该农村集体经济组织或者村民小组经营、管理；已经属于乡（镇）农民集体所有的，由乡（镇）农村集体经济组织经营、管理。

由此可知，集体所有的土地属于劳动群众集体所有，土地集体所有权的主体主要有三种类型。其一，村农民集体。这是我国目前土地集体所有权最主要的一种主体。村的概念在法律上是指自治村（俗称行政村），即设立村民委员会机构的农民集体，大致相当于以前的生产大队。村农民集体土地所有权属于全村农民共同所有，集体经济组织或者村民委员会等只能作为集体土地的经营管理者。其二，村内两个以上农村集体经济组织。行政村内两个以上各自独立的农村集体经济组织，一般是村民小组，对应于过去的生产队。农村实行家庭土地承包经营责任制后，大部分生产队已经解体，一些地区相应建起了村民小组。这种社区性组织是否具有集体土地所有权的主体特征，可以从两个方面考察：一是各个农村组织之间是否仍然明确保持着过去生产队时期的土地权属界线；二是这些农村组织对自己认定的界线内的土地有无法律规定的占有、使用、收益、处分的权利，即排斥他人的独立的占有使用权、农用地的发包经营权，以及国家建设征用土地时的独立受偿权等。对此，《土地管理法》也做了明确规定，“已经分别属于村内两个以上农村集体经济组织的农民集体所有的，由村内各该农村集体经济组织或者村民小组经营、管理”。其三，乡（镇）农民集体。乡（镇）农民集体所有的土地属于全乡（镇）农民集体所有，乡（镇）农村集体经济组织的法人机关，一般是乡（镇）人民政府，代表全乡（镇）农民的意志，行使所有权。乡（镇）农民集体所有的土地，一般由乡（镇）办企事业单位使用，也可以由乡（镇）内农民集体或个人使用，还可以以土地使用权作价入股的方式成立中外合资企业和内联乡镇企业。

（2）客体的广泛性。

集体土地所有权的客体具有广泛性。《土地管理法》规定：农村和城市郊区的土地，除由法律规定属于国家所有的以外，属于农民集体所有；宅基地和自留地、自留山，属于农民集体所有。

（3）保护的特殊性。

国家法律特别强调对农民和土地集体所有权的保护。《宪法》规定，农村中的生产、供销、信用、消费等各种形式的合作经济，是社会主义劳动群众集体所有制经济。参加农村集体经济组织的劳动者，有权在法律规定的范围内经营自留地、自留山、家庭副业和饲养自留畜。我国《民法典》规定，集体所有的财产受法律保护，禁止任何组织或者个人侵占、哄抢、私分、破坏或者非法查封、扣押、冻结、没收。这一规定适用于农村集体所有土地的保护。

目前，农村土地制度正在深化改革。在落实农村土地集体所有权的基础上，稳定农村土地承包关系并保持长久不变，在坚持和完善最严格的耕地保护制度前提下，赋予农民对承包地的占有、使用、收益、流转及承包经营权抵押、担保权能。引导和规范农村集体经营性建设用地入市。在符合规划和用途管制的前提下，允许农村集体经营性建设用地出让、租赁、入股，实行与国有土地同等入市、同权同价，加快建立农村集体经营性建设用地产权流转和增值收益分配制度。完善农村宅基地管理制度。改革农村宅基地制度，完善农村宅基地分配政策，在保障农户宅基地用益物权的前提下，慎重稳妥推进农民住房财产权抵押、担保和转让。

6.2.3 土地所有权的行使

土地所有权的行使，是指国家或农民集体依法实现对国有土地或集体土地占有、使用、收益和处分权能的行为。

1. 行使土地所有权的方式

国家作为国有土地所有权人，有权依法占有、使用、收益和处分国有土地，其他任何组织或个人不得妨碍和干涉。《土地管理法》规定，中华人民共和国实行土地的社会主义公有制。国有土地由国务院代表国家行使土地所有权。在国有土地的具体经营和管理上，国务院既可以直接行使有关权利，也可以授权地方政府或委托国有公司行使。

农民集体土地的所有权受国家法律保护，并由农民集体组织在国家法律、法规限定的范围内行使。

2. 行使土地所有权应遵循的基本法律要求

“十分珍惜、合理利用土地和切实保护耕地”的基本国策是行使土地所有权应遵循的基本法律要求。土地资源的特殊性和稀缺性决定了必须合理利用土地。对此，《民法典》《土地管理法》有关条文都明确规定了土地使用者具有管理、保护和合理利用土地的义务。

3. 行使土地所有权的限制

（1）禁止买卖或以其他形式非法转让土地。

我国实行土地的社会主义公有制，国有土地使用权可以依法出让、转让、出租、抵押，但国有土地的所有权不得买卖，也不得以赠与、破产还债等形式非法转让。

农民集体土地所有权除采取征收方式外，其他任何组织和个人不得买卖或以其他形式转让集体土地。国家可征收集体土地，被征地单位不得以其所有权从事对抗活动；农村集体土地所有权的转移目前仅限于国家建设征用这一种形式。

（2）禁止滥用土地。

滥用土地是指土地所有权人或土地使用权人超出法律规定的权限范围而使用土地，从而危害社会公共利益和他人合法权益的行为。如擅自改变土地用途、未经合法手续允许他人使用国有或农民集体土地、任意收回或剥夺土地合法使用权和经营权等行为。

（3）地表或地下的矿产资源为国家所有。

矿产资源属于国家所有，地表或地下的矿产资源不因土地所有权或使用权不同而改变。我国《宪法》和《矿产资源法》规定矿产资源属于国家所有，国家是我国全部矿产资源的唯一所有权主体。矿产资源属国家所有，不因其所依附的土地权属而改变，即矿产资源全部属于国家所有，不能属于集体所有，也不能属于个人所有，不能因为矿产资源埋藏在某村的土地下，就认定其归该村所有。

6.3　土地用益物权

不动产物权根植于特定社会的法律制度，土地用益物权便是独具中国特色的不动产物权，它是我国土地物权化的制度工具，是公有制与市场经济接轨的纽带。

6.3.1　土地用益物权的概念和特征

1. 土地用益物权的概念

土地用益物权是指土地用益物权人对他人所有的土地依法享有占有、使用和收益的权利，即凡具备法定条件者依照法定程序或依约定对国有土地或农民集体土地所享有的占有、使用和收益的权利。土地用益物权是外延比较大的概念，这里的土地包括农用地、建设用地、未利用地。土地用益物权与土地所有权是土地法规中最基本、最重要的概念。土地用益物权是中国土地使用制度在法律上的体现。

2. 土地用益物权的特征

土地用益物权作为一种独立的不动产物权具有如下特性：

（1）土地用益物权的物权性。

“经依法取得的从国有土地所有权中分离出来的土地使用权”的权利所有人对“土地使用权”所享有的权利与所有权人对土地所享有的权利一样，不仅享有占有、使用、收益等权能，还享有依法处分权利及排除他人非法干涉行使权利的权能；这些权能，正是物权所必须具有的属性。

（2）土地用益物权的派生性。

土地用益物权是土地所有权中派生出来的一项相对独立的土地产权。它是所有权的使用权能在一定条件下与所有权相分离而形成的一种权利。所有权人在保留处分权能的情况下，将所有权其他权能分离出去。因此，土地用益物权包含占有、使用、收益权能，并具有相对独立性。

（3）土地用益物权的从属性。

土地用益物权的发生以所有权人行使所有权为前提，它的存续受所有权的制约。首先，土地用益物权的发生，需要有所有权人的设定行为。如国有土地的行政划拨，国有土地的有偿出让，集体土地的发包。其次，土地用益物权的授权附有一定的义务。如合理利用土地、不得任意改变土地用途、缴纳有关税费、办理有关登记等义务。此外，划拨土地使用权的转让、出租、抵押受到限制，出让后土地再转让也需符合出让合同中所规定的条件，以维护土地使用问题上的社会利益和法律秩序。最后，土地用益物权受到所有权的一定程度的制约。如前所述，我国土地所有权行使受到法律的限制。

（4）权利所有人只能对“土地用益物权”行使处分权。

权利使用人只能对土地行使占有权、使用权和收益权，但是，不能对土地行使处分权。可以依法对土地行使处分权的只有土地所有权，权利所有人可行使处分权的对象只能是“土地用益物权”。这就是土地用益物权与土地所有权的重要区别。

6.3.2 我国土地用益物权的类型

1. 建设用地使用权

（1）建设用地使用权的概念。

建设用地使用权是指国有或集体土地的使用人依法享有使用国有或集体土地并取得收益的权利。建设用地使用权可以在土地的地表、地上或者地下分别设立。新设立的建设用地使用权，不得损害已设立的用益物权。

（2）国有建设用地使用权。

建设用地使用权人依法对国家所有的土地享有占有、使用和收益的权利，有权利用该土地建造建筑物、构筑物及其附属设施。凡符合依法使用国有土地条件的单位和个人，均可成为国有建设用地使用者。

国有建设用地使用权的设立包括出让和划拨两种方式。国家通过收取土地出让金和土地使用税，规定用途、土地利用规划等措施体现所有者意志。国有建设用地使用权是具有实际意义的权利，它基本上包括了国家土地所有权中除处分权外的所有权能，也就是说，国有土地所有权主要是通过国有土地使用权的让渡来实现的。依法有偿受让取得的国有建设用地使用权，是一种完整意义上的财产权，可以依法转让、出租、赠与、继承与抵押，与通过划拨取得的国有建设用地使用权不同的是，它“有偿”“有期”“能流通”，这是国家凭借土地所有权对使用权进行的一种限制，是实现土地所有权的一项措施。

工业、商业、旅游、娱乐和商品住宅等经营性用地以及同一土地有两个以上意向用地者的，应当采取招标、拍卖等公开竞价的方式出让。采取招标、拍卖、协议等出让方式设立建设用地使用权的，当事人应当采取书面形式订立建设用地使用权出让合同。建设用地使用权出让合同一般包括下列条款：当事人的名称和住所，土地界址、面积等，建筑物、构筑物及其附属设施占用的空间，土地用途，使用期限，出让金等费用及其支付方式，解决争议的方法。

设立建设用地使用权的，应当向登记机构申请建设用地使用权登记。建设用地使用权自登记时设立。登记机构应当向建设用地使用权人发放建设用地使用权证书。建设用地使用权转让、互换、出资或者赠与的，应当向登记机构申请变更登记。建设用地使用权消灭的，出让人应当及时办理注销登记。登记机构应当收回建设用地使用权证书。

建设用地使用权人建造的建筑物、构筑物及其附属设施的所有权属于建设用地使用权人，但有相反证据证明的除外。建设用地使用权转让、互换、出资、赠与或者抵押的，当事人应当采取书面形式订立相应的合同。使用期限由当事人约定，但不得超过建设用地使用权的剩余期限。

建设用地使用权转让、互换、出资或者赠与的，附着于该土地上的建筑物、构筑物及其附属设施一并处分。反之，建筑物、构筑物及其附属设施转让、互换、出资或者赠与的，该建筑物、构筑物及其附属设施占用范围内的建设用地使用权一并处分。

建设用地使用权期限届满前，因公共利益需要提前收回该土地的，应当对该土地上的房屋及其他不动产给予补偿，并退还相应的出让金。

住宅建设用地使用权期限届满的，自动续期。非住宅建设用地使用权期限届满后的续期，依照法律规定办理。

（3）集体建设用地使用权。

集体建设用地使用权是指农民集体和个人进行非农业建设依法使用集体土地的权利。非农业建设用地包括乡（镇）村企事业非农业用地。集体所有的土地作为建设用地的，应当依照土地管理法等法律规定办理。目前，集体建设用地使用权的主体有较为严格的限制，一般只能由本集体及其所属成员享有，其他单位和个人进行建设，需要使用集体土地，应该经过征地，使之转为国有土地后才能取得使用权，即取得国有土地使用权。一般不允许其他单位和个人拥有集体建设用地使用权。

非农民集体成员依法可以取得集体建设用地使用权的情况有两种：一是企业单位或个人与农民集体举办联营企业，协议将土地使用权作为联营条件，从而使联营企业获得集体建设用地使用权；二是农民集体的土地已由其他农民集体按协议使用的，则该农民集体所有的土地可以由另一个农民集体取得集体建设用地使用权。

集体建设用地使用权与土地承包经营权不同。建设用地使用权的取得，不但需要征得土地所有者的同意，还必须依法经国家审核、批准；在使用过程中还必须接受国家行政部门的监督和管理；使用权发生争议，协商不成的，必须由政府先进行处理。因此，集体建设用地使用权必须由国家依法确定。

2. 土地承包经营权

（1）土地承包经营权的概念。

农村集体经济组织实行家庭承包经营为基础、统分结合的双层经营体制。农民集体所有和国家所有由农民集体使用的耕地、林地、草地以及其他用于农业的土地，依法实行土地承包经营制度。

土地承包经营权是指非土地所有人依照法律和合同约定取得的对国有或集体所有的土地的占有、使用和收益的权利，即土地承包经营权人依法对其承包经营的耕地、林地、草地等享有占有、使用和收益的权利，有权从事种植业、林业、畜牧业等农业生产。发包方和承包方通过依法订立承包合同，约定双方的权利和义务。

农民对本集体土地的承包经营权是一种天然的权利，任何人不得非法剥夺，因为在相当长的时期里，在广大的农村，土地仍是农民赖以生存和发展的最基本的物质资料，是农民的生存权和发展权的基本保障。《宪法》关于实行家庭承包经营为基础、统分结合的双层经营体制的规定，其核心就是保障农民的土地承包经营权。

（2）土地承包经营权的特征。

土地承包经营权具有以下法律特征：

第一，土地承包经营权的主体为一切农业经营者。任何个人或单位都可以依法成为农地使用权的主体。

第二，土地承包经营权的客体为农业用地，包括：耕地、草地、林地、滩涂、水面及其他农业用地。

第三，土地承包经营权是一种在他人土地上从事农业性质的耕作、养殖或畜牧的用益物权，具有物权的性质。

第四，土地承包经营权是以支付地租而成立的物权。一般来说，土地承包经营权的成立必须有偿，或者说，地租是土地承包经营权成立的要件。至于农地使用权合法成立后，土地所有人免除地租义务，则为其抛弃收租权利的问题，与农地使用权的无偿成立不得混为一谈。

（3）土地承包经营权的取得。

第一，土地承包经营权的创设取得。主要是指承包人通过与发包人订立承包经营合同而取得承包经营权，分为家庭承包与以招标、拍卖、公开协商等方式进行的承包。通过这两种方式承包的，都应当签订承包合同，承包合同自成立之日起生效，承包方于合同生效时取得土地承包经营权。县级以上地方人民政府应当向土地承包经营权人发放土地承包经营权证、林权证、草原使用权证，并登记造册，确认土地承包经营权。

第二，土地承包经营权的移转取得。主要是指在土地承包经营权的流转过程中，受让人通过转包、互换、转让等方式，依法从承包人手中取得土地承包经营权。土地承包经营权人依照农村土地承包法的规定，有权将土地承包经营权采取转包、互换、转让等方式流转。流转的期限不得超过承包期的剩余期限。未经依法批准，不得将承包地用于非农建设。土地承包经营权人将土地承包经营权互换、转让，当事人要求登记的，应当向县级以上地方人民政府申请土地承包经营权变更登记；未经登记，不得对抗善意第三人。

通过招标、拍卖、公开协商等方式承包荒地等农村土地，依照农村土地承包法等法律和国务院的有关规定，其土地承包经营权可以转让、入股、抵押或者以其他方式流转。

3. 宅基地使用权

（1）宅基地使用权的概念。

宅基地使用权是指农村集体经济组织的成员依法享有的在农民集体所有的土地上建造个人住宅的权利。宅基地使用权人依法对集体所有的土地享有占有和使用的权利，有权利用该土地建造住宅及其附属设施。宅基地使用权范围一般包括居住生活用地、四旁绿化用地、其他生活服务设施用地，即一家一户的农户居住生活的庭院用地。

（2）宅基地使用权的特征。

宅基地使用权具有如下特征：

一是宅基地使用权的主体只能是农村集体经济组织的成员。

二是宅基地使用权的用途仅限于村民建造个人住宅。个人住宅包括住房以及与村民居住生活有关的附属设施，如厨房、院墙等。

三是宅基地使用权实行严格的“一户一宅”制。根据《土地管理法》的规定，农村村民一户只能拥有一处宅基地，其面积不得超过省、自治区、直辖市规定的标准。

四是福利性。宅基地的初始取得是无偿的。

（3）宅基地使用权人的权利和义务。

宅基地使用权人对宅基地享有如下权利，并承担一定的义务：

一是占有和使用宅基地。宅基地使用权人有权占有宅基地，并在宅基地上建造个人住宅以及与居住生活相关的附属设施。

二是获得宅基地收益。宅基地使用权人有权获得因使用宅基地而产生的收益，如在宅基地空闲处种植果树等经济作物而产生的收益。

三是宅基地因自然灾害等原因灭失的，宅基地使用权消灭。对没有宅基地的村民，应当重新分配宅基地。

四是宅基地使用权人出卖、出租住房后，再申请宅基地的，国土管理部门将不再批准。并且，宅基地使用权的受让人只限于本集体经济组织的成员。

（4）宅基地使用权的取得。

农村村民取得宅基地使用权需要履行一定的法律手续。《土地管理法》第六十二条第四款规定：“农村村民住宅用地，由乡（镇）人民政府审核批准；其中，涉及占用农用地的，依照本法第四十四条的规定办理审批手续。”

宅基地使用权申请具体程序如下：

一是由本人向所在的农村集体经济组织或村民委员会提出用地申请。

二是由农村集体经济组织召开其成员会议或者村民委员召开村民会议就村民提出用地申请进行讨论。

三是农村集体经济组织成员会议或者村民会议讨论通过后，由村集体经济组织或村民委员会报乡（镇）人民政府审核；乡（镇）人民政府审核同意后，报县级人民政府批准，其中，占用农用地的，依照《土地管理法》的规定办理农用地转用手续。

（5）宅基地使用权的管理。

依照《土地管理法》《土地管理法实施条例》《基本农田保护条例》的有关规定，主要包括以下内容：

农村村民未经批准或者采取欺骗手段骗取批准，非法占用土地建住宅的，由县级以上人民政府土地行政主管部门责令退还非法占用的耕地，限期拆除在非法占用的土地上新建的房屋。

农村村民超过省、自治区、直辖市规定的标准，多占土地的，多占的土地以非法占地论处，即按照未经批准或者采取欺骗手段骗取批准非法占用土地的违法行为处罚。

农村村民买卖或者以其他形式非法转让宅基地的，由县级以上人民政府土地行政主管部门没收违法所得，可以并处罚款。

农村村民不按照批准的用途使用宅基地的，由农村集体经济组织报经原批准用地的人民政府批准，可以收回宅基地使用权。

农村村民擅自占用耕地建房，破坏种植条件的，由县级以上人民政府土地行政主管部门责令限期整改或者治理，可以并处罚款；构成犯罪的，依法追究刑事责任。

农村村民占用基本农田建房，毁坏种植条件的，由县级以上人民政府土地行政主管部门责令改正或者治理，恢复种植条件，处占用基本农田的耕地开垦费 1 倍以上 2 倍以下的罚款；构成犯罪的，依法追究刑事责任。

4. 地役权

（1）地役权的概念。

地役权是指为使用自己不动产的便利或提高其效益而按照合同约定利用他人不动产的权利。他人的不动产为供役地，自己的不动产为需役地。其一，地役权是按照当事人的约定设立的用益物权。其二，地役权是存在于他人不动产上的用益物权。其三，地役权是为了需役地的便利而设立的用益物权。

（2）地役权的特征。

地役权具有以下法律特征：

第一，地役权是为需役地人的利益而设定的，其目的是满足需役地人的实际需要，因而地役权是一种从物权。

第二，地役权是为了自己的方便和利益而取得的权利，所以它属于用益物权。地役权又是预定在他人提供的役地上的权利，具有限制役地权利的作用，因而是一种他物权。

第三，地役权实际上是在需役地人和供役地人之间发生的互有权利、义务的一种协作关系，但地役权与相邻权不同，地役权是由当事人设定的。土地相邻权从性质上讲是一种法定地役权。

第四，设立地役权应当按照法律规定或习惯，由当事人协商确定。可以是有偿的，也可以是无偿的。在双方权利、义务关系中，需役地人不得脱离实际需要而无故设立或扩大权限。如有必要在供役地上建立设施时，应当选择对供役地损害最小的方法。建立设施及修缮等，是一方负担，共同使用，还是共同负担，共同使用，应协商确定。

（3）地役权的类型。

以地役权的内容为标准可将地役权分为以下类型：

一是通行地役权。即以在他人土地上通行以便到达自己土地为目的的地役权。

二是水的地役权。具体包括：取水或汲水地役权，即为了需役地的便利在供役地上取水或汲水的权利；导水地役权，即利用管道或沟渠经过供役地把水导入需役地的权利；排水地役权，即把生活或生产过程中产生的废水排入供役地或经过供役地排向他处的权利。

三是眺望地役权。即为了确保在自己的土地或建筑物中能够眺望风景，约定供役地的物权人不得建造或种植超过一定高度的建筑物或竹木的权利。

四是采光地役权。即为了改善自己的土地或建筑物的采光效果，约定供役地的物权人在一定的区域不得建造建筑物或种植竹木，或者建筑物、竹木不得超出一定高度的权利。

五是支撑地役权。即利用他人已经建成的墙壁搭建房屋或其他地上定着物的权利，设立此种地役权往往是为了节省建筑成本或是为了扩大房屋的使用面积。

六是放牧地役权。即按照约定在供役地上放牧牛、马、驴等牲畜的地役权。

七是建造附属设施或安设临时附着物的地役权。需役地的物权人为了更好地利用自己的土地或建筑物，可以与供役地的物权人协商，支付一定的对价，取得一项在供役地上建造建筑物之附属设施或安设临时附着物的役权。

八是排污地役权。在生产过程中需要排放污染物的企业，尽管其营业可能已经获得环保部门的行政许可，但此种排污行为客观上会给相邻不动产的利用造成损害或不便，企业可以与相邻不动产物权人订立契约，支付对价，获得一项排污地役权。

(4) 地役权的设立、转让和消灭。

设立地役权，当事人应当采取书面形式订立地役权合同。地役权合同一般包括下列条款：当事人的姓名或者名称和住所、供役地和需役地的位置、利用目的和方法、利用期限、费用及其支付方式、解决争议的方法。

地役权自地役权合同生效时设立。当事人要求登记的，可以向登记机构申请地役权登记；未经登记的，不得对抗善意第三人。已经登记的地役权变更、转让或者消灭的，应当及时办理变更登记或者注销登记。

供役地权利人应当按照合同约定，允许地役权人利用其土地，不得妨害地役权人行使权利。地役权人应当按照合同约定的利用目的和方法利用供役地，尽量减少对供役地权利人物权的限制。

地役权的期限由当事人约定，但不得超过土地承包经营权、建设用地使用权等用益物权的剩余期限。

土地所有权人享有地役权或者负担地役权的，设立土地承包经营权、宅基地使用权时，该土地承包经营权人、宅基地使用权人继续享有或者负担已设立的地役权。

土地上已设立土地承包经营权、建设用地使用权、宅基地使用权等权利的，未经用益物权人同意，土地所有权人不得设立地役权。

地役权不得单独转让，土地承包经营权、建设用地使用权等转让的，地役权一并转让，但合同另有约定的除外；地役权不得单独抵押，土地承包经营权、建设用地使用权等抵押的，在实现抵押权时，地役权一并转让。

需役地以及需役地上的土地承包经营权、建设用地使用权部分转让时，转让部分涉及地役权的，受让人同时享有地役权；供役地以及供役地上的土地承包经营权、建设用地使用权部分转让时，转让部分涉及地役权的，地役权对受让人具有约束力。

地役权人有下列情形之一的，供役地权利人有权解除地役权合同，地役权消灭：违反法律规定或者合同约定，滥用地役权；有偿利用供役地，约定的付款期限届满后在合理期限内经两次催告未支付费用。

6.3.3　土地用益物权的保护

土地用益物权作为一种相对独立于土地所有权的财产权利，依法受法律保护。在此需要注意两点：第一，国家保护土地用益物权人依法享有的权利，土地使用者有依法利用土地并获取收益的权利。土地用益物权可以依法转让、抵押和出租。这些权利均受到法律保护，任何单位和个人不得阻碍土地用益物权的行使，否则，土地用益物权人有权依法就其造成的损害请求赔偿。第二，土地用益物权人在遭受第三人不法侵害时，有权以侵权人为被告向人民法院提起诉讼。

6.4 土地担保物权

6.4.1 担保物权的概念和种类

1. 担保物权的概念

担保物权是指担保物权人在债务人不履行到期债务或者发生当事人约定的实现担保物权的情形，依法享有就担保财产优先受偿的权利。担保物权是与用益物权相对应的他物权，指的是为确保债权的实现而设定的，以直接取得或者支配特定财产的交换价值为内容的权利。随着我国社会主义市场经济的发展，以债的形式发生的公民、法人之间的经济联系日益频繁，保障债尤其是合同之债的履行，对于维护社会主义商品流通秩序，保护公民、法人的合法权益至关重要。

2. 担保物权的种类

担保物权包括抵押权、质权、留置权。

抵押权是指为担保债务的履行，债务人或者第三人不转移财产的占有，将该财产抵押给债权人的，债务人不履行到期债务或者发生当事人约定的实现抵押权的情形，债权人有权就该财产优先受偿。其中债务人或者第三人为抵押人，债权人为抵押权人，提供担保的财产为抵押财产。

质权是指为担保债务的履行，债务人或者第三人将其动产出质给债权人占有的，债务人不履行到期债务或者发生当事人约定的实现质权的情形，债权人有权就该动产优先受偿。其中债务人或者第三人为出质人，债权人为质权人，交付的动产为质押财产。

留置权是指债务人不履行到期债务，债权人可以留置已经合法占有的债务人的动产，并有权就该动产优先受偿。其中债权人为留置权人，占有的动产为留置财产。

担保物权是在债务人或第三人的特定财产上设定的权利，担保物权的标的物，必须是特定物。抵押的标的为不动产、动产，质押的标的为动产和权利（如汇票、支票、本票、债券、存款单、仓单、提单等），留置的标的则为动产。因此，我国的土地担保物权主要是指土地抵押权。

6.4.2 土地抵押权的概念和特征

1. 土地抵押权的概念

土地抵押权是指土地使用权人在法律许可的范围内，不转移土地占有而将土地使用权作为债权担保，在债务人不履行债务时，债权人有权对土地使用权及其上建筑物、其他附着物依法进行处分，并以处分所得的价款优先受偿的担保性土地他项权利。接受抵押的人是抵押权人，提供土地抵押的人是抵押人。

2. 土地抵押权的特征

土地抵押权具有担保物权和土地他项权利双重性质。土地抵押权作为抵押权的下属概念，应当归入担保权或者担保物权的范畴，《民法典》担保编把国有土地使用权和集体土地使用权作为可以抵押的财产，因此，从物权法的意义上说，土地抵押权是一种担保物权；同时土地抵押权又是土地他项权利的一种，是设立于土地使用权之上的权利和负担。

土地抵押权作为抵押权的一种，具备抵押权的共同属性，适用抵押权制度的共同规则，具有以下几个特点：

（1）土地抵押不是实物抵押而是权利抵押。

（2）抵押权的客体是法律允许转让的土地使用权，即权利客体的限制性。

（3）抵押人必须是享有土地使用权的债务人或第三人。

（4）土地使用权抵押不影响土地上其他权利人的权利。

6.4.3　土地抵押权的客体范畴

1. 土地抵押权的设定范围

可以设定土地抵押权的权利如下：

（1）法律允许单独流转的国有土地使用权。

（2）依法以国有土地上的房屋抵押的，被抵押的房屋占用范围内的国有土地使用权。

（3）依法承包并经登记的集体荒地的土地使用权。

（4）农村集体经济组织投资设立的企业的厂房等建筑物抵押的，其占用范围内的乡（镇）村企业集体土地使用权。

2. 不得抵押的财产

以下财产不得抵押：

（1）土地所有权。

（2）耕地、宅基地、自留地、自留山等集体所有的土地使用权，但法律规定可以抵押的除外。

（3）学校、幼儿园、医院等以公益为目的的事业单位、社会团体的教育设施、医疗卫生设施和其他社会公益设施。

（4）所有权、使用权不明或者有争议的土地财产。

（5）依法被查封、扣押、监管的土地财产。

（6）法律、行政法规规定不得抵押的其他土地财产。

6.4.4 土地抵押权的取得和消灭

1. 土地抵押权的取得

通过法律行为设定抵押权，也叫约定或意定抵押，是抵押权取得的基本方式。根据现行法律、法规的规定，土地抵押权的取得必须签订书面形式的合同，并办理抵押登记。抵押登记是抵押合同生效和抵押权人取得抵押权的必要条件。

用于抵押的土地使用权有期限的，使用权人仅可以在权利存续期内设定抵押权。

以建筑物抵押的，该建筑物占用范围内的建设用地使用权一并抵押。以建设用地使用权抵押的，该土地上的建筑物一并抵押。抵押人未依照此规定一并抵押的，未抵押的财产视为一并抵押。

2. 土地抵押权的消灭

土地抵押权消灭的情形主要有下面几种：

（1）债务清偿。债务人到期清偿债务或者债务人的担保人或者债务人的清算组织在债务到期后已经将债务清偿完毕，该抵押权自行消灭。

（2）抵押物消灭。抵押物消灭主要有三种情况：一是被抵押的国有土地使用权被国家收回或者期限届满；二是被抵押的集体土地使用权所涉及的土地被国家征用；三是土地使用权随建筑物抵押的，该建筑物灭失。

（3）土地抵押权实现。抵押人到期不履行债务或者在抵押合同期间宣告解散、破产的，抵押权人有权依照国家法律、法规和抵押合同的规定处分抵押财产，并就处分抵押物的价款优先受偿，抵押物转归第三人。此时，抵押权实现，设立于土地使用权之上的抵押权也随即消灭。

（4）抵押权无效。抵押权因抵押合同或者主合同具有法定无效事由而被依法确认无效。抵押权无效是土地抵押权消灭的一种特殊情况。例如，以划拨方式取得的国有土地使用权单独设立抵押的，以乡（镇）村企业的土地使用权单独设立抵押的，以划拨土地房地产设定抵押未经政府主管部门同意审批的。又如，破产企业擅自转让已经抵押的土地使用权。在抵押期间，破产企业对已经抵押登记的房地产进行转让时，应当通知抵押人并告知受让人该房地产已经抵押的情况。破产企业未通知抵押权人或者未告知受让人的，人民法院应依法裁定该转让行为无效。

6.5 土地相邻权

6.5.1 相邻权的概念和特征

1. 相邻权与相邻关系的概念

相邻权是指不动产的所有人或使用人在处理相邻关系时所享有的权利。具体来说，在相邻的不动产的所有人或者使用人之间，任何一方为了合理行使其所有权或使用权，享有要求其他相邻方提供便利或是接受一定限制的权利。相邻权实质上是对所有权的限制和延伸。

不动产相邻关系，简称相邻关系，指的是相邻各方在对各自所有或使用的不动产行使所有权或使用权时，因相互间依法应当给予方便或接受限制而发生的权利义务关系。不动产相邻关系，按其内容来分，可以分为土地相邻关系和建筑物相邻关系。

2. 相邻权的基本特征

相邻权是从属权，不是一种单独的物权。因为相邻权不仅从属于不动产所有权，而且还从属于其他对不动产的用益权。严格来说，相邻权是从属于不动产使用本身的，或者说相邻权所依附的是对不动产使用的事实而非依附于对不动产的使用所拥有的相应权利。相邻权是不能独立转让的权利，它是天然依附于不动产使用本身的。

相邻权不以物理上邻接为前提。"相邻"意味着只要他人不动产的使用对自己不动产的使用产生影响，或者说对本人不动产的使用影响到他人不动产使用的整个辐射面积和空间，都可称作"相邻"。如区分所有的建筑物中，一楼产生噪声，十楼被感知，仍可谓一楼与十楼相邻，可径直基于相邻关系行使相邻权。

6.5.2 相邻关系的类型

1. 用水、排水的相邻关系

不动产权利人应当为相邻各权利人用水、排水提供必要的便利。对自然流水的利用，应当在不动产的相邻权利人之间合理分配，相邻各方都有权使用，不得擅自堵塞或排放。对自然流水的排放，应当尊重自然流向，相邻一方必须通过另一方土地排水的，另一方应当允许，但使用者应采取措施减少损失，并给予对方损失补偿。在区分所有建筑物中，排水系统和供水系统往往都是一个整体，各专有部分的排供水系统彼此相连，是构成整体的一个个有机组成部分。因此，各区分所有权人应允许相邻人的用水经由排供水管道流经自己的专有部分，不得非法阻塞或采取其他方法来切断水的这种自然流动。同时，若其他区分所有权人因排水或供水出现问题而需要进入某专有部分进行管道维修时，该专有部分所有人应给予一定的便利，无正当理由不得拒绝。

2. 通行的相邻关系

土地或建筑物范围内历史形成的必经通道，相邻各方享有通行的权利，土地或建筑物的所有人、使用人不得阻止或堵塞；相邻一方因建筑施工、铺路架线必须临时占用他方土地的，他方应予以方便，但施工方应合理使用，完工后恢复原状，造成损失要给予补偿。

3. 管线安设的相邻关系

不动产权利人因铺设电线、电缆、水管、暖气和煤气等管线必须利用相邻土地、建筑物的，该土地、建筑物的权利人应当提供必要的便利。建筑物区分所有权人因安设管道（如太阳能热水器的水管）或线路（如通信电路）而有必要经过他人的专有部分时，他人应当允许。但安设方应本着不影响他人专有部分的使用及美观的原则进行安设，并对于因安设而造成的损失给予补偿。

6.5.3 相邻关系处理的原则

不动产的相邻权利人应当按照有利生产、方便生活、团结互助、公平合理的原则，正确处理相邻关系。相邻不动产的所有人或使用人在行使自己的所有权或使用权时，应当以不损害其他相邻人的合法权益为原则。如不动产权利人建造、修缮建筑物，在建房挖沟时，应当与相邻人房屋等不动产保持一定距离，不得影响相邻人房基，不得使屋檐水或流水流入相邻人的土地或房屋，也不得影响他人通风、采光或生活；相邻一方所有的竹木根枝越界影响他人房屋的通风、采光、建筑物牢固及正常使用的，他方有权责令其截除根枝或伐去竹木，已造成损失的，应予赔偿。

如果因权利的行使，给相邻人的人身或财产造成危害的，相邻人有权要求停止侵害、消除危险和赔偿损失。如发生矛盾，相邻各方互谅互让，协商解决；如协商不成，可以请求人民法院依法解决。《民法典》物权编规定，法律、法规对处理相邻关系有规定的，依照其规定；法律、法规没有规定的，可以按照当地习惯。

不动产使用人，为谋求土地使用价值的最大化、建物的方便、生活的舒适与安宁，一般需要相邻不动产使用人提供方便与合作。实际上，邻里之间的相互帮助和协作，一直是人类的传统美德。俗语“远亲不如近邻”，也足以体现出邻里之间关系的密切性。密切的关系，既可使人们和睦相处，也容易滋生邻里纠纷。尽管一切社会制度最终都是谋求人类生活的和谐与幸福，但人们之间纠纷的存在还是时常发生。它一方面与人的文明程度有关，文明程度的提高需要各种制度相互配合逐渐实现；另一方面也与产权的界定不明，人们之间的权利义务关系不清楚有关。基于此，法律有义务把不动产使用人之间的权利义务关系明晰化。

6.5.4 相邻权与地役权

相邻权和地役权都是为了充分发挥相邻或临近的不动产的经济效益，因不动产的利用而有着密切的联系，但两者是两种不同的物权，不能相互替代或包含[①]。二者的主要区别如下。

1. 内涵不同

相邻权是指不动产的所有人或使用人在处理相邻关系时所享有的权利，是对所有权的延伸和扩展。它不是一种单独的物权，是所有权或使用权权能的体现。地役权是指为

---

① 魏振瀛．民法．4版．北京：高等教育出版社，2010.

使用自己土地的方便与利益而使用他人土地的权利，是一种为增加自己土地的利用价值而支配他人土地的他物权，它是一种单独的物权。

2. 产生原因不同

产生原因是相邻权与地役权最本质的区别，相邻权由法律直接规定，是依据不动产权利而发生的法定权利，其成立即对抗第三人，无须登记便可当然发生效力。地役权的取得主要是依法律行为而取得，一般是约定权利，如可以基于当事人的合同约定产生，但此种行为属物权设定行为，当事人双方应到不动产登记机关进行设立登记。此外，地役权也可因遗嘱、继承或时效等原因而取得。

3. 调节范围不同

在调节范围方面，相邻权是法律对相邻关系进行的一种最小限度的调节，其对不动产所有权或使用权的限制与扩展程度较小；作为当事人双方超越相邻权限度而约定的权利。地役权对土地所有权或使用权的限制与扩展程度较大，并且能够运用其私法自治的特性来弥补法律规定的相邻关系内容十分有限的不足，从而可以有效地利用土地和其他不动产资源，更好地行使自己的权利而向对方提出更高的提供便利的要求。二者是相辅相成的法律制度。

4. 存在条件不同

在存在条件方面，相邻权的存在条件是权利主体的不动产必须相邻，相邻权反映的相邻关系既适用于土地相邻，也适用于房屋等建筑物相邻，但一般认为在相邻的两块权属不同的土地上才会发生相邻关系。地役权只发生在土地所有人或使用人之间，所反映的相邻关系只适用于土地相邻关系，但不受土地是否相邻的限制。例如，需役地人在供役地修建水渠，该行为受制于水源地而无需要求需役地与供役地相邻。

5. 有偿无偿不同

相邻关系的产生一般都是无偿的，而地役权的设立一般都是有偿的。在权利存续期间及有偿与否方面，地役权的存续期间可由当事人约定，地役权的取得有偿与否也取决于地役权的设定方式和双方当事人的约定；而相邻权由法律直接规定，存续期间是法定的，通常是无偿的。

因为在我国土地所有权二元格局下，相邻关系在土地所有权间虽有发生，但多体现在不同利用主体间，故此相邻关系不应机械地理解为所有权内容的扩张或限制，而将扩张理解为土地用益物权（地上权与农地耕地权）权能的扩张或限制。当然，在同一所有人（国家或集体组织）将其所有土地设定用益物权于他人时，亦可在用益物权设定合同中依据所有人的宏观规划而对不同用益物权人的权利进行限制，从而起到调节相邻土地利用关系的作用。

关键术语

土地权利	国家主权	物权	债权
土地物权	土地所有权	土地用益物权	建设用地使用权
土地承包经营权	宅基地使用权	地役权	担保物权
抵押权	质权	留置权	相邻权

复习思考题

1. 土地权利与国家主权是什么关系？
2. 简述土地物权的性质。
3. 简述物权与债权的联系和区别。
4. 土地所有权具有哪些特征？
5. 国有土地所有权具有哪些特征？
6. 集体土地所有权具有哪些特征？
7. 土地用益物权具有哪些特征？
8. 地役权具有哪些特征？
9. 土地抵押权具有哪些特征？
10. 相邻权具有哪些特征？
11. 相邻权与地役权的主要区别是什么？

第 2 篇

土地权利流转法律制度

本篇以土地产权流转的法律制度为主线展开，包括土地征收、土地出让、土地转让、土地划拨、土地承包经营和集体建设用地流转的法律制度。土地征收是土地所有权的变化，土地出让、土地转让、土地划拨、土地承包经营和集体建设用地流转都是土地使用权的转变。

第7章

土地征收法律制度

本章从我国征地制度的内涵和基本特征谈起，主要就征地制度变迁、土地征收程序、土地征收补偿和征地制度改革等进行阐述。

7.1 土地征收制度

7.1.1 土地征收的内涵

土地征收是指国家为了公共利益需要，依照法律规定的程序和权限将农民集体所有的土地转化为国有土地，并依法给予被征地的农村集体经济组织和被征地的农民合理补偿和妥善安置的法律行为。

我国实行土地的社会主义公有制，土地的所有权分为国家所有和农民集体所有两种形式。国家为了公共利益的需要，可以依法对土地实行征收或者征用并给予补偿。《土地管理法》在建设用地中对征收征用的审批权限、程序和补偿方式做了详尽的规定。

土地征收和土地征用是有区别的。2004 年 3 月 14 日，十届全国人大二次会议对《宪法》进行修正，将《宪法》第十条第三款“国家为了公共利益的需要，可以依照法律规定对土地实行征用”，改为“国家为了公共利益的需要，可以依照法律规定对土地实行征收或者征用并给予补偿”。2004 年 8 月，十届全国人大常委会第十一次会议对《土地管理法》做出修正，同样增加了“征收”的概念。之前，《宪法》和《土地管理法》都仅有关于土地“征用”的概念，但依照其含义来讲，应该等同于修正后法律中的“征收”。在《宪法》和《土地管理法》修正之后，土地征收和征用既有共同之处，又有不同之处。共同之处在于，都是为了公共利益需要，都要经过法定程序，都要依法给予补偿。不同之处在于，土地征收的对象是土地所有权，而土地征用的对象是土地使用权，即征收主要是所有权的改变，而征用只是使用权的改变。征收的依据必须是法律，征用的依据除了法律之外，还可以是法规。因为征用一般具有暂时性、紧急性，而且强制取得的只是使用权，所以其严格程度要低于征收。征收的补偿是完全补偿，而征用的补偿是适当补偿。

2019 年 8 月 26 日，第十三届全国人民代表大会常务委员会第十二次会议通过《关于修改〈中华人民共和国土地管理法〉、〈中华人民共和国城市房地产管理法〉的决定》，首次对土地征收的公共利益进行了列举式界定。“为了公共利益的需要，有下列情形之一，确需征收农民集体所有的土地的，可以依法实施征收：（一）军事和外交需要用地的；（二）由政府组织实施的能源、交通、水利、通信、邮政等基础设施建设需要用地的；（三）由政府组织实施的科技、教育、文化、卫生、体育、生态环境和资源保护、防灾减灾、文物保护、社区综合服务、社会福利、市政公用、优抚安置、英烈保护等公共事业需要用地的；（四）由政府组织实施的扶贫搬迁、保障性安居工程建设需要用地的；（五）在土地利用总体规划确定的城镇建设用地范围内，经省级以上人民政府批准由县级以上地方人民政府组织实施的成片开发建设需要用地的；（六）法律规定为公共利益需要可以征收农民集体所有的土地的其他情形。”前四项与以往的政策大体保持一致，因此对其内容我们并无特别需要说明之处。但对于第五项而言，以往在国家层面上，对“成片开发”缺乏系统和权威的界定和规定，在未出台进一步详细的指引和解释的情况下，将城镇建设用地范围内组织实施成片开发建设作为征收集体土地的情形之一，由于缺乏社会公共、公益性质的衡量和把控，可能在实施过程中会出现对该规定的适用争议。因此，自然资源主管部门制定“成片开发”界定标准时，应当予以谨慎考虑。

7.1.2 征地制度的基本特征

第一，征地是一种国家行为，是政府的专有权力。征收征用权以国家主权为依托，是基于国家政权的一种行政权力，征地的主体必须是国家，即国家是征地的唯一主体，其他任何单位和个人都没有征地权。只有国家为了公共目的需要，才可以对农民集体所有的土地实行征收征用，由县级以上人民政府代表国家行使征收征用土地的权力。被征地单位必须服从。国家依法征收征用集体土地不是在平等、自愿基础上的民事法律行为，而是以国家主权为依托的强制性的行政行为。

第二，征地是为了公共利益。在法律规定中征地实施需要一个相同的前提：“为了公共利益”。公共利益是各个法律部门所追求的一种价值目标，即便是私法也应当实现公共利益的最大化。具体说：一是与私人利益相对应的范畴，是一种不确定数目的多数人的利益；二是具有一种非排他性；三是不同于国家利益，也不是共同利益。国家利益一般倾向于政治范畴，而共同利益范围的变化可能使其包括私人利益。

第三，征地必须通过严格的程序，必须依法取得批准。征收征用权具有极大的法律效力，一旦行使将对财产权构成极大损失。这就要求在征地程序上严格把关，限制征收征用权的滥用，保护不应被剥夺的土地所有权。合理、严格的行政和法律程序会使征收征用公开、公正和公平，这是土地征收征用制度存在和行使的有力保障和必备条件。

第四，必须依法对被征地单位进行补偿。土地的征收征用将对土地的所有权人造成特别的损失，为了弥补当事人的损失，就必须给予其公平的补偿。补偿被认为是征收征用的核心要素，只要是征收征用就必须有补偿，二者密不可分。

第五，征地行为必须向社会公开，接受社会的监督。特别是征地方案的公告和公开，这是《土地管理法》修改中针对各地征用土地透明度差、侵害农民利益等行为而新设的内容。

7.1.3 国外的征地制度

征地是世界各国政府取得土地的常用办法。征地制度是世界各国为发展社会公益事业而设置的一种法律制度。

在德国，征收从宪法的层面看，包括立法征收（直接通过正式法律实施）和行政征收（通过以正式法律为根据的行政行为实施）①。征收行为必须具有适法性，即征收要有法律依据，以服务于公共福祉为目的，设定或直接实施征收的法律必须包括补偿的方式和范围②。在美国，征收或征用称为行使征用权（eminent domain），是指政府机构取得私有财产，将其转作公共使用的固有权力，同时应就取得私产给予合理补偿。在英国，这种征收或征用称为强制购买（compulsory purchase）③，英国在其宪法性文件《紧急状态法》中规定：内阁在紧急状态下，可以征用车辆、土地和建筑物。征地补偿是一个公认的惯例，即立法者若要行使主权进行征用，它就必须提供补偿。在日本，宪法规定私有财产在正当补偿之下可收归公共所有。日本学界将为特定公用事业之用而强制取得私人的特定财产权的活动或制度称为公共收用制度。法令根据主要包括《土地收用法》和《关于取得公共用地的特别措施法》。

总之，世界上很多国家有类似的法律规定。征收或征用是一种以国家主权为依托的权力，会对财产权构成严重侵犯，其以公共利益为前提条件，以补偿为核心规则，以合理的程序为保障。各国政府以占有土地财产或主张土地权利的方式消灭土地财产或严重损害土地财产，而实际上取得私人土地财产。在土地私有制国家里，征地的含义与我国有所不同，即表现为一种强制购买权，只有在正常收买无法取得土地时再动用征收权。其特点包含：一是只有为了公共目的，才可以征收，非公共目的，不得动用征收权；二是必须经过一定的程序，有的还需议会批准；三是必须是政府投资或政府投资为主的项目，也有一些学校等建设可以征收土地；四是按市价予以补偿。

7.2 征地制度变迁

新中国成立以来，我国征地制度的变迁有一个不断演进的过程，这一过程大致可分

① 毛雷尔．行政法学总论．北京：法律出版社，2000：685.

② 沈开举．征收、征用与补偿．北京：法律出版社，2006：12.

③ 韦德．行政法．北京：中国大百科全书出版社，1997：499.

为四个阶段。

1. 第一阶段（1949—1957 年）：新中国成立初期基于土地改革的征地制度的初步建立

1950 年，《土地改革法》废除了地主阶级的土地所有制，实行农民的土地所有制，借以解放农村生产力，发展农业生产。该法规定了土地征收，即“征收祠堂、庙宇、寺院、教堂、学校和团体在农村中的土地及其他公地”。而“土地征用”始见于 1950 年中央人民政府政务院颁布的《铁路留用土地办法》，以整体的法规出现则始于 1953 年政务院公布施行的《国家建设征用土地办法》，这是新中国第一部比较完整的土地征用的行政法规，其规定征用土地的补偿标准是：“一般土地以其最近三年至五年产量的总值为标准，特殊土地应酌情变通处理之。”其后的土地法律法规对补偿标准做了几次调整，但原则未变。1954 年《宪法》对征地制度做了最高形式的规定：“国家为了公共利益的需要，可以依照法律规定的条件，对城乡土地和其他生产资料实行征购、征用或收归国有。”随着 1955 年《农业生产合作社示范章程》的正式实施，征地制度又酝酿进行新的调整。

2. 第二阶段（1958—1977 年）：人民公社化后基于计划经济体制的征地制度的调整

农村人民公社化运动是 20 世纪 50 年代后期为探索社会主义计划经济道路所做的一项重大决策。1958 年，农业社会主义改造基本完成，高级农业生产合作社遍及全国，农村土地由农民私有转变为集体所有。为适应这一变化，1957 年，国务院全体会议第 58 次会议对原有的《国家建设征用土地办法》进行了修正，对征地制度进行了全面的调整，新的《国家建设征用土地办法》于 1958 年全国人民代表大会常务委员会第 90 次会议批准，由国务院颁布施行。在此后的 20 多年中，其一直是中国征用土地的主要法律依据。此外，1975 年《宪法》、1978 年《宪法》及 1982 年《宪法》都据此对征用土地做了规定。而在“文化大革命”期间，征地制度的改革基本上处于停顿状态。

3. 第三阶段（1978—1999 年）：改革开放后基于服务国家经济发展的征地制度的强化

党的十一届三中全会以后，伴随着改革开放基本国策的确立，国家的经济建设开始全面复苏，建设用地需求大幅度增长。1982 年，国务院公布施行了《国家建设征用土地条例》，首次提出了征地强制性的特点，第一次明确征用土地的补偿费用包括土地补偿费、青苗补偿费、附着物补偿费和农业人口安置补助费，这些规定一直沿用至今。1986 年颁布的《土地管理法》在总结经验的基础上，沿袭了《国家建设征用土地条例》的规定。1987 年，在《土地管理法》正式施行的同时，《国家建设征用土地条例》废止。1998 年修订后的《土地管理法》基于最严格的土地管理制度，以“耕地保护”为中心，在征地制度方面做出了重大的调整，土地征用审批由各级地方政府提升到国务院和省级人民政府，变分级管理为土地用途管制和农用地转用许可，并且将土地补偿费和安置补助费的总和由原来不得超过土地被征用前三年平均产值的 20 倍调整到 30 倍，但仍然执行“按照被征用土地的原用途给予补偿”这一原则。这一阶段征地制度针对“以经济建设为中心”的总体发展思路，更多地表现出服务于经济发展的职能，对新形势下征地过程中社会经济关系的调整则明显重视不足。

4. 第四阶段（2000年至今）：21世纪以来基于社会主义市场经济体制的征地制度的探索

2000年以来，征地制度尤其是补偿制度出现了一些新情况、新问题，暴露出十分突出的弊端，特别是因征地而产生的农民上访数量越来越多，引起了社会各界的广泛关注。国土资源部的数据显示，仅2002年上半年，群众反映的征地纠纷、违法占地问题占信访接待部门受理总量的73%。在这些上访人中，40%诉说的是征地纠纷，其中87%反映的是征地补偿安置问题。2004年，国土资源部发布了《关于完善征地补偿安置制度的指导意见》，就征地补偿标准、安置途径、征地程序和征地监管做出了新的调整。这一阶段，一些地方尤其是大城市郊区和沿海经济发达地区，已经为改进农地非农化补偿办法做了很多尝试，有的地方推出了区片价和综合地价，有的地方提高了土地的年产值标准，有的地方则用集体土地的使用权入股。2007年通过的《物权法》为征地制度深化改革提供了重要的法律依据。《物权法》作为尊重和保护公民财产权利的体现，对征地制度不断完善，开始强调公平性，突出征地中民事关系的调整，但这些规定还只是原则性的。2019年《土地管理法》修正后，在土地征收方面做了三个方面的完善。一是首次对土地征收的公共利益进行明确界定；二是首次明确了土地征收补偿的基本原则是保障被征地农民原有生活水平不降低，长远生计有保障；三是完善了土地征收程序，主要是使被征地农民在整个过程中有更多参与权、监督权和话语权。

7.3 土地征收程序

公正的程序是程序正义得到实现的另一种说法。公正的程序通过使参与者各方受到平等的对待，来确保其人格尊严、主体地位和权益得到尊重。在土地征收中，科学合理的征收程序可以节约成本，提高效率，避免人治的专断、反复和腐败，同时也可以增加被征收者的可预见性，增加其对行政机关征收行为的信服度，避免产生纠纷，达到公平性和合理性的统一，保证征收的顺利进行。

7.3.1 土地征收的审批程序

征地工作需要规范征地程序，提高征地工作透明度。征地工作事关农民切身利益，征收农民土地要确保农民的知情权、参与权、申诉权和监督权。《土地管理法》第五章建设用地和《土地管理法实施条例》对征地的程序做了明确规定。土地征收的程序如下：

1. 建设项目的确定

项目建设所需要使用的土地，必须是土地利用总体规划确定的可以用于建设的土地，应当符合土地利用总体规划和土地利用年度计划中确定的农用地转用指标。城市和村庄、集镇建设占用土地，涉及农用地转用的，还应当符合城市规划和村庄、集镇规划。项目需基于公共利益的需要。建设项目须由相关部门审批，要由土地行政主管部门对建设项目用地有关事项进行审查，提出建设项目用地预审报告；提交可行性研究报告，附上土地行政主管部门出具的建设项目用地预审报告。

2. 建设单位用地申请

需要在通过征收的土地上建设时，建设单位必须持县级以上发展改革委等部门下达的可行性研究报告批文和立项批文，向项目所在地县级以上土地行政主管部门提出书面申请。当地土地行政主管部门应对拟征土地的权属、地类、面积以及地上附着物的权属、种类、数量等现状进行调查。

3. 发布征收公告

征收土地应当由县、市人民政府拟订征收土地方案，征收土地的方案应当在被征收土地的当地予以公告。公告可以增加征地的透明度，加强民主监督。通过公告的办法，农民可以了解征收土地的范围、征收的目的、征收土地的批准机关及征地补偿的标准等，从而取得农民对国家征收土地的支持和谅解，并反映农民的合理意见，保护他们应得到的利益。

征收土地公告的内容包括：征收土地的目的及用途、征收土地的范围和面积、征收土地的补偿办法、土地所有权人及使用权人等。公告的办法可以根据各地的不同情况决定，可以采用张贴公告的办法，也可采用广播、报纸、电视等工具予以公告。总之，要通过公告的办法使被征收土地单位和农民知道自己的土地拟被征收、征收后的用途及自己将得到哪些方面的补偿或安置等，取得农民对征收土地的支持，防止征收土地过程中发生侵害农民利益的行为，使农民的合法权益受到保护。

当地土地行政主管部门应将拟征地的用途、位置、补偿标准、安置途径等，以书面形式告知被征地的农村集体经济组织和农户。在告知后，凡被征地的农村集体经济组织和农户在拟征土地上抢栽、抢种、抢建的地上附着物和青苗，征地时一律不予补偿。

4. 征地补偿登记

被征收土地的所有权人、使用权人应当到当地人民政府土地行政主管部门办理征地补偿登记。被征收土地的所有权人包括该土地所涉及的农村集体经济组织都应当到土地行政主管部门登记。土地的使用权，包括现土地的使用权人，如农民宅基地的使用者，乡镇企业或其他建设用地的使用权人，也包括以其他方式取得土地使用权的，对耕地、林地、草原等取得承包经营权的，都应当办理土地补偿登记。当地土地行政主管部门应当根据土地所有权人、使用权人提供的证书对土地所有权和使用权进行核实。防止造成重复或遗漏，对土地权属有纠纷的，应先对土地权属纠纷进行处理，然后确定补偿登记。

征地补偿登记是有期限的。法律未对征地补偿登记的期限做出明确的规定，主要由当地人民政府根据征地补偿登记工作的实际需要确定。如征地范围大，涉及的土地所有权人、使用权人较多，则时间可规定得长一些；如果征地范围小，涉及的土地所有权人、使用权人较少，则时间可规定得短一些。总之，要使所有的土地所有权人和使用权人都能在规定的期限内办理完土地补偿登记。

办理征地补偿登记应当持土地权属证书，包括集体土地所有权证、集体土地使用权证。以有偿使用方式取得土地使用权或承包经营权的，还应当持土地有偿使用合同或承包经营合同的附本办理征地补偿登记。总之，要有能证明土地所有权、使用权或承包经营权的法律文件。

征地补偿登记除对土地所有权、使用权进行登记外，还应当对被征收土地上的附着物进行清点，并依法进行登记。包括因征地而受到破坏的其他土地上的设施也应当进行登记，以便能确定恢复或补偿的办法。

征收土地的公告和征地补偿登记主要是提高征地的透明度，实行办事制度公开，防止侵害农民的利益，以使征地公平、公正。

5. 组织征地听证

在征地依法报批前，当地土地行政主管部门应告知被征地的农村集体经济组织和农户，对拟征土地的补偿标准、安置途径有申请听证的权利。当事人申请听证的，应按照《自然资源听证规定》规定的程序和有关要求组织听证。征地告知要切实落实到村组和农户，结合村务信息公开，采取广播、在村务公开栏和其他明显位置公告等方式，多形式、多途径告知征收土地方案。被征地农民有异议并提出听证的，当地土地行政主管部门应及时组织听证，听取被征地农民意见。对于群众提出的合理要求，必须妥善予以解决。

6. 征收申请审批

报批时，必须有建设单位的用地申请或城市建设用地开发方案、有关部门的批准文件、土地利用总体规划、土地利用年度计划指标等，征收耕地的，还应当有耕地补充方案。具备了申请征收土地的条件，并按照规定的程序呈报，有批准权的人民政府方可批准征收土地。征收土地批准后，批准征地的人民政府的土地行政主管部门应当及时通知申请征地的县、市人民政府，以便及时组织实施。

县级以上地方人民政府征收土地的实施机关，包括县（市）人民政府，设区的市、自治州和省级人民政府，但一般不是由人民政府直接实施，而是由地方人民政府的土地行政主管部门直接组织实施，办理实施征地方案的具体工作。

7. 征地补偿、安置实施

征地补偿、安置方案报市、县人民政府批准后，由市、县人民政府土地行政主管部门组织实施。对补偿有争议的，由县级以上地方人民政府协调；协调不成的，由批准征收土地的人民政府裁决。征地补偿、安置争议不影响征收土地方案的实施。征收土地的各项费用应当自征地补偿、安置方案批准之日起三个月内全额支付。

8. 落实征地批后实施反馈制度

建设用地批准后（其中国务院批准的城市建设用地，在省级政府审核同意农用地转用和土地征收实施方案后）六个月内，市、县土地行政主管部门应将征地批后实施完成情况，包括实施征地范围和规模、履行征地批后程序、征地补偿费用到位、被征地农民安置及社会保障落实等情况，通过在线报送系统及时报送。省级土地行政主管部门要督促、指导市、县做好报送工作，检查核实报送信息，及时纠正不报送、迟报送及报送错误等问题。各级土地行政主管部门要充分运用报送信息，及时掌握、分析征地批后实施情况，加强用地批后监管，确保按批准要求实施征地。

2019年《土地管理法》修正后对于土地征收程序在原有法律规定之上进行了细化，充分体现在土地征收程序中被征地所有权，使用权人的知情权、参与权和监督权的保障。修正后的《土地管理法》第四十七条规定：县级以上地方人民政府拟申请征收土地的，应当开展拟征收土地现状调查和社会稳定风险评估，并将征收范围、土地现状、征收目的、补偿标准、安置方式和社会保障等在拟征收土地所在的乡（镇）和村、村民小组范围内公告至少三十日，听取被征地的农村集体经济组织及其成员、村民委员会和其他利害关系人的意见。拟征收土地的所有权人、使用权人应当在公告规定期限内，持不动产权属证明材料办理补偿登记。县级以上地方人民政府应当组织有关部门测算并落实有关费用，保证足额到位，与拟征收土地的所有权人、使用权人就补偿、安置等签订协议；个别确实难以达成协议的，应当在申请征收土地时如实说明。相关前期工作完成后，县级以上地方人民政府方可申请征收土地。

另外，土地征收程序与农用地转用程序密不可分。《土地管理法》确立了土地用途管制制度，对任何建设使用农用地的都必须办理农用地转用审批。《土地管理法》和《土地管理法实施条例》对农用地转用做了较详细的规定，说明了两者的审批关系。征收农地，应当按规定先行办理农用地转用审批。其中，经国务院批准农用地转用的，同时办理征地审批手续，不再另行办理征地审批。这包括按《土地管理法》规定农用地转用批准权在国务院的省级人民政府批准的道路、管线工程和大型基础设施建设项目，国务院批准的建设项目用地，直辖市、省和自治区人民政府所在地城市，人口在100万以上的城市，国务院指定的其他城市统一开发的建设用地，这些用地不管征地批准权是国务院，还是省级人民政府，国务院批准农用地转用时，同时批准征收土地，不需另行报批。这样可以简化手续，提高办事效率，减轻基层政府和建设单位的负担。因此，在办理农用地转用批准时应当同时报送征收土地所需报送的有关材料，符合征收土地的要求，使流程简化。经省、自治区、直辖市人民政府在征地批准权限内批准农用地转用的，同时办理征地审批手续，不再另行办理征地审批；超过征地审批权限的，应当在办理农用地转用审批手续后再向国务院办理征地审批手续。农用地转用批准权和征收土地的批准权都属于省级人民政府的，省级人民政府应当按照农用地转用审批和征收土地审批的要求，同时办理农用地转用和征收土地审批手续，一般不用分两次办理以简化审批手续。农用地转用批准权在省级人民政府，征地审批权在国务院的，应当由省级人民政府先行办理农用地转用审批，并将农用地转用批准的有关文件，随同征地申报材料同时报国务院，由国务院根据省级人民政府的批准文件，决定是否批准征收土地。农用地转用和征收土地将在国务院批准征收土地后组织实施。如果是征收农民集体所有的建设用地或未利用土地，则可以直接办理征收土地手续。

7.3.2 土地征收的审批权限

根据土地应由国家管理的原则，《土地管理法》在实行土地用途管制条件下，实行征收土地由国务院和省两级政府审批的原则，对征收土地的审批权进行了合理划分。

1986年的《土地管理法》沿袭了1982年《国家建设征用土地条例》的规定。我国对建设项目用地实行的是分级审批制度，按所需用地的利用现状是不是耕地，以限定相应的数量来规定各级人民政府建设用地审批权限。这种制度使征地分散审批，有些地方在利益的驱动下滥用征地权，造成耕地破坏严重。

1998年修订后的《土地管理法》在征地制度方面做出了重大的调整。为了保护耕地，实行土地用途管制制度，土地征收权也上移。土地征收审批权限分为两级，即国务院和省、自治区、直辖市人民政府。国务院对征收土地的批准权为：(1)基本农田，即依照土地利用总体规划和《基本农田保护条例》划入基本农田保护区，禁止占用的耕地。规定所有占用基本农田都由国务院批准，主要是为了切实加强对基本农田的保护，禁止一般性项目和城市、村庄、集镇建设占用基本农田。对于一些国家重点建设项目，确实无法避开而必须占用基本农田的，必须经过严格的审批，并按规定重新补划基本农田。这是严格管理基本农田的主要措施。(2)基本农田以外的耕地超过35公顷的。比原规定占用耕地1 000亩(66.7公顷)的批准权缩小了近一半。这里不包括同时征收基本农田的行为。(3)其他土地超过70公顷的。包括耕地之外的所有土地，同时也包括征收耕地35公顷以下、其他土地70公顷以下，两项之和超过70公顷的，即只要征收土地的总面积超过70公顷，都必须报国务院批准。省级人民政府对征收土地的批准权限为：基本农田以外的耕地35公顷以下的，其他土地70公顷以下的，包括基本农田以外的耕地和其他土地之和不足70公顷的。

1998年修订后的《土地管理法》与1986年的《土地管理法》相比：(1)取消了设区的市(自治州)、县(市)对征收土地的审批权，即原县政府有耕地3亩以下、其他土地10亩以下的审批权，市(地、州)政府的审批权由省、自治区、直辖市规定。(2)上收了征地审批权。原省级人民政府有基本农田500亩、耕地1 000亩和其他土地2 000亩的审批权，取消了省级政府批准征收基本农田的权力，其他耕地和其他土地的审批权减少了近一半(见表7-1)。

表7-1 1986年与1998年征地制度改革的比较

序号	内容	1986年《土地管理法》	1998年《土地管理法》
1	征地管理方式	分级管理	用途管制，农用地转用许可
2	征地审批	各级地方政府	国务院和省级人民政府
3	需由国务院批准的征地	1. 耕地66.7公顷以上； 2. 其他土地133公顷以上	1. 基本农田； 2. 基本农田以外的耕地超过35公顷的； 3. 其他土地超过70公顷的
4	征地耕地补偿费	土地被征用前3年平均产值的3～6倍	土地被征用前3年平均产值的6～10倍

续表

序号	内容	1986 年《土地管理法》	1998 年《土地管理法》
5	需要安置农民的补助费（每人）	土地被征用前 3 年平均产值的 2～3 倍，最高 10 倍	土地被征用前 3 年平均产值的 4～6 倍，最高 15 倍
6	安置办法	规定虽很具体，但在实际中不适用	规定较原则，支持被征地单位从事农业开发、兴办企业或采用货币安置
7	土地补偿费和安置补助费总和	最高为土地被征收前平均年产值的 20 倍	最高为土地被征收前平均年产值的 30 倍
8	征地公告	没有明确规定	有明确规定，征地要公告，以接受监督

2019 年《土地管理法》修正后，审批权限基本沿用了 1998 年修订后的规定。《土地管理法》第四十六条规定："征收下列土地的，由国务院批准：（一）永久基本农田；（二）永久基本农田以外的耕地超过三十五公顷的；（三）其他土地超过七十公顷的。征收前款规定以外的土地的，由省、自治区、直辖市人民政府批准。征收农用地的，应当依照本法第四十四条的规定先行办理农用地转用审批。其中，经国务院批准农用地转用的，同时办理征地审批手续，不再另行办理征地审批；经省、自治区、直辖市人民政府在征地批准权限内批准农用地转用的，同时办理征地审批手续，不再另行办理征地审批，超过征地批准权限的，应当依照本条第一款的规定另行办理征地审批。"

7.4 土地征收补偿

7.4.1 征地补偿制度的历史发展

在新民主主义革命时期，解放区政府的政策中已经有关于行政补偿的规定。如《陕甘宁边区地权条例》规定："由于建筑国防工事，兴修交通道路，进行改良市政工作以及举办其他以公益为目的而经过边区政府批准的事业，政府得租用、征收或以其他土地交换人民或团体所有的土地。"最后的"租用、征收或以其他土地交换"就是行政补偿的初期形式。

中华人民共和国成立之后，1950 年 11 月，政务院通过并公布了《城市郊区土地改革条例》，其中第十四条规定了补偿制度。1953 年 12 月，政务院颁布了《国家建设征用土地办法》，包含了补偿的程序和范围的规定。1982 年 2 月，国务院发布《村镇建房用地管理条例》，同年 5 月，国务院公布《国家建设征用土地条例》，分别就城镇建设用房和国家建设征收土地中的征收标准、补偿条件和补偿额度等问题做出了规定。

1986 年 3 月，制定了《矿产资源法》，规定了关于关闭和迁移集体矿山企业的补偿问题。同年 4 月制定《外资企业法》，规定了外资企业的征收补偿问题。随后，1986 年 6 月 25 日通过的《土地管理法》进一步规范了土地征收的补偿制度。此外，《草原法》《渔业法》《野生动物保护法》分别规定了所涉及的行政补偿问题。

我国土地征收制度经过多年的发展，关于补偿的规定根据制度政策的不断变化在不断地完善，目前已经形成了由法律、法规、条例、通知等组成的较为完整的体系。这包括《土地管理法》《土地管理法实施条例》《关于加强征地管理工作的通知》《征收土地公告办法》《国土资源部关于切实做好征地补偿安置工作的通知》《国土资源部关于切实维护被征地农民合法权益的通知》《国土资源部关于进一步做好征地管理工作的通知》等。

7.4.2 征地补偿的种类

我国现行土地征收补偿的内容包括：土地补偿费和安置补助费以及农村村民住宅、其他地上附着物及青苗补偿费等。

1. 土地补偿费和安置补助费

土地补偿费是国家建设征收土地时，为补偿被征地单位的土地所有权而支付的款项，是土地所有权经济价值的适当体现①。按照《土地管理法释义》，土地补偿费是指因国家征收土地对土地所有者和土地使用者对土地的投入和收益造成损失的补偿。1998年《土地管理法》第四十七条规定，征用耕地的土地补偿费，为该耕地被征用前三年平均年产值的六至十倍。年产值的具体计算方法是：根据统计年报表算出征地前三年的该耕地的平均产量，或由地方政府根据统计产量，分区域定出平均年产量，再由年产量乘以单价算出年产量。征收其他土地的土地补偿费标准由省、自治区、直辖市参照耕地补偿费的标准制定。

土地安置补助费是用地单位支付给被征地单位安置因征地所造成的多余劳动力所需要费用的补助金额，即土地安置补助费是为了安置以土地为主要生产资料并取得生活来源的农业人口的生活所给予的补助费用。征用耕地的安置补助费，按照需要安置的农业人口计算。需要安置的农业人口，按照被征用的耕地数量除以征地前被征用单位平均每人占有耕地的数量计算。就目前来讲，主要安置的应当是耕地的土地使用者或承包经营者，因征地使之终止土地使用权或土地承包经营合同，应当由国家予以安置或发给安置补助费。1998年《土地管理法》规定：安置补助费的标准为该耕地被征用前三年平均年产值的四至六倍，即人均耕地产值的四至六倍。与1986年《土地管理法》相比，计算上有所区别，原规定为每个农业人口的安置补助费为年平均亩产值的二至三倍。安置补助费主要用于征用土地后农业人口的安置，因此，谁负责农业人口的安置，安置补助费就应该归谁。如果是农民自谋职业或自行安置的，安置补助费就应当归农民个人所有。每公顷征用耕地的安置补助费最高标准由原来的前三年平均年产值的十倍调整到十五倍。

2019年《土地管理法》第四十八条规定：征收土地应当给予公平、合理的补偿，保障被征地农民原有生活水平不降低、长远生计有保障。征收土地应当依法及时足额支付土地补偿费、安置补助费以及农村村民住宅、其他地上附着物和青苗等的补偿费用，并安排被征地农民的社会保障费用。征收农用地的土地补偿费、安置补助费标准由省、自

---

① 沈守愚．土地法学通论．北京：中国大地出版社，2002：497.

治区、直辖市通过制定公布区片综合地价确定。制定区片综合地价应当综合考虑土地原用途、土地资源条件、土地产值、土地区位、土地供求关系、人口以及经济社会发展水平等因素，并至少每三年调整或者重新公布一次。2019 年《土地管理法》将先行法律规定中对土地征收补偿标准的基本计算原则，即被征土地年产值倍数法改为区片综合地价法。由于一直以来施行的年产值倍数法计算依据单一，与我国现阶段的城乡经济发展状况脱节严重，被征地农民的利益补偿无法得到充分保障。2019 年《土地管理法》基于实践经验引入的区片综合地价，将多种影响被征地农民利益的因素纳入补偿标准的计算依据中，而且将养老等社会保险体系予以衔接，从而使得被征地农民的利益可以得到更加合理、充分的保障。但同时，对于开发企业来说，未来征地拆迁补偿成本可能相比以往会发生浮动，需要进一步关注法律修订及相应配套规定的落实情况。

2. 农村村民住宅、其他地上附着物及青苗补偿费

地上附着物一般是指房屋、树林、农田水利设施、机电排灌设施、水井、人工鱼塘、养殖场及电力、广播、通信杆线设施等。2019 年《土地管理法》规定：对其中的农村村民住宅，应当按照先补偿后搬迁、居住条件有改善的原则，尊重农村村民意愿，采取重新安排宅基地建房、提供安置房或者货币补偿等方式给予公平、合理的补偿，并对因征收造成的搬迁、临时安置等费用予以补偿，保障农村村民居住的权利和合法的住房财产权益。青苗是指开花结实之前正处于生长阶段的农作物。地上附着物及青苗会因为土地被征收而直接造成损失，所以必须对其进行补偿。《土地管理法》规定，被征收土地上的附着物和青苗的补偿标准，由省、自治区、直辖市规定。一般而言，青苗补偿按一季农作物的产值计算，能收获的不予补偿。多年生经济林木，可以移植的，由建设单位付给移植费；不能移植的，由用地单位给予合理补偿和作价收购。房屋拆迁按房屋结构面积、新旧程度，给予合理补偿。农田水利等地上附着物，按实际情况给予迁移费或补偿费。对于违章建筑物和开始商议征地后突击抢栽的树木，不予补偿。城市房屋的拆迁标准，按城市房屋拆迁有关规定办理。

3. 大中型水利水电工程建设征收土地的补偿费标准和移民安置办法

大中型水利水电工程建设征地补偿和移民安置，关系到广大移民的切身利益，关系大中型水利水电工程建设的顺利进行，关系到经济社会发展和社会稳定。党中央、国务院高度重视水库移民工作，先后出台了一系列政策措施。1991 年，国务院制定了《大中型水利水电工程建设征地补偿和移民安置条例》；党的十六大后，党中央、国务院就解决“三农”问题、统筹城乡发展、建设和谐社会等做出了一系列重大战略决策，为适应新形势要求，2006 年，国务院修订了《大中型水利水电工程建设征地补偿和移民安置条例》；2013 年和 2017 年，国务院两次修订了《大中型水利水电工程建设征地补偿和移民安置条例》。

大中型水利水电工程征地补偿标准和原则包括：一是大中型水利水电工程建设征收土地的土地补偿费和安置补助费，实行与铁路等基础设施项目用地同等补偿标准，按照被征收土地所在省、自治区、直辖市规定的标准执行。被征收土地上的零星树木、青苗

等补偿标准，按照被征收土地所在省、自治区、直辖市规定的标准执行。二是被征收土地上的附着建筑物按照其原规模、原标准或者恢复原功能的原则补偿；对补偿费用不足以修建基本用房的贫困移民，应当给予适当补助。三是使用其他单位或者个人依法使用的国有耕地，参照征收耕地的补偿标准给予补偿；使用未确定给单位或者个人使用的国有未利用地，不予补偿。四是移民远迁后，在水库周边淹没线以上属于移民个人所有的零星树木、房屋等应当分别按规定的标准给予补偿。

农村移民安置费用使用包括如下几种：一是在本县通过新开发土地或者调剂土地集中安置的，县级人民政府应当将土地补偿费、安置补助费和集体财产补偿费直接全额兑付给该村集体经济组织或者村民委员会。二是分散安置到本县内其他村集体经济组织或者村民委员会的，应当由移民安置村集体经济组织或者村民委员会与县级人民政府签订协议，按照协议安排移民的生产和生活。三是在本省行政区域内其他县安置的，与项目法人签订移民安置协议的地方人民政府，应当及时将相应的征地补偿和移民安置资金交给移民安置区县级人民政府，用于安排移民的生产和生活。四是跨省安置的，项目法人应当及时将相应的征地补偿和移民安置资金交给移民安置区省、自治区、直辖市人民政府，用于安排移民的生产和生活。五是移民自愿投靠亲友的，应当由本人向移民区县级人民政府提出申请，并提交接收地县级人民政府出具的接收证明；移民区县级人民政府确认其具有土地等农业生产资料后，应当与接收地县级人民政府和移民共同签订协议，将土地补偿费、安置补助费交给接收地县级人民政府，统筹安排移民的生产和生活。

7.5 征地制度改革

党的十九大报告指出："中国特色社会主义进入新时代，我国社会主要矛盾已经转化为人民日益增长的美好生活需要和不平衡不充分的发展之间的矛盾。"征地制度需要满足时代诉求，为解决我国社会主要矛盾提供支撑，应该说深化征地制度改革任重道远①。

多年以来，征地制度中的诸多问题引起了学者的广泛关注。首先，在征地的现实过程中，增值收益分配已然出现了两极分化现象：一方面，部分区域农民征地拆迁补偿过低；另一方面，部分区域城郊农民获得高额土地增值收益，甚至一夜暴富。理论界关于涨价归公、涨价归私、公私兼顾等土地增值收益分配导向多有分歧。其次，征地中的公共利益概念相对抽象、边界界定模糊，征地范围更是直接影响地方政府积累建设资金、助推经济发展的能力，在经济下行压力变大、地方债务激增的背景下，征地公共利益范围的科学界定极易受到掣肘和牵制。

党的十八届三中全会明确提出了"缩小征地范围，规范征地程序，完善被征地农民合理、规范、多元保障机制"的改革方向。国土资源部从2001年起，在成都、武汉等多个城市开展了两轮征地制度改革试点。2004年以来，按照国务院要求，征地补偿制度不

---

① 严金明，陈昊，夏方舟．深化农村"三块地"改革：问题、要义和导向．改革，2018（5）．

断完善，实行了区片综合地价和统一年产值标准，全国征地补偿标准普遍提高。2014年，按照党中央、国务院部署，牵头在山东禹城、河北定州、内蒙古和林格尔开展征地制度改革试点。试点地区在缩小征地范围、规范征地程序、完善多元保障机制等方面开展了多项制度性的探索。我国国家层面的征地制度的改革是和集体经营性建设用地入市、宅基地管理制度改革同步展开的。2014年12月2日，《关于农村土地征收、集体经营性建设用地入市、宅基地制度改革试点工作的意见》在中央全面深化改革领导小组第七次会议上得到审议，并在2015年1月由中共中央办公厅和国务院办公厅联合印发。2015年2月27日，十二届全国人大常委会第十三次会议审议了国务院关于提请审议《关于授权国务院在北京市大兴区等三十三个试点县（市、区）行政区域暂时调整实施有关法律规定的决定》的议案，允许北京市大兴区、天津市蓟县等33个试点县级行政区域暂时调整实施《土地管理法》等关于集体建设用地使用权不得出让等规定，允许农村集体经营性建设用地入市，同时提高被征地农民分享土地增值收益的比例，对宅基地实行自愿有偿的退出、转让机制。"三块地"改革试点拉开了农村土地权利从限权到有序赋权、土地资产从沉睡到稳步盘活、土地政策从限制到逐步放开的改革大幕。2017年11月4日，十二届全国人大常委会第三十次会议通过决定，北京市大兴区等33个农村土地制度改革试点单位，农村土地征收、集体经营性建设用地入市、宅基地制度改革试点期限延长一年至2018年12月31日，意味着尽管三年来试点工作已然取得一定成效，然而"三块地"改革的整体性、系统性和协同性仍然不足，综合效益显化尚需时日，亟须进行更加务实和深入的探索研究。因此，需要从整体剖析当前深化"三块地"改革的问题出发，深入分析统筹推进"三块地"改革的基本要义，探究明确深化改革的本质与方向。

征地法律关系和征地法律规范涉及内容复杂多样，就其属性包括公法关系与私法关系、公法规范与私法规范，因而征地法律关系在本质上反映了行政（纵向）与民事（横向）两类法律关系，这是由土地本身具有的公益性和私益性决定的。所以，我们不能将征地只看作是公权性质的行政行为，因为依其消灭原土地所有权和发生国家所有权的物权变动效果，其私权性质的民事意义更为深刻。

土地是民生之本、财富之源和发展之基，土地制度改革牵一发而动全身。改革的本质是权利的调整。征地制度改革的本质，即是农村土地利用中的权益关系在各个社会群体间的制度调整，涉及国家权益、地方权益、群众权益、短期权益和长远权益等各类权益的增减变化。恰如新中国成立初期的土地改革是从保护被剥削阶级利益的价值取向出发，将一切土地没收重新分配给农民；改革开放以来，政府从激励农民积极性、保护农民利益的价值取向出发，将土地的所有权和使用权分离，实行家庭联产承包责任制改革。因此，征地制度改革应当首先定位"调谁的权益"，进而探讨"如何调权益"。

征地制度改革不仅直接影响到农业生产、乡村建设和生态保护，还关系到整个国民经济发展的宏观效率，更关系到国家粮食安全和农村社会和谐稳定。因此，征地制度改革的目标不能狭隘地理解为土地财政和政府形象，也不能片面地理解为耕地保护、生态保护或城乡建设，其目标应更为广泛、更为深刻地理解为"公平"与"效率"的和谐统一。

关键术语

土地征收　　土地征用　　土地补偿费　　土地安置补助费
地上附着物补偿费　　青苗补偿费

复习思考题

1. 简述我国征地制度的基本特征。
2. 简述土地征收的审批程序。
3. 简述土地征收的审批权限。

第 8 章

土地出让法律制度

本章主要阐述土地出让制度、土地出让程序、土地出让条件、土地出让要求和土地出让续期等问题。

8.1 土地出让制度

8.1.1 土地出让的内涵

土地出让是土地使用权出让的简称，一般是指国家以土地所有者的身份将国有土地使用权在一定年限内让与土地使用者，并由土地使用者向国家支付土地使用权出让金的行为。土地使用权出让的实质是国家按照土地所有权与使用权分离的原则，把国有土地以约定的面积、价格、使用期限、用途和其他条件，让与土地使用者占有、使用、经营和管理。土地使用权的出让是土地使用权作为商品进入市场流通的第一步，反映了作为土地所有者的国家与土地使用者之间的商品经济关系。因此，土地使用权的出让市场被称为“土地市场中的一级市场”。土地出让的立法是为了合理开发、利用、经营国有土地，维护土地市场秩序，保障土地权利人的合法权益，加强土地管理，促进城市建设和房地产业健康发展。

《土地管理法》规定：国家依法实行国有土地有偿使用制度。建设单位使用国有土地，应当以出让等有偿使用方式取得。《城市房地产管理法》对土地使用权出让做了比较详细的规定。《城镇国有土地使用权出让和转让暂行条例》规定，国家按照所有权与使用权分离的原则，实行城镇国有土地使用权出让、转让制度。

土地使用权出让必须符合国土空间总体规划和年度建设用地计划。土地使用权出让，必须按计划进行，根据国家下达的年度建设用地计划控制指标，拟订出让国有土地使用权计划和用地指标，经有批准权的人民政府批准后，由土地所在地的市、县人民政府组织实施。未纳入出让计划的土地使用权，不得出让。人民政府批准供地方案时，必须符合国家土地供应政策。在土地使用权出让的全过程中，直至出让后土地的开发、利用、经营，都必须符合土地利用总体规划和城镇建设规划及土地供应政策，并由市、县人民政府地政部门负责监督落实。

8.1.2 土地出让的特征

土地使用权的出让，是适应社会主义市场经济发展需要的一种土地法律制度，它有以下几项基本特征：

1. 土地使用权出让必须服从国家主权

主权是一个国家对其管辖区域所拥有的至高无上的、排他性的政治权力，简言之，为“自主自决”的最高权威，也是对内立法、司法、行政的权力来源，对外保持独立自主的一种力量和意志。主权的法律形式对内常规定于宪法或基本法中，对外则是国际的相互承认。因此它也是国家最基本的特征之一。国家主权的丧失往往意味着国家的解体或灭亡。国有土地使用权出让后，国家保留对出让土地的司法管辖权、行政管理权和为公共利益征收土地的权力等主权范围内的全部权力。《城镇国有土地使用权出让和转让暂行条例》第三条规定：“中华人民共和国境内外的公司、企业、其他组织和个人，除法律另有规定者外，均可依照本条例的规定取得土地使用权，进行土地开发、利用、经营。”第五条规定：“土地使用者开发、利用、经营土地的活动，应当遵守国家法律、法规的规定，并不得损害社会公共利益。”土地使用权出让不改变国家作为土地所有者的身份。土地使用权的出让以土地所有权和使用权的分离为基础，国家作为土地所有者的地位不变。土地使用权受让人取得一种独立的财产权利，该权利与土地所有权相分离。

土地出让给外国法人（外资企业或者外国政府）不影响我国主权的行使，这与近代历史上帝国主义列强通过不平等条约强行在中国获取的租界是不同的。租界的存在严重侵犯了一个国家领土主权的完整，租界的司法权和行政自治权被拱手相让，它是一种变相的殖民统治区。租界内的种种特权也严重侵犯了一个国家的司法主权。

2. 土地使用权出让的主体是政府

土地使用权出让的主体不是任何单位和个人都可以充当的，它必须具备一定的法定条件和资格。在我国，政府是国有土地使用权出让的主体，国有土地使用权出让由政府垄断，其他任何单位和个人不能充当出让人。各级人民政府的土地行政主管部门代表政府主管国有土地使用权的行政工作，负责土地使用权出让的组织、协调、审查、报批和出让方案的具体落实，负责土地使用权转让、出租、抵押等交易活动的审核与权属管理。《城市房地产管理法》规定：土地使用权出让，由市、县人民政府有计划、有步骤地进行。出让的每幅地块、用途、年限和其他条件，由市、县人民政府土地管理部门会同城市规划、建设、房产管理部门共同拟订方案，按照国务院规定，报经有批准权的人民政府批准后，由市、县人民政府土地管理部门实施。县级以上人民政府土地管理部门依法对土地使用权的出让、出租、抵押、终止进行监督检查。

3. 土地使用权出让的客体是国有土地使用权

国有土地包括国家所有的土地和国家征收的原属于农民集体所有的土地。国有土地出让指的是使用权出让，而所有权不能出让。国有土地使用权是一种较为完整的物权。由于土地使用权具备了物权所包含的基本权利，即占有的权利、使用的权利和收益的权利，所以它是除土地所有权之外的较为完整的物权。土地使用权出让的地块既可以是“生地”，即待开发的土地，也可以是已完成市政设施的“熟地”，即实行“三通一平”或“七通一平”的土地。1998 年《土地管理法》第四十三条规定：任何单位和个人进行建设，需要使用土地，必须依法申请使用国有土地；但是，兴办乡镇企业和村民建设住宅经依法批准使用本集体经济组织农民集体所有的土地的，或者乡（镇）村公共设施和公益事业建设经依法批准使用农民集体所有的土地的除外。第六十三条规定：农民集体所有的土地的使用权不得出让、转让或者出租用于非农业建设；但是，符合土地利用总体规划并依法取得建设用地的企业，因破产、兼并等情形致使土地使用权依法发生转移的除外。第八十一条规定：擅自将农民集体所有的土地的使用权出让、转让或者出租用于非农业建设的，由县级以上人民政府土地行政主管部门责令限期改正，没收违法所得，并处罚款。因此，按照目前的法律规定，集体土地只有国家征收后，方可进行出让。但是，针对我国现行集体建设用地使用权制度存在的问题，2013 年 11 月，党的十八届三中全会审议通过的《中共中央关于全面深化改革若干重大问题的决定》指出，建立城乡统一的建设用地市场。在符合规划和用途管制的前提下，允许农村集体经营性建设用地出让、租赁、入股，实行与国有土地同等入市、同权同价。

2019 年《土地管理法》删除了原法第四十三条关于“任何单位和个人进行建设，需要使用土地的，必须依法申请使用国有土地”的规定，允许集体经营性建设用地在符合规划、依法登记，并经本集体经济组织三分之二以上成员或者村民代表同意的条件下，通过出让、出租等方式交由集体经济组织以外的单位或者个人直接使用。同时，使用者取得集体经营性建设用地使用权后还可以转让、互换或者抵押。这一规定是重大的制度突破，它结束了多年来集体建设用地不能与国有建设用地同权同价、同等入市的二元体制，为推进城乡一体化发展扫清了制度障碍，是新《土地管理法》最大的亮点。

4. 土地使用权出让是有偿的

国家依法实行国有出让土地有偿使用制度，但是，国家划拨国有土地使用权的除外。受让人获得一定年限的土地使用权是以向出让人支付“出让金”为代价，一般在出让合同签订后的法定期限内，由受让方向出让方一次性支付或法定期限内分期支付。1990 年 5 月 19 日国务院发布的《城镇国有土地使用权出让和转让暂行条例》《外商投资开发经营成片土地暂行管理办法》均规定了土地有偿使用制度的具体内容，如土地使用权出让、转让、出租、抵押、终止、划拨等①。土地有偿使用制度规定土地使用者使用土地应依法支付一定费用。各国均确立了该制度。中华人民共和国成立以后，中国曾长期存在土地无偿使用的不合理状况。1988 年 4 月 12 日第七届全国人民代表大会第一次会议通过的《宪法修正案》第二条规定：宪法第十条第四款“任何组织或者个人不得侵占、买卖、出租或者以其他形式非法转让土地”，修改为“任何组织或者个人不得侵占、买卖或者以其他形式非法转让土地。土地的使用权可以依照法律的规定转让”。这是土地有偿使用制度的基本法律依据。在此之前，经济特区曾试行过土地有偿使用制度。国家对国有土地使用者和集体土地所有者依法征收土地税；对建设用地依法征收土地使用费；国家建设征用土地应支付土地补偿费、安置补助费；临时用地者需支付补偿与恢复整治费。土地有偿使用是运用经济杠杆，贯彻节约用地、合理用地方针，有效地保护土地资源，保护环境的重要措施。

5. 土地使用权的出让是有期限的

国家依法实行国有出让土地有期限使用制度，但是，国家划拨国有土地使用权是无期限的。我国国有土地使用权出让期限与使用权期限届满后续期的规定，是我国土地管理法律制度的基本内容和重要的制度安排，是以我国国有土地所有权与使用权相分离、国有土地使用权依法可以有偿出让和转让制度为依据确定的。我国在由计划经济向市场经济转轨的同时，对国有土地实行有偿使用制度，并通过立法逐步建立起国有土地使用权期限和使用权期限届满后续期的制度。最早的规定是 1990 年的《城镇国有土地使用权出让和转让暂行条例》，之后，1994 年颁布的《城市房地产管理法》和 2007 年颁布的《物权法》都对国有土地使用权期限和续期做了进一步完善。

土地出让时，土地使用者享有土地使用权的期限以出让合同中约定的为限，但不得超过法律规定的最高出让年限。《城镇国有土地使用权出让和转让暂行条例》规定，“土地使用权出让最高年限按下列用途确定：（一）居住用地七十年；（二）工业用地五十年；（三）教育、科技、文化、卫生、体育用地五十年；（四）商业、旅游、娱乐用地四十年；（五）综合或者其他用地五十年”。土地使用年限是从开发商取得该地块的土地使用证之日，即国家首次出让该地块的时间开始计算。

8.1.3　土地出让政策进展

1949 年以后，我国就确立了土地的社会主义公有制，但直至 1982 年，我国《宪法》仍规定：“任何组织或者个人不得侵占、买卖、出租或者以其他形式非法转让土地。”这形成了当时我国国有土地使用制度的主要特征：一是土地无偿使用，二是无限期使用，三是不得转让。

1979 年，《中外合资经营企业法》确定了以场地使用权作为出资兴办中外合资企业或向中外合资企业收取场地使用费的制度，使得外商投资企业成为最早的有偿使用我国

① 邹瑜．法学大辞典．北京：中国政法大学出版社，1991.

土地的企业。1982 年，深圳特区开始按城市土地登记的不同收取不同标准的使用费。1987 年 4 月，国务院提出土地使用权可以有偿转让，同年 9 月，深圳率先实行土地使用权有偿出让，出让了一块 5 000 多平方米的土地，限期 50 年，从而揭开了国有土地使用制度改革的序幕。1987 年 11 月，国务院批准了国家土地管理局等部门的报告，确定在深圳、上海、天津、广州、厦门、福州进行土地使用制度改革试点。同年 12 月，深圳市公开拍卖了一块国有土地的使用权，这是新中国成立后首次进行的土地拍卖。1988 年，国务院决定在全国城镇普遍实行收取土地使用费（税），与此同时开始试行土地使用权有偿转让，定期出让土地使用权。1988 年 4 月，我国七届人大第一次会议修改了 1982 年《宪法》的有关条款，删除了土地不得出租的规定，规定“土地的使用权可以依照法律的规定转让”。1988 年 12 月，我国修改《土地管理法》，规定“国家依法实行国有土地有偿使用制度”。土地使用权可以依法出让、转让、出租和抵押。

1990 年 5 月 19 日，国务院同时发布《城镇国有土地使用权出让和转让暂行条例》和《外商投资开发经营成片土地暂行管理办法》，对国有土地使用权出让和转让行为的具体做法进一步做出了详细的规定，从而使土地使用制度改革在全国推开。1995 年 6 月，国家土地管理局公布了《协议出让国有土地使用权最低价确定办法》。该办法的施行加强了国家对土地使用权出让的垄断，坚持政府统一规划、统一征地、统一管理、集体讨论、“一支笔”审批土地；进一步扩大了国有土地使用权出让范围，规范出让方式，逐步将用于经营的划拨土地使用权转为有偿使用等。

2002 年 5 月 9 日，国土资源部发布《招标拍卖挂牌出让国有土地使用权规定》，提供了招标拍卖挂牌出让国有土地使用权的具体操作方式，规定经营性用地出让必须实行招标拍卖挂牌交易，禁止以协议方式出让。2002 年 8 月 26 日，国土资源部、监察部发布《关于严格实行经营性土地使用权招标拍卖挂牌出让的通知》，要求商业、旅游、娱乐和商品住宅等各类经营性土地使用权必须严格执行以招标、拍卖或者挂牌的方式出让。2003 年 6 月 11 日，国土资源部发布《协议出让国有土地使用权规定》，对协议出让的行为进行具体规定，并对协议出让最低价进行了规定。2004 年 3 月 31 日，国土资源部、监察部发布《关于继续开展经营性土地使用权招标拍卖挂牌出让情况执法监察工作的通知》，针对各地在经营性土地使用权出让中规避招标拍卖挂牌或仍采取协议方式出让和划拨的问题，发出通知要求：在 2004 年 8 月 31 日后，不得再以历史遗留问题为由采用协议方式出让经营性土地使用权。2006 年 4 月 19 日，《国土资源部、国家工商行政管理总局关于发布〈国有土地使用权出让合同补充协议〉示范文本（试行）的通知》要求出让人和受让人应就建筑工程完工日期、投资总额、容积率和土地闲置情况做出具体约定。

2006 年 5 月 31 日，国土资源部发布《协议出让国有土地使用权规范（试行）》和《招标拍卖挂牌出让国有土地使用权规范（试行）》，从当年 8 月 1 日起实施。对出让方式的选择范围做出了更具体的规定，明确提出“用地预申请制度”。其中规定“有条件的地方，可以建立用地预申请制度。单位和个人对列入招标拍卖挂牌出让计划内的具体地块有使用意向的，可以提出用地预申请，并承诺愿意支付的土地价格”。2006 年 8 月 31 日，国务院发布《关于加强土地调控有关问题的通知》，在规范土地出让收支管理、工业用地出让最低价标准及必须实行招标拍卖挂牌出让等方面做出了更严格的规定。2006 年 12

月17日，《国务院办公厅关于规范国有土地使用权出让收支管理的通知》规定从2007年1月1日起，土地出让收支全额纳入地方基金预算管理，收入全部缴入地方国库，支出一律通过地方基金预算从土地出让收入中予以安排，实行彻底的“收支两条线”。在地方国库中设立专账，专门核算土地出让收入和支出情况。2006年12月23日，国土资源部发布《关于发布实施〈全国工业用地出让最低价标准〉的通知》，确立了以土地等别为核心和基础的工业用地最低价标准。2007年4月4日，国土资源部和监察部下发《关于落实工业用地招标拍卖挂牌出让制度有关问题的通知》，决定2007年在全国开展工业用地招标拍卖挂牌出让工作专项执法监察。2007年9月21日，《招标拍卖挂牌出让国有建设用地使用权规定》经国土资源部第三次部务会议审议通过，自2007年11月1日起施行。

2011年5月13日，为进一步落实《国务院办公厅关于进一步做好房地产市场调控工作有关问题的通知》的要求，完善招标拍卖挂牌的供地政策，加强土地出让政策在房地产市场调控中的积极作用，国土资源部出台《关于坚持和完善土地招标拍卖挂牌出让制度的意见》。2018年3月9日，为规范国有建设用地使用权出让地价评估行为，国土资源部发布《国土资源部办公厅关于印发〈国有建设用地使用权出让地价评估技术规范〉的通知》。

8.2　土地出让程序

我国土地使用权出让可以采取四种方式：协议、招标、拍卖和挂牌。土地使用权出让，可以采取拍卖、招标或者双方协议的方式。《城镇国有土地使用权出让和转让暂行条例》规定：“土地使用权出让可以采取下列方式：（一）协议；（二）招标；（三）拍卖。依照前款规定方式出让土地使用权的具体程序和步骤，由省、自治区、直辖市人民政府规定。”相关行政规章主要有《协议出让国有土地使用权规定》和《招标拍卖挂牌出让国有建设用地使用权规定》，其中《协议出让国有土地使用权规定》于2003年6月5日国土资源部第六次部务会议通过，自2003年8月1日起施行；《招标拍卖挂牌出让国有建设用地使用权规定》于2007年9月21日国土资源部第三次部务会议审议通过，自2007年11月1日起施行，适用于以招标、拍卖或者挂牌出让方式在土地的地表、地上或者地下设立国有建设用地使用权。

8.2.1　协议出让

协议通常是指国家、政府、政党、团体或个人之间就一定问题经谈判、协商后而达成的共同决定，通常用文件形式来体现。

协议出让国有土地使用权，是指市、县国土资源管理部门以协议方式将国有土地使用权在一定年限内出让给土地使用者，由土地使用者支付土地使用权出让金的行为。

协议出让国有土地使用权的程序如下：

（1）公开出让信息，接受用地申请。市、县国土资源管理部门应当将经批准的国有土地使用权出让计划向社会公布。同时明确用地者申请用地的途径和方式，公开接受用地申请。

（2）编制协议出让方案。市、县国土资源管理部门应当会同规划等部门，依据国有土地使用权出让计划、城市规划和意向用地者申请的用地类型、规模等，编制国有土地使用权协议出让方案。协议出让方案应当包括：拟出让地块的位置、四至、用途、面积、年限、土地使用条件、供地时间、供地方式等。

（3）地价评估，确定底价。市、县国土资源管理部门应当根据拟出让地块的条件和土地市场情况，按照《城镇土地估价规程》，组织对拟出让地块的正常土地市场价格进行评估。应当根据土地估价结果、产业政策和土地市场情况等，集体决策，综合确定协议出让底价。

（4）协议出让方案、底价报批。市、县国土资源管理部门应当按规定将协议出让方案、底价报有批准权的人民政府批准。

（5）协商，签订意向书。双方协商、谈判达成一致，并且议定的出让价格不低于底价的，市、县国土资源管理部门应当与意向用地者签订《国有土地使用权出让意向书》。

（6）公示。市、县国土资源管理部门将意向出让地块的位置、用途、面积、出让年限、土地使用条件、意向用地者、拟出让价格等内容在当地土地有形市场等指定场所以及中国土地市场网进行公示，并注明意见反馈途径和方式。公示时间不得少于 5 日。公示期间，有异议且经市、县国土资源管理部门审查发现确实存在违反法律法规行为的，协议出让程序终止。

（7）签订出让合同，公布出让结果。公示期满，无异议或虽有异议但经市、县国土资源管理部门审查没有发现存在违反法律法规行为的，市、县国土资源管理部门应当按照《国有土地使用权出让意向书》约定，与意向用地者签订《国有土地使用权出让合同》。

（8）核发《建设用地批准书》，交付土地。市、县国土资源管理部门向受让人核发《建设用地批准书》，并按照《国有土地使用权出让合同》《建设用地批准书》约定的时间和条件将出让土地交付给受让人。

（9）办理土地登记。受让人按照《国有土地使用权出让合同》约定付清全部国有土地使用权出让金，依法申请办理土地登记手续，领取《国有土地使用证》，取得土地使用权。

（10）资料归档。市、县国土资源管理部门应当对宗地出让过程中的出让信息公布、用地申请、审批、谈判、公示、签订合同等各环节的相关资料、文件进行整理，并按规定归档。

8.2.2 招标出让

招标是在一定范围内公开物品、工程或服务采购的条件和要求，邀请众多投标人参加投标，并按照规定程序从中选择交易对象的一种市场交易行为。法律依据是《中华人民共和国招标投标法》，该法于 1999 年 8 月 30 日第九届全国人民代表大会常务委员会第十一次会议通过，根据 2017 年 12 月 27 日第十二届全国人民代表大会常务委员会第三十一次会议《关于修改〈中华人民共和国招标投标法〉、〈中华人民共和国计量法〉的决定》修正。

招标出让国有建设用地使用权是指市、县人民政府国土资源行政主管部门（以下简称出让人）发布招标公告，邀请特定或者不特定的自然人、法人和其他组织参加国有建设用地使用权投标，根据投标结果确定国有建设用地使用权人的行为。具体适用《招标拍卖挂牌出让国有建设用地使用权规定》。

招标出让国有建设用地程序为：(1) 公布出让计划，确定供地方式；(2) 编制、确定招标出让方案；(3) 地价评估，确定出让底价；(4) 编制招标出让文件；(5) 发布招标出让公告；(6) 投标人申请和资格审查；(7) 招标活动实施；(8) 签订出让合同，公布招标出让结果；(9) 核发《建设用地批准书》，交付土地；(10) 办理土地登记；(11) 资料归档。

招标活动的实施主要是投标、开标，一般依照下列程序进行：

(1) 投标人在投标截止时间前将标书投入标箱。招标公告允许邮寄标书的，投标人可以邮寄，但出让人在投标截止时间前收到的方为有效。标书投入标箱后，不可撤回。投标人应当对标书和有关书面承诺承担责任。

(2) 出让人按照招标公告规定的时间、地点开标，邀请所有投标人参加。由投标人或者其推选的代表检查标箱的密封情况，当众开启标箱，点算标书。投标人少于三人的，出让人应当终止招标活动。投标人不少于三人的，应当逐一宣布投标人名称、投标价格和投标文件的主要内容。

(3) 评标小组进行评标。评标小组由出让人代表、有关专家组成，成员人数为五人以上的单数。评标小组可以要求投标人对投标文件做出必要的澄清或者说明，但是澄清或者说明不得超出投标文件的范围或者改变投标文件的实质性内容。评标小组应当按照招标文件确定的评标标准和方法，对投标文件进行评审。

(4) 招标人根据评标结果，确定中标人。按照价高者得的原则确定中标人的，可以不成立评标小组，由招标主持人根据开标结果，确定中标人。对能够最大限度地满足招标文件中规定的各项综合评价标准，或者能够满足招标文件的实质性要求且价格最高的投标人，应当确定为中标人。

8.2.3　拍卖出让

拍卖也称竞买，是商业中的一种买卖方式，卖方把商品卖给出价最高的人。它的法律依据是《中华人民共和国拍卖法》，由第八届全国人民代表大会常务委员会第二十次会议于1996年7月5日审议通过，自1997年1月1日起施行，2015年4月24日第十二届全国人民代表大会常务委员会第十四次会议修正。

拍卖出让国有建设用地使用权，是指出让人发布拍卖公告，由竞买人在指定时间、地点进行公开竞价，根据出价结果确定国有建设用地使用权人的行为。

拍卖出让国有建设用地程序与招标出让国有建设用地程序基本一致，具体为：公布出让计划，确定供地方式；编制、确定拍卖出让方案；地价评估，确定出让底价；编制拍卖出让文件；发布拍卖出让公告；竞买人申请和资格审查；拍卖活动实施；签订出让合同，公布拍卖出让结果；核发《建设用地批准书》，交付土地；办理土地登记；资料归档。

拍卖活动实施主要体现在拍卖会，一般依照下列程序进行：

（1）主持人点算竞买人。

（2）主持人介绍拍卖宗地的面积、界址、空间范围、现状、用途、使用年期、规划指标要求、开工和竣工时间以及其他有关事项。

（3）主持人宣布起叫价和增价规则及增价幅度。没有底价的，应当明确提示。

（4）主持人报出起叫价。

（5）竞买人举牌应价或者报价。

（6）主持人确认该应价或者报价后继续竞价。

（7）主持人连续三次宣布同一应价或者报价而没有再应价或者报价的，主持人落槌表示拍卖成交。

（8）主持人宣布最高应价或者报价者为竞得人。

竞买人的最高应价或者报价未达到底价时，主持人应当终止拍卖。拍卖主持人在拍卖中可以根据竞买人竞价情况调整拍卖增价幅度。

8.2.4 挂牌出让

挂牌交易是在交易市场组织下，买方或卖方通过交易市场现货挂牌电子交易系统，将可供需商品的品牌、规格等主要属性和交货地点、交货时间、数量、价格等信息对外发布要约，由符合资格的对手方提出接受该要约的申请，按照“时间优先”原则成交并通过交易市场签订电子购销合同，按合同约定进行实物交收的一种交易模式。它分为买挂牌交易和卖挂牌交易。

挂牌出让国有建设用地使用权是指出让人发布挂牌公告，按公告规定的期限将拟出让宗地的交易条件在指定的土地交易场所挂牌公布，接受竞买人的报价申请并更新挂牌价格，根据挂牌期限截止时的出价结果或者现场竞价结果确定国有建设用地使用权人的行为。挂牌出让主要适用于《招标拍卖挂牌出让国有建设用地使用权规定》。

挂牌出让综合体现了招标、拍卖和协议方式的优点，同样是具有公开、公平、公正特点的国有土地使用权出让的重要方式，可以有效地预防土地交易过程中的腐败问题，尤其适用于当前我国土地市场现状。

挂牌出让国有建设用地程序与招标、拍卖出让国有建设用地程序基本一致，具体为：公布出让计划，确定供地方式；编制、确定挂牌出让方案；地价评估，确定出让底价；编制挂牌出让文件；发布挂牌出让公告；竞买人申请和资格审查；挂牌活动实施；签订出让合同，公布挂牌出让结果；核发《建设用地批准书》，交付土地；办理土地登记；资料归档。

挂牌活动实施主要体现在挂牌过程，一般依照以下程序进行：

（1）在挂牌公告规定的挂牌起始日，出让人将挂牌宗地的面积、界址、空间范围、现状、用途、使用年期、规划指标要求、开工时间和竣工时间、起始价、增价规则及增价幅度等，在挂牌公告规定的土地交易场所挂牌公布。

（2）符合条件的竞买人填写报价单报价。

（3）挂牌主持人确认该报价后，更新显示挂牌价格。

（4）挂牌主持人在挂牌公告规定的挂牌截止时间确定竞得人。

挂牌时间不得少于10日。挂牌期间可根据竞买人竞价情况调整增价幅度。挂牌截止时间应当由挂牌主持人主持确定。挂牌期限届满，挂牌主持人现场宣布最高报价及其报价者，并询问竞买人是否愿意继续竞价。有竞买人表示愿意继续竞价的，挂牌出让转入现场竞价，通过现场竞价确定竞得人。

挂牌主持人连续三次报出最高挂牌价格，没有竞买人表示愿意继续竞价的，按照下列规定确定是否成交：

（1）在挂牌期限内只有一个竞买人报价，且报价不低于底价，并符合其他条件的，挂牌成交。

（2）在挂牌期限内有两个或者两个以上的竞买人报价的，出价最高者为竞得人；报价相同的，先提交报价单者为竞得人，但报价低于底价者除外。

（3）在挂牌期限内无应价者或者竞买人的报价均低于底价或者均不符合其他条件的，挂牌不成交。

8.3 土地出让条件

8.3.1 协议出让国有土地使用权的条件

1. 协议出让国有土地使用权的范围

出让国有土地使用权，除依照法律、法规和规章的规定应当采用招标、拍卖或者挂牌方式外，可采取协议方式。供应商业、旅游、娱乐和商品住宅等各类经营性用地以外用途的土地，其供地计划公布后同一宗地只有一个意向用地者的可以采取协议方式。

2. 协议出让国有土地使用权的原则

协议出让国有土地使用权，应当遵循公开、公平、公正和诚实信用的原则。以协议方式出让国有土地使用权的出让金不得低于按国家规定所确定的最低价。协议出让最低价不得低于新增建设用地的土地有偿使用费、征地（拆迁）补偿费用以及按照国家规定应当缴纳的有关税费之和；有基准地价的地区，协议出让最低价不得低于出让地块所在级别基准地价的70%。

3. 制定协议出让土地方案

对符合协议出让条件的，市、县人民政府国土资源行政主管部门会同城市规划等有关部门，依据国有土地使用权出让计划、城市规划和意向用地者申请的用地项目类型、规模等，制定协议出让土地方案。协议出让土地方案应当包括拟出让地块的具体位置、界址、用途、面积、年限、土地使用条件、规划设计条件、供地时间等。

市、县人民政府国土资源行政主管部门应当根据国家产业政策和拟出让地块的情况，按照《城镇土地估价规程》的规定，对拟出让地块的土地价格进行评估，经市、县人民政府国土资源行政主管部门集体决策，合理确定协议出让底价。协议出让底价确定后应当保密，任何单位和个人不得泄露。

协议出让土地方案和底价经有批准权的人民政府批准后，市、县人民政府国土资源行政主管部门应当与意向用地者就土地出让价格等进行充分协商，协商一致且议定的出让价格不低于出让底价的，方可达成协议。市、县人民政府国土资源行政主管部门应当根据协议结果，与意向用地者签订《国有土地使用权出让合同》。土地使用者按照《国有土地使用权出让合同》的约定，付清土地使用权出让金、依法办理土地登记手续后，取得国有土地使用权。

4. 协议出让争议裁决

对于经营性基础设施、矿业开采等具有独占性和排他性的用地，应当建立协议出让价格争议裁决机制。此类用地协议出让过程中，意向用地者与出让方在出让价格方面有争议难以达成一致，意向用地者认为出让方提出的出让价格明显高于土地市场价格的，可提请出让方的上一级国土资源管理部门进行出让价格争议裁决。

5. 法律责任

国土资源行政主管部门工作人员在协议出让国有土地使用权活动中玩忽职守、滥用职权、徇私舞弊的，依法给予行政处分。具体说，有下列行为之一的，对直接负责的主管人员和其他直接责任人员依法给予行政处分：（1）不按照规定公布国有土地使用权出让计划或者协议出让结果的；（2）确定出让底价时未经集体决策的；（3）泄露出让底价的；（4）低于协议出让最低价出让国有土地使用权的；（5）减免国有土地使用权出让金的。违反有关规定，情节严重构成犯罪的，依法追究刑事责任。

8.3.2 招标拍卖挂牌出让国有建设用地使用权的条件

1. 招标拍卖挂牌出让国有建设用地使用权的范围

工业、商业、旅游、娱乐和商品住宅等经营性用地以及同一宗地有两个以上意向用地者的，应当以招标、拍卖或者挂牌方式出让，其中工业用地包括仓储用地，但不包括采矿用地；其他土地供地计划公布后同一宗地有两个或者两个以上意向用地者的；法律、法规、行政规定明确应当招标拍卖挂牌出让的其他情形。

2. 招标拍卖挂牌出让国有建设用地使用权的原则

招标、拍卖或者挂牌出让国有建设用地使用权，应当遵循公开、公平、公正和诚信的原则。国有建设用地使用权招标、拍卖或者挂牌出让活动，应当有计划地进行。中华人民共和国境内外的自然人、法人和其他组织，除法律、法规另有规定外，均可申请参加国有建设用地使用权招标拍卖挂牌出让活动。市、县人民政府国土资源行政主管部门应当为投标人、竞买人查询拟出让土地的有关情况提供便利。市、县人民政府国土资源行政主管部门根据经济社会发展计划、产业政策、土地利用总体规划、土地利用年度计划、城市规划和土地市场状况，编制国有建设用地使用权出让年度计划，报经同级人民政府批准后，及时向社会公开发布。

3. 招标拍卖挂牌出让国有建设用地使用权方案

市、县人民政府国土资源行政主管部门应当按照出让年度计划，会同城市规划等有关部门共同拟订拟招标拍卖挂牌出让地块的出让方案，报经市、县人民政府批准后，由市、县人民政府国土资源行政主管部门组织实施，出让方案应当包括出让地块的空间范围、用途、年限、出让方式、时间和其他条件等。

4. 招标拍卖挂牌出让国有建设用地使用权文件的编制

出让人应当根据招标拍卖挂牌出让地块的情况，编制招标拍卖挂牌出让文件。招标拍卖挂牌出让文件应当包括出让公告、投标或者竞买须知、土地使用条件、标书或者竞买申请书、报价单、中标通知书或者成交确认书、国有建设用地使用权出让合同文本。出让人应当至少在投标、拍卖或者挂牌开始日前20日，在土地有形市场或者指定的场所、媒介发布招标、拍卖或者挂牌公告，公布招标拍卖挂牌出让宗地的基本情况和招标拍卖挂牌的时间、地点。

招标拍卖挂牌公告应当包括下列内容：（1）出让人的名称和地址；（2）出让宗地的面积、界址、空间范围、现状、使用年期、用途、规划指标要求；（3）投标人、竞买人的资格要求以及申请取得投标、竞买资格的办法；（4）索取招标拍卖挂牌出让文件的时间、地点和方式；（5）招标拍卖挂牌时间、地点、投标挂牌期限、投标和竞价方式等；（6）确定中标人、竞得人的标准和方法；（7）投标、竞买保证金；（8）其他需要公告的事项。

出让人在招标拍卖挂牌出让公告中不得设定影响公平、公正竞争的限制条件。挂牌出让的，出让公告中规定的申请截止时间，应当为挂牌出让结束日前2天。对符合招标拍卖挂牌公告规定条件的申请人，出让人应当通知其参加招标拍卖挂牌活动。

市、县人民政府国土资源行政主管部门应当根据土地估价结果和政府产业政策综合确定标底或者底价。标底或者底价不得低于国家规定的最低价标准。确定招标标底，拍卖和挂牌的起叫价、起始价、底价，投标、竞买保证金，应当实行集体决策。招标标底和拍卖挂牌的底价，在招标开标前和拍卖挂牌出让活动结束之前应当保密。

招标拍卖挂牌活动结束后，出让人应在10个工作日内将招标拍卖挂牌出让结果在土地有形市场或者指定的场所、媒介公布。出让人公布出让结果，不得向受让人收取费用。受让人依照国有建设用地使用权出让合同的约定付清全部土地出让价款后，方可申请办理土地登记，领取国有建设用地使用权证书。未按出让合同约定缴清全部土地出让价款的，不得发放国有建设用地使用权证书，也不得按出让价款缴纳比例分割发放国有建设用地使用权证书。

5. 法律责任

应当以招标拍卖挂牌方式出让国有建设用地使用权而擅自采用协议方式出让的，对直接负责的主管人员和其他直接责任人员依法给予处分；构成犯罪的，依法追究刑事责任。

中标人、竞得人有下列行为之一的，中标、竞得结果无效；造成损失的，应当依法承担赔偿责任：(1) 提供虚假文件隐瞒事实的。(2) 采取行贿、恶意串通等非法手段中标或者竞得的。国土资源行政主管部门的工作人员在招标拍卖挂牌出让活动中玩忽职守、滥用职权、徇私舞弊的，依法给予处分；构成犯罪的，依法追究刑事责任。

8.4 土地出让要求

8.4.1 合同要求

土地使用权出让，应当签订书面出让合同。土地使用权出让合同由市、县人民政府国土管理部门与土地使用者签订。出让方应当按照合同规定，提供出让的土地使用权。

土地使用权出让合同是指市、县人民政府国土管理部门代表国家与土地使用者签订的关于城市国有土地使用权的权利和义务关系的合同。该合同具有以下特征：第一，土地使用权出让合同是当事人之间设立、变更土地使用权法律关系的协议。第二，土地使用权出让合同中的出让方是特定的，必须是市、县人民政府国土管理部门。第三，土地使用权出让合同中的受让方，一般为境内外的企业法人。第四，土地使用权出让合同是订立土地使用权转让合同的前提条件[①]。

土地使用权出让合同应当包含以下主要条款：(1) 出让合同双方当事人；(2) 出让地块的位置、面积和自然状况；(3) 土地使用权出让年限；(4) 土地使用权出让金、土地使用金价格；(5) 土地使用权出让金、土地使用金的币种、期限和方式；(6) 定金；(7) 出让地块的用途及规划要求；(8) 建设管理要求；(9) 交付出让地块的期限和方式；(10) 有关土地使用权及地上建筑物、其他附着物转让的条件；(11) 双方其他的权利和义务；(12) 违约责任；(13) 纠纷的解决；(14) 合同的生效条件。

土地使用者必须严格按照土地出让合同约定的用途（如住宅、商业、工业等）和国土空间规划要求开发，不得擅自变更。需在合同约定的动工期限内启动建设，逾期可能承担违约责任。因不可抗力或政府原因导致延迟的，可申请延期。

土地使用者需要改变土地使用权出让合同规定的土地用途的，应当征得出让方同意

---

① 胡志民，施延亮，龚建荣．经济法．上海：上海财经大学出版社，2006.

并经国土管理部门和城市规划部门批准，依照有关规定重新签订土地使用权出让合同，调整土地使用权出让金，并办理登记。

根据《民法典》《城镇国有土地使用权出让和转让暂行条例》的有关规定，土地使用权出让合同一经依法订立，就具有法律效力，任何部门、单位和个人不得擅自变更和解除。但是在订立出让合同后，由于社会经济的发展、国内外市场供求情况变化、国家公共利益需要等原因要求改变合同约定的土地用途，如果继续履行原来订立的出让合同将造成更大损失时，法律允许当事人依法变更和解除土地使用权出让合同。

8.4.2 责任要求

（1）土地出让中取得土地使用权的土地使用者，其使用权在使用年限内可以转让、出租、抵押或者用于其他经济活动，合法权益受国家法律保护。土地出让中取得土地使用权的个人，其土地使用权可以继承。土地使用者应当依照国家税收法规的规定纳税。

（2）土地出让中收取的土地使用权出让金列入财政预算，作为专项基金管理，主要用于城市建设和土地开发。

（3）土地使用者开发、利用、经营土地的活动，应当遵守国家法律、法规的规定，并不得损害社会公共利益。县级以上人民政府土地管理部门依法对土地使用权的出让、转让、出租、抵押、终止进行监督检查。

（4）土地使用权出让、转让、出租、抵押、终止及有关的地上建筑物、其他附着物的登记，由政府土地管理部门、房产管理部门依照法律和国务院的有关规定办理。登记文件可以公开查阅。

（5）土地使用者应当在签订土地使用权出让合同后60日内，支付全部土地使用权出让金。逾期未全部支付的，出让方有权解除合同，并可请求违约赔偿。出让方应当按照合同规定，提供出让的土地使用权。未按合同规定提供土地使用权的，土地使用者有权解除合同，并可请求违约赔偿。土地使用者在支付全部土地使用权出让金后，应当依照规定办理登记，领取土地使用证，取得土地使用权。

（6）土地使用者应当按照土地使用权出让合同的规定和国土空间规划的要求，开发、利用、经营土地。未按合同规定的期限和条件开发、利用土地的，市、县人民政府土地管理部门应当予以纠正，并根据情节可以给予警告、罚款直至无偿收回土地使用权的处罚。

（7）土地使用者需要改变土地使用权出让合同规定的土地用途的，应当征得出让方同意并经土地管理部门和城市规划部门批准，依照本章的有关规定重新签订土地使用权出让合同，调整土地使用权出让金，并办理登记。

（8）房产管理部门、国土管理部门工作人员玩忽职守、滥用职权，构成犯罪的，依法追究刑事责任；不构成犯罪的，给予行政处分。

8.5 土地出让续期

8.5.1 土地出让续期问题的由来

近些年来，引发社会更多关注的是居住用地国有土地使用权期限届满如何续期的问题。《城镇国有土地使用权出让和转让暂行条例》第四十条规定：土地使用权期满，土地使用权及其地上建筑物、其他附着物所有权由国家无偿取得。土地使用者应当交还土地使用证，并依照规定办理注销登记。第四十一条规定：土地使用权期满，土地使用者可以申请续期。需要续期的，应当依照本条例第二章的规定重新签订合同，支付土地使用权出让金，并办理登记。《城市房地产管理法》第二十二条规定：土地使用权出让合同约定的使用年限届满，土地使用者需要继续使用土地的，应当至迟于届满前一年申请续期，除根据社会公共利益需要收回该幅土地的，应当予以批准。经批准准予续期的，应当重新签订土地使用权出让合同，依照规定支付土地使用权出让金。2007 年颁布的《物权法》第一百四十九条明确规定："住宅建设用地使用权期间届满的，自动续期。"2020 年颁布的《民法典》物权编保持了这一规定，但法律规定的内容比较原则化，没有明确续期的操作性程序，没有明确续期土地继续可以使用的年限和条件，没有规定对续期的国有土地使用权的补偿方式，如非住宅用地支付土地出让金的标准和方式、具体程序；居住用地"自动续期"的程序、条件、使用土地的补偿方式、可续期的期限、土地使用权终止的条件等，如《民法典》只规定了居住用地"自动续期"，没有规定"自动续期"后对国有土地使用权是否有补偿，等等。不从法律上进行明确，对土地使用权人的财产利益的预期具有不确定性，不利于社会财产关系的稳定。对此在法律上越早做出明确的规定越有利于社会的稳定。

8.5.2 现有观点的总结与评析

1. 续期是否有偿

主张无偿续期的学者认为，第一，"自动"续期，就意味着建设用地使用权人根本不需要采取任何行为（包括支付土地使用费行为），建设用地使用权的期限就会自动续延，有偿的条件性并不符合自动续期的精神。第二，新中国"建立"的国家土地所有权，其政治基础、伦理基础和法律基础是社会主义的"国家统一所有、人民均享地利"的思想。土地的利益应为民众共同享有，而并非让政府从土地中不断取得收益，因此民众享有的建设用地使用权不应该受到期限的限制。第三，这是贯彻党的十八届五中全会共享理念的需要。无偿续期可以让百姓共享改革开放的成果，提高百姓福祉，保障居民安居乐业。第四，70 年住宅建设用地使用权期限的初衷是减少市场化改革中可能遇到的阻力，而非继续高价收取续费。第五，这是贯彻城镇国有土地与集体土地同地同权要求的需要。即农村宅基地没有使用权期限的规定，城乡建设用地同地同权的需求意味着今后需要解除对城镇住宅建设用地使用权的期限限定。

但需要思考的是，首先，尽管“自动”带有对无偿续期的潜在肯定，但 2007 年《物权法》起草过程中对这一问题的反复（草案 2 审稿、3 审稿规定续期应当支付土地出让金，4 审稿、5 审稿提出“建设用地使用权人应当支付土地使用费”，并且从 4 审稿开始规定住宅建设用地可以自动续期，但到 6 审稿则又删除了续期应当支付土地出让金或土地使用费的规定）以及全国人大对这一问题也并没有做出有关解释，意味着立法者在当时实质上采取了暂时回避、以待将来的态度。因此，不能因“自动”而轻易否定有偿续期的可能。其次，“人民均享地利”实质是涨价归公、全民共享，并非指代具体的房屋所有者。最后，政策的合理性源于对历史、现在以及未来的多重考量，尤其在当前迅速变化的时代，更应当立足现在，着眼未来。对过去政策初衷的猜想不宜成为当前做出判断的主要准则。因此，无偿续期的核心观点在于，国家作为土地所有权的主体，应当在未来让利于民。

支持有偿续期的学者指出，第一，从法理上来说，建设用地使用权到期后所进行的续期行为，其本质上是对建设用地使用权的重新取得。建设用地使用权人如果想继续使用，就应该再次缴纳相应的土地出让金。无偿续期将产生土地用益物权与所有权性质的混淆，导致变相的“土地私有化”，动摇建立在土地公有制基础上的一系列法律制度。第二，在我国未开征遗产税的情况下，续期时免缴土地出让金实际上是对房屋所有人的一种补贴，这可能加剧贫富不均。同时，补贴房屋所有人的规则会促使更多人放弃租房，从而导致畸形的租售平衡。第三，土地收益具有很强的财政属性。建设用地使用权有偿续期，可以提供稳定的地方财源，为社会保障、民生支出和经济建设提供持续的动力。第四，有偿续期可以提高房屋的保有成本，促进现有房地产存量的盘活与优化配置。

然而，如果今后开征房地产税，并建立了良好的地方财政体系，那么最后三条观点，即以有偿续期替代房地产税缺位，便失去了立论基础。因此，有偿续期的核心观点在于，国家不应当为了部分群体的利益而改变土地公有制的制度基础。

那么，值得探讨的是，让利于民是否需要改变国家的基本制度？如果不是，例如降低续缴标准，是否会带来相应的不公平？如果不会，那就意味着我们可以有多重渠道实现让利于民的目标，而并非一定需要改变基本的制度。实际上，建设用地使用权续期与初次取得有着显著不同：土地所有人对于续期用地无须增加征地与开发成本。从未来的角度看，随着国家社会经济的发展，以及房产税、遗产税等房地产保有税的开征，国家完全可以根据续期费用、房产税、遗产税的总额或人均额，对续期费用实行减免。而且，以年租制为基础，采取房产税附加模式收取土地使用租金，也可以充分利用未来房地产税评估及征收体系的便利，最小化制度的实施成本。

另外，有学者建议，自动续期而未缴费时，只能保留其居住权利，而取消其在转让、抵押方面的权利。笔者认为，尽管这种方式可以加强有偿续费的可行性，但赋予了住户无偿居住的权利，这对其他群体而言可能有失公平。而且，未来住房联网与社会诚信机制的建立，都将加强有偿续期的可行性。因此，今后不一定需要采用这种模式。还有学者建议，首套房、自住房或一定的房屋面积可以减免续期费用，从而保障中低收入群体的利益。但房产价值的区位性意味着，即使是首套房或相同的房屋面积，它们所蕴含的价值是不同的，因此，此类建议或许只适宜在城市内部谨慎实行，更为合适的政策可能是以居民人均财产情况作为标准。

因此，笔者认为，从面向未来的角度看，今后制度设计的关键，不在于轻易否定有偿续期，而在于协同完善房产税、年租制等制度安排，以租税并行的制度设计，为减免土地有偿续期费用、实现让利于民提供充足的空间。

2. 续期年限如何确定

当前，关于续期的次数与年限，主要形成了三种观点。第一种观点认为，自动续期是无时间限制的，即住宅建设用地使用权可以无限次延期[①]。第二种观点认为，建设用地使用权只是对土地所有权部分权能的有期限让渡，不断续期等同于土地所有权买卖。为了避免国家失去优化土地用途的权利，续期不宜超过一次，年限不宜过长。第三种观点指出，如果只允许一次续期，也可能面临期满后地上建筑物尚存的问题，因此建议，如果期限届满后的续期期限已经考虑到房屋的结构与耐用年限等因素，续期期限以一次为宜；如果期限届满后的续期期限采取统一的年限规定，如 20 年、40 年、70 年等，则在续期期限届满后，如建筑物仍在耐用年限内，应允许再次续期。

所有权地位的体现，关键在于是否具有最终的处置权与收益权，而非使用者使用期限的长短。也就是说，只要使用权人为了使用土地与房屋而继续向国家缴纳土地使用费，那么即使是无限次续期，其实质也只是对土地的长期租用，而非所有权买断。同时，国家可以通过土地利用规划、城市规划、拆迁补偿等手段，实现优化配置土地资源的处置权，因而没有必要强制规定使用期限的长短。更为重要的是，随着住房理念、材料技术的迭代更新，政府、市场、民众势必会介入城市社区与老旧建筑的改造升级，地上建筑便很可能会在土地使用权期限内，不断被赋予新的生机，因此，与当下不同，未来我们或许更需要动态更新而非静态折旧的理念。根据建筑物寿命而判定续期期限，在未来未必可行。

因此，只要使用权人按时缴纳续期费用，建筑更新符合国家相关规划并付出合理成本，那么我们就不需要强制规定续期的次数与年限。

8.5.3 需要厘清的若干问题

1. 房地分离，其权利不能混为一谈

我国实行房地分离，土地所有权与房屋所有权是两个不同的权利体系，不能无条件相互替代。具体而言，住房建设用地使用权续期的问题起点，在于房地分离制度安排下，建设用地使用权期限与地上建筑物寿命大概率不同步的现象。民众购买商品房之后，既获得 70 年的建设用地使用权，也取得了无期限的房屋所有权。尽管房屋有耐用年限的限制，在建设用地使用权期限届满之前，房屋所有权本身便可能因标的物的灭失而消灭，

---

① 杨立新．住宅土地使用权到期后，该如何自动续期．人民论坛，2017 (3).

这时自然不会存在建设用地使用权续期需求，但随着科技、理念的进步和发展，新建房屋的寿命极有可能因材料更新与功能迭代而大为延长，即使是旧有房屋，也很有可能因修缮、更新而延长寿命。因此，今后的制度设计，既不能在建设用地使用权期限届满以后，因建设用地使用权灭失而无偿收回居民仍然保有的地上建筑物所有权，也不能以地上建筑物所有权仍然存续为由，无条件延长土地使用权期限。

2. 租税本质不同，不能相互替代

土地出让金与房地产税分别为租和税，不能等同看待。过去政策中所谈的有偿续期，其实质是为重新获取建设用地使用权而缴纳土地出让金。土地出让金的本质是土地所有者出让土地使用权若干年限的地租总和，是国家基于对土地的所有权获得的民事收益，并非税收。国家税收则是指一个国家凭借其政治权力，按照法律预定的标准，强制无偿地向其管辖范围内的各类纳税人，征收实物或货币而形成的特定分配关系，是国家最主要的一种财政收入形式。今后可能开征的房地产税，属于财产税体系，因此，尽管二者在金额、征收方式上可以统筹考量，但从法理上看，二者本质不同，不存在相互替代关系。

3. 事关经济社会，不宜就地论地

一项公共政策的设计与评价，不仅需要考虑其直接产生的影响，也需要将间接的影响以及政策所处的环境，看作一个完整的系统，全面分析评判。就住房建设用地使用权续期而言，其直接影响的只是我国土地权利体系的设计以及背后的土地权利性质，但我们还需拥有更广的视野。例如，从楼市的角度看，使用权续期有偿与否以及续期年限的规定，不仅将改变二手房的估价传统及其与新房价值的对比态势，也将影响人们对住房租买、住房数量、新旧程度的偏好选择，从而改变今后的楼市生态。从民生的角度看，这一问题的解决方向，将直接决定人们手中的住房资产价值、今后的居住成本以及人们对制度的认同与支持。从政府财政的角度看，必须将这一政策与房地产税、遗产税等统筹规划，为今后形成科学、合理的财政税收体系奠定基础。从经济发展的角度看，房地产业起着稳增长的关键作用，相关政策设计应当考虑产业转型升级以及三、四线城市去库存的长期性，避免相关问题干扰经济大局。因此，在今后的制度设计中，应当系统、动态地看待、设计，不宜就地论地，就房论房。

8.5.4　未来制度设计的原则与方向

1. 经验借鉴

我国内地最早在深圳实行的土地有偿使用制度，其实质类似于英国与我国香港的批租制度，因此，本节简要介绍英国与我国香港在相关问题上的制度设计，以期更好地利用他山之石。

（1）英国的模式。

英国土地的所有权在法理上属于英王，但英王的象征地位使其所有权并不具有实际的意义。在实践中，根据是否拥有自由处置所持有土地的权利，真正发挥效果的产权主

要分为两类：自由保有地产权（freehold）和租借地产权（leasehold）。前者拥有土地的自由处置权利，为保有权人永久所有，世代相传，并可出卖、出租、抵押等；后者是由承租获得的定期土地保有权，租赁期分为 99 年、125 年、150 年、250 年和 999 年等多种类型。尽管这种非永久产权的期限最长可达 999 年，但租赁期满后，仍需将土地交还给土地保有权人。

无论是保有地产权人还是租借地产权人，都须向当地政府上缴市政物业税（council tax），税率根据行政区划和房产档次确定，数额从一千至数千英镑不等。但租借地产权人还需要每年向保有地产权人缴纳地租（ground rent）。与国内土地出让金不同，英国的地租并非多年一次性缴纳，而是按年度缴纳，租金根据某种确定的规则，如通货膨胀水平，加以调整。期限届满后，官方会给予自动续期。但如果租借地产权人未能持续按时缴纳地租，土地保有权人有权回收房屋。当保有权人为政府时，政府一般不会回收房屋，土地租借权人必须将拖欠费用还清后，才可以开展房地产交易。

（2）我国香港的模式。

香港在英国占领期间实行土地批租制度，即土地所有权归英国皇室所有，由港英政府代为掌管并向土地开发商或土地使用者批租土地，开发商或使用者通过承租取得规定期限内的土地使用权，并向港英政府一次性缴纳规定期限内的土地使用权出让金。1997 年香港回归后，根据《中华人民共和国香港特别行政区基本法》，香港土地属于国家所有，由香港特别行政区政府负责管理。但土地批租制度得到延续。

关于续期问题，根据《中华人民共和国政府和大不列颠及北爱尔兰联合王国政府关于香港问题的联合声明》的附件三《关于土地契约》，除了短期租约和特殊用途的契约外，已由香港英国政府批出的 1997 年 6 月 30 日以前满期而没有续期权利的土地契约，如承租人愿意，均可续期到不超过 2047 年 6 月 30 日，不补地价。从续期之日起，每年交纳相当于当日该土地应课差饷租值 3%的租金，此后，随应课差饷租值的改变而调整租金。其中，差饷是香港对房地产税的特称，其税基——应课税租值，是物业于某一特定日期的估计市值租金，即物业在指定估价依据日期作出租用途时可取得的合理年租金。其税率每年由立法会厘定，自 1999 年起，差饷征收率一直维持在 5%。由此可得，续期土地业主的年应缴纳的租金约为每年物业估计市值租金的 0.15%。因此，香港土地续期后按年度缴纳的地租在很大程度上仅具象征意义。

总结而言，这两种模式主要有四个特点：第一，自动有偿续期。尽管我国香港地租收取的象征意义较强，但从本质上看，仍然是有偿续期。第二，房地产税与地租并行。既向土地使用权人收取地租，也对房地产保有人收取房地产税。第三，均有年度缴纳地租的模式，收取方式灵活，有利于减轻一次性缴纳土地使用租金的负担。第四，对续期期限并无明确规定。

2. 制度设计的原则

第一，合法。今后住宅建设用地使用权续期，应当坚持土地公有制的底线，在《宪法》与《民法典》物权编的框架内，开展制度设计，避免制度偏差可能带来的暴力与暴利。

第二，合理。政策应当立足现在，着眼未来，从发展、动态、系统的眼光，仔细评估不同方案对土地制度、房地产市场、经济发展、财税体系、社会民生等各方面的直接与间接影响，从多目标满足、多政策协同的角度，选择最为合适的制度设计。

第三，合情。住房事关千家万户居住有其屋的情怀，同时也考验着我国社会主义制度的优越性，因此，无论是制度规划，还是细节执行，都应当尊重民众的自由选择权，注重对社会民情的体察，尤其应根据中低收入群体的可承受能力，制定合理的续缴标准，从而为今后制度政策的有效落实奠定坚实的民意基础。

3. 制度设计的方向

第一，实行自动、自愿续期。在“自动”免申请的基础上，由住宅建设用地使用权人，根据自身意愿，决定是否续期以及续期年限等环节。国家不做强制性规定。

第二，结合房地产保有税制改革，建立租税并行体系，以年租制为基础，设定灵活的土地出让金续缴标准和续缴方式。借鉴国际有益经验，开征房地产税与遗产税，完善房地产在保有环节的税收体系。各地政府应根据土地有偿使用租金内涵、地区经济社会发展情况、房地产保有税收总额等要素，以年租制为基础，分类设定续缴标准。实行分年度缴纳或一次性缴纳多年费用等多种灵活的续缴方式，满足不同权利人的不同需求。同时，需要考虑中低收入群体的可承受性，到期后其土地出让金的续缴也可实行减免或部分减免。土地出让金的续缴可随房地产税一体缴纳，减少缴纳过程中的制度成本。

第三，为了满足公共利益，促进土地资源优化配置，政府可以在广泛论证，并征得土地使用权人同意的情况下，根据土地利用规划、城乡规划、环境保护规划等，自行或吸引市场、社会主体，采取社区更新、建筑改造、拆迁补偿等手段，完善土地用途，提升土地集约节约利用水平。在社区更新与建筑改造等过程中发生的成本，由政府、市场、社会以及使用权人等相关主体共同、合理承担。在拆迁补偿中原使用权人受到的损失，由政府、市场、社会等参与主体给予合理补偿。相关过程细节由各方协商确定，协商不成的，由法院裁决施行。

第四，完善不动产统一登记制度，完成全国房地产登记联网，为自动续期、登记提供基础。建立有效的社会征信体系与信息共享机制，减少续期缴费过程中的潜在成本。

关键术语

国有土地使用权出让　协议出让国有土地使用权　招标出让国有土地使用权
拍卖出让国有土地使用权　挂牌出让国有土地使用权

复习思考题

1. 简述国有土地使用权出让的基本特征。
2. 简述国有土地使用权出让的方式。
3. 简述国有土地使用权出让的最高年限（按照用途不同）。
4. 简述国有土地使用权出让续期制度设计的原则和方向。

第 9 章

土地转让法律制度

土地转让是土地出让的延续，是指土地使用权人通过买卖或其他合法方式将其土地使用权转移给他人的行为。本章主要阐述土地转让制度、土地转让条件、土地转让方式、土地转让程序、土地转让制度建设等问题。

9.1 土地转让制度

9.1.1 土地使用权转让的含义

土地使用权转让是指土地使用者将土地使用权再转移的行为，是土地用益物权主体的变更。一般而言，是指通过出让方式取得土地使用权的土地使用者，按照出让合同等有关规定的期限或条件，对土地投入一定资金进行开发后，通过有偿的出售、交换和无偿赠与等方式，把土地使用权单独或随地上建筑物、其他附着物的所有权转让给受让人。因为土地使用权的转让是土地出让后土地使用权作为商品进入市场流通的第二步，反映土地使用者之间的商品经济关系。所以，土地使用权的转让市场被称为“土地市场中的二级市场”。

土地使用权转让一般指的是土地使用权，而不是土地所有权。转让并未改变土地的国家所有性质，转让只能是原权利的转让。

共有、已抵押和已出租的出让土地使用权可以转让，只是在转让时还需受到特别条件的限制。行政划拨土地使用权也可以进入转让市场，但是在进行转让之前，需经申请获得批准并办理土地使用权出让手续，将划拨土地使用权转换为出让土地使用权后方可进入转让市场。

1988 年《宪法》明确规定“土地的使用权可以依照法律的规定转让”，这为土地使用权转让制度提供了《宪法》依据。随着我国改革开放和市场经济发展的需要，修正后的《宪法》突破了1982年《宪法》确认的单一的土地无偿使用制度，进而，《土地管理法》的有关规定在事实上承认了土地的价值，随后在我国经济比较发达的沿海开放地区实行土地有偿使用制度。1990年5月19日，国务院同时公布了《城镇国有土地使用权出让和转让暂行条例》和《外商投资开发经营成片土地暂行管理办法》，1994年国家又公布了《城市房地产管理法》，这使我国土地使用权转让制度纳入规范化和法制化的轨道。

9.1.2 土地使用权转让的特征

土地使用权转让具有以下几个法律特征：

（1）土地使用权转让是指从所有权派生的用益物权的再转移。在我国，土地作为一种宝贵的自然资源，其所有权归国家，国家是以土地所有者身份将土地使用权进行出让和转让的，因此，土地使用权出让是土地所有权中用益物权的第一次分离，而土地使用权转让是用益物权的再转移。

（2）土地使用权转让是从对物权支配中获取收益的行为。通过土地使用权的转让行为，土地使用者可以从对土地及其地上物的支配使用中获取收益。

（3）土地使用权转让是当事人之间合意的民事法律行为，土地所有者应允许土地使用者从事这种合法行为。

（4）土地使用权转让行为中权利义务关系根据法律规定和合同的约定而产生，而且受到出让合同的一定限制。土地使用权是土地使用者在所有权人的土地财产上享有的占有、使用、收益的权利，这些权利及其相应的义务都要受到法律和合同的限制。

9.1.3 土地使用权转让的相关规定

在国有土地使用权转让过程中，必须遵守下列规定：

（1）土地使用权转让应当签订转让合同；土地使用权转让时，土地使用权出让合同和登记文件中所载明的权利、义务随之转移。

（2）土地使用者通过转让方式取得的土地使用权，其使用年限为土地使用权出让合同规定的使用年限减去原土地使用者已使用年限后的剩余年限。

（3）土地使用权转让时，其地上建筑物、其他附着物所有权随之转让。地上建筑物、其他附着物的所有人或者共有人，享有该建筑物、附着物使用范围内的土地使用权。土地使用者转让地上建筑物、其他附着物所有权时，其使用范围内的土地使用权随之转让，但地上建筑物、其他附着物作为动产转让的除外。

（4）土地使用权和地上建筑物、其他附着物所有权转让，应当按照规定办理过户登记。土地使用权和地上建筑物、其他附着物所有权分割转让的，应当经市、县人民政府国土管理部门和房产管理部门批准，并依照规定办理过户登记。

（5）土地使用权转让价格明显低于市场价格的，市、县人民政府有优先购买权。土地使用权转让的市场价格不合理上涨时，市、县人民政府可以采取必要的措施。

（6）土地使用权转让后，需要改变土地使用权出让合同规定的土地用途的，应当征得出让方同意并经国土管理部门和城市规划部门批准，依照有关规定重新签订土地使用权出让合同，调整土地使用权出让金，并办理登记。

9.1.4 土地使用权转让与土地使用权出让的联系和区别

从严格意义上说，我国土地使用权转移行为，应当是先有出让，之后才能转让，两者的含义和转移程序区别甚大。尽管如此，两者还是有许多共通之处，其表现在：（1）出让和转让都是一种土地使用权的转移行为，因而都是对土地所有权的暂时限制。（2）出让和转让行为中的土地使用者都应当根据城镇规划和社会公共利益的需要开发、利用、经营土地。（3）在出让和转让中，土地使用者需要改变土地使用权出让合同规定的土地用途的，应当征得出让方同意并经国土管理部门和城镇规划部门的批准，依法重新签订土地使用权转移合同，调整土地使用权的出让金，并办理登记手续。（4）土地使用权出让和转让应当签订出让和转让合同。

但是，土地使用权的出让和转让毕竟是不同时间、不同阶段、不同主体、不同内容的民事行为，它们在许多方面存在重大差别：（1）主体不同。土地使用权出让发生在土地所有者和土地使用者之间。土地使用权转让发生在两个土地使用者之间。（2）转移标的物不同。在土地使用权出让行为中，转移标的物仅限于土地，对于土地上存在着地上物（如建筑物和其他附着物），则以某种方式（如拆迁办法）补偿给地上物的业主。土地使用权转让行为中，转移的标的物是地上物连同其占用的土地，还有尚未使用的一定范围的土地。（3）取得土地使用权方式不同。土地使用者在土地使用权出让行为中采取协议、招标、拍卖和挂牌出让四种方式取得。土地使用者在土地使用权转让行为中采取出售、交换和赠与三种方式取得，它们是要式的、双方的民事法律行为。（4）土地使用权的使用年限不同。出让行为中土地使用权的使用年限比转让行为中土地使用权的使用年限长，这是因为转让行为中的土地使用年限受到出让合同中规定的使用年限的严格限制：一是转让土地使用权年限不得超过出让土地使用权的年限，二是土地使用权出让后经过一段时间开发、经营后才能转让①。

9.2 土地转让条件

土地使用权的转让不是任意和随机的，而是需具备一定的条件，且受到某些限制。在我国，不同类型的土地使用权转让，其条件和限制性条款并不相同。

---

① 关今华．关于土地使用权转让的几个问题．福建论坛，1994（12）．

9.2.1 土地使用权转让的一般条件

在我国，土地使用权依法转让受法律保护。尽管转让土地使用权是土地使用者享有的权利，仍应符合有关法律、法规规定的一般条件，否则不得随意转让。

《城镇国有土地使用权出让和转让暂行条例》规定，未按土地使用权出让合同规定的期限和条件投资开发、利用土地的，土地使用权不得转让。《城市房地产管理法》规定，下列房地产，不得转让：（一）以出让方式取得土地使用权的，不符合本法第三十九条规定的条件的；（二）司法机关和行政机关依法裁定、决定查封或者以其他形式限制房地产权利的；（三）依法收回土地使用权的；（四）共有房地产，未经其他共有人书面同意的；（五）权属有争议的；（六）未依法登记领取权属证书的；（七）法律、行政法规规定禁止转让的其他情形。

《城市房地产管理法》规定，以出让方式取得土地使用权的，转让房地产时，应当符合下列条件：（一）按照出让合同约定已经支付全部土地使用权出让金，并取得土地使用权证书；（二）按照出让合同约定进行投资开发，属于房屋建设工程的，完成开发投资总额的百分之二十五以上，属于成片开发土地的，形成工业用地或者其他建设用地条件。转让房地产时房屋已经建成的，还应当持有房屋所有权证书。另外，商品房预售，应当符合下列条件：（一）已交付全部土地使用权出让金，取得土地使用权证书；（二）持有建设工程规划许可证；（三）按提供预售的商品房计算，投入开发建设的资金达到工程建设总投资的百分之二十五以上，并已经确定施工进度和竣工交付日期；（四）向县级以上人民政府房产管理部门办理预售登记，取得商品房预售许可证明。商品房预售人应当按照国家有关规定将预售合同报县级以上人民政府房产管理部门和土地管理部门登记备案。商品房预售所得款项，必须用于有关的工程建设。

以划拨方式转让土地使用权，即特殊性土地使用权转让。这种转让一般是无偿划拨的土地，因此受到比较严格的限制。其转让条件是：土地使用者为公司、企业、其他经济组织和个人；领有《国有土地使用证》；具有地上建筑物、其他附属物合法的产权证明；依照《城镇国有土地使用权出让和转让暂行条例》签订土地使用权出让合同，向当地市、县人民政府补缴土地使用权出让金或以转让所获收益抵缴土地使用权出让金。

总之，转让土地使用权的单位或者个人必须是合法的土地使用权享有人，必须持有土地使用权证书。土地使用权必须在法律上是可以转移的，转让方对其转让的土地可以实际交付给受让方。转让方应当依法向国家缴纳土地使用权流转方面的税收，如土地增值税、契税等。如违法转让土地使用权的，由县级以上人民政府国土管理部门没收违法所得，可以并处罚款。

9.2.2 土地使用权转让的特别条件

对于转让共有、已抵押和已出租的土地使用权，除了转让双方的利益外，往往还涉及第三人的合法利益，同时由于土地性质的不同，其转让的条件也不完全相同，除了必须符合转让的一般条件外，还需满足自身需要的特殊条件。

1. 共有土地使用权转让

共有是两个或者两个以上权利主体对同一物共享产权。对同一物都享有产权的公民或法人为财产共有人，该物为共有物或称共有财产。各共有人因共有而形成的权利义务关系为共有关系。共有既可以基于法律的规定，也可以基于法律行为而发生。共有包括按份共有和共同共有两种形式。共有土地使用权，是指两个或者两个以上的人或单位共同享有的土地使用权。共有人转让共有土地使用权时，应当征得其他共有人书面同意。不征得其他共有人同意，或者采取口头形式表示同意，该转让无效。

在共有土地使用权出售时，其他共有人在同等条件下享有优先购买的权利，只有在其他共有人同意出售或者放弃优先购买权的情况下，才能将土地使用权出卖给第三人。

2. 已抵押土地使用权转让

抵押是指抵押人和债权人以书面形式订立约定，不转移抵押财产的占有，将该财产作为债权的担保。当债务人不履行债务时，债权人有权依法以该财产折价或者以拍卖、变卖该财产的价款优先受偿。土地使用权抵押是指抵押人以不转移占有的方式，将其土地使用权作为债权的担保。抵押期间，抵押人经抵押权人同意转让抵押财产的，应当将转让所得的价款向抵押权人提前清偿债务或者提存。转让的价款超过债权数额的部分归抵押人所有，不足部分由债务人清偿。抵押期间，抵押人未经抵押权人同意，不得转让抵押财产，但受让人代为清偿债务消灭抵押权的除外。

由此可见，转让已抵押的土地使用权时，应满足以下特别条件：

（1）转让必须经抵押人同意，并将土地使用权已经抵押的情况告知受让人。这是抵押人在转让土地使用权时应当履行的义务，否则对抵押权人和受让方都可能造成损失。未经抵押人同意并未告知受让人的转让是无效的。

（2）在出售时，土地使用权转让的价款明显低于其价值的情况下，抵押权人为维护自己的利益，可以要求抵押人提供相应的担保，这种情况下，抵押人应当提供担保，否则转让无效。

（3）出售给第三人的，抵押人应当用转让土地使用权的价款提前清偿债权人的债权。

3. 已出租土地使用权转让

租赁是指在约定的期间内，出租人将资产使用权让与承租人以获取租金的行为。对于已出租的土地使用权，出租人在法律上仍是土地使用权人，承租人只是临时享有使用权，因此，出租人可予以转让，但是不得损害承租人的合法权益。

转让已出租土地使用权时，应满足以下特别条件：

（1）出租人必须提前通知承租人，给承租人以必要的准备时间。

（2）在出售的情况下，承租人在同等条件下有优先购买的权利。在规定期限内，承租人未做出购买表示或者提出的购买条件与其他人不同等时，承租人的优先购买权即丧失。出租人才可以将土地使用权出售给他人。

（3）租赁合同的权利、义务不受转让的影响，承租人享有的租赁权可以对抗受让人取得的土地使用权。转让后，原租赁合同由受让人和承租人履行，租赁关系对受让人有效。当然，在承租人同意的情况下，转让后，也可以解除租赁合同，但出租人应当承担因转让而解除租赁合同所产生的责任。但是，未经登记的土地使用权出租不得对抗受让人取得的土地使用权。

4. 土地使用权和房屋分割转让

一般情况下，土地使用权转让时，其地上建筑物、其他附着物所有权随之转让。反之，土地使用者转让地上建筑物、其他附着物所有权时，其使用范围内的土地使用权也随之转让。但法律也允许土地使用权和地上房屋分割转让，土地使用权和地上建筑物、其他附着物所有权分割转让的，应当经市、县人民政府土地管理部门和房产管理部门批准，并依照规定办理过户登记。

土地使用权和地上房屋分割转让表现为两个方面：土地使用权与地上房屋的分别转让和土地使用权或者地上房屋分别分割转让。

（1）土地使用权与地上房屋的分别转让。只有把地上建筑物和其他附着物作为动产时才可以进行，即把地上建筑物及其他附着物作为建筑材料来看待。

（2）土地使用权或者地上房屋分别分割转让。如一块已进行一定程度开发的土地分割成若干份，分别转让给若干受让人，或者将一栋房子按一定比例转让给若干受让人。这种分割转让必须经市、县人民政府国土管理部门和房产管理部门批准，并依照规定办理过户登记。而且在因分割转让建筑物而分割转让土地使用权时，土地使用权的整体不可分割，即虽然建筑物各部分所有人具有该部分建筑物所占有的土地或者一定比例土地的使用权，但他无权将自己拥有使用权的那部分土地分离出去。

9.3 土地转让方式

土地使用权转让的方式有出售、交换、赠与和继承等，转让的方式不同，其程序也有所不同。

9.3.1 土地使用权出售

1. 土地使用权出售的概念

土地使用权出售即土地使用权买卖，是土地使用权转让最常见的形式，是指国有土地使用者（原受让人）把符合国家法律规定的国有土地使用权与地上建筑物和附着物的所有权转移给第三人，第三人向土地使用权人支付相应价款的行为。土地使用权买卖的主体是具有平等民事权利的单位或个人，土地使用权买卖的客体是土地使用权、地上建筑物和附着物的所有权。双方按照平等、自愿、有偿的原则达成买卖协议，通过签订买卖合同确定双方的权利和义务。土地使用权买卖，必须符合相关法律法规的规定，否则视为非法买卖，不受法律保护。

2. 土地使用权出售的特征

（1）土地使用权出售是双务、等价有偿行为。与其他土地使用权转让方式相比，买卖更强调土地使用权中所包含的财产价值，它必须以买受人支付价款的意思表示为要件，若无此要件，买卖就不能成立。这是土地使用权买卖与土地使用权其他转让方式最为明显的区别。

（2）土地使用权出售的客体是国有土地使用权这种限制物权。土地使用权买卖与民法上的一般买卖行为有所不同，一般买卖是实物买卖，是将财产的所有权由出卖人转移给买受人，而土地使用权的买卖只转移使用权，所有权仍属于国家。一般买卖获得的实物是可以长期拥有，没有期限限制的，而土地使用权买卖获得的使用权则是有期限的，因为转让的是有期限的出让土地使用权，依据土地出让合同所确定的土地使用权到期时，土地使用权受让人将失去土地的使用权和地上建筑物及其他附着物的所有权。

（3）土地使用权出售是要式合同行为，同时也是诺成合同行为。土地使用权买卖合同虽经双方当事人意思表示一致而成立，但是土地使用权的转移必须以登记为要件。未经登记的土地使用权买卖是没有法律效力的。

9.3.2 土地使用权交换

1. 土地使用权交换的概念

土地使用权交换也称土地使用权互易，是指两个土地使用权人之间相互交换各自的土地使用权的行为。国有土地使用权的交换，是我国法律规定的土地使用权转让方式之一，其必须符合有关法律、法规规定，否则视为非法交换。国有土地使用权交换，当事人必须签订交换合同，约定交换双方的权利和义务。

2. 土地使用权交换的特征

（1）交换是以权利来换取权利，与出售是截然不同的。出售是以货币来换取土地的使用权，而交换则是由各自的土地使用权来表现相互的价值。同时，交换也以登记为生效的必要条件。

（2）交换是双务合同。双方当事人都要承担交付权利的义务，交付中当事人承担的义务具有相同性，而不具有对应性。

9.3.3 土地使用权赠与

1. 土地使用权赠与的概念

土地使用权赠与是指土地使用权人自愿将自己的土地使用权单独或者连同地上建筑物、其他附着物的所有权一起无偿转移给他人，他人予以接受的行为。土地使用权赠与必须符合法律、法规规定的条件，否则赠与无效。土地使用权赠与，必须签订土地使用权赠与合同，一般还须经过公证部门的公证。

2. 土地使用权赠与的特征

（1）土地使用权赠与是无偿的，这是其区别于其他转让方式的最显著特点，它并不以取得某种财产为代价。但是赠与人可以对赠送的土地使用权附有条件，指明受赠人享有土地使用权的目的和范围等。

（2）土地使用权赠与是单务合同。单务合同是指赠与人与受赠人所承担的义务明显不对等。

（3）赠与合同是诺成合同，双方达成合意，赠与合同即告成立。它对赠与人有所约束，同时赠与人也可依法或依合同规定撤销合同的条件，以此来约束受赠人，保护赠与人的合法权益。

9.3.4　土地使用权继承

1. 土地使用权继承的概念

土地使用权继承，是指公民个人死亡之后其生前享有的土地使用权作为遗产由被继承人依法继承。土地使用权继承也是土地使用权转让的一种形式，继承是权利继承而不是实物继承。由于继承的是不动产，因此必须办理过户注册登记手续才能产生法律效力。

2. 土地使用权继承的特征

与出售转让、交换转让、赠与转让相比，土地使用权继承转让有其特殊性：

（1）转让的条件不同。继承转让的发生是以国有土地使用权人的死亡为唯一条件，它不受出让合同规定的开发程度及其投资额的限制。

（2）转让的范围不同。继承转让的范围非常有限，仅指合法继承人。其他土地使用权转让的范围，则可以是国内外任何组织或者个人。

（3）转让的程序不同。继承转让一般只经过公证、登记两个阶段，不需要双方当事人协商，而其他转让程序相对复杂。

9.4　土地转让程序

9.4.1　土地使用权出售的程序

1. 出售程序

土地使用权出售程序，是指土地使用者转让国有土地使用权时，必须经过的步骤。以出让方式取得国有土地使用权后，转让国有土地使用权的，按下列程序办理。

（1）土地转让申请。

申请人向国土资源管理部门提出土地转让申请，并准备以下文件：

1）土地转让申请（原件，由转让方和受让方共同提出）；

2）转让方与受让方签订的土地使用权转让合同（原件）；

3）《国有土地使用权出让合同》及缴纳地价款、契税等费用的单据；

4）《国有土地使用证》；

5）转让方关于项目的工程进度及投资情况的说明及相关证明文件；

6）关于转让房地产价值的评估报告（土地转让合同中的价格明显偏低或偏高的，需提交此件）；

7）转让方出具的无法院查封的证明以及住宅管理部门出具的未预售、未设定抵押等他项权利的证明文件；

8）转让方和受让方的法人资格证书或营业执照（加盖发证部门审核专用章）。

（2）审核。

（3）缴纳契税，转让人和受让人缴纳契税等有关费用。

（4）颁发《建设用地批准书》，受让人在办文窗口领取《建设用地批准书》。

（5）土地登记，转让双方办理土地变更登记。

办理土地使用权转让变更过户登记的程序一般是：依法通过转让方式取得土地使用权的受让人，持有效的土地使用权转让合同及其他合法文件，在规定的期限内向市、县人民政府国土管理部门申请土地登记。国土管理部门根据土地使用者申请变更登记的申请书进行调查、审核，各项文件合格符合变更土地登记规定的，报人民政府批准后，收回转让方的《国有土地使用证》，变更注册登记，由受让方换领《国有土地使用证》，同时相应更改地籍图、土地归户册。如果涉及地上建筑物、其他附着物的所有权转让的，还必须到市、县房产管理部门办理房产过户登记。

2. 出售合同

（1）土地使用权出售合同的概念及特点。

土地使用权出售合同，是指国有土地使用权人在出售其使用权时与购买人签订的用以确立国有土地使用权买卖中双方权利义务关系的书面协议。它是国有土地使用权出卖人以获取价款为目的将国有土地使用权转让给买受人（公民、法人），买受人获取国有土地使用权并支付价款的协议。

国有土地使用权买卖合同，除具有一般买卖合同的特征外，还具有自身的特点：

1）国有土地使用权买卖合同属于权利买卖，即买卖合同的标的是国有土地使用权，而非所有权。

2）国有土地使用权买卖合同是一种要式合同。

依法订立的国有土地使用权出售合同对当事人具有法律效力。双方必须全面履行合同条款中规定的各自应承担的义务，任何一方不得擅自变更和解除。

（2）合同双方当事人的权利与义务。

由于国有土地使用权出售合同是双务合同，当事人一方应尽的义务，就是他方享有的权利。

出卖人的主要义务有：1）交付国有土地使用权；2）保证土地开发程度达到有关法律规定和出让合同规定的标准；3）协助买受人办理有关产权转移手续；4）保证买受人取得的权利不受第三人追索。

买受人的主要义务有：1）按合同规定支付价款；2）按合同规定，接受权利交付，并办理有关产权登记手续；3）依法缴纳相关税费。

9.4.2 土地使用权交换的程序

1. 交换程序

一般来说，土地使用权交换的程序包括：

（1）双方就土地使用权交换事宜进行协商，达成一致意见。

（2）签订土地使用权交换合同，确定合同双方当事人的权利和义务。

（3）办理土地使用权变更登记。

2. 交换合同

（1）土地使用权交换合同的概念及特点。

土地使用权交换合同是指土地使用权人用其享有的国有土地使用权交换他人所有的国有土地使用权或者其他物而达成的协议。其特点为：1）合同的一方或双方以国有土地使用权为给付内容；2）双方当事人的法律地位均相当于买卖关系中的出卖人或买受人；3）在以国有土地使用权交换时，合同双方当事人的权利和义务基本一致。

（2）合同双方当事人的权利与义务。

由于交换合同中双方当事人既是出卖人，又是买受人，集出卖和买受行为于一体，因此双方当事人的权利和义务是基本一致的，主要有：1）交付国有土地使用权；2）保证交换的国有土地使用权符合相关法律法规的转让要求；3）在不对等交换中，得益的一方应向受损失的一方交付商定的其他物品或补偿价款；4）保证对方取得的国有土地使用权不受第三人追索。

9.4.3 土地使用权赠与的程序

1. 赠与程序

土地使用权赠与程序，一般应该包括以下几个阶段：

（1）确定赠与对象。一般来说，赠与是单方行为，但由于赠与以该土地使用权出让为前提，因此赠与对象的选择应该符合有关法律法规的规定，不能损害其他人的利益。

（2）协商。在确定赠与对象之后，双方就土地使用权赠与事宜进行协商，达成一致意见。

（3）签订赠与合同，确定合同双方当事人的权利和义务。

（4）办理土地使用权变更登记。

2. 赠与合同

（1）土地使用权赠与合同的概念及特点。

土地使用权赠与合同是指赠与人将其享有的国有土地使用权无偿给予受赠人，受赠人接受赠与的协议。其特点是：1）赠与人无偿地将土地使用权转让给受赠人；2）赠与合同双方当事人的法律地位是平等的；3）赠与双方的权利和义务是不对等的。

（2）合同双方当事人的权利与义务。

赠与方的主要义务有：1）赠与的国有土地使用权符合法定转让条件；2）无偿交付国有土地使用权；3）保证受赠方取得的国有土地使用权不受第三人追索。

受赠方的主要义务有：1）按出让合同规定的用途使用土地，保证土地使用权出让合同规定的各项条件和要求的实现；2）及时办理有关产权变更登记手续，依法缴纳各种税费；3）赠与附义务的，受赠人应当按照约定履行义务。

9.4.4 土地使用权继承的程序

1. 继承程序

（1）公证阶段。确定土地使用权的继承人并进行公证。

（2）办理土地使用权变更登记。

2. 继承人的权利和义务

土地使用权继承人有权处置其土地使用权，既可以自己使用，也可以转让给他人使用。土地使用权继承人有以下义务：（1）必须按照土地使用权出让合同约定的条件、用途使用土地，保证国有土地使用权出让合同约定的各种权利和义务的实现。（2）必须按照有关规定办理国有土地使用权变更登记手续。

9.5 土地转让制度建设

为适应社会主义经济体制改革发展的要求，在建设土地转让制度时，一要认真分析土地转让格局所面临的有限资源形势和复杂的体制背景；二要科学地界定土地转让的理论体系，特别要注意社会主义市场经济条件下的土地转让新格局，必须符合社会主义市场经济的基本要求，利用各种调节手段和机制，协调好土地占有使用及开发收费环节中的不同利益主体，以及产业间、地区间及代际的利益分配格局，提高城市土地开发利用效率，确保城市可持续发展目标的顺利实现；三要善于运用经济手段和法律手段，并辅之行政干预手段，严禁在土地转让过程中出现各种违法行为，使土地转让在完善的机制下运行，确保新格局变为现实的生产能力。

由于土地使用权转让问题比较复杂，立法过于原则扼要，执法、司法往往落后于现实，再加上行政管理等经验不足，土地使用权转让中出现许多亟待解决的问题。归纳起来，存在的主要问题有：(1) 非法转让问题。非法转让土地的表现形式在实务中是多种多样的，主要包括：一是没有履行必要手续就实施转让行为；二是未经开发就转让土地；三是变相非法转让，即以虚假情报或以形式上合法掩盖实质上非法的转让土地行为。(2) 签订转让合同存在问题。一是未按土地使用权出让合同规定的期限进行转让，转让年限高于出让年限的转让合同显然是违法的。二是未按土地使用权出让合同规定的条件进行转让。转让方在出让合同中依出让方条件进行某种项目的开发经营，而在转让合同中，转让方修改出让方条件另立项目进行开发经营，还允许承让方在拥有使用权的土地上另行"二次转让"，这是不合法的。三是擅自改变土地用途。根据《城镇国有土地使用权出让和转让暂行条例》，土地使用权转让后，需要改变土地使用权出让合同规定的土地用途的，必须履行一定程序。四是没有订立违约条款。(3) 行政管理存在问题。土地使用权转让中之所以出现较多问题，除了立法不完善等客观原因之外，有的是因为土地使用者规避法律，还有的是因为有些行政管理部门及其负责人员有法不依、违法不究。

针对上述存在的诸多问题，有必要制定相应的对策，加强土地使用权转让的监督和管理，以防止或减少非法转让等种种弊端，以利土地使用权转让纳入正常化、合法化、健康化的轨道。

(1) 制定转让标准，防止非法转让。各地国土管理部门可以根据法律规定，以当地当时土地使用权转让的地块、用途、开发经营时间和其他条件，规定土地使用者必须完成出让合同规定投入开发建设资金已达到投资总额的一定比例后，或完成一定建筑基础设施，才允许土地使用权转让，并在出让合同中规定受让方的违约责任，运用法律手段制止转让方炒地皮的短期行为。

(2) 加强对转让资格的认定。国土管理部门应审查土地使用者是否依法取得土地使用权，是否与国土管理部门签有土地使用权出让合同，是否按出让合同规定的期限和条件进行投资和开发。不符合上述转让条件的，土地使用权不得转让。

(3) 严格合同管理，强化合同落实。针对各地签订土地使用权转让合同中存在的问题，必须严格合同管理。合同内容除了具备法规规定的必备条款（主体、土块、投资额、土地用途、期限、建筑物种类、转让价格标准和条件、审批程序等）外，必须强调制定约束性条款：到期回收、未按规定开发土地的处罚、违约责任、争议解决办法等。重要的是强化合同落实，国土管理部门要定期对所有转让合同进行检查监督，逐一落实受让方开发经营土地情况，是否转让，怎样转让，是否违约，并及时研究处理。

(4) 加强对土地使用权变更过户登记和转让价格的管理。只有通过变更过户登记，才能实现依法管理土地，监督土地的合理利用，维护土地使用者的合法权益，避免国有资产的流失，从而保证国家作为土地使用权转让的行政管理者和土地所有者地位的实现。有必要对土地使用权转让价格进行控制，即土地使用权转让价格明显低于市场价格的，市、县人民政府有优先购买权；土地使用权转让的市场价格不合理上涨时，市、县人民政府可以采取必要的措施进行抑制。

(5) 加强对用途变更的监督管理。土地使用权转让后，土地使用者需要改变土地使用权出让合同规定的土地用途的，必须得到出让方，即市、县人民政府的同意，并经国土管理部门和城市规划部门的批准，依照土地使用权出让相关规定，重新签订土地使用权出让合同，调整土地使用权出让金，并办理登记。

（6）完善转让立法，加强管理职能。目前，我国有关土地使用权转让立法，在宏观上过于扼要，微观上又欠具体，留下许多立法不完善的地方，所以必须完善转让立法及其司法解释。主要内容有：转让规划管理，转让条件，转让价格标准，非法转让定义及其限制、处理，转让合同的管理和监督等。国土管理部门和政府机关应加强管理职能，检查监督转让合同的落实；加强廉政建设，反对腐败作风，使土地使用权转让制度沿着法制化、规范化、正常化轨道发展。

关键术语

国有土地使用权转让　　国有土地使用权出售　　国有土地使用权交换
国有土地使用权赠与　　国有土地使用权继承

复习思考题

1. 简述国有土地使用权转让的特征。
2. 简述国有土地使用权转让与国有土地使用权出让的联系和区别。
3. 简述国有土地使用权转让的一般条件。

第 10 章
土地划拨法律制度

土地划拨是与土地出让并行的一种政府供地方式。本章主要就土地划拨制度、土地划拨范畴、土地划拨程序、划拨土地流转、土地划拨制度建设等问题进行阐述。

10.1　土地划拨制度

10.1.1　土地划拨的内涵

土地使用权划拨，简称土地划拨，是指县级以上人民政府依法批准，在土地使用者缴纳补偿、安置等费用后将该幅土地交付其使用，或者将土地使用权无偿交付给土地使用者使用的行为。

土地划拨制度在我国已经存在了很多年。土地划拨政策最早产生于 1954 年 3 月《内务部答复关于国营企业、公私合营企业及私营企业等征用私有土地及使用国有土地交纳契税或租金的几个问题》这一文件。文件规定，政府拨给国家机关、部队、学校使用的国有用地应作为使用者的资产，不需要缴纳租金或使用费。这标志着划拨土地制度正式产生。从 1954 年至我国改革开放之前的这一段时间，国家的一切建设都是服务于计划经济的，土地划拨制度带着浓重的国家计划经济色彩，土地划拨按照国家计划进行，是无偿、无期限、不能流转的。在计划经济时代，不论公益性还是营利性用地，一律采用行政划拨方式配置。特别是在改革开放以前的 30 多年里，所有单位用地都以划拨方式取得。1987 年 1 月 1 日实施的《土地管理法》是我国第一部土地管理的法律，根据该法规定，国家建设项目征用土地，向县级以上地方人民政府土地管理部门提出申请，经县级以上地方人民政府审查批准后，由土地管理部门划拨土地。使用国有荒山、荒地以及其他单位使用的国有土地的，经批准后划拨。通过以上规定，土地划拨制度首次在法律形式上得以确立。

1990 年出台的《城镇国有土地使用权出让和转让暂行条例》从性质上将我国国有土地使用权分为划拨土地使用权和出让土地使用权。1992 年，国家土地局发布了《划拨土地使用权管理暂行办法》，对划拨土地使用权的转让、出租、抵押等进行了系统的规范。《城市房地产管理法》第三条确立了土地使用权以有偿使用为主、以划拨为例外的体系，并在第二十四条明确规定了土地使用权划拨的限定范围。《土地管理法》第五十四条也根据《城市房地产管理法》对土地使用权划拨的范围进行了限制。2001 年国土资源部颁布的《划拨用地目录》对划拨用地的范围进行了细化。2007 年实施的《物权法》第一百三十七条规定：设立建设用地使用权，可以采取出让或者划拨等方式。工业、商业、旅游、娱乐和商品住宅等经营性用地以及同一土地有两个以上意向用地者的，应当采取招标、拍卖等公开竞价的方式出让。严格限制以划拨方式设立建设用地使用权。采取划拨方式的，应当遵守法律、行政法规关于土地用途的规定。《物权法》将建设用地使用权定位为用益物权，从法律层面上将划拨建设用地使用权与出让建设用地使用权明确为具备同样权能。2021 年《民法典》施行，《物权法》废止，其内容整合入《民法典》。

划拨土地使用权只是一种使用权，土地所有权仍属国家，并不导致所有权的改变。划拨使用权是在国有土地上的使用权，在集体所有的土地上不能设定此权利，只有国有土地才能进行划拨。划拨使用权是为特定用地划拨设定的。国家对土地划拨的对象做出了明确的规定，只有符合要求的单位才能获得划拨土地，其余则不能。

10.1.2 土地划拨的特征

1. 公益性

划拨土地使用权只适用于不以营利为目的的公益事业或国家重点工程项目。《城市房地产管理法》明确了哪些建设用地才可以适用划拨方式取得土地使用权。从规定来看，在制度设计上，我国已经将划拨土地使用权定位在公益事业和国家重点工程建设上。以划拨方式取得土地使用权的，经主管部门登记、核实，由同级人民政府颁发土地使用权证。

2. 无偿性

划拨土地使用权直接由政府的批准行为产生，在缴纳征收补偿安置费后即可取得土地使用权，或者将不需要征收的存量国有土地使用权无偿交付给土地使用者使用，不需要向国家缴纳出让金。只是需要进行登记以确定土地使用权的范围并表明取得划拨土地使用权。虽然划拨土地使用权是无偿取得，但取得划拨土地使用权的使用者应当依法缴纳土地使用税。

3. 无期限性

以划拨方式取得土地使用权的，除法律、行政法规另有规定外，没有使用期限的限制。从一定意义上来说，划拨土地可以永久使用。出让土地使用权则是有期限的，如住房用地70年，工业用地50年。虽然无偿取得的划拨土地使用权没有年限限制，但因土地使用者迁移、解散、撤销、破产或者其他原因而停止使用土地的，国家应当无偿收回划拨土地使用权，并可依法出让。

4. 限制性

划拨使用权不得超越其划拨规定权限，必须严格遵守关于划拨使用权的规定，在其权限范围内行使其权利。划拨土地使用权一般不得转让、出租、抵押，只有符合法定条件的才可以转让、出租、抵押，即土地使用者为公司、企业、其他组织和个人，领有土地使用权证，地上建筑物有合法产权证明，经当地政府批准其出让并补缴土地使用权出让金或者以转让、出租、抵押所获收益抵缴出让金。未经批准擅自转让、出租、抵押划拨土地使用权的，没收其非法收入，并根据其情节处以相应罚款。

正因为土地划拨具有公益性、无偿性和无期限性，因此用地单位都倾向于得到划拨土地使用权，这就容易导致国有资产的大量流失、用地市场的混乱和腐败现象的发生。所以，必须对土地划拨范畴做出严格限制。

10.2 土地划拨范畴

10.2.1 《划拨用地目录》

《土地管理法》规定，“下列建设用地，经县级以上人民政府依法批准，可以以划拨方式取得：（一）国家机关用地和军事用地；（二）城市基础设施用地和公益事业用地；（三）国家重点扶持的能源、交通、水利等基础设施用地；（四）法律、行政法规规定的其他用地”。

2001年10月，国土资源部制定了《划拨用地目录》，共分4个方面19个大类。2025年5月，自然资源部根据《民法典》《土地管理法》《城市房地产管理法》重新修订《划拨用地目录》，自2025年9月1日起施行。新版《划拨用地目录》共分4个方面20个大类。该目录严格限制以划拨方式设立国有建设用地使用权。符合该目录，确需以划拨方式使用土地的，由建设单位提出申请，经有批准权的人民政府批准，方可以划拨方式提供；建设单位提出或者同意以有偿方式使用土地的，应当依法采取出让、租赁等方式提供。目录明确为“非营利性”“公益性”“非经营性”的建设项目，县级以上地方自然资源主管部门在划拨用地审查时，应当根据建设单位提供的民办非企业单位、社会服务机构等登记证书以及有关行业主管部门出具的材料文书等进行核实。根据工作需要，可以征求有关行业主管部门的意见。以划拨方式取得的国有建设用地使用权，因企业改制、国有建设用地使用权转让或者改变土地用途等不再符合本目录的，应当实行有偿使用。该目录施行后，法律、行政法规和国务院有关政策另有规定的，从其规定。

1. 国家机关用地和军事用地

（1）党政机关和人民团体用地。

1）办公用地。2）安全、保密、通讯等特殊专用设施。

（2）军事用地。

1）指挥机关，地上和地下的指挥工程、作战工程。2）军用机场、港口、码头。3）营区、训练场、试验场。4）军用洞库、仓库。5）军用信息基础设施，军用侦察、导航、观测台站，军用测量、导航、助航标志。6）军用公路、铁路专用线，军用输电线路，军用输油、输水、输气管道。7）边防、海防管控设施。8）国务院和中央军事委员会规定的其他军事设施。

2. 城市基础设施用地和公益事业用地

（1）城市基础设施用地。

1）供水设施：包括取水工程、净水厂、输配水工程、水质检测中心、调度中心、控制中心。2）燃气供应设施：包括天然气、液化石油气等燃气储配站。3）供热设施：包括城市热源、区域性热力站。4）公共交通设施：包括城市轻轨、地下铁路线路、公共交通车辆停车场、首末站（总站）、调度中心、整流站、车辆保养场。5）环境卫生设施：包括雨水处理设施、污水处理厂、垃圾（粪便）处理设施、其他环卫设施。6）市政管廊：包括电缆隧道、供水、排水、供气、供热等专业管廊、综合管廊和其他市政管沟。7）道路广场：包括市政道路、市政广场。8）绿地：包括公共绿地（住宅小区、工程建设项目的配套绿地除外）、防护绿地。

（2）消防救援、应急避难设施用地。

1）消防设施：包括消防站、消防通信及指挥训练中心等设施。2）救援设施：包括应急救援指挥训练中心、防灾减灾、安全等设施。3）应急避难场所：包括有关人民政府建设的人防工程、应急避难所。

（3）国家储备设施用地。

1）中央和地方政府储备设施（包括粮食等农产品和农资储备，石油等能源储备，战略性矿产品、关键原材料等物资储备，以及应急救灾物资、医药等应急专用物资储备）。2）国家储备配套铁路专用线、专用公路、管道等生产附属设施。

（4）非营利性邮政设施用地。

提供邮政普遍服务、邮政特殊服务的邮政营业场所和邮政处理场所。

（5）非营利性教育、托育设施用地。

1）学校（普通高等教育学校、普通中小学、特殊教育学校、中等职业学院、专门学校）教学、办公、实验、科研、学生宿舍、食堂、校内实习实训场所和文化体育设施。2）幼儿园、托育机构的教学卫生保健、儿童寝室、食堂、办公、园内体育文化设施、游戏活动场地。3）特殊教育学校康复、技能训练设施。

符合本款规定使用划拨土地的，应当为经依法批准或者登记设立的学校、幼儿园等教育机构或者托育机构。其中，学校、托育机构应当属于非营利法人；幼儿园应当属于非营利法人或者经教育主管部门认定的普惠性幼儿园。

（6）公益性科研机构用地。

1）科学研究、调查、观测、实验、试验（站、场、基地）设施。2）科研机构办公设施。

符合本款规定使用划拨土地的，应当为经依法批准或者登记设立，从事基础研究、应用基础研究、公益性研究或者提供公共技术和公益服务的非营利法人。

（7）非营利性公共文化体育设施用地。

1）公共文化设施：向公众开放的公益性图书馆、博物馆、纪念馆、美术馆、科技馆、文化馆（站）、青少年宫、青少年科技馆、青少年（儿童）活动中心、工人文化宫、广播电视播出传输覆盖设施。2）公共体育设施：向公众开放的公益性体育场（馆）（高尔夫球场除外）、全民健身运动设施（住宅小区、企业单位内配套的除外），以及体育信息、科研、兴奋剂检测设施。

符合本款规定使用划拨土地的，应当为公共文化体育设施管理单位，且属于非营利法人。

（8）非营利性医疗卫生设施用地。

1）医院。2）乡镇卫生院、社区卫生服务中心（站）、村卫生室、医务室、门诊部（所）等基层医疗卫生机构。3）疾病预防控制机构、专科疾病防治机构、妇幼保健院（所、站）、健康教育机构、急救中心（站）、采供血机构等专业公共卫生机构。4）医学检验中心、病理诊断中心、医学影像中心、血液透析中心等独立设置机构和护理机构、康复医疗中心、安宁疗护中心等接续性服务机构。

符合本款规定使用划拨土地的，应当为卫生健康主管部门分类登记核定为非营利性的医院、基层医疗卫生机构、专业公共卫生机构或者其他医疗卫生机构。

（9）非营利性社会保障和福利设施用地。

1）保障性住房。2）老年人、儿童、残疾人和综合性社会福利设施。3）救助管理机构：未成年人救助保护中心、救助管理站。4）公益性殡葬设施：殡仪馆、殡仪服务站、骨灰堂、公益性公墓。

符合本款规定使用划拨土地的，保障性住房应当符合有关规划建设要求；其他非营利性社会保障和福利设施，建设单位应当为非营利法人。

3. 国家重点扶持的能源、交通、水利等基础设施用地

（1）能源类战略性矿产资源开采设施用地。

1）露天开采矿场及配套设施。2）地下开采井巷工程及配套设施。3）钻井开采井场及配套设施。4）进场道路、管道运输设施。5）矿山救护、安全生产、消防防护设施。

（2）电力设施用地。

1）发（变）电主厂房设施及配套库房设施。2）发（变）电厂（站）的专用交通设施。3）配套环保、安全防护设施。4）火力发电工程配电装置、网控楼、通信楼、微波塔。5）火力发电工程循环水管（沟）、冷却塔（池）、阀门井水工设施。6）火力发电工程燃料供应、供热设施，化学楼、输煤综合楼，启动锅炉房、空压机房。7）火力发电工程乙炔站、制氢（氧）站，化学水处理设施。8）核能发电工程应急给水储存室、循环水泵房、安全用水泵房、循环水进排水口及管沟、加氯间、配电装置。9）核能发电工程燃油储运及油处理设施。10）核能发电工程制氢站及相应设施。11）核能发电工程淡水水

源设施，净水设施，污水、废水处理装置。12）新能源发电工程电机，厢变、输电（含专用送出工程）、变电站设施，资源观测设施。13）储能电站及相应设施。14）输配电线路塔（杆），巡线站、线路工区，线路维护、检修道路。15）变（配）电装置，直流输电换流站及接地极。16）输变电、配电工程给排水、水处理等水工设施。17）输变电工区、高压工区。

（3）铁路交通设施用地。

1）铁路线路、车站及站场设施。2）铁路运输生产及维修、养护设施。3）铁路防洪、防冻、防雪、防风沙设施（含苗圃及植被保护带）、生产防疫、环保、水保设施。4）铁路给排水、供电、供暖、制冷、节能、专用通信、信号、信息系统设施。5）铁路轮渡、码头及相应的防风、防浪堤、护岸、栈桥、渡船整备设施。6）铁路专用物资仓储库（场）。7）铁路安全守备、消防、战备设施。

（4）公路交通设施用地。

1）公路线路、桥梁、交叉工程、隧道和渡口。2）公路通信、监控、安全设施。3）高速公路服务区（区内经营性用地除外）。4）公路养护道班（工区）。5）公路线路用地界外设置的公路防护、排水、防洪、防雪、防波、防风沙设施及公路环境保护、监测设施。

（5）水路交通设施用地。

1）码头、栈桥、防波堤、防沙导流堤、引堤、护岸、围堰水工工程。2）人工开挖的航道、港池、锚地及停泊区工程。3）港口生产作业区。4）港口机械设备停放场地及维修设施。5）港口专用铁路、公路、管道设施。6）港口给排水、供电、供暖、节能、防洪设施。7）水上安全监督（包括沿海和内河）、救助打捞、港航消防设施。8）通讯导航设施、环境保护设施。9）内河航运管理设施、内河航运枢纽工程、通航建筑物及管理维修区。

（6）民用机场设施用地。

1）机场飞行区。2）公共航空运输客、货业务设施：包括航站楼、机场场区内的货运库（站）、特殊货物（危险品）业务仓库。3）空中交通管理系统。4）航材供应、航空器维修、适航检查及校验设施。5）机场地面专用设备、特种车辆保障设施。6）油料运输、中转、储油及加油设施。7）消防、应急救援、安全检查、机场公用设施。8）环境保护设施：包括污水处理、航空垃圾处理、环保监测、防噪声设施。9）训练机场、非经营性通用航空机场、公共航运机场中的通用航空业务配套设施。

（7）水利设施用地。

1）水利工程用地：包括挡水、泄水建筑物、引水系统、尾水系统、分洪道及其附属建筑物，附属道路、交通设施，供电、供水、供风、供热及制冷设施。2）水库淹没区。3）堤防工程。4）河道治理工程。5）水闸、泵站、涵洞、桥梁、道路工程及其管护设施。6）蓄滞洪区、防护林带、滩区安全建设工程。7）取水系统：包括水闸、堰、进水口、泵站、机电井及其管护设施。8）输（排）水设施（含明渠、暗渠、隧道、管道、桥、渡槽、倒虹、调蓄水库、水池等）、加压（抽、排）泵站、水厂。9）防汛抗旱通信设施，水文、气象测报设施。10）水土保持管理站、科研技术推广所（站）、试验地设施。

4. 法律、行政法规规定的其他用地

（1）烈士纪念设施用地。

1）烈士陵园、纪念堂馆、纪念碑亭、纪念塔祠、纪念塑像、纪念广场。2）烈士骨灰堂、烈士墓、烈士英名墙。

（2）特殊用地。

1）使领馆馆舍。2）监教场所。3）由政府组织实施的生态环境和资源保护事业需要的保护和公共管理设施用地。

10.2.2 经济适用房和廉租房等用地

住房可分为商品房和保障房。商品房在中国兴起于20世纪80年代，它是指在市场经济条件下，具有经营资格的房地产开发公司（包括外商投资企业）通过出让方式取得土地使用权后开发建造的房屋，按市场价出售。所谓的保障房也就是政策性保障性住房，是指政府在对中低收入家庭实行分类保障过程中所提供的限定供应对象、建设标准、销售价格或租金标准，具有社会保障性质的住房。

1998年，国务院颁布《关于进一步深化城镇住房制度改革加快住房建设的通知》，确定了中国住房分配领域货币化和市场化的改革目标。针对中低收入家庭，该通知指出，“最低收入家庭租赁由政府和单位提供的廉租住房”“中低收入家庭购买经济适用住房”“经济适用住房建设用地应在建设用地年度计划中统筹安排，并采取行政划拨方式供应”。在实际执行过程中，保障性住房中的经济适用住房、廉租房等取得的建设用地一般是划拨性质的。

经济适用房是指具有社会保障性质的商品住宅，具有经济性和适用性的特点。经济性是指住宅价格相对于市场价格比较适中，能够适应中低收入家庭的承受能力；适用性是指在住房设计及其建筑标准上强调住房的使用效果，而非建筑标准。经济适用住房面积需要严格控制在中小套型，中套住房面积控制在80平方米左右，小套住房面积控制在60平方米左右。廉租房是指政府以租金补贴或实物配租的方式，向符合城镇居民最低生活保障标准且住房困难的家庭提供的社会保障性质的住房。廉租房的分配形式以租金补贴为主，实物配租和租金减免为辅。根据住房和城乡建设部、财政部、国家发展和改革委员会联合印发的《关于公共租赁住房和廉租住房并轨运行的通知》的规定，从2014年起，各地公共租赁住房和廉租住房并轨运行，并轨后统称为公共租赁住房。廉租房只租不售，出租给城镇居民中的低收入者。廉租房户型设定一般以一居室、两居室为主，建筑面积原则上为一居室套型建筑面积35平方米，两居室套型建筑面积45平方米，三居室套型建筑面积55平方米。经济适用住房和廉租房建设一般是政府划拨土地，统一开发、集中建设。

国土资源部2011年3月为贯彻落实《国务院办公厅关于进一步做好房地产市场调控工作有关问题的通知》和全国保障性安居工程工作会议精神，发出了《关于切实做好2011年城市住房用地管理和调控重点工作的通知》。该通知要求：城市和国有工矿棚户

区改造原则上应实行原址改造，尽量安排使用存量建设用地，对其中确属保障性住房建设所需的用地，应以划拨方式供应。对符合国家规定建筑套型面积和保障性租金标准的公共租赁住房用地，可以划拨方式供地；以出让方式供地建公租房的，应实行“定套型面积、竞租金标准、竞地价”的供地政策。为确保保障性安居工程建设任务落实、供地政策贯彻执行到位，各地要重点加强对保障性安居工程住房用地开发利用的监督管理，严禁改变保障性安居工程住房用地的土地用途或性质，凡以划拨方式取得土地后申请改变用途的，任何部门不得批准，必须收回其土地使用权；擅自改变土地用途的，要依法从严处理。对保障性安居工程住房建成后申请改变住房性质的，在纪检监察机关依法依纪追究相关部门和人员责任前，国土资源主管部门不得为其办理任何土地手续；对擅自改变保障性安居工程住房性质以商品住房销售的，应从严从重处罚，并禁止企业、企业控股股东及控股股东新设立企业参加新的土地购置活动。

10.3 土地划拨程序

1. 用地单位提交用地申请

经批准的建设项目，需要使用国有土地的，建设单位应当持法律、法规规定的有关文件向有批准权的县级以上人民政府土地行政主管部门提出建设用地申请。

2. 土地行政主管部门审查

划拨土地的项目必须符合《土地管理法实施条例》和各地方管理条例、办法的规定，符合《划拨用地目录》的规定。具备建设项目有关批准文件、项目预审报告。

（1）建设单位划拨供地申请书、营业执照或其他相关材料，用地单位应在申请资料上加盖单位公章。

（2）新增用地提交省以上人民政府土地征收、转用批复及“一书四方案”、征地协议，非单独选址项目的，提交国土资源管理部门对征收、转用土地具体建设项目的说明。

（3）转让国有划拨土地的，提交原用地单位《国有土地使用证》《房屋所有权证》《国有土地划拨决定书》以及土地使用权转让协议或土地收购储备协议。土地使用者名称变更的，应先办理变更登记手续。

（4）需改变土地用途的，应附有规划部门的批准文件。

（5）宗地图为有测绘资质的测绘单位出具的宗地图件。

（6）有新建项目的还应报送以下材料：1）有权批准的计划审批部门下达的项目可行性研究报告及批复、项目初步设计批复、年度投资计划。2）《建设用地规划许可证》或《建设项目选址意见书》。3）平面布置图。4）属于经济适用住房的，应附有房管部门的批准文件。5）属于企业改革的，应附有关部门的批准文件。6）消防、环保、林业、文物保护等部门对该报告的审查意见。

3. 土地行政主管部门报批

县级以上人民政府国土管理部门对建设用地申请进行审查后，便划定用地范围，并组织建设单位与被征地单位及有关单位，依法商定征用土地的补偿、安置方案。然后，依照《土地管理法》规定的审批权限报有批准权的人民政府批准。

4. 划拨土地

建设用地申请及土地补偿、安置方案，经有批准权的人民政府依法批准后，向建设单位颁发建设用地批准书，土地管理机关根据建设用地批准文件和建设进度，一次或分期划定建设用地，并督促被征地单位和建设单位按时移交土地，尽快落实土地补偿、安置方案。

5. 核发《国有土地使用证》

建设项目竣工后，建设项目主管部门组织有关部门验收时，县级以上人民政府土地管理部门要到现场核查实际用地情况，经核查无误后，用地单位应到土地行政管理部门办理土地登记，由土地管理机关颁发《国有土地使用证》确认土地使用权。

10.4　划拨土地流转

划拨土地的流转包括划拨土地的转让、出租、抵押和作价入股等，其法律依据为《城镇国有土地使用权出让和转让暂行条例》、《划拨土地使用权管理暂行办法》、《城市房地产管理法》和《民法典》物权编。现行立法允许划拨土地使用权人在一定条件下转让、租赁、抵押。《城镇国有土地使用权出让和转让暂行条例》第四十五条规定：“符合下列条件的，经市、县人民政府土地管理部门和房产管理部门批准，其划拨土地使用权和地上建筑物，其他附着物所有权可以转让、出租、抵押：（一）土地使用者为公司、企业、其他经济组织和个人；（二）领有国有土地使用证；（三）具有地上建筑物、其他附着物合法的产权证明；（四）依照本条例第二章的规定签订土地使用权出让合同，向当地市、县人民政府补交土地使用权出让金或者以转让、出租、抵押所获收益抵交土地使用权出让金。”从上面的规定可以看出，只有非公益性的划拨土地使用权才可以转变。

划拨土地的流转需要注意以下几点：第一，划拨土地除了符合特定条件外，不得转让、出租、抵押和作价入股；第二，转让、出租、抵押应当补交土地出让金或者以转让、出租、抵押所获收益抵交土地使用权出让金；第三，未经批准擅自转让的，应当没收违法收入并处以罚款。

10.4.1　划拨土地使用权的转让

土地使用权转让是指土地使用者将土地使用权再转移的行为，包括出售、交换和赠与。划拨土地使用权转让需要征收增值收益，就是对因划拨土地使用权转变而获得的收益进行部分征收。《城市房地产管理法》规定，以划拨方式取得土地使用权的，转让房地产时，应当按照国务院规定，报有批准权的人民政府审批。有批准权的人民政府准予转让的，应当由受让方办理土地使用权出让手续，并依照国家有关规定缴纳土地使用权出让金。以划拨方式取得土地使用权的，转让房地产报批时，有批准权的人民政府按照国务院规定决定可以不办理土地使用权出让手续的，转让方应当按照国务院规定将转让房地产所获收益中的土地收益上缴国家或者作其他处理。

10.4.2 划拨土地使用权的出租

土地使用权出租是指土地使用者作为出租人将土地使用权随同地上建筑物、其他附着物租赁给承租人使用，由承租人向出租人支付租金的行为。《城市房地产管理法》规定：以营利为目的，房屋所有权人将以划拨方式取得使用权的国有土地上建成的房屋出租的，应当将租金中所含土地收益上缴国家。具体办法由国务院规定。针对划拨土地使用权的出租行为所征收的土地收益，财政部颁发的《关于国有土地使用权有偿使用收入征收管理的暂行办法》将其界定为土地收益金。收取土地收益金的实质，是在出租期限内，临时性地将划拨土地使用权改变为有偿使用。划拨土地使用权人因某种原因而由国家给予优惠，可以继续无偿使用国有土地，但其不能借此优惠而谋取本该属于国家的土地收益。

10.4.3 划拨土地使用权的抵押

土地使用权抵押是指抵押人以其合法的土地以不转移占有的方式向抵押权人提供债务履行担保的行为。债务人不履行债务时，抵押权人有权依法以抵押的土地拍卖所得的价款优先受偿。划拨土地使用权抵押有其自身的特点，首先，划拨土地使用权抵押与一般意义上的财产抵押不同。在一般财产抵押中，抵押物除了由债务人提供自己的财产作为抵押物外，还可以由第三人以自己享有的合法财产为债务人做抵押担保。划拨土地使用权的抵押，不能由第三人用自己的划拨土地使用权为债务人做抵押担保。其次，划拨土地使用权的抵押也不同于出让土地使用权的抵押。设定房地产抵押权的土地使用权是以划拨方式取得的，依法拍卖该房地产后，应当从拍卖所得的价款中缴纳相当于应缴纳的土地使用权出让金的款额后，抵押权人方可优先受偿。总之，划拨土地使用权在经有批准权的人民政府或国土资源部门批准后，可以转让抵押，但转让抵押范围应严格执行《民法典》物权编的规定，不得擅自扩大转让抵押范围。

10.4.4 划拨土地使用权的作价入股

作价入股是国有企业改制中，对划拨土地的一种处理方式。核心是把划拨土地使用权作价，作为国有资本进入企业。划拨土地使用权作价出资或入股是国有土地使用权有偿使用的一种形式。国家通过将国有土地使用权在一定时期内作价出资或入股，一方面使政府在企业总资产中占有一定份额而参与分享企业经营获得的利润，并获得一定的对企业控制力而实现土地资产所有权人的权益；另一方面既增加了企业的资产，又减少了企业的改革成本。这种方式既可以盘活划拨土地，又可以达到支持企业的发展或控制某些产业或产品生产，实现国家的投资营利，调控某些经济领域或产品发展，理顺企业产权关系及有利于现代企业制度建立的目的。

10.5 土地划拨制度建设

目前，社会政治经济形势都发生了深刻的变化，划拨土地使用权管理出现了许多新情况、新问题。需要改革完善土地划拨制度①，建立完善划拨制度体系。

（1）进一步明确制度的边界，建立起标准清晰、程序透明的划拨机制。土地划拨制度是土地供应制度的重要组成部分，与土地市场化供应相辅相成、互为补充。如在土地市场不能有效发挥作用的领域，土地划拨能够确保重要行业尤其是公益事业和基础设施领域能够有地可用。目前，我国土地划拨制度分散在法律、法规、规章及有关文件规定中，并未有法律文件专门、系统地规定土地划拨制度，给实践带来了制度适用上的混乱，对法律的执行造成很多不便。因此，需要对土地划拨制度进行系统梳理，找出目前土地划拨制度存在的主要疑难问题，并提出合理、适当的法律解决建议。

（2）明确不同供地方式的内涵，使各种供地方式能够适应不同情形。根据《划拨用地目录》的规定，非营利性邮政设施、教育设施、体育设施、公共文化设施、医疗卫生设施和社会福利设施用地可以通过划拨方式提供土地使用权，但《划拨用地目录》并未对什么是“非营利性”进行界定。例如，对于市场主体兴办的具有营利性质的公益事业，如医院和学校，就可以采取出让方式，而不是采取政府土地资产直接无偿投入的划拨方式。又如，协议出让和作价出资（入股）的区别，虽然两者都适用于有偿供地方式，但是前者体现为直接的公共财政资金回报，后者则更类似于投资行为，公共财政获得的是企业资本份额或股权。在完善土地划拨制度时，要考虑到土地划拨制度的一般性和特殊性，从而建立全面和科学的供地制度体系。

（3）完善《划拨用地目录》，兼顾国民经济行业分类和土地用途分类。《划拨用地目录》与国民经济行业分类相衔接，一方面，可以体现政府土地政策对产业的支持信号，引导无市场需求领域的资本投入；另一方面，有利于土地使用者进行对照，便于政策解释和推广应用。《划拨用地目录》与土地用途分类相衔接，有利于市、县在供地中具体执行。

目前法律、法规、规章和文件，对划拨土地范围有不同形式的界定，但是上述界定的表述有时并不具体。比如“城市基础设施和公益事业用地”“国家重点扶持的能源、交通、水利等基础设施用地”“对以营利为目的，非国家重点扶持的能源、交通、水利等基础设施用地项目，应当以有偿方式提供土地使用权”。但在具体操作时，公益性与营利性如何界定，国家重点扶持与非国家重点扶持如何区分，市、县很难把握。所以，《划拨用地目录》同时体现产业、土地用途两方面的内容可能更有利于执行。

（4）通过严格合理的程序和协调统一的政策体系确保土地划拨的合法性。目前我国

---

① 张春雨．完善土地划拨法律制度的三点建议．中国土地，2015（9）．

已经对可以划拨的用地类型有明确的规定，关键是如何在实践中严格遵守。好的程序可以起到审核、监督、平衡利益的作用，所以，必须在建立合理程序上下功夫。土地划拨制度必须和有偿使用制度、征收征用制度、土地储备制度等相互呼应，相互衔接。一个好的土地划拨制度必须以其他土地制度为基础，而所有的土地制度也必须有统一的基础思想和理念。

2024 年 12 月，自然资源部对《划拨用地目录》进行修订，在征求各方意见的基础上，形成《划拨用地目录（修订征求意见稿）》，面向社会公开征求意见。2025 年 6 月，自然资源部公布新修订的《划拨用地目录》。本次修订保持总体结构基本不变，大类和中类与修订前一致，对部分条款进行了删减、增加和调整。共分为四个方面。具体修改情况如下：（1）严格限制以划拨方式设立建设用地使用权。根据《民法典》《生态文明体制改革总体方案》《国务院关于全民所有自然资源资产有偿使用制度改革的指导意见》关于严格限制以划拨方式设立建设用地使用权，完善国有建设用地有偿使用制度，扩大国有建设用地有偿使用范围等要求，增加有关有偿使用的总体要求和对“非营利性”“公益性”的具体界定。（2）删减不符合现行规定的有关条款。1）根据《国土空间调查、规划、用途管制用地用海分类指南》规定，河流水面、湖泊水面纳入未利用地管理，水库水面纳入农用地管理。《划拨用地目录》规定为可划拨的建设用地项目，故删除“城市基础设施用地”中的“水源地”和“水利设施用地”中的“水库淹没区”。2）根据《城市生活无着的流浪乞讨人员救助管理办法》的有关规定，删除原“非营利性社会福利设施用地”中的“收容遣送设施”。（3）增加符合新形势需要的有关条款：1）根据机构改革要求，按照《中华人民共和国消防法》《中华人民共和国突发事件应对法》有关规定，增加“（四）消防救援、应急避难设施用地”。2）贯彻落实党的二十届三中全会精神，加快完善国家储备体系。根据国家储备有关规定，增加“（十）国家储备设施用地”。（4）调整有关条款。1）根据《军事设施保护法》《邮政法》《教育法》《未成年人保护法》《基本医疗卫生与健康促进法》等法律、《公共文化体育设施条例》等国务院文件，以及《国土空间调查、规划、用途管制用地用海分类指南》等规定，更新调整相应内容。2）贯彻落实党的二十届三中全会精神，健全提升产业链供应链韧性和安全水平制度，完善战略性矿产资源探产供储销统筹和衔接体系。将原（十一）和（十二）的石油、天然气、煤炭等设施用地，调整为“（十二）战略性矿产资源开采设施用地”。

关键术语

国有土地使用权划拨　　划拨用地目录　　商品房　　经济适用房
廉租房

复习思考题

1. 简述国有土地使用权划拨的特征。
2. 按照《土地管理法》，哪些用地可以划拨取得？
3. 简述国有土地使用权划拨的程序。

第 11 章

土地承包经营法律制度

国家实行农村土地承包经营制度。本章主要就土地承包经营制度、土地承包经营的缘由、土地承包的法律关系、土地承包程序与合同、土地经营权流转等问题进行阐述。

11.1　土地承包经营制度

11.1.1　农村土地承包经营制度的内涵

农村土地承包经营制度就是农户或者集体按照承包合同，以承包方式，对集体所有或国家所有由集体使用的农村土地享有占有、使用和收益权利的制度。其中农村土地，是指农民集体所有和国家所有依法由农民集体使用的耕地、林地、草地以及其他依法用于农业的土地。

农村土地承包经营制度的直接法律依据是《中华人民共和国农村土地承包法》（以下简称《农村土地承包法》），该法于 2002 年 8 月 29 日第九届全国人民代表大会常务委员会第二十九次会议通过，根据 2009 年 8 月 27 日第十一届全国人民代表大会常务委员会第十次会议通过的《关于修改部分法律的决定》第一次修正，根据 2018 年 12 月 29 日第十三届全国人民代表大会常务委员会第七次会议通过的《关于修改〈中华人民共和国农村土地承包法〉的决定》第二次修正，修改后的《农村土地承包法》自 2019 年 1 月 1 日起施行。该法主要内容包括：总则、家庭承包、其他方式的承包、争议的解决和法律责任、附则。

关于农村土地承包经营纠纷调解仲裁可依据《中华人民共和国农村土地承包经营纠纷调解仲裁法》，该法于 2009 年 6 月 27 日第十一届全国人民代表大会常务委员会第九次会议通过，自 2010 年 1 月 1 日起施行。该法主要内容包括：总则、调解、仲裁（仲裁委员会和仲裁员、申请和受理、仲裁庭的组成、开庭和裁决）和附则。

农村土地承包经营制度的法律规定还可见于《民法典》物权编（第十一章土地承包经营权）和《土地管理法》（第二章土地的所有权和使用权）。关于农村土地承包经营权流转，农业部于2005年1月29日公布了《农村土地承包经营权流转管理办法》，该法自2005年3月1日起施行。2021年3月1日起《农村土地经营权流转管理办法》施行，《农村土地承包经营权流转管理办法》废止。

农村土地承包经营制度是在家庭联产承包责任制的基础上发展而来的，是中国农民在农业生产实践中创造和发明的，是从田间地头走进文件和法律的。土地承包经营是我国农民的一个伟大创举。农村实行土地承包经营，改变了人民公社的生产经营方式和计划经济模式，初步构筑了适应我国市场经济要求的农村新经济体制框架。农村土地承包经营制度，赋予了农民自主经营权，极大地调动了他们的生产积极性，解放了农村劳动生产力，促进了农业、农村经济和国民经济的发展，是一项建设中国特色社会主义农业的经营制度。

11.1.2 土地承包经营制度的特征

1. 土地承包经营权是一种物权

农村土地承包后，土地的所有权性质不变，承包经营权是从所有权分离出来的权利。承包经营权的内容主要包括占有、使用和收益。土地承包经营权是反映我国经济体制改革中农村承包经营关系的新型物权。土地承包经营权具有“及物性”，主要体现为土地承包合同一经生效，承包人即享有对土地的直接控制和利用的权利。《民法典》物权编和《农村土地承包法》强化了土地承包经营权的法定性，事实上确认了土地承包经营权属于用益物权。把土地承包经营权确定为用益物权并且长期化，强化了对权利人的保护，有助于加强农民对土地的投资，改善农业排水、灌溉等农业设施，提高农地的产出效益。

2. 承包土地的所有权、承包权、经营权实行“三权分置”

2018年12月，《农村土地承包法》修改的主要内容包括所有权、承包权、经营权“三权分置”，稳定农村土地承包关系并长久不变等七方面内容。在坚持农村土地集体所有的前提下，促使承包权和经营权分离，形成所有权、承包权、经营权“三权分置”，经营权流转的格局。“三权分置”是继家庭联产承包责任制后农村改革的又一制度创新。一是以家庭承包方式取得的土地承包经营权在流转中分为土地承包权和土地经营权，同时，明确了土地承包权和土地经营权的权能。二是为了加强对土地承包权的保护，承包土地的经营权流转后，承包方与发包方的承包关系不变，承包方的土地承包权不变。三是为了与《民法典》《农业法》等法律相衔接，保留了土地承包经营权的概念。土地集体所有权与承包经营权是承包地处于未流转状态的一组权利，是“两权分离”。土地集体所有权、土地承包权、土地经营权是承包地处于流转状态的一组权利，是“三权分置”。

3. 承包经营权的主体一般是本集体经济组织的成员

《农村土地承包法》规定：农村集体经济组织成员有权依法承包由本集体经济组织发包的农村土地。任何组织和个人不得剥夺和非法限制农村集体经济组织成员承包土地的权利。《农村土地承包法》第五十二条规定："发包方将农村土地发包给本集体经济组织以外的单位或者个人承包，应当事先经本集体经济组织成员的村民会议三分之二以上成员或者三分之二以上村民代表的同意，并报乡（镇）人民政府批准。由本集体经济组织以外的单位或者个人承包的，应当对承包方的资信情况和经营能力进行审查后，再签订承包合同。"由此可以看出，农村土地承包经营权的主体可以扩大到本集体经济组织以外的单位和个人，但对此有一定的限制和约束。

4. 土地承包经营制度包括两种承包方式

两种承包方式，即家庭承包和招标、拍卖、公开协商等方式的承包。所谓家庭承包方式，是指以农村集体经济组织的每一个农户家庭全体成员为一个生产经营单位，作为承包人承包农民集体的耕地、林地、草地等农业用地，对于承包地按照本集体经济组织成员是人人平等地享有一份的方式进行承包。有些农业用地并不是本集体经济组织成员都有份的，如菜地、养殖水面等由于数量少，在本集体经济组织内做不到人人有份，只能由少数农户来承包；有的"四荒地"虽多，但本集体经济组织成员有的不愿承包，有的根据自己的能力承包的数量不同。这些不宜采取家庭承包方式的农村土地，可以采取招标、拍卖、公开协商等方式承包。这些承包方式都是以自愿、公开、公正的原则进行承包，透明度高，便于群众监督，防止暗箱操作，能够合理地利用这些农村土地。

5. 土地承包经营权的期限性

根据《农村土地承包法》规定，耕地的承包期为三十年，草地的承包期为三十年至五十年，林地的承包期为三十年至七十年。以上规定的耕地承包期届满后再延长三十年，草地、林地承包期届满后依照以上规定相应延长。土地承包经营权通过招标、拍卖、公开协商等方式取得的，《农村土地承包法》没有明文规定其期限，可以由当事人根据实际情况以合同约定其期限，如小块的菜地或养殖水面，因生产周期短，可以约定较短的承包期限；荒山、荒沟、荒丘、荒滩等农村土地，因开发难度大，生产周期长，可以约定较长的承包期限。《民法典》物权编第三百三十二条也做了相同的规定，并规定承包期限届满，由土地承包经营权人依照农村土地承包的法律规定继续承包。

6. 土地承包男女权利的平等性

《农村土地承包法》第六条规定：农村土地承包，妇女与男子享有平等的权利。承包中应当保护妇女的合法权益，任何组织和个人不得剥夺、侵害妇女应当享有的土地承包经营权。根据该条规定，农村妇女在承包土地时与男子享有平等的权利，这是男女平等原则的重要体现。在我国漫长的封建社会中，男女的地位不平等，男尊女卑，妇女在社会上没有地位，也不享有太多的财产权。新中国成立后，实行男女平等的社会制度。《宪法》中明确规定，中华人民共和国妇女在政治的、经济的、文化的、社会的和家庭的生活等各方面享有同男子平等的权利。《妇女权益保障法》也规定，妇女在政治的、经济的、文化的、社会的和家庭的生活等各方面享有同男子平等的权利。国家保障妇女享有与男子平等的财产权利。《妇女权益保障法》还规定，妇女在农村土地承包经营、集体经济组织收益分配、土地征收补偿安置或者征用补偿以及宅基地使用等方面，享有与男子平等的权利。但是，也应当看到，由于封建残余思想的影响，在一些农村中仍然存在歧视妇女的现象，妇女在农村土地承包中的权利受到侵害。如妇女出嫁后，在新居住地没有取得承包地的情况下收回其原承包地；有的农村妇女离婚或者丧偶后，仍在原居住地生活或者不在原居住地生活但在新居住地也未取得承包地，原集体经济组织即收回该妇女已经取得的原承包地，等等。在这些情况下，农村妇女的承包权益受到了侵害。因此，法律再次强调保护妇女在土地承包中的平等权利，是贯彻男女平等、保护妇女权益的重要体现，在广大农村地区，具有重要的现实意义。

11.2 土地承包经营的缘由

11.2.1 土地承包经营制度的产生

新中国成立后，我国农村集体土地制度的产生过程经历了土地改革、农业合作化、人民公社化这几个阶段。

人民公社化时期农地经营制度的特征主要有：(1) 政社不分，政社合一。人民公社既是一个经济组织，又是农村基层的一级政权组织。于是出现了以经济组织形式代替政权组织，以行政手段指挥生产的状况，这也是导致对农业生产和基层企业瞎指挥的根源。(2) 政企不分，政企合一。国家在当地的一些企事业单位全都下放给公社管理，公社就变成了工、农、商、学、兵，农、林、牧、副、渔无所不包的统一体，并实行四社合一，即把供销、信贷、手工业生产合作社同农业生产合作社合并起来。这样就导致出现了政企不分、以政代企的许多弊端。(3) 实行“三级所有、队为基础”的所有制。即实行公社、大队、生产队三级所有，以生产队为基础的制度，导致土地由分散经营向集中经营转变，生产工具、生产资料由生产组织成员集体享有，劳动产品实行计划分配，生产经营、分配等一系列活动集中统一由生产组织单位如生产队（或者更高一层级）计划进行，排斥任何形式的个人经营活动。

在20世纪70年代末期，农村改革从实行家庭联产承包责任制开始。当时，经过“文化大革命”，国民经济到了崩溃的边缘，农村问题尤为突出，解决农民吃饭问题是当时最紧迫的问题，而土地承包经营是解决这一问题最便捷、最有效的途径。一些地方的农民首先自发搞起了包产到户、包干到户，并逐步扩展开来。1980年，中央召开会议明确提出贫困地区可以搞包产到户，并强调“生产过程的各项作业，生产队宜统则统，宜分则分”。从此，包产到户的生产经营方式在全国开展起来。1978年12月，党的十一届三中全会通过的《中共中央关于加快农业发展若干问题的决定（草案）》，虽然规定不许包产到户，不许分田单干，但至少肯定了“包工到作业组，联系产量计算劳动报酬”的责任制，拉开了农地经营制度改革的序幕。党的十一届三中全会确立了“解放思想，实事求是”的思想路线，强调以经济建设为中心，为农村改革提供了理论根据，创造了政治环境。此后，中央关于土地包产到户的政策逐渐放宽。1980 年 5 月 31 日，邓小平正式表态：“农村政策放宽以后，一些适宜搞包产到户的地方搞了包产到户，效果很好，变化很快。”① 这就有力地支持了农村土地改革政策的推进。同年 9 月，中央发出《关于进一步加强和完善农业生产责任制的几个问题》，该文件不仅强调了集体经济是我国农村经济的基础，而且充分肯定了专业承包、联产计酬责任制，并对包产到户的做法给予基本的肯定。中央指示下达后，生产责任制推广范围迅速扩大，各种联产责任制形式迅速发展，尤其是包产到户、包干到户发展更快。到 1981 年 10 月，全国农村基本核算单位中，建立各种形式生产责任制的已占 97.8%，其中包产到户、包干到户的占到 50%。家庭承包经营是在农村土地集体所有制保持不变的前提下，由村委会或者农村集体经济组织将土地使用权发包给农户，这种在原所有制不变基础上的变革，对社会震荡小，方便宜行。到 1983 年底，全国 99%以上的生产队实行家庭联产承包责任制。

1982—1984 年，中共中央连续三年发布一号文件指导农业工作，先后明确地肯定了包产到户的社会主义性质、包干到户的社会主义性质，并正式定名为联产承包责任制，进一步规定了土地承包政策问题，主要内容有：稳定、完善联产承包责任制，延长土地承包期，一般在 15 年以上。

在基层组织管理方面，1982 年《宪法》规定，农村建立乡政府和群众性自治组织村民委员会，基层政权机构和地区性合作经济组织分开设立。此后，中央先后发出文件和通知，指导人民公社体制的改革，主要从实行生产责任制和政社分设两方面进行改革，建立乡政府、乡党委等。到 1984 年底，全国农村基本完成了由社到乡的转变。至此，以政社合一和集体统一经营为特征的人民公社制度遂告解体。这一阶段农村土地使用制度发生了根本性转变，其体制特征是人民公社“三级所有、队为基础”的经营制度全面解体，新的以“包产到户、包干到户”为标志的家庭联产承包责任体制基本确立。

1993 年，国家决定农户原有的承包期到期后可再延长 30 年，在承包期内，农户对土地的经营使用权可以在不改变使用方向的前提下实行自愿、有偿转让。这种承包经营方式一直稳定至今，使农村经济和社会发展产生了历史性的巨变，粮食和其他农产品大幅增长，由长期短缺到总量大体平衡、丰年有余，基本上解决了全国人民的吃饭问题，农民生活水平显著提高。

11.2.2　土地承包经营制度的发展

长期稳定农村土地承包经营，是我国国民经济发展的重要保障。我国的改革是从农村开始的。农村改革取得的重大成功，为城市改革和其他方面改革的顺利进行积累了重要经验，奠定了良好的基础，有力地促进了整个国民经济的发展。没有农村改革的成功

① 邓小平．邓小平文选：第 2 卷．2 版．北京：人民出版社，1994：315.

和农村经济的繁荣，整个经济体制改革就不可能顺利进行，邓小平指出："中国经济能不能发展，首先要看农村能不能发展，农民生活是不是好起来。"[①] 他还指出："农民没有积极性，国家就发展不起来。"[②] 为什么说要长期坚持农村土地承包经营不动摇？如果不稳定，一动摇，农民的积极性就没有了，生机和活力也没有了，其他什么措施都是空的。

党的十八大以来，党中央对稳定和完善农村基本经营制度、深化农村集体土地制度改革提出一系列方针政策。党的十九大报告明确提出第二轮土地承包到期后再延长30年。从农村的现实情况看，随着富余劳动力转移到城镇就业，各类合作社、农业产业化龙头企业等新型经营主体大量涌现，土地流转面积不断扩大，规模化、集约化经营水平不断提升，呈现"家庭承包、多元经营"格局。农业产业化、水利化、机械化及科技进步等，都对完善农村生产关系提出新的要求。把经实践检验行之有效的农村土地承包政策和成功经验及时转化为法律规范，是修改《农村土地承包法》首先要考虑的问题。适应农村生产力发展的新要求，稳定和完善适合国情的农村基本经营制度，是修改《农村土地承包法》的基本出发点。2015年，修改《农村土地承包法》列入十二届全国人大常委会立法规划，由全国人大农业与农村委员会牵头，中央农办、农业部等部门参与。《农村土地承包法》修改的主要内容涉及所有权、承包权、经营权"三权分置"，稳定农村土地承包关系并长久不变，承包地的个别调整，土地经营权入股，维护进城务工和落户农民的土地承包权益，保护农村妇女土地承包权益等。

11.2.3 实行土地承包经营制度的意义

实行农村土地承包经营制度，符合生产关系要适应生产力发展要求的规律，使农户获得充分的经营自主权，能够极大地调动农民的生产积极性，解放和发展农村生产力。我国农村改革有其客观必然性[③]。

农村土地承包经营之所以产生如此伟大的成就，原因有几个方面：一是农村土地承包经营给了农民充分的生产经营自主权。实行家庭承包经营，突破了计划经济的束缚，种什么、怎么种、种多少，都由农民自己决定，农户可以因地制宜安排生产，根据市场的需求组织安排生产。二是打破了收益分配上的"大锅饭"，使农民的利益和劳动成果直接挂钩，使农民得到了可以看得见的物质利益。三是家庭承包经营适合我国农业生产的特点。我国农业最显著的特点是人多地少，我国农民人均可耕地面积仅一亩左右，这就要求生产者精心照料农业生产的全过程。农民承包土地后，生产责任感大大增强，他们精耕细作、科学种田，努力提高劳动生产率。归根结底，家庭承包经营这种生产关系，使农户获得了充分的经营自主权，得到了实惠；极大地调动了农民的积极性，解放和发展了农村生产力；适应我国农村生产力发展的要求。

---

① 邓小平．邓小平文选：第3卷．北京：人民出版社，1993：77-78.

② 同①213.

③ 胡康生．中华人民共和国农村土地承包法释义．北京：法律出版社，2002.

农村土地承包经营方式既适应传统农业，也适应农业现代化发展的要求，在统分结合的经济体制下，农村土地承包经营可以容纳不同的生产发展水平，在现阶段乃至今后，仍具有旺盛的生命力。家庭承包经营赋予了农民生产经营自主权，确立了农户自主经营、自负盈亏的市场主体地位，他们自觉地顺应市场需求，调整产品结构，渴求农业科技，实行科学种田，努力提高劳动生产率，以获得最大的经济效益。农村土地承包经营中以家庭承包经营为主。家庭承包经营虽然是一种传统的农业经营方式，但是它没有过时，即使在发达国家，占主导地位的农业经营方式也是家庭农场。家庭经营并不排斥现代化。我国的家庭承包经营虽然规模小，但在统分结合的双层经营体制下，农村集体经济组织可以发挥它的优势，在管好集体资产的同时，协调好利益关系，组织好生产服务和集体资源开发，能够解决一家一户难以办到的事情，推动我国农业向专业化、商品化、现代化发展。

家庭承包经营不仅极大地调动了农民种粮、种棉的积极性，而且使他们从当地的实际和市场的需求出发，一方面调整生产结构，种植适销对路的其他经济作物，饲养优质的家禽家畜，开发新的产品，有效地促进了农村多种经营的发展。过去我们长期提出的“农林牧副渔”全面发展的农业目标，在实行农村土地承包经营后才得到更好的实现。另一方面，农民有了积累，也有了择业的自由，一些农民跳出了土地和农业的局限，办起了乡镇企业，在国家的大力支持和引导下，乡镇企业通过改制、引进资金和先进技术，得到快速发展，已成为国民经济的一支重要力量。企业的发展推动了小城镇的建设，进而促进了农村第三产业的发展，大批农村富余劳动力从土地上转移出来。农村改革取得的重大成功，开拓了农业产业化和农民就业的广阔空间。

土地既是农业最基本的生产资料，也是农民最可靠的社会保障。长期稳定农村土地承包关系，既是发展农业生产力的客观要求，也是稳定农村社会的一项根本性的措施。我们时刻不能忘记，我国农民人数众多，人多地少是我国最基本的国情。我国对农村的社会保障体系尚未健全，一户农民通常只有几亩地，劳动力有富余，他们可采取亦工亦农、亦商亦农的方式，白天务工，晚上务农，这是一项最大的社会保险。在乡镇企业蓬勃发展的同时，每年也有许多乡镇企业关停并转，但乡镇企业的职工们能上能下，能进能退，就是因为家里有几亩地，保障了他们的基本生活。改革开放 40 多年来，我国经济虽然取得巨大的成就，但一下还安置不了农村那么多的剩余劳动力，在相当长的一个时期，农民主要还是以土地为生。改革和发展要有一个稳定的局面，而农村的稳定是至关重要的，邓小平多次指出：“中国有百分之八十的人口住在农村，中国稳定不稳定首先要看这百分之八十稳定不稳定。城市搞得再漂亮，没有农村这一稳定的基础是不行的。”① 因此，实行农村土地承包经营不仅对促进农业和农村经济的更大发展有着十分重要的作用，同时，对农村社会保障和社会稳定也起着十分重要的作用。

---

① 邓小平．邓小平文选：第 3 卷．北京：人民出版社，1993：65.

11.3 土地承包的法律关系

农村土地承包的法律关系包括农村土地承包法律关系的主体、客体和内容。

11.3.1 农村土地承包法律关系的主体

1. 发包方

《农村土地承包法》规定："农民集体所有的土地依法属于村农民集体所有的，由村集体经济组织或者村民委员会发包；已经分别属于村内两个以上农村集体经济组织的农民集体所有的，由村内各该农村集体经济组织或者村民小组发包。"《土地管理法》规定："农民集体所有的土地依法属于村农民集体所有的，由村集体经济组织或者村民委员会经营、管理；已经分别属于村内两个以上农村集体经济组织的农民集体所有的，由村内各该农村集体经济组织或者村民小组经营、管理；已经属于乡（镇）农民集体所有的，由乡（镇）农村集体经济组织经营、管理。"由此可以看出，《农村土地承包法》确定的是村和村民小组的两级所有农村土地，并由相应的集体经济组织或者村委会、村民小组发包。《土地管理法》确定的是乡（镇）、村、村民小组三级为土地所有权代表，相应的集体经济组织、村委会、村民小组行使土地承包经营权的发包。但是"农民集体""集体经济组织"的内涵有必要进一步明确。

以上的"村"是指行政村，即设立村民委员会的村，而不是指自然村。农民集体所有的土地依法属于村农民集体所有，是指属于行政村农民集体所有。农民集体所有的土地，由村集体经济组织或者村民委员会发包。这是因为我国实行农村土地承包经营制度以后，有些村没有集体经济组织，难以完成集体所有土地的发包工作，需要由作为村民自治组织的村民委员会来行使发包土地的职能。因此，如果该村有集体经济组织，就由集体经济组织发包；如果没有集体经济组织，则可以由村民委员会发包。

以上的村民小组是指行政村内由村民组成的组织，它是村民自治共同体内部的一种组织形式，相当于原生产队的层次。"已经分别属于村内两个以上农村集体经济组织的农民集体所有的"土地是指，该土地原先分别属于两个以上的生产队，现在其土地仍然分别属于相当于原生产队的各该农村集体经济组织或者村民小组的农民集体所有。已经分别属于村内两个以上农村集体经济组织的农民集体所有的，由村内各该农村集体经济组织或者村民小组发包。这也是根据谁所有谁发包的原则确定的。目前，有许多村民小组并没有设立集体经济组织，这样则可以由村民小组发包。

国家所有依法由农民集体使用的农村土地，虽然所有权不属于使用该土地的农民集体，但由于是作为农村土地由农民集体使用从事农业生产，法律规定也实行承包经营。此类土地由国家发包既不必要，也不现实，因此规定由农村集体经济组织、村民委员会或者村民小组发包。具体由谁发包，应当根据该土地的具体使用情况而定。由村农民集体使用的，由村集体经济组织发包，村集体经济组织未设立的，由村民委员会发包。由村内两个以上集体经济组织的农民集体使用的，由村内各集体经济组织发包，村内各集体经济组织未设立的，由村民小组发包。村内各集体经济组织或者村民小组发包有困难或者不方便的，也可以由村集体经济组织或者村民委员会代为发包。

2. 承包方

《农村土地承包法》第五条第一款规定："农村集体经济组织成员有权依法承包由本集体经济组织发包的农村土地。"第十六条规定："家庭承包的承包方是本集体经济组织的农户。"具体来说，包含以下含义：（1）有权承包本集体经济组织发包的土地的是本集体经济组织的成员。如果土地是由村农民集体经济组织发包的，村集体经济组织成员有权承包。如果土地是由村内两个以上农村集体经济组织各自发包的，各该集体经济组织的成员有权承包。由于乡（镇）农民集体所有的农业用地大多面积较小，因此一般不向本集体经济组织所有成员发包。（2）本农村集体经济组织成员是指本集体经济组织内的所有成员。比如家庭承包中的承包方是农村集体经济组织的农户。发包方将土地发包给农户经营时，应当按照每户所有成员的人数来确定承包土地的份额，也就是通常所说的"按户承包，按人分地"，也叫"人人有份"。由于每个集体经济组织成员在本集体经济组织中均享有成员权，农村土地既是农民的基本生产资料，也是他们的基本生活保障，因此，每个农村集体经济组织的成员都享有土地承包权。如村集体中的每个村民，只要一出生，不论年长年幼、是男是女，都有承包权。这一点与村民会议成员权不同，按照《村民委员会组织法》的规定，村民会议由本村 18 周岁以上的村民组成，年满 18 周岁的村民都有选举权和被选举权。家庭土地承包权，则没有年龄限制。（3）任何组织和个人不得剥夺和非法限制农村集体经济组织成员承包土地的权利。任何组织和个人不得以民族、性别、职业、家庭出身、宗教信仰、教育程度、财产状况、居住期限等理由，剥夺和非法限制农村集体经济组织成员的承包权利。任何组织和个人剥夺和非法限制农村集体经济组织成员的承包权利的，应当依照《农村土地承包法》和其他法律的规定，承担法律责任。

农村妇女在农村土地承包中的权利，主要体现在以下几个方面：（1）作为农村集体经济组织的成员，妇女同男子一样有权承包本集体经济组织发包的土地。农村妇女，从出生时起，就是农村集体经济组织的成员。本集体经济组织在发包土地时，应当按照家庭人口数额不论男女来确定承包土地的份额。不能因为是妇女而不许其承包土地，也不能因为是妇女而不分配给其应有承包地份额。（2）妇女结婚的，其承包土地的权利受法律保护。在现实中，农村妇女结婚往往在男方家落户。有的情况下，男方家是属于另外一个农村集体经济组织的，该妇女在新居住地如果未获得承包土地，其从原集体经济组织获得的承包土地，发包方不得收回。（3）在妇女离婚或者丧偶的情况下，仍在原居住地生活，或者不在原居住地生活但在新居住地未取得承包地的，原集体经济组织不得收回该妇女已经取得的原承包地。对非法剥夺、侵害农村妇女依法享有的土地承包经营权的，受侵害的妇女可以向发包方，如村集体经济组织、村委会或者村民小组主张自己的权利。还可以向农村土地承包仲裁机构申请仲裁，也可以直接向人民法院起诉，要求侵权方承担停止侵害、恢复原状、排除妨害、赔偿损失等民事责任，以维护自己承包土地的合法权益。

《农村土地承包法》第五十二条第一款规定："发包方将农村土地发包给本集体经济组织以外的单位或者个人承包，应当事先经本集体经济组织成员的村民会议三分之二以上成员或者三分之二以上村民代表的同意，并报乡（镇）人民政府批准。"从以上规定可以看出，承包方依承包方式不同而不同，在家庭承包方式下，只有本集体经济组织成员才能成为承包方；以招标、拍卖等其他方式承包的，承包方既可以是本集体经济组织成员，也可以是本集体经济组织以外的单位和个人，但有一定的条件限制，且在同等条件下，本集体经济组织成员有优先承包权。

11.3.2 农村土地承包法律关系的客体

承包经营的具体客体是农村土地。《农村土地承包法》所规定的土地与我们平时所说的农民集体所有的土地不是一个概念，也可以说不是一个范围。一般所说的农民集体所有的土地是指所有权归集体的全部土地，其中主要有农业用地、农村建设用地等。《农村土地承包法》规定的农村土地，既包括农民集体所有的农业用地，也包括国家所有依法归农民集体使用的农业用地。用于农业的土地，主要有耕地、林地和草地，还有一些其他用于农业的土地，如养殖水面等。此外，还有荒山、荒丘、荒沟、荒滩"四荒地"。上述这些用于农业的土地中数量最多、涉及面最广、和每一个农民利益最密切的是耕地、林地和草地。总的来说，凡是由农民集体所有或者使用，用于农业生产，又适合承包的土地和水面，都属于农村土地，都要适用《农村土地承包法》的规定。

11.3.3 农村土地承包法律关系的内容

《农村土地承包法》将土地承包分为家庭承包和通过招标、拍卖、公开协商等其他方式承包两种类型，并规定这两种类型下发包方和承包方的权利和义务是不同的。这里主要讨论在家庭承包情况下发包方和承包方的权利和义务。

1. 发包方的权利

发包方的权利在《农村土地承包法》第十四条中做了明确的规定，其主要有：第一，发包权，这是发包方依法享有的基本权利，任何组织和个人不得剥夺；第二，监督权，承包合同签订后，发包方有权监督承包方是否履行自己的义务，如是否按照合同约定的农业用途进行生产等；第三，制止权，当发包方发现土地承包方有损害承包地和农业资源的行为时，有权要求承包方停止损害行为，并赔偿相应损失；第四，法律、行政法规规定的其他权利。

2. 发包方的义务

依据《农村土地承包法》第十五条的规定，发包方应当承担下列义务：第一，维护承包方的土地承包经营权，不得非法变更、解除承包合同。承包方通过家庭承包方式取得的土地承包经营权，是承包方依法享有的一项独立权利，受到国家法律的保护，任何个人和组织不得侵犯，而承包合同是设立承包经营权的前提条件，所以发包方不得非法变更、解除承包合同，并且有义务维护，防止第三者的侵害。第二，尊重承包方的生产经营自主权。只要承包方依法开展正常的生产经营活动，发包方就应该尊重承包方的经营自主权，这也体现了土地承包经营权的物权性质。第三，为承包方提供生产、技术、信息等服务。作为发包方的农村集体经济组织或者村委会具有一定的经济实力，在信息渠道、技术等方面有农民个体无法比拟的优势，让发包方承担更多的积极义务，更有利于解决农民生产中遇到的困难和问题，这也是完善家庭承包经营、统分结合的双层经营体制的内在要求。第四，执行县、乡（镇）土地利用总体规划，组织本集体经济组织内的农业基础设施建设。土地利用总体规划是土地利用的基本依据，发包方在发包土地、依法调整承包地的过程中，必须认真执行县、乡（镇）土地利用总体规划，合理安排和利用土地。农业基础设施的建设涉及多方利益主体，单靠农民个人很难完成，必须由发包方统一组织进行。第五，法律、行政法规规定的其他义务。

3. 承包方的权利

根据《农村土地承包法》第十七条的规定，土地承包方享有以下权利：第一，依法享有承包地的使用、收益和土地承包经营权流转的权利，有权依法互换、转让土地承包经营权，有权自主组织生产经营和处置产品。这体现了土地承包经营权的内容和生产经营自主权。第二，承包地被依法征收、占用的，有权依法获得相应的补偿。依据《土地管理法》及其实施条例的规定，土地被征收或占用时，应当依法给予农民集体经济组织和承包方相应的补偿。第三，法律、行政法规规定的其他权利。

4. 承包方的义务

按照《农村土地承包法》第十八条的规定，土地承包方承担以下义务：第一，维持土地的农业用途，未经依法批准不得用于非农建设。这里的“农业用途”是指将土地直接用于农业生产，从事种植业、林业、畜牧业、渔业生产。当前，我国建立了耕地和永久基本农田保护制度，严格控制农用地转为非农用地，对耕地实施特殊保护，确保我国粮食安全。作为农村土地的承包方有义务维持土地的农业用途。第二，依法保护和合理利用土地，不得给土地造成永久性损害。这主要是防止土地的不合理耕作、掠夺式经营、修建建筑物或构筑物等行为，造成土地的永久性损害，进而造成耕地质量的下降和数量的锐减。第三，法律、行政法规规定的其他义务。

11.4　土地承包程序与合同

11.4.1　土地承包的程序

《农村土地承包法》第二十条规定：“土地承包应当按照以下程序进行：（一）本集体

经济组织成员的村民会议选举产生承包工作小组；（二）承包工作小组依照法律、法规的规定拟订并公布承包方案；（三）依法召开本集体经济组织成员的村民会议，讨论通过承包方案；（四）公开组织实施承包方案；（五）签订承包合同。”

以上规定可防止农村土地承包过程中的随意性，从程序上确保土地承包的公平、公开、公正，保障农民的土地权益不受侵害。

1. 本集体经济组织成员的村民会议选举产生承包工作小组

这是进行土地承包的第一步。之所以强调承包小组应当由本集体经济组织成员的村民会议选举产生，主要是基于两点考虑：一是选举产生承包工作小组反映了本集体经济组织成员的意志，可以保证承包过程的公平、合理；二是承包工作是一项比较复杂繁重的工作，它涉及土地的丈量、统计、承包方案的拟订等一系列的事项，这些需要由工作小组来进行。

2. 承包工作小组依照法律、法规的规定拟订并公布承包方案

这一阶段在承包工作中至关重要，因为承包方案的好坏直接关系到承包工作能否顺利进行，直接关系到农民的土地权益能否得到完全体现。承包工作小组应当在对本集体经济组织的土地状况进行认真调查研究，对本集体经济组织的成员构成情况进行充分了解等基础上拟订承包方案。拟订方案过程中应当遵循民主协商、集体讨论的原则，承包方案的内容应当公平、合理并照顾到本集体经济组织的实际情况。需要强调的是，承包工作小组应当依照“法律、法规的规定”拟订承包方案。例如，根据《农村土地承包法》第五条的规定，在拟订承包方案时不得剥夺和非法限制本集体经济组织成员承包土地的权利；根据《农村土地承包法》第六条的规定，在拟订承包方案时不得歧视妇女。再如，根据《土地管理法》的规定，拟订的承包方案不得违反《土地管理法》有关耕地保护和土地利用总体规划的规定。承包工作小组在完成承包方案后，应当向本集体经济组织的成员公布此方案，征求本集体经济组织成员的意见。

3. 依法召开本集体经济组织成员的村民会议，讨论通过承包方案

承包工作小组确定承包方案后，集体经济组织应当依法召开本集体经济组织的村民会议，由村民会议讨论通过承包方案。这一程序实质上体现了村民自治的精神。根据《农村土地承包法》第十九条的规定，“承包方案应当按照本法第十三条的规定，依法经本集体经济组织成员的村民会议三分之二以上成员或者三分之二以上村民代表的同意”。

4. 公开组织实施承包方案

这一阶段直接关系到承包方案的内容能否落到实处。承包方案依法经本集体经济组织的村民会议三分之二以上成员或者三分之二以上村民代表同意后，农村集体经济组织应当公开组织实施承包方案，将承包方案中的内容落实。

5. 签订承包合同

这是土地承包的最后阶段。在这一阶段，发包方和承包方应当依照公开组织实施的

承包方案和相关法律、行政法规的规定签订承包合同。在签订承包合同过程中，承包方与发包方的地位是平等的，发包方不得拒绝与承包方签订合同，也不得利用自己的优势地位强迫承包方接受一些不公平的条款，例如不得通过合同限制承包方的权利或增加承包方的费用负担。在实践中，土地的家庭承包合同一般由地方人民政府有关农村土地承包合同的管理部门拟订。需要注意的是，在拟订合同条款时应当充分听取承包各方当事人的意见，以充分反映农民和集体经济组织的意志。承包合同自成立之日起生效，承包方自承包合同生效时取得土地承包经营权。

11.4.2　土地承包合同

《农村土地承包法》第二十二条规定，发包方应当与承包方签订书面承包合同。承包合同一般包括以下条款：(1) 发包方、承包方的名称，发包方负责人和承包方代表的姓名、住所；(2) 承包土地的名称、坐落、面积、质量等级；(3) 承包期限和起止日期；(4) 承包土地的用途；(5) 发包方和承包方的权利和义务；(6) 违约责任。

1. 土地承包合同的特征

土地承包合同是发包方与承包方之间达成的，关于农村土地承包权利义务关系的协议。根据《农村土地承包法》的规定，土地承包合同应具有以下特征：(1) 合同的主体是法定的。发包方是与农民集体所有土地范围相一致的农村集体经济组织、村委会或者村民小组。即土地依法属于村农民集体所有的，由村集体经济组织或者村民委员会发包；已经分别属于村内两个以上农村集体经济组织的农民集体所有的，由村内各该农村集体经济组织或者村民小组发包。国家所有依法由农民集体使用的农村土地，由使用该土地的农村集体经济组织、村民委员会或者村民小组发包。承包方是本集体经济组织的农户。(2) 合同内容受到法律规定的约束，有些内容不允许当事人自由约定。如对于耕地的承包期，明确规定为 30 年。再如，对于承包地的收回等，法律都有明确规定。这些内容都不允许由当事人自由约定。(3) 土地承包合同是双务合同。发包方应当尊重承包方的生产经营自主权，为承包方提供生产、技术、信息等服务，有权对承包方进行监督等；承包方对承包地享有占有、使用、收益和流转的权利，应当维持土地的农业用途，保护和合理利用土地等。(4) 合同属于要式合同。双方当事人签订承包合同应当采用书面形式。

2. 土地承包合同的形式

我国法律和国家政策对于签订土地承包合同有明确规定。《土地管理法》规定，发包方和承包方应当订立承包合同，约定双方的权利和义务。《农业法》规定，发包方和承包方应当订立承包合同，约定双方的权利和义务。《水土保持法》等法律对此也做了相同的规定。国家有关政策多次强调农村土地承包要订立承包合同，完善合同管理。1983 年指出，要建立和健全承包合同制，这是完善农业生产责任制的重要环节。1991 年指出，稳定和完善家庭承包经营，要认真完善土地和其他各业的承包合同管理，明确双方的权利、责任和义务。2000 年指出，全国延长土地承包期工作基本结束，加强土地承包管理，重点是建立健全承包合同的各项管理制度，建立合同档案，及时调处纠纷，组织合同兑现。

合同的形式是指当事人订立合同所采取的形式，包括书面形式、口头形式和其他形式。《民法典》总则编规定，民事行为可以采取书面形式、口头形式或者其他形式。法律规定用特定形式的，应当依照法律规定。《民法典》合同编规定，当事人订立合同，有书面形式、口头形式和其他形式。法律、行政法规规定采用书面形式的，应当采用书面形式。当事人约定采用书面形式的，应当采用书面形式。我国有的法律中明确规定合同采用书面形式。

土地承包经营权是我国农民的最重要的权利之一，涉及亿万农民的切身利益，关系到农业、农村经济发展和农村社会稳定。土地承包采用书面形式，明确肯定，有据可查，有利于明确双方的权利和义务，有利于防止争议和解决纠纷，也有利于对农村土地承包的规范和承包合同的管理。因此，法律要求土地承包合同应当采用书面形式。书面合同一般是指以文字等可以有形地再现内容的方式达成的协议，如合同书等可以有形地表现所载内容的形式。

3. 土地承包合同的主要条款

合同的条款就是合同的内容。双方的权利和义务，除法律规定的以外，主要由合同条款加以确定。合同条款是否齐备、准确，决定了合同能否成立、生效以及能否顺利履行，这是非常重要的。因此，《农村土地承包法》对合同的主要条款做出了规定，以便对土地承包合同的订立起指导和规范的作用。主要条款的规定也只具有提示性与示范性，提倡当事人尽量对合同的这些条款做出明确的约定，以免日后产生纠纷。但并不是说当事人签订的合同中缺少了其中任何一项都会导致合同的不成立或者无效。因此，在行文上用的是“一般包括”的提法。当事人可以根据合同的性质和其他情况，自愿确定合同的内容，可以不限于这些条款。《民法典》合同编规定的合同的主要条款包括：当事人的名称或者姓名和住所，标的，数量，质量，价款或者报酬，履行期限、地点和方式，违约责任，解决争议的方法。这些只是一般合同应当具备的条款，不同的合同，由其类型与性质决定，其主要条款或者必备条款可以是不同的。《农村土地承包法》根据农村土地承包合同的性质和特点，对承包合同的主要条款做出了规定。现将承包合同主要条款的内容分述如下：

（1）发包方、承包方的名称，发包方负责人和承包方代表的姓名、住所。这是承包合同必须具备的条款。当事人是合同的主体，如果不写明当事人，就无法确定权利的享有者和义务的承担者，发生纠纷也难以解决。因此，要将发包方和承包方的名称或者姓名和住所都规定清楚。

（2）承包土地的名称、坐落、面积、质量等级。这既是土地承包合同权利和义务指向的对象，也是合同的必备条款，否则合同不能成立，承包关系无法建立。其中，土地的坐落是指土地的所在地，土地的质量等级是指土地管理部门依法评定的土地等级，是反映土地生产能力的重要指标之一。对于这些内容，合同中要规定细致、清楚，以防止差错，避免纠纷。

（3）承包期限和起止日期。承包期限是承包方依法享有权利、承担义务的时间。期限直接关系到合同权利和义务的延续时间，涉及当事人的利益，也是确定合同是否按时履行或者迟延履行的客观依据。由于土地承包期限是法定的，当事人只能在《农村土地承包法》第二十一条规定的范围内确定承包期限。另外，为了确定合同权利义务的具体期限，合同中还要规定合同的起止日期。

（4）承包土地的用途。按照《农村土地承包法》的规定，承包土地只能用于农业。对“农业”的范围，《农业法》规定，农业是指种植业、林业、畜牧业和渔业。《土地管理法》规定，农民集体所有的土地由本集体经济组织的成员承包经营，从事种植业、林业、畜牧业、渔业生产。因此，承包土地只能用于从事种植业、林业、畜牧业和渔业生产。

（5）发包方和承包方的权利和义务。《农村土地承包法》对发包方和承包方的权利和义务分别做出了具体规定。除了这些权利和义务之外，还包括其他法律如《土地管理法》《农业法》《渔业法》《森林法》《草原法》等法律中规定的权利和义务。当然，当事人还可以在不违反国家法律、行政法规规定的情况下，约定其他的权利和义务。

（6）违约责任。这是指承包合同当事人一方或者双方不履行合同或者不适当履行合同，依照法律的规定或者按照当事人的约定，应当承担的法律责任，比如支付违约金、赔偿损失等。违约责任是促使当事人履行合同义务，使对方免受或者减少损失的重要法律措施，也是保证合同履行的主要条款。因此，一般有关合同的法律对于违约责任都做出了较为详尽的规定，如《民法典》合同编第八章规定的“违约责任”。法律规定，当事人一方不履行合同义务或者履行义务不符合约定的，应当承担继续履行、采取补救措施或者赔偿损失等违约责任。

11.4.3　土地承包经营权的消灭

土地承包经营权的消灭主要有以下几种情形：

1. 提前交回

这种情况主要发生在承包方自愿放弃土地承包经营权的情形。如《农村土地承包法》第三十条规定，承包期内，承包方可以自愿将承包地交回发包方。承包方自愿交回承包地的，可以获得合理补偿，但是应当提前半年以书面形式通知发包方。承包方在承包期内交回承包地的，在承包期内不得再要求承包土地。

2. 期限届满

土地承包经营权是一种有限期的物权，如《民法典》物权编和《农村土地承包法》规定耕地承包期为 30 年，当期限届满时，可以延期。需要注意的是，根据《民法典》物权编第三百三十二条第二款的规定，承包期限届满，由土地承包经营权人依照农村土地承包的法律规定继续承包。

3. 征收

随着国家经济社会发展、城市化不断推进，集体土地因社会公共利益的需要被征收，此时的集体土地转为国家所有，其上的土地承包经营权当然归于消灭，但是必须给予承包方合理的补偿。

4. 其他情形

其他情形主要有土地因自然灾害等不可抗力因素造成的无法继续耕种的；承包人死亡，无继承人的或者继承人放弃继承权的。这些都可能导致土地承包经营权的消灭。

11.5 土地经营权流转

11.5.1 土地经营权流转的内涵和特点

1. 土地经营权流转的内涵

在家庭承包制的制度框架下，农地产权结构被分解为三种权利：其一是所有权，其二是承包权，其三是经营权（使用权）。因此，土地经营权流转的含义，就是拥有土地承包经营权的农户将土地经营权转让给其他农户或经济组织，也即保留承包权，转让使用权[①]。

2. 土地经营权流转的特点

土地经营权流转呈现以下特点：首先，土地经营权流转的主体是土地承包方。依照《农村土地承包法》的规定，土地经营权流转的主体是承包方，承包方有权依法自主决定土地经营权是否流转和流转的方式。其次，土地经营权流转的客体是承包方享有的经营权的部分或全部权能。土地经营权的流转是土地经营权物权属性的表现。承包方有权将承包合同的全部权利让渡给受让方，如采取转让方式流转的；另一种情况是，承包方只让渡部分权利给受让方，如转包、出租等流转方式。再次，土地流转方式的多样性。依据《农村土地承包法》，土地经营权可以依法采取转包、出租、互换、转让或者其他方式流转。最后，土地流转的限制性。虽然承包方有权决定是否流转和流转的方式，但是，依据《农村土地承包法》第四十条，土地经营权流转，当事人双方应当签订书面流转合同。土地经营权的流转还要受到一定法律条件的限制。

11.5.2 土地经营权流转的原则

土地经营权流转的原则主要有以下六项。

1. 平等、自愿、有偿原则

平等是指土地经营权流转的双方当事人的法律地位平等。双方平等的法律地位是土

---

① 张红宇．中国农村土地制度的变迁．北京：中国农业出版社，2002：140.

地经营权民事流转的基础。自愿是指土地经营权的流转必须出于双方当事人完全自愿，流转方不得强迫受流转方必须接受土地经营权流转，受流转方也不得强迫流转方必须将土地经营权流转。有偿是指土地经营权的流转多是等价有偿，应当体现公平原则。有偿原则并不排斥土地经营权在某些时候的无偿流转。土地经营权流转的具体事宜应当由双方当事人协商，任何组织和个人不得强迫或者阻碍土地经营权的流转。

2. 坚持“三权分置”的原则

坚持农村土地集体所有权，稳定农户承包权，放活土地经营权，以家庭承包经营为基础，推进家庭经营、集体经营、合作经营、企业经营等多种经营方式共同发展。坚持不改变土地所有权的性质和土地的农业用途。

3. 流转的期限不得超过承包期剩余年限的原则

土地经营权流转是有期限的，该期限不得超过土地经营权的剩余期限。例如，土地经营权的期限为 30 年，承包人已使用 20 年，该土地承包经营权流转的期限即不得超过 10 年。

4. 受让方须具有农业经营能力的原则

受让方应当具有农业生产的能力，这是对受让方主体资格的要求。倘若不能从事农业生产，其就不能承受土地经营权的流转。

5. 本集体经济组织成员优先原则

在土地经营权流转中，本集体经济组织的成员享有优先权，在同等条件下，较本集体经济组织以外的人，可以优先取得流转的土地经营权。

6. 坚持经营规模适度原则

既要注重提升土地经营规模，又要防止土地过度集中，兼顾效率与公平，不断提高劳动生产率、土地产出率和资源利用率，确保农地农用，重点支持发展粮食规模化生产。

11. 5. 3　土地经营权流转的方式

根据《农村土地承包法》《农村土地经营权流转管理办法》，土地承包方有权决定是否流转和流转的方式，土地经营权依据承包方式的不同而有不同的流转方式。但总的看来，主要有以下几种流转方式。

1. 转让

转让是指承包方有稳定的非农职业或者有稳定的收入来源，经承包方申请和发包方同意，将部分或全部土地经营权让渡给其他从事农业生产经营的农户，由其履行相应土地承包合同的权利和义务。转让后原土地承包关系自行终止，原承包方承包期内的土地经营权部分或全部灭失。

2. 转包

转包是指承包方将部分或全部土地经营权以一定期限转给同一集体经济组织的其他农户从事农业生产经营。转包后原土地承包关系不变，原承包方继续履行原土地承包合同规定的权利和义务。接包方按转包时约定的条件对转包方负责。转包无需经发包人许可，但转包合同需向发包人备案。

3. 互换

互换是指承包方之间为方便耕作或者各自需要，对属于同一集体经济组织的承包地块进行交换，同时交换相应的土地经营权。

4. 入股

入股是指实行家庭承包方式的承包方之间为发展农业经济，将土地经营权作为股权，自愿联合从事农业合作生产经营；其他承包方式的承包方将土地经营权量化为股权，入股组成股份公司或者合作社等，从事农业生产经营。

5. 出租

出租是指承包方将部分或全部土地经营权以一定期限租赁给他人从事农业生产经营。出租后原土地承包关系不变，原承包方继续履行原土地承包合同规定的权利和义务。承租方按出租时约定的条件对承包方负责。

此外，还有抵押、代耕和返租倒包等流转方式。所谓抵押，长期以来主要是指经发包方同意的荒山、荒沟、荒丘、荒滩等荒地的土地使用权融资担保，耕地、宅基地、自留地、自留山等集体所有的土地使用权不得抵押。但 2018 年 12 月《农村土地承包法》做了重大修正，第四十七条规定，承包方可以用承包地的土地经营权向金融机构融资担保，并向发包方备案。受让方通过流转取得的土地经营权，经承包方书面同意并向发包方备案，可以向金融机构融资担保。所谓代耕，是指承包方将承包的土地委托给第三人暂时代为耕种的行为。此外，过去还有一种反租倒包的流转形式，所谓反租倒包，是指集体经济组织以一定的条件把已承包给农户的土地收回，再承包给种田大户或者出租给其他单位或个人从事农业经营。过去返租倒包是各地普遍采用的一种土地流转形式，对实现农村土地的规模化经营有一定的积极意义。但由于村委会和村镇干部在其中起着主导作用，其过程缺乏监督，容易造成权力的滥用，违背农民的意愿，以及损害农民的权益。有鉴于此，2001 年后，国家规定：由乡镇政府或村级组织出面租赁农户的承包地再进行转租或发包的“返租倒包”，不符合家庭承包经营制度，应予以制止。

11.5.4 规范引导农村土地经营权有序流转

伴随我国工业化、信息化、城镇化和农业现代化进程，农村劳动力大量转移，农业物质技术装备水平不断提高，农户承包土地的经营权流转明显加快，发展适度规模经营已成为必然趋势。实践证明，土地流转和适度规模经营是发展现代农业的必由之路，有利于优化土地资源配置和提高劳动生产率，有利于保障粮食安全和主要农产品供给，有利于促进农业技术推广应用和农业增效、农民增收，应从我国人多地少、农村情况千差万别的实际出发，积极稳妥地推进。2014 年 11 月，中共中央办公厅、国务院办公厅印发的《关于引导农村土地经营权有序流转发展农业适度规模经营的意见》，对农村土地流转的乱象进行规范，设计顶层红线，定调“三个不能搞”，划出三条红线，以引导农村土地健康流转。“三个不能搞”，即不能搞“大跃进”，不能搞强迫命令，不能搞行政瞎指挥；“三条红线”为土地公有制性质不改变、耕地红线不突破、农民利益不受损。

1. 鼓励创新土地流转形式

鼓励承包农户依法采取转包、出租、互换、转让及入股等方式流转承包地。鼓励有条件的地方制定扶持政策，引导农户长期流转承包地并促进其转移就业。鼓励农民在自愿的前提下采取互换并地方式解决承包地细碎化问题。在同等条件下，本集体经济组织成员享有土地流转优先权。以转让方式流转承包地的，原则上应在本集体经济组织成员之间进行，且需经发包方同意。以其他形式流转的，应当依法报发包方备案。抓紧研究探索集体所有权、农户承包权、土地经营权在土地流转中的相互权利关系和具体实现形式。按照全国统一安排，稳步推进土地经营权抵押、担保试点，研究制定统一规范的实施办法，探索建立抵押资产处置机制。

2. 严格规范土地流转行为

土地经营权属于农民家庭，土地是否流转、价格如何确定、形式如何选择，应由承包农户自主决定，流转收益应归承包农户所有。流转期限应由流转双方在法律规定的范围内协商确定。没有农户的书面委托，农村基层组织无权以任何方式决定流转农户的承包地，更不能以少数服从多数的名义，将整村整组农户承包地集中对外招商经营。防止少数基层干部私相授受，谋取私利。严禁通过定任务、下指标或将流转面积、流转比例纳入绩效考核等方式推动土地流转。

3. 加强土地流转管理和服务

有关部门要研究制定流转市场运行规范，加快发展多种形式的土地经营权流转市场。依托农村经营管理机构健全土地流转服务平台，完善县、乡、村三级服务和管理网络，建立土地流转监测制度，为流转双方提供信息发布、政策咨询等服务。土地流转服务主体可以开展信息沟通、委托流转等服务，但禁止层层转包从中牟利。土地流转给非本村（组）集体成员或村（组）集体受农户委托统一组织流转并利用集体资金改良土壤、提高地力的，可向本集体经济组织以外的流入方收取基础设施使用费和土地流转管理服务费，用于农田基本建设或其他公益性支出。引导承包农户与流入方签订书面流转合同，并使用统一的省级合同示范文本。依法保护流入方的土地经营权益，流转合同到期后流入方可在同等条件下优先续约。加强农村土地承包经营纠纷调解仲裁体系建设，健全纠纷调处机制，妥善化解土地承包经营流转纠纷。

4. 合理确定土地经营规模

各地要依据自然经济条件、农村劳动力转移情况、农业机械化水平等因素，研究确定本地区土地规模经营的适宜标准。防止脱离实际、违背农民意愿，片面追求超大规模经营的倾向。现阶段，对土地经营规模相当于当地户均承包地面积10～15倍、务农收入相当于当地第二和第三产业务工收入的，应当给予重点扶持。创新规模经营方式，在引导土地资源适度集聚的同时，通过农民的合作与联合、开展社会化服务等多种形式，提升农业规模化经营水平。

5. 扶持粮食规模化生产

加大粮食生产支持力度，原有粮食直接补贴、良种补贴、农资综合补贴归属由承包农户与流入方协商确定，新增部分应向粮食生产规模经营主体倾斜。在有条件的地方开展按照实际粮食播种面积或产量对生产者补贴试点。对从事粮食规模化生产的农民合作社、家庭农场等经营主体，符合申报农机购置补贴条件的，要优先安排。探索选择运行规范的粮食生产规模经营主体开展目标价格保险试点。抓紧开展粮食生产规模经营主体营销贷款试点，允许用粮食作物、生产及配套辅助设施进行抵押融资。粮食品种保险要逐步实现粮食生产规模经营主体愿保尽保，并适当提高对产粮大县稻谷、小麦、玉米三大粮食品种保险的保费补贴比例。各地区各有关部门要研究制定相应配套办法，更好地为粮食生产规模经营主体提供支持服务。

6. 加强土地流转用途管制

坚持最严格的耕地保护制度，切实保护基本农田。严禁借土地流转之名违规搞非农建设。严禁在流转农地上建设或变相建设旅游度假村、高尔夫球场、别墅、私人会所等。严禁占用基本农田挖塘栽树及其他毁坏种植条件的行为。严禁破坏、污染、圈占闲置耕地和损毁农田基础设施。坚决查处通过“以租代征”违法违规进行非农建设的行为，坚决禁止擅自将耕地“非农化”。利用规划和标准引导设施农业发展，强化设施农用地的用途监管。采取措施保证流转土地用于农业生产，可以通过停发粮食直接补贴、良种补贴、农资综合补贴等办法遏制撂荒耕地的行为。在粮食主产区、粮食生产功能区、高产创建项目实施区，不符合产业规划的经营行为不再享受相关农业生产扶持政策。合理引导粮田流转价格，降低粮食生产成本，稳定粮食种植面积。

土地问题涉及亿万农民的切身利益，事关全局。各级党委和政府要充分认识引导农村土地经营权有序流转、发展农业适度规模经营的重要性、复杂性和长期性，切实加强组织领导，严格按照中央政策和国家法律法规办事，及时查处违纪违法行为。坚持从实际出发，加强调查研究，搞好分类指导，充分利用农村改革试验区、现代农业示范区等开展试点试验，认真总结基层和农民群众创造的好经验、好做法。加大政策宣传力度，牢固树立政策观念，准确把握政策要求，营造良好的改革发展环境。加强农村经营管理体系建设，明确相应机构承担农村经管工作职责，确保事有人干、责有人负。各有关部门要按照职责分工，抓紧修订完善相关法律法规，建立工作指导和检查监督制度，健全齐抓共管的工作机制，引导农村土地经营权有序流转，促进农业适度规模经营健康发展。

关键术语

农村土地承包经营制度　　农村土地承包合同　　土地经营权流转

复习思考题

1. 简述农村土地承包经营制度的特征。
2. 简述实行农村土地承包经营制度的意义。
3. 简述农村土地承包的程序。
4. 农村土地承包合同一般包括哪些主要条款?
5. 在家庭承包制的制度框架下，农地产权结构被分解为哪三种权利?
6. 简述在家庭承包制的制度框架下土地经营权流转的特点。
7. 简述土地经营权流转的方式。

第12章

集体建设用地流转法律制度

集体建设用地流转是目前农村土地制度改革的重要内容。本章主要就集体建设用地流转制度、集体建设用地审批管理、集体建设用地流转方式、集体建设用地流转程序和集体建设用地制度建设等问题做一阐述。

12.1　集体建设用地流转制度

12.1.1　农村集体建设用地的内涵

“农村集体建设用地”一词是实践中的概括提法，现有法律及法规条文中并没有对其内涵进行界定。根据《土地管理法》第四条的规定，建设用地是指建造建筑物、构筑物的土地，包括城乡住宅和公共设施用地、工矿用地、交通水利设施用地、旅游用地、军事设施用地等。

依据《土地管理法》及相关法规规定，农村集体建设用地在现行土地利用类型里面，它既不属于农用地，也不属于未利用地，而属于建设用地；在土地利用权属上，不是指国有土地，其所有权不是属于国家，而是属于农民集体；在土地利用分布上，它一般不是城市土地（目前一些城中村仍有农民集体所有土地用于非农建设）；在土地利用合法性方面，它是指经依法批准使用的建设用地，是合法的而不是非法的建设用地。因此，所谓农村集体建设用地，是指农民集体所有的，一般是地处农村的，并经依法批准使用的乡镇企业用地、农村村民住宅建设用地、乡（镇）村公共设施和公益事业建设用地①，也称为“农村集体非农建设用地”，或简称为“农村建设用地”“集体建设用地”。

---

① 孙佑海．土地流转制度研究．南京：南京农业大学，2000.

农村集体建设用地可分为三种类型：(1) 乡镇企业用地。它包括乡（镇）、村（行政村或村民小组）农业集体经济组织举办的企业、农民集资联办的企业、农民个体企业和以集体土地使用权作为联营条件，由农村集体经济组织同全民所有制或城市集体所有制企业共同兴办的联营企业所使用的集体土地等。(2) 农村村民住宅建设用地，即农村宅基地。农村村民建住宅所使用的本集体所有的土地，包括居住用房等主建筑物和厨房、仓库、厕所等一些附属建筑、构筑物，以及房子周围农户自己使用的土地，这些都属宅基地的范围。(3) 乡（镇）村公共设施和公益事业建设用地。它是指乡村为满足村民生产、生活需要而修建的基础设施及举办的公共事业所占用的土地，包括农村道路、农田水利设施、学校、通信、医疗卫生、敬老院、村委会办公室等一些公共服务建筑设施用地。

12.1.2 农村集体建设用地流转的内涵

在法律上，土地流转是指土地权利的流转，而非功能或用途的转变①。从权利流转的角度看，农村集体建设用地流转可分为农村集体建设用地所有权的流转和农村集体建设用地使用权的流转。由于我国法律禁止土地所有权的买卖，对农民集体所有土地所有权的流转只规定了单一的流向，即只能通过征收的方式转为国有。这样，农村集体建设用地流转在一般意义上，更多地表现为农村集体建设用地使用权的流转。

农村集体建设用地使用权的流转也可以分为初次流转和再次流转。前者是指农村集体经济组织根据“土地的所有权和使用权可以相分离”的原则，将其拥有的农村集体建设用地的使用权，通过出让、租赁、作价入股等方式转移或让渡给其他单位和个人。后者是指已经从集体经济组织那里取得集体建设用地使用权的单位和个人，在法定使用期限或合同约定的使用期限届满之前，再以转让、转租、作价入股等方式，将该建设用地的使用权再转移给其他单位和个人。

12.1.3 农村集体建设用地流转的法律规定

1998 年《土地管理法》第四十三条规定，任何单位和个人进行建设，需要使用土地的，必须依法申请使用国有土地；但是，兴办乡镇企业和村民建设住宅经依法批准使用本集体经济组织农民集体所有的土地的，或者乡（镇）村公共设施和公益事业建设经依法批准使用农民集体所有的土地的除外。这规定了经过批准可以使用农民集体所有土地的三类建设。(1) 乡镇企业建设使用本集体经济组织农民集体所有的土地。包括乡（镇）办企业使用本乡镇集体所有的土地、村办企业使用本村集体所有的土地、村民组办企业使用本村民组集体所有的土地。这就规定，乡镇办企业不能使用村或村民组所有的土地，村办企业也不能使用村民组所有的土地。但是，村或村民组可以用本集体所有的土地与其他单位和个人联办企业。除此之外，兴办乡镇企业也应当申请使用国有建设用地。(2) 农

① 孙佑海．土地流转制度研究．南京：南京农业大学，2000.

村村民建设住宅使用本集体经济组织农民集体所有的土地。村民建住宅使用本乡或本村、村民组所有的土地，村民不能申请其他乡或村、村民组所有的土地。城市居民也不得到农村申请使用农民集体所有土地建设住宅。这既保证了农村宅基地属于村农民集体经济组织所有，又防止利用申请宅基地搞别墅、搞房地产。除上述规定外，建住宅也应当申请使用国有土地，或购买城市统一建设的住宅。(3) 乡（镇）村公共设施和公益事业建设使用农民集体所有的土地。乡（镇）村公共设施包括：乡村级道路以及行政办公、文化科学、生产服务和公用事业设施，公益事业设施包括学校、幼儿园、托儿所、医院（所）、敬老院等教育、医疗卫生设施。这些设施无论是使用本集体所有，还是其他集体所有的土地，经过批准都是允许的，即乡镇公共设施和公益事业的建设可以使用村或村民组集体所有的土地，村公共设施和公益事业建设可以使用村民组或其他村农民集体所有的土地。

长期以来，对于农村建设用地，我国的法律规定一般是限制流转，相对于国有土地可以依法出让、转让、出租、转租等规定来说是非常严格的。虽然法律并未完全否定集体建设用地使用权的流转，但是对流转的对象、条件、范围和方式进行了明确限制。1998 年《土地管理法》第六十三条规定，“农民集体所有的土地的使用权不得出让、转让或者出租用于非农业建设；但是，符合土地利用总体规划并依法取得建设用地的企业，因破产、兼并等情形致使土地使用权依法发生转移的除外”；第二条规定，“任何单位和个人不得侵占、买卖或者以其他形式非法转让土地”；第六十二条规定，“农村村民出卖、出租住房后，再申请宅基地的，不予批准”。《民法典》物权编第三百九十九条规定，“下列财产不得抵押：（一）土地所有权；（二）宅基地、自留地、自留山等集体所有的土地使用权，但法律规定可以抵押的除外”。《城市房地产管理法》第九条规定，“城市规划区内的集体所有的土地，经依法征收转为国有土地后，该幅国有土地的使用权方可有偿出让，但法律另有规定的除外”。事实上，集体经济组织内部成员虽可以使用本集体土地兴办企业或建住房，却不允许出让、转让或出租，这意味着农村建设用地在法律上是禁止流转的。至于因破产、兼并等情形致使土地使用权流转虽被法律许可，但也由于缺乏具有可操作性的具体规定，如对于流转的方式与程序、流转期限与对象以及流转后土地产权关系的调整等均缺乏明确规定，实际上或者无法公开正常进行，或者以违法私自转让等方式交易，使现实中大量业已存在的集体建设用地的流转游离于法律的监管之外，难以保障农民集体和农民土地的财产权益。

农村集体建设用地制度改革过程。改革开放后，我国经济获得了飞速发展，特别是第二、第三产业的发展加快了我国的城市化进程。这些非农产业的发展直接导致非农建设用地的迅速增长，特别是乡镇企业的发展和小城镇建设，直接引致城乡接合部和农村地区的集体非农建设用地增加。尽管国家有法律限制，但实际上农村集体建设用地的流转已较为普遍。而且自 20 世纪 90 年代中期以来，各地开展了农村集体存量建设用地使用权流转试点。中共中央、国务院以及有关部委与地方出台了一系列文件，引导和规范农村集体建设用地流转。2003 年，《中共中央、国务院关于做好农业和农村工作的意见》明确提出，各地要制定鼓励乡镇企业向小城镇集中的政策，通过集体建设用地流转、土地置换、分期缴纳出让金等形式，合理解决企业进镇的用地问题。2004 年，国务院颁布的《关于深化改革严格土地管理的决定》提出，“在符合规划的前提下，村庄、集镇、建制镇中的农民集体所有建设用地使用权可以依法流转”。2005 年，广东省人民政府通过了《广东省集体建设用地使用权流转管理办法》，规定自当年 10 月 1 日起在全省范围内试行农村集体建设用地使用权流转。2006 年，国土资源部颁布的《关于坚持依法依规管理节约集约用地支持社会主义新农村建设的通知》指出，“要适应新农村建设的要求，经部批准，稳步推进城镇建设用地增加和农村建设用地减少相挂钩试点、集体非农建设用地使用权流转试点，不断总结试点经验，及时加以规范完善”。2009 年，国土资源部出台了《关于促进农业稳定发展农民持续增收推动城乡统筹发展的若干意见》。其中指出，对需要流转的农用地，要尽快完成集体土地所有权确权登记工作，并与土地承包经营权流转做好登记发证衔接；对需要流转的集体建设用地，要重点开展集体所有权和使用权确权登记，特别是要开展集体经营性用地的认定和确权，为集体建设用地流转提供条件。各地在集体建设用地出让、转让等流转活动中，要按照“初次分配基于产权、二次分配政府参与”的原则，出台和试行集体建设用地有偿使用收益分配办法。国土资源部将研究建立集体建设用地有偿使用有关税费征缴和分配办法，保障集体土地所有权人和使用权人在集体建设用地有偿使用和流转等活动中的土地权益。2013 年，《中共中央关于全面深化改革若干重大问题的决定》指出，经济体制改革是全面深化改革的重点，核心问题是处理好政府和市场的关系，使市场在资源配置中起决定性作用，更好发挥政府作用。市场决定资源配置是市场经济的一般规律，健全社会主义市场经济体制必须遵循这条规律，着力解决市场体系不完善、政府干预过多和监管不到位问题。《决定》指出要建立城乡统一的建设用地市场。在符合规划和用途管制前提下，允许农村集体经营性建设用地出让、租赁、入股，实行与国有土地同等入市、同权同价。缩小征地范围，规范征地程序，完善对被征地农民合理、规范、多元保障机制。扩大国有土地有偿使用范围，减少非公益性用地划拨。建立兼顾国家、集体、个人的土地增值收益分配机制，合理提高个人收益。完善土地租赁、转让、抵押二级市场。2014 年，中央办公厅、国务院办公厅印发《关于农村土地征收、集体经营性建设用地入市、宅基地制度改革试点工作的意见》，对农村土地制度改革进行顶层设计。2015 年 2 月，全国人大常委会通过《关于授权国务院在北京市大兴区等三十三个试点县（市、区）行政区域暂时调整实施有关法律规定的决定》，在 33 个试点地区暂停实施《土地管理法》5 个条款、《城市房地产管理法》1 个条款。文件还明确，对实践证明可行的，修改完善有关法律。《土地管理法》的修改正是在这样的背景下启动的。自 2015 年以来，33 个地区试点为《土地管理法》修改奠定了坚实的实践基础。

2019 年《土地管理法》破除了集体经营性建设用地进入市场的法律障碍。原来的《土地管理法》除乡镇企业破产兼并外，禁止农村集体经济组织以外的单位或者个人直接使用集体建设用地，只有将集体建设用地征收为国有土地后，该幅土地才可以出让给单位或者个人使用。这一规定使集体建设用地的价值不能显化，导致农村土地资源配置效率低下，农民的土地财产权益受到侵蚀。在城乡接合部，大量的集体建设用地违法进入市场，严重挑战法律的权威。新《土地管理法》删除了原法第四十三条关于“任何单位和个人进行建设，需要使用土地，必须依法申请使用国有土地”的规定，允许集体经营性建设用地在符合规划、依法登记，并经本集体经济组织三分之二以上成员或者村民代表同意的条件下，通过出让、出租等方式交由集体经济组织以外的单位或者个人直接使用。同时，使用者取得集体经营性建设用地使用权后还可以转让、互换或者抵押。这一规定是重大的制度突破，它结束了多年来集体建设用地不能与国有建设用地同权同价、同等入市的二元体制，为推进城乡一体化发展扫清了制度障碍，是新《土地管理法》最大的亮点。

12.2 集体建设用地审批管理

12.2.1 集体建设用地的审批原则

根据《土地管理法》第五十九条的规定，乡镇企业、乡（镇）村公共设施、公益事业、农村村民住宅等乡（镇）村建设，应当按照村庄和集镇规划，合理布局，综合开发，配套建设；建设用地，应当符合乡（镇）土地利用总体规划和土地利用年度计划，并依照该法第四十四条、第六十条、第六十一条、第六十二条的规定办理审批手续。

集体建设用地审批的原则是：应当符合乡（镇）土地利用总体规划；符合土地利用年度计划；符合村庄和集镇规划；坚持合理布局，综合开发，配套建设；涉及农用地的，依法办理农用地转用和用地审批手续。

（1）集体建设用地应当符合乡（镇）土地利用总体规划。乡（镇）土地利用总体规划是村庄、集镇及其他村镇设施建设用地的最高规划，一切乡村建设都必须服从。按照《土地管理法》的规定，乡（镇）土地利用总体规划将划分土地利用区，根据土地使用条件，确定每一块土地的用途，并予以公告。乡镇企业以及乡（镇）村公共设施、公益事业和农村村民建住宅都应当使用土地利用总体规划的村庄和集镇建设用地区内的土地，农村道路、水利设施等需要使用村庄和集镇建设用地区外的土地的，应当符合土地用途的要求，即建设的设施是土地利用总体规划所允许在本地块内建设的，否则将被视为违反土地利用总体规划，是不允许的。

（2）集体建设用地必须符合土地利用年度计划。国家每年下达土地利用年度计划，控制建设用地的总量，乡镇企业以及乡（镇）村公共设施、公益事业和农村村民建住宅也不能突破土地利用年度计划确定的控制指标。

（3）集体建设用地应当符合村庄、集镇规划。根据国务院发布的《村庄和集镇规划建设管理条例》的规定，村庄是指农村村民居住和从事各种生产的聚居点，集镇是指乡、民族乡人民政府所在地和经县级人民政府确认的由集市发展而成的作为农村一定区域经济、文化和生活服务中心的非建制镇。在村庄和集镇规划建设区内的建设都应当服从村庄和集镇规划，并取得村庄和集镇规划行政主管部门的同意方可申请用地。

（4）集体建设用地必须坚持合理布局、综合开发、配套建设的原则。合理布局就是要通过土地利用总体规划、村庄和集镇规划对各项设施的用地进行合理安排，如对村庄和集镇规划中，根据村庄和集镇的功能不同，对村庄和集镇中乡镇企业用地以及乡村公共设施、公益事业用地和住宅用地按不同的比例落实到地块上，使土地利用趋于合理，提高土地利用率，改善村庄和集镇的功能，使其成为功能划分明确、布局合理、设施完备、方便生活、环境优美的社会主义新农村。综合开发是指今后村庄、集镇建设用地区内，乡镇企业以及乡（镇）公共设施、公益事业和农村住宅建设应当由乡（镇）村统一组织开发，统一安排用地，主要利用现有建设用地。需要占用耕地的，应当与农村土地整理或村庄的迁并挂钩，以提高土地的利用率。配套建设是指农村的住宅与公共设施、公益设施等应当同步建设，使其能发挥村庄和集镇应有的功能，方便生活，改善环境，形成完善的生产和生活服务体系。

（5）集体建设用地必须依法办理建设用地审批手续，涉及占用农用地的，还必须办理农用地转用审批手续。《土地管理法》第四十四条规定："建设占用土地，涉及农用地转为建设用地的，应当办理农用地转用审批手续。永久基本农田转为建设用地的，由国务院批准。在土地利用总体规划确定的城市和村庄、集镇建设用地规模范围内，为实施该规划而将永久基本农田以外的农用地转为建设用地的，按土地利用年度计划分批次按照国务院规定由原批准土地利用总体规划的机关或者其授权的机关批准。在已批准的农用地转用范围内，具体建设项目用地可以由市、县人民政府批准。在土地利用总体规划确定的城市和村庄、集镇建设用地规模范围外，将永久基本农田以外的农用地转为建设用地的，由国务院或者国务院授权的省、自治区、直辖市人民政府批准。"

12.2.2 乡镇企业用地审批

《土地管理法》第六十条规定："农村集体经济组织使用乡（镇）土地利用总体规划确定的建设用地兴办企业或者与其他单位、个人以土地使用权入股、联营等形式共同举办企业的，应当持有关批准文件，向县级以上地方人民政府自然资源主管部门提出申请，按照省、自治区、直辖市规定的批准权限，由县级以上地方人民政府批准；其中，涉及占用农用地的，依照本法第四十四条的规定办理审批手续。按照前款规定兴办企业的建设用地，必须严格控制。省、自治区、直辖市可以按照乡镇企业不同行业和经营规模，分别规定用地标准。"

（1）农村集体经济组织利用本集体所有土地办企业，应当经县级以上人民政府批准。批准的权限由省、自治区、直辖市规定；涉及占用农用地的，应当办理农用地转用审批。省、自治区、直辖市应当制定乡镇企业的用地标准。

（2）农村集体经济组织办企业应当经县级以上人民政府批准。《土地管理法》规定，使用农民集体所有土地兴办企业的，只有农村集体经济组织利用本集体所有的土地和利用本集体所有的土地与其他单位和个人以联营形式入股共同举办企业的，可以使用农民集体所有的土地，包括村农民集体使用村农民集体所有土地，村民组使用本村民组的土地，或村内联户或农户使用本村（或村民组）的土地，并在土地利用总体规划确定的建设用地区内，由农民集体经济组织或村民委员会向县级以上人民政府自然资源主管部门提出用地申请，报人民政府批准。乡镇企业使用农民集体所有土地的批准权限，由省、自治区、直辖市规定，即只能由地方人民政府批准。各省、自治区、直辖市在制定《土地管理法》实施办法时，将对此做出规定。

（3）乡镇企业使用农民集体所有土地涉及占用农用地的，要依法办理农用地转用审批。具体的审批办法按照《土地管理法》关于农用地转用审批的规定办理。

（4）省、自治区、直辖市可以制定乡镇企业用地的标准。从目前来看，乡镇企业使用土地中存在的突出问题是企业小，布局分散，用地面积大；土地利用率不高；浪费土地和占用耕地现象严重。因此，《土地管理法》要求对乡镇企业用地必须严格控制，特别要控制乡镇企业占用耕地。因乡镇企业的门类多、规模和地区差异大，难以制定全国统一的用地标准，规定各省、自治区、直辖市按照本地区乡镇企业的不同行业和规模制定用地标准，作为地方性标准执行。审批用地时要严格按照用地标准核定用地面积，防止浪费用地。过去一些省、自治区、直辖市已经根据各地的情况制定了一些乡镇企业的用地标准，今后，应根据乡镇企业的发展情况和严格控制乡镇企业用地的要求加以修改完善。

12.2.3　乡（镇）村公共设施、公益事业建设用地审批

《土地管理法》第六十一条规定：“乡（镇）村公共设施、公益事业建设，需要使用土地的，经乡（镇）人民政府审核，向县级以上地方人民政府自然资源主管部门提出申请，按照省、自治区、直辖市规定的批准权限，由县级以上地方人民政府批准；其中，涉及占用农用地的，依照本法第四十四条的规定办理审批手续。”

（1）乡（镇）村公共设施、公益事业建设需要用地的，必须依法提出申请，并按规定的批准权限取得批准。乡村公共设施和公益事业主要涵盖乡村行政办公、文化科学、医疗卫生、教育设施、生产服务和公用事业等，如乡（镇）政府、邮电所、学校、幼儿园、托儿所、医院、农技推广站、敬老院以及乡村级道路和供水、排水、电力、电讯、公共厕所等用地。按《土地管理法》规定，乡村公共设施、公益事业符合土地利用总体规划的，经过批准可以使用农村集体的土地。

（2）乡村公共设施、公益事业使用农民集体所有土地的批准权限由省、自治区、直辖市规定，并由地方人民政府负责审批。各省、自治区、直辖市在制定《土地管理法》实施条例时，将做出明确规定。

（3）乡村公共设施、公益事业使用农民集体所有土地，涉及占用农用地，应当按《土地管理法》关于农用地转用的审批办法和批准权限办理农用地转用审批手续。

12.2.4　农村村民住宅用地审批

《土地管理法》第六十二条规定，“农村村民一户只能拥有一处宅基地，其宅基地的面积不得超过省、自治区、直辖市规定的标准。……农村村民建住宅，应当符合乡（镇）土地利用总体规划、村庄规划，不得占用永久基本农田，并尽量使用原有的宅基地和村内空闲地。……农村村民住宅用地，由乡（镇）人民政府审核批准；其中，涉及占用农用地的，依照本法第四十四条的规定办理审批手续。农村村民出卖、出租、赠与住宅后，

再申请宅基地的，不予批准”。

（1）农村村民实行一户一宅制。即每户农村村民只能在一个地方拥有一处宅基地。按照《土地管理法》的规定，农村村民建住宅只能使用本集体经济组织所有的集体土地，因此，农村村民只能在户口所在村（村民组）内申请宅基地，不能到其他乡村（或村民组）内申请宅基地。这主要是对新申请宅基地而言。因房产继承等合法原因形成的多处住宅（包括宅基地）原则上不做处理，农村村民可以以出卖等方式处理，也可以维护原状，但房屋不得翻建，房屋损坏后，多余的宅基地应当退出。这里还需说明的是，一处宅基地不等于一宗地，宅基地是可以分开的，但面积应当累计。已拥有一处宅基地并达到规定的面积标准，不得购买住宅，也不得到其他地区购买农民集体所有土地的房屋作为住宅。

农村村民的宅基地标准由省、自治区、直辖市规定。我国地域辽阔，人们的生活习惯和自然环境差异很大，各地对住宅的要求也各不相同，对宅基地的面积要求也相差较大，无法制定全国统一的标准。

（2）农村村民建住宅应当符合土地利用总体规划，并尽量使用原有宅基地和村内空闲地。农村村民建设住宅只能使用乡（镇）土地利用总体规划确定的村庄、集镇建设用地区的土地，这是《土地管理法》确定的原则。由于目前农村村民点建设分散，农民宅基地超标较为普遍，并且村内存在许多空闲地，形成“空心村”。因此，今后农民建设住宅主要是利用原有宅基地和村内空闲地。除实行迁村并点、土地整理和灾后重建外，原则上不得占用耕地建住宅。

（3）农村村民建住宅，由县级人民政府审批。但涉及占用农用地的，应当办理农用地转用审批手续。农村村民宅基地审批要公开、公平和公正，要按农村村民自治的原则，发挥村民会议的作用，由村民会议讨论是否有申请宅基地的资格。审批前，应当听取农村村民的意见，批准后，应当予以公告，接受群众的监督。

（4）农村村民出卖、出租、赠与住房后，再申请宅基地的，不予批准，这是为了防止农村村民以建住宅为名搞房地产而采取的措施。但是村（或村民组）内由于两户的宅基地都未达到标准，而进行宅基地调剂，由其中一户申请宅基地的，不属此列，经村民会议讨论同意可以依法申请宅基地。

12.3 集体建设用地流转方式

2013年，《中共中央关于全面深化改革若干重大问题的决定》发布。决定指出，建设统一开放、竞争有序的市场体系，是使市场在资源配置中起决定性作用的基础。建立城乡统一的建设用地市场。在符合规划和用途管制前提下，允许农村集体经营性建设用地出让、租赁、入股，实行与国有土地同等入市、同权同价。建立兼顾国家、集体、个人的土地增值收益分配机制，合理提高个人收益。完善土地租赁、转让、抵押二级市场。决定还指出，赋予农民更多财产权利。保障农民集体经济组织成员权利，积极发展农民股份合作，赋予农民对集体资产股份占有、收益、有偿退出及抵押、担保、继承权。保障农户宅基地用益物权，改革完善农村宅基地制度，选择若干试点，慎重稳妥推进农民住房财产权抵押、担保、转让，探索农民增加财产性收入渠道。建立农村产权流转交易市场，推动农村产权流转交易公开、公正、规范运行。

为加强国家对集体建设用地的管理，合理利用土地，规范集体建设用地使用权流转市场秩序，促进经济可持续发展，目前亟须规范农村集体建设用地流转形式。现结合全国各地农村集体建设用地流转的实践，参考城镇国有建设用地使用权流转的法律和政策规定，将农村集体建设用地的几种流转形式总结如下：

1. 出让

集体建设用地使用权出让是指农民集体土地所有者将一定年期的集体建设用地使用权让与土地使用者，由土地使用者向农民集体土地所有者支付出让价款的行为。

集体建设用地使用权出让应当签订书面合同。集体建设用地使用权出让的最高年限，不得超过同类用途国有土地使用权出让的最高年限。集体建设用地使用权出让的农民集体土地所有者和土地使用者应当持该幅土地的相关权属证明、集体建设用地使用权出让合同（包括其村民同意流转的书面材料），按规定向市、县人民政府土地行政主管部门申请办理土地登记和领取相关权属证明。市、县人民政府土地行政主管部门应依法给予办理。

集体建设用地使用权出让用于商业、旅游、娱乐等经营性项目的，应当参照国有土地使用权公开交易的程序和办法，通过土地交易市场招标、拍卖、挂牌等方式进行。集体建设用地使用权出让合同约定的土地使用年限届满，土地使用权由农民集体土地所有者无偿收回，其地上建筑物、附着物按照集体建设用地使用权出让合同的约定处理。原土地使用者要求继续使用土地的，应当在土地使用年限届满前与农民集体土地所有者协商，集体土地所有者同意继续使用的，重新办理集体建设用地使用权登记手续。

2. 转让

集体建设用地使用权转让是指农民集体建设用地使用权人将集体建设用地使用权再转移的行为。一般有以下两种情况：（1）企业因合并、兼并或破产等原因而导致的土地使用权转让；（2）通过转让房产而导致的土地使用权转让，如农民房屋转让引起的宅基地使用权转让。

集体建设用地使用权转让应当签订书面合同。集体建设用地使用权转让的原受让方的权利、义务随之转移。集体建设用地使用权转让的年限为原土地使用年限减去已使用年限后的剩余年限。集体建设用地使用权转让的当事人双方应当持集体土地使用权属证明和相关合同，到市、县人民政府土地行政主管部门申请办理土地登记和领取相关权属证明。市、县人民政府土地行政主管部门应依法给予办理。

3. 出租

集体建设用地使用权出租是指集体土地所有者或集体建设用地使用权人作为出租人，将集体建设用地租赁给承租人使用，由承租人向出租人支付租金的行为。这是集体建设用地流转的主要形式。通常有以下两种方式：（1）农民集体土地所有者作为出租人。主要表现为农村集体经济组织将农村建设用地使用权出租给企业或个人，或将在集体土地上建设的厂房、货场、仓库、交易市场一并出租给企业或个人，搞“招商引资”，集体经济组织收取租金。（2）集体建设用地使用权人作为出租人。主要表现为取得集体建设用地使用权的企业以全部或部分土地出租，以租金为企业盈利，以及农民个人出租住房，引致土地使用权出租。在城乡接合部，农民个人出租住房收入已成为部分家庭的重要收入来源。

集体建设用地使用权出租应当签订书面合同。集体建设用地使用权出租的最高年限，不得超过同类用途国有土地使用权出租的最高年限。集体建设用地使用权出租的农民集体土地所有者和土地使用者应当持该幅土地的相关权属证明、集体建设用地使用权出租合同（包括其村民同意流转的书面材料），按规定向市、县人民政府土地行政主管部门申请办理土地登记和领取相关权属证明。市、县人民政府土地行政主管部门应依法给予办理。

集体建设用地使用权出租用于商业、旅游、娱乐等经营性项目的，应当参照国有土地使用权公开交易的程序和办法，通过土地交易市场招标、拍卖、挂牌等方式进行。集体建设用地使用权出租合同约定的土地使用年限届满，土地使用权由农民集体土地所有者无偿收回，其地上建筑物、附着物按照集体建设用地使用权出租合同的约定处理。原土地使用者要求继续使用土地的，应当在土地使用年限届满前与农民集体土地所有者协商，集体土地所有者同意继续使用的，重新办理集体建设用地使用权登记手续。

4. 转租

集体建设用地使用权转租是指承租人将集体建设用地使用权再次租赁的行为。集体建设用地使用权转租应当签订书面合同。集体建设用地使用权转租的转租人应当继续履行原出租合同。集体建设用地使用权转租的年限为原土地使用年限减去已使用年限后的剩余年限。集体建设用地使用权转租的当事人双方应当持集体土地使用权属证明和相关合同，到市、县人民政府土地行政主管部门申请办理土地登记和领取相关权属证明。市、县人民政府土地行政主管部门应依法给予办理。

5. 抵押

集体建设用地使用权抵押是指集体建设用地使用权人不转移对集体建设用地的占有，将该集体建设用地使用权作为债权担保的行为。这包括以地上建筑物抵押连带土地使用权抵押的情形。抵押虽然没有在形式上发生转移，但其实质是不转移占有，故也将其作为流转的一种形式。

集体建设用地使用权抵押应当签订书面合同，并到市、县人民政府土地行政主管部门办理抵押登记。农民集体土地所有者抵押集体建设用地使用权的，在申请办理抵押登记时，应当提供本集体经济组织的村民会议三分之二以上成员或三分之二以上村民代表同意抵押的书面材料。集体建设用地使用权被作为抵押物的，债务人不履行债务时，抵押权人有权依法处分抵押的集体建设用地使用权。因处分抵押财产而取得集体建设用地使用权和地上建筑物、其他附着物所有权的，应当办理过户登记。

6. 作价入股

作价入股是指集体建设用地所有者或使用者以一定年期的土地使用权作价投资组建股份制企业，按其股份额进行企业利润分红的形式。集体建设用地使用权作价入股（出资）的农民集体土地所有者和土地使用者应当持该幅土地的相关权属证明、集体建设用地使用权作价入股（出资）合同（包括其村民同意流转的书面材料），按规定向市、县人民政府土地行政主管部门申请办理土地登记和领取相关权属证明。市、县人民政府土地行政主管部门应依法给予办理。

7. 合作、联营

集体建设用地所有者以一定年期的土地使用权作为条件与其他单位或个人合作、联营，共同兴办企业，双方通过合同来确立各自的权益和职能。

8. 法院判决

因经济纠纷或企业破产、兼并等导致法院裁定和判决而致集体建设用地流转。这种情形在沿海一带已逐步增多，法院判决流转主要采取拍卖方式。

《土地管理法》第六十三条第四款规定：集体经营性建设用地的出租，集体建设用地使用权的出让及其最高年限、转让、互换、出资、赠与、抵押等，参照同类用途的国有建设用地执行。具体办法由国务院制定。

12.4 集体建设用地流转程序

12.4.1 集体建设用地流转的条件

（1）已缴清集体建设用地土地使用权有关税费，并取得农村集体建设用地土地使用证书。

（2）不改变土地用途和规划要求。确需改变土地用途的，应当经土地所有者和土地用途、规划行政主管部门同意，报原批准用地的市、县人民政府批准。

（3）土地产权关系清晰，土地所有权人同意流转。

（4）本集体经济组织内部农村村民住房转让涉及集体建设用地使用权流转的，按规定直接办理集体建设用地使用权流转。

（5）农村私人住宅用地转让、出租、抵押后，不得再申请宅基地建房。

（6）通过出让、转让和出租方式取得的集体建设用地，不得用于商品房地产开发建设和住宅建设。

（7）集体建设用地使用权抵押应当签订书面合同，并到市、县人民政府土地行政主管部门办理抵押登记。农民集体土地所有者抵押集体建设用地使用权的，在申请办理抵押登记时，应当提供本集体经济组织的村民会议三分之二以上成员或三分之二以上村民代表同意抵押的书面材料。

（8）必须确定土地使用年限，土地使用年限可与项目经营期限相一致，但不得超过法律规定的同类用途国有土地出让最高年限。再次流转的，土地使用期限为前次土地流转合同规定的年限减去前土地使用者已经使用年限后的剩余年限。

12.4.2 集体建设用地流转的办理

（1）提供办理土地流转手续的有关资料。如土地流转（转让、出租、抵押、入股、联营等）合同（草案），农村集体建设用地土地使用证，双方当事人身份、户籍证明或企业营业执照等，房屋所有权或地上建筑物、其他附着物的合法产权证明资料，承办机构认为必须提交的其他证明文件材料。

（2）申请流转。由受让方或出租方或抵押方持前款规定应提供的有关资料，向当地土地行政主管部门提出土地流转书面申请。

（3）审核批准。对符合流转条件的，经土地所有权者的村民委员会审查同意，由有权限的土地行政主管部门批准。

（4）登记发证。由有关当事人缴纳土地收益后，受让方或承租方或抵押权人持土地流转批准文书或出租、抵押许可证，到当地土地行政主管部门办理土地变更登记手续，领取农村集体建设用地土地使用证或土地他项权利证明书。

12.4.3 集体建设用地流转的终止和处置

（1）集体建设用地使用权初次流转合同约定的土地使用年限届满，土地使用权由农民集体土地所有者无偿收回，其地上建筑物、附着物按照集体建设用地使用权初次流转合同的约定处理。

（2）原土地使用者要求继续使用土地的，应当在土地使用年限届满前与农民集体土地所有者协商，集体土地所有者同意继续使用的，按有关规定重新办理集体建设用地使用权登记手续。

（3）土地抵押期满，抵押合同应当予以解除或终止，抵押方、抵押权人应向土地行政主管部门交还土地抵押许可证、土地他项权利证明书，并按规定办理注销登记。

（4）集体建设用地使用权被作为抵押物的，债务人不履行债务时，抵押权人有权依法处分抵押的集体建设用地使用权。因处分抵押财产而取得集体建设用地使用权和地上建筑物、其他附着物所有权，应当办理过户登记。

12.5 集体建设用地制度建设

当前，中国特色社会主义进入了新时代，社会主要矛盾已经转化为人民日益增长的美好生活需要和不平衡不充分的发展之间的矛盾。新时代改革发展的新问题、新目标和新要求，深刻表明了当前全面深化改革已然进入了新阶段，将进一步触及深层次利益格局的调整和制度体系的变革。党的二十大报告提出要“深化农村土地制度改革”，建立健全城乡统一的建设用地市场，推进农村集体经营性建设用地入市。允许农村集体经营性建设用地与国有土地同等入市、同权同价，增加农民财产性收入。稳慎推进农村宅基地制度改革，探索宅基地所有权、资格权、使用权“三权分置”，保障农民宅基地合法权益。盘活闲置宅基地和农房，在符合规划的前提下用于乡村产业、文旅等发展。完善农村土地征收制度，规范征地程序，合理确定补偿标准，保障被征地农民长远生计。

12.5.1 完善集体土地产权制度

1. 进一步明确集体土地产权主体

根据《土地管理法》和有关法律的规定，农村依法属于集体所有的土地归“农民集体”所有，集体土地所有权的主体是农民集体，而不是村民委员会、乡政府，也不是农村集体经济组织。乡镇政府、村委会是集体的管理机构，它只有管理、经营集体土地的权利。《村民委员会组织法》和《土地管理法》规定，村内对集体财产特别是土地的处置需经村民大会同意，这表明村民是村集体即“农民集体”财产的最终决定者。因此，农民个人对全部集体财产形成共有产权。如果在实际工作中认为“农民集体”还不具体，可以确定为由该农民集体内农民代表大会选定的“股东委员会”行使相关权利，村民委员会及农村集体经济组织负责人就是股东们聘任的管理、经营集体土地的经理。同时，村民小组、村及乡镇这三级“集体”组织是从属关系，但“农民集体”土地所有权是平等的，不存在任何隶属关系，其土地边界是既不交叉也不重合的。它们之间的土地所有权或土地使用权转移只能通过市场机制的购买行为实现，而不能让一级集体组织拥有类似国家的“征收”土地的权力①。

随着市场经济的发展，集体土地产权的内容将更为广泛和充实，产权主体也会越来越多样化，除了集体土地所有权外的集体土地产权主体也应该是所有民事主体。

2. 进一步完善集体土地产权权能

作为民事权利，在权能方面，集体土地所有权与国有土地所有权并不应具有差别，也应该具有土地占有权、土地使用权、土地收益权、土地处分权四项基本权能，但是长期以来国家对集体土地所有权做了许多限制。为了实现农民集体和国家的协调发展，必须取消对集体土地所有权的不合理限制，让农民集体享有集体土地所有权的适度自由，恢复农民集体作为集体土地所有者应有的土地产权②。农村社会经济的发展、乡镇企业结构的调整、农民进城就业，客观上要求对集体建设用地产权权能进行重新设定，这就要求在强化土地利用规划控制的前提下，允许集体建设用地使用权依法有偿流转，以实现

---

① 周建春．农村集体非农建设用地流转现状分析及管理政策研究//黄贤金，等．农村土地市场运行机制研究．北京：中国大地出版社，2003.

② 周建春．小城镇土地制度与政策研究．北京：中国社会科学出版社，2007.

集体土地的财产权利。具体而言，可以从以下两方面着手确定：一是从集体土地所有权上直接派生的集体土地使用权可比照国有土地使用权，可通过出让、租赁、作价出资或入股等方式取得；二是依法取得集体建设用地使用权的权利人，在土地使用年期内，可将集体建设用地使用权转让、出租、抵押，对批准使用的集体土地使用权制定出相应的流转管理办法，从而赋予集体土地产权更为丰富的内容。这样，集体建设用地使用权主体可以取得土地占有权、土地使用权（狭义）、部分收益权、部分处分权。

12.5.2　健全适应集体建设用地使用权流转的法律法规

为了规范集体建设用地的流转，应当总结近些年各地开展试点的经验，制定集体建设用地入市的法律法规，对集体建设用地使用权流转的范围、流转的条件、流转的程序、流转的监管体系、流转的收益处置等方面进行明确规定，以保证在实际流转中有章可循、有法可依，保障集体建设用地流转时土地产权各方的土地权利。

在集体建设用地流转的范围和条件上，参考国有土地使用权流转的范围和条件，只要是合法取得的集体建设用地使用权，就可以依法转让。转让的程序和监管同样可以参考过去土地使用权转让的管理。不要给予不适当的限制，继续让集体建设用地使用权"身份"低于国有土地使用权。总之，目标是真正的"同地、同价、同权"。

2019年，《土地管理法》删除了农村集体建设用地进入市场的法律障碍。在总结试点成功经验的基础上，删除了原《土地管理法》第四十三条的规定并修改了第六十三条的规定，增加规定国家建立城乡统一的建设用地市场，符合土地利用总体规划的集体经营性建设用地，集体土地所有权人可以采取出让、租赁、作价出资或者入股的方式由用地单位和个人使用。取得的这些经营性土地使用权还可以转让、出租和抵押，具体办法授权国务院另行规定。这是本次修改最大的一个亮点。

12.5.3　合理分配集体建设用地使用权流转的收益

土地收益分配和管理是集体建设用地使用权流转中的关键问题，关系到集体建设用地使用权制度运作的利益保障机制，只有建立合理的收益分配及管理机制，才能最终达到保护农民利益、规范土地流转的目的。在构建法律制度时，要根据收益初次分配基于产权、二次分配基于税制的原则，对集体建设用地使用权流转中的收益，应归集体建设用地的所有权人和使用权人所有，国家可以通过营业税、增值税、所得税等法定的方式，对流转收益进行合理的调整。

在集体建设用地流转收益分配中，国家（政府）作为管理者、服务者主要以税收方式对流转收益进行调整，以及取得一定的服务费用。对于国家的基础设施投资者身份，如果要参与建设用地增值收益分割，建议与国有建设用地使用权转让时国家取得的增值收益水平、方式相协调。

农民集体作为土地所有者，其收益就是在一级市场中取得的建设用地地租和集体投资所致增值收益，扣除向政府缴纳的税费；农民个人从集体收益中分配，但集体收益分配由法规或村民大会表决。

在土地二级市场中，集体建设用地产权主体通过流转取得的收益，扣除向政府缴纳的税费之后，就是自己的土地收益；其净收益还要扣除其取得集体建设用地产权的成本和交易成本。

《 关键术语 》

农村集体建设用地　　　农村集体建设用地流转

《 复习思考题 》

1. 简述农村集体建设用地流转的法律规定。
2. 简述农村集体建设用地的审批原则。
3. 简述农村集体建设用地的流转方式。

第 3 篇

土地行政管理法律制度

本篇以土地行政管理相关的法律制度为主线展开，包括地籍管理、规划管理、土地保护、土地整治、自然资源和土地税收的法律制度。

第13章

地籍管理法律制度

地籍管理是国家为获得相关地籍资料和全面研究土地的权属、自然和经济状况，而采取的经济、技术和法律等一系列措施。本章主要就地籍管理、土地调查、土地登记、土地统计等问题做一阐述。

13.1　地籍管理

13.1.1　地籍与地籍管理

1. 地籍的内涵

地籍是指国家为了一定的目的，记载土地的权属、界址、数量、质量和用途等基本情况的簿册，亦称土地的户籍。具体而言，是指依据法律规范，对每宗地（由界址线包围的土地）的土地权属、位置、界址、数量、质量以及利用状况进行调查（包括测绘），并将所获状况记载在案（成图、成卡、簿册、文件或法律证书）的信息集及其载体，其核心意义在于反映土地权利之归属。

地籍经历了三个不同的发展阶段。地籍从最初的税收地籍，随着土地交易的日益频繁而发展为产权地籍，进而演变为多用途地籍。（1）税收地籍的目的是课税，内容包括纳税人的姓名、土地面积和等级。（2）产权地籍的目的是保护土地的所有制，鼓励合法的土地交易，内容包括宗地界址、界线，土地权属、面积、位置、质量等。（3）多用途地籍的目的是为课税、产权确认、土地登记统计、土地市场、土地规划、土地信息库等服务，内容与产权地籍基本相同。

地籍在我国有着悠久的历史。地籍最初是为征税而建立的记载土地相关状况的田赋清册和簿册，是对土地调查、分等定级结果的记录，其主要内容是应纳税的土地面积、土壤质量及土地税额的等级。我国最早关于地籍的记载始于夏禹时期，当时地籍是在对土地进行等级划分后征收税赋的依据。中国历史上各个朝代都将土地视为最重要的资产，尤其在唐、宋以后，伴随着土地私有制的确立，每个朝代建立之初一般都要进行土地测量和土地的登记造册，将其作为征税的依据。近代以来，地籍的功能和内涵不断扩展，而新中国成立以后，尤其是改革开放以来，我国的地籍制度有了突飞猛进的发展。当前我国的地籍也加速由传统地籍向现代地籍转变，地籍在国土资源管理方面的基础作用和对不动产市场的保障作用得到了更充分的发挥。

在西方，工业革命以前相当长的一段时间内，土地被人们视为财富和权力的象征，政府收入也主要来自土地税收。当时地籍的主要功能是记录土地所有权和征收财政税，实质上是为征税而建立的一种田赋清册或簿册。工业革命以后，随着市场经济的发展，土地交易日益频繁。地籍从最初的为土地税收服务，即税收地籍，发展为产权地籍。此时地籍的功能又扩展为维护土地所有者和使用者的相关权益、维持不动产市场的交易秩序、防止土地投机活动。地籍的内涵已不仅仅是课税对象的登记清册，它也是土地产权登记、土地分类面积统计和土地等级、地价等内容的登记簿册。第二次世界大战以后，在信息革命的影响下，为政府、土地权利人和不动产市场的交易主体提供信息成为地籍的主要功能。地籍也逐渐演变为多用途的数字地籍，即地籍是一种土地信息系统，它的主要意义在于提供产权信息。数字地籍从基础资料起，就用数字的形式存储于体积小、重现度高的存储介质中，通过规范的程序实现整理、分类、汇总及建库。无论是图形资料还是数字资料，都转化为数字形态，从而省略了累赘不便的图、表、卡、册、簿。数字地籍具有处理能力强、省工节时、可以有效防止加工整理误差、检索快捷准确、表现形式生动等优越性，它代表着地籍现代化的方向。

2. 地籍管理的内涵

国家为了全面掌握土地的基本状况，需要采取一系列的行政、法律、经济和技术措施，搜集和系统整理地籍资料，建立地籍簿册和数据库，地籍管理行为由此产生。地籍管理是国家为获得相关地籍资料和全面研究土地的权属、自然和经济状况，而采取的以地籍调查、土地登记、土地统计、土地价值评估和地籍档案与信息管理为主要内容的经济、技术和法律等一系列措施。我国所有的国有土地和集体所有土地都是地籍管理的对象。

在不同的历史时期，地籍管理有着不同的时代内涵及特定的内容体系。历史上，历朝历代为对土地进行征税而收集、编制、管理地籍资料。新中国成立后，尤其自 1986 年《土地管理法》颁布以来，我国地籍管理的内容主要包括：土地权属调查、地籍测量、土地登记、土地统计、地籍档案与信息管理等。土地权属调查和土地登记是地籍管理体系的主要内容。土地权属调查和地籍测量是地籍管理的基础性工作，地籍档案与信息管理是土地登记、土地统计的后续工作，是地籍管理各项工作的归宿，并为土地管理各项工作提供参考和依据。目前，地籍管理由为税收、确权服务演变成全面为国土管理服务，为国家管理和决策服务，为社会各方面提供服务。同时，地籍在诸多管理事务中起着基础作用，在土地制度建设和发展中起着重要的保障作用。

地籍作为政府土地行政体系和不动产市场的重要基础，是土地税收和产权划分的依据，在调节社会生产关系中起着重要的作用。因此，地籍管理既是国家土地行政体系的重要组成部分，也是土地立法的必要组成部分。

地籍管理以土地产权为核心，依法实行土地登记制度、土地权属争议调处制度、土地调查制度、土地统计制度、土地动态遥感监测制度。因此，加强地籍管理工作对切实保护耕地、明晰土地产权、编制国土空间规划、维护不动产市场交易秩序、提高土地使用效率有着重要的现实意义。

13.1.2　地籍管理的立法

为了保证地籍管理的有效实施，地籍管理必须有合理和严格的法律基础。

地籍制度发展到近代，随着西方的产权登记思想在清朝末年引入中国，中国的地籍管理制度开始加快发展和完善。其中在民国时期制定的《土地法》对土地登记和地籍测量做了详尽的规定。在1946年对其进行修订以后，在《土地法》中专设地籍篇，并规定：地籍管理（当时称作地籍整理）包括地籍测量及土地登记，土地登记分土地总登记和土地权利变更登记，地籍测量实施规则由中央地政机关规定等。同年，由地政署公布实施了《土地登记规则》，作为实施不动产登记的具体规定和依据。

中国共产党自成立以来，无论是在革命战争时期，还是在新中国成立后的和平建设时期，一直高度重视土地问题和土地管理工作，不断改进和发展我国的地籍管理制度。新中国成立初期，中央人民政府内务部下设地政司，把土地清丈、登记和土地证发放作为重要职能。1950年颁布了《城市郊区土地改革条例》，开始建立以土地清查、地权登记发证等为主要内容的地籍管理体系。

自改革开放以来，我国地籍管理的立法不断完善，其在土地法律规范中的地位不断提高。1982年，中央决定在农业部下设土地管理局，开始在不同的县开展土地调查、土地登记、土地统计试点工作；1986年颁布的《土地管理法》对土地所有权和土地使用权的确认、登记、发证等内容以及土地调查、土地统计都做了原则规定；同年，国家土地管理局正式成立，设立了地籍管理司等职能司室，统一管理城乡地籍工作，新的土地登记制度开始构建。1987年9月，国家土地管理局制定了《城镇村庄地籍调查规程》和《全国土地登记规则》。同年10月，国家土地管理局依据《土地管理法》，发布了《关于加强地籍管理工作的通知》。1998年8月，九届全国人大常委会第四次会议通过修订后的《土地管理法》，进一步明确了建立土地调查制度和土地统计制度，并规定依法登记的土地所有权和使用权受法律保护。

与地籍管理密切相关的法律法规陆续颁布实施。为了维护国家基本经济制度，维护社会主义市场经济秩序，明确物的归属，发挥物的效用，保护权利人的物权，我国制定了《物权法》，由第十届全国人民代表大会第五次会议于2007年3月16日通过，自2007年10月1日起施行。2008年2月，为了科学、有效地组织实施土地调查，保障土地调查数据的真实性、准确性和及时性，国务院根据《土地管理法》和《统计法》，制定了《土地调查条例》，自公布之日起施行。为整合不动产登记职责，规范登记行为，方便群众申请登记，保护权利人合法权益，根据《物权法》等法律，2014 年 11 月，国务院公布了《不动产登记暂行条例》，自 2015 年 3 月 1 日起施行。2021 年《民法典》施行，《物权法》废止，其内容整合入《民法典》物权编。

当前我国已经初步形成了比较完善的地籍管理立法体系，地籍管理已经基本做到了有法可依。这些已经出台的法律条文和长期的法律实践为下一步制定地籍管理单行法规奠定了坚实的理论基础和实践经验。

13.2 土地调查

土地调查与评价制度是指国家依据土地登记和土地勘测调查资料，对集体所有和国有的土地类型、权属、数量、质量、分布和利用状况进行全面调查统计并做出科学评价的制度。土地调查既是地籍管理体系的重要组成部分，也是合理利用和保护现有土地资源的一项基础工作。

13.2.1 土地调查的目的

土地调查是指对土地的地类、位置、面积、分布等自然属性和土地权属等社会属性及其变化情况，以及基本农田状况进行调查、监测、统计、分析的活动。

土地调查是我国土地方面重要的法律制度。《土地管理法》规定，“国家建立土地调查制度。县级以上人民政府自然资源主管部门会同同级有关部门进行土地调查”。土地调查是一项重大的国情国力调查，是查实查清土地资源的重要手段。开展土地调查，能够查清土地利用状况，掌握真实、准确的土地基础数据，强化土地资源信息社会化服务，满足经济社会发展和国土资源管理工作需要。

首先，土地调查制度的建立是保护土地、合理利用土地和提高土地利用效率的客观需要。在土地调查制度建立之前，在经验利用土地的局限下，我国在土地资源管理上存在着“家底不清”的情况。在土地数据缺乏的条件下，相关部门也难以制定科学的土地政策和土地利用及保护规划，造成了对土地资源的掠夺式经营，使我国的土地资源受到严重的破坏和浪费，耕地面积不断受到蚕食。因此，只有对土地保护和利用状况进行科学、持续的调查，才能及时发现违法用地和土地低效利用以及土地污染等情况，才能有效地制止滥占滥用、浪费和污染土地的行为，才能实现土地管理的科学化和法制化。土地调查和统计能够实时和准确地反映我国的土地数量和质量状况，为国土规划和治理、社会经济发展战略以及国民经济宏观规划的制定提供可靠的数据支持，也为土地利用效率的提高提供基础条件。

其次，土地调查制度的建立是完善土地法制的客观需要。土地调查是对土地利用和保护实行全面监督的有效工具，是对土地资源状况的真实反映，是制定相关的法律、政策、规划的基础。另外，土地调查制度本身也是土地管理制度的重要组成部分，要建立完备的土地法律体系，就必须制定完善的土地调查制度。

总之，做好土地调查工作，掌握真实、准确的土地基础数据，是推进国家治理体系和治理能力现代化、促进经济社会全面协调可持续发展的客观要求；是加快推进生态文明建设、夯实自然资源调查基础和推进统一确权登记的重要举措；是编制国民经济和社会发展规划、加强宏观调控、推进科学决策的重要依据；是实施创新驱动发展战略、支撑新产业新业态发展、提高政府依法行政能力和国土资源管理服务水平的迫切需要；是落实最严格的耕地保护制度和最严格的节约用地制度、保障国家粮食安全和社会稳定、维护农民合法权益的重要内容；是科学规划、合理利用、有效保护国土资源的基本前提。

13.2.2 土地调查的历程

土地调查制度在我国有着悠久的历史，夏禹时期人们就已经对“九州”各地进行了土地调查，对相应的土地性质，应缴纳的贡、赋的等级以及各地物产的分布均有详细记载①。这标志着土地调查制度在我国的确立。在这之后的各个历史时期的统治者也多次进行了土地的清丈与调查，并据此对土地实行分类和分等定级。

新中国成立后，党和国家非常重视土地调查工作，陆续出台了一系列的相关规定对土地调查工作予以规范和引导，开展了三次全国土地调查。

第一次全国土地调查自1984年启动，文件依据是《国务院批转农牧渔业部、国家计委等部门关于进一步开展土地资源调查工作的报告的通知》，技术依据是1984年全国农业区划委员会颁发的《土地利用现状调查技术规程》。第一次全国土地调查摸清了全国土地利用状况，于1984年5月开始一直到1997年底结束。

第二次全国土地调查于2007年7月1日全面启动，于2009年完成。调查的主要任务包括：农村土地调查，查清每块土地的地类、位置、范围、面积分布和权属等情况；城镇土地调查，掌握每宗土地的界址、范围、界线、数量和用途；基本农田调查，将基本农田保护地块（区块）落实到土地利用现状图上，并登记上证、造册；建立土地利用数据库和地籍信息系统，实现调查信息的互联共享。在调查的基础上，建立土地资源变化信息的统计、监测与快速更新机制。

第三次全国土地调查于2017年启动，《国务院关于开展第三次全国土地调查的通知》决定自2017年底起开展第三次全国土地调查。调查内容为：土地利用现状及变化情况，包括地类、位置、面积、分布等状况；土地权属及变化情况，包括土地的所有权和使用权状况；土地条件，包括土地的自然条件、社会经济条件等状况。2017年第四季度开展准备工作，全面部署第三次全国土地调查，完成调查方案编制、技术规范制定以及试点、培训和宣传等工作。2018年1月至2019年6月，组织开展实地调查和数据库建设。2019年下半年，完成调查成果整理、数据更新、成果汇交，汇总形成第三次全国土地调查基本数据。2020年，汇总全国土地调查数据，形成调查数据库及管理系统，完成调查工作验收、成果发布等。

---

① 林增杰，沈守愚．土地法学．北京：中国人民大学出版社，1989：136.

13.2.3 土地调查的内容和类型

1. 土地调查的内容

（1）土地利用现状及变化情况，包括地类、位置、面积、分布等状况。

（2）土地权属及变化情况，包括土地的所有权和使用权状况。

（3）土地条件，包括土地的自然条件、社会经济条件等状况。

进行土地利用现状及变化情况调查时，应当重点调查基本农田现状及变化情况，包括基本农田的数量、分布和保护状况。

2. 土地调查的类型

土地调查包括全国土地调查、土地变更调查和土地专项调查。

（1）全国土地调查。

全国土地调查是指国家根据国民经济和社会发展需要，对全国城乡各类土地进行的全面调查。全国土地调查由国务院全国土地调查领导小组统一组织，县级以上人民政府土地调查领导小组遵照要求实施。

（2）土地变更调查。

土地变更调查是指在全国土地调查的基础上，根据城乡土地利用现状及权属变化情况，随时进行城镇和村庄地籍变更调查和土地利用变更调查，并定期进行汇总统计。土地变更调查由自然资源部会同有关部门组织，县级以上自然资源主管部门会同有关部门实施。

（3）土地专项调查。

土地专项调查是指根据土地资源管理需要，在特定范围、特定时间内对特定对象进行的专门调查，包括耕地后备资源调查、土地利用动态遥感监测和勘测定界等。土地专项调查由县级以上自然资源主管部门组织实施。

13.2.4 土地调查的有关规定

2008年，国务院以第518号令公布施行了《土地调查条例》，标志着土地调查工作步入了法制化轨道。《土地调查条例》对土地调查的内容和方法、土地调查的组织实施、调查成果处理和质量控制、调查成果公布和应用等做出了明确规定。为保证土地调查的有效实施，国土资源部根据《土地调查条例》，又于2009年制定《土地调查条例实施办法》，经国土资源部部务会议审议通过，自公布之日起施行。《土地调查条例》在2016年、2018年两次修正，《土地调查条例实施办法》相应进行了修改。

（1）国家根据国民经济和社会发展需要，每10年进行一次全国土地调查；根据土地管理工作的需要，每年进行土地变更调查。土地利用变更调查的统一时点为每年12月31日。

（2）土地调查采用全面调查的方法，综合运用实地调查统计、遥感监测等手段。

（3）土地调查采用《土地利用现状分类》国家标准、统一的技术规程和按照国家统一标准制作的调查基础图件。土地调查技术规程，由国务院自然资源主管部门会同国务院有关部门制定。

（4）全国土地调查总体方案由国务院自然资源主管部门会同国务院有关部门拟订，报国务院批准。县级以上地方人民政府自然资源主管部门会同同级有关部门按照国家统一要求，根据本行政区域的土地利用特点，编制地方土地调查实施方案，报上一级人民政府自然资源主管部门会同同级有关部门核准后施行。

（5）土地调查人员应当坚持实事求是，恪守职业道德，具有执行调查任务所需要的专业知识。土地调查人员应当严格执行全国土地调查总体方案和地方土地调查实施方案、《土地利用现状分类》国家标准和统一的技术规程，不得伪造、篡改调查资料，不得强令、授意调查对象提供虚假的调查资料。

（6）接受调查的有关单位和个人应当如实回答询问，履行现场指界义务，按照要求提供相关资料，不得转移、隐匿、篡改、毁弃原始记录和土地登记簿等相关资料。

（7）县级以上地方人民政府对本行政区域的土地调查成果质量负总责，主要负责人是第一责任人。县级以上人民政府自然资源主管部门会同同级有关部门对调查的各个环节实行质量控制，建立土地调查成果质量控制岗位责任制，切实保证调查的数据、图件和被调查土地实际状况三者一致，并对其加工、整理、汇总的调查成果的准确性负责。

（8）国家建立土地调查成果公布制度。土地调查成果应当向社会公布，并接受公开查询，但依法应当保密的除外。全国土地调查成果，报国务院批准后公布。地方土地调查成果，经本级人民政府审核，报上一级人民政府批准后公布。

（9）土地调查成果包括数据成果、图件成果、文字成果和数据库成果。土地调查数据成果，包括各类土地分类面积数据、不同权属性质面积数据、基本农田面积数据和耕地坡度分级面积数据等。土地调查图件成果，包括土地利用现状图、地籍图、宗地图、基本农田分布图、耕地坡度分级专题图等。土地调查文字成果，包括土地调查工作报告、技术报告、成果分析报告和其他专题报告等。

（10）经依法公布的土地调查成果，是编制国民经济和社会发展规划、有关专项规划以及国土资源管理的基础和依据。建设用地报批、土地整治项目立项以及其他需要使用土地基础数据与图件资料的活动，应当以国家确认的土地调查成果为基础依据。各级土地利用总体规划修编，应当以经国家确定的土地调查成果为依据，校核规划修编基数。

13.3　土地登记

13.3.1　土地登记与不动产统一登记

土地登记作为一项对土地权利的设立、变更、转让和消灭进行确认和公示的法律制度，随着我国不动产统一登记制度的建立，已经融入不动产登记制度之中。不动产登记是物权法确立的一项物权制度，是指经权利人或利害关系人申请，由国家专职部门将有关不动产物权及其变动事项记载于不动产登记簿的事实。

建立和实施不动产统一登记制度，是政府转变职能的重要举措，是完善社会主义市场经济体制的基础性制度建设。为了整合不动产登记职责，规范登记行为，方便群众申请登记，保护权利人合法权益，国务院于 2014 年公布了《不动产登记暂行条例》，于 2015 年 3 月 1 日落地实施，这成为不动产登记的直接法律依据，明确规定国务院国土资源主管部门负责指导、监督全国不动产登记工作。2016 年 1 月 1 日，国土资源部公布实施了《不动产登记暂行条例实施细则》，对土地、海域以及房屋、林木等不动产登记制度进行了详细规定，进一步规范了不动产登记行为，细化了不动产统一登记制度。2017 年 12 月《土地登记办法》废止，这是由于《土地登记办法》的主要内容已被《不动产登记暂行条例实施细则》的制度规范所替代。2018 年 6 月，全国统一的不动产登记信息管理基础平台实现全国联网，不动产登记体系进入全面运行阶段。

13.3.2 不动产登记的法律效力

不动产登记的法律效力是指登记这一法律事实对当事人的土地物权所施加的实际作用。综合《民法典》物权编、《土地管理法》、《不动产登记暂行条例》等法律规定及当前学界对不动产登记的效力的研究，不动产登记的主要法律效力为：

（1）物权公示效力。物权公示是标志物权设定或变更的法律事实。因为物权属于绝对权、对世权，所以物权的任何变动均应进行公示。动产物权的公示手段是交付，而不动产物权的公示手段便是登记。物权公示是《民法典》物权编的基本原则之一。登记的首要作用就是向社会展示当事人的物权变动，以对抗第三人。不动产登记公示效力的目的在于保护不动产权利人的合法权利。

（2）物权变动的决定效力。《民法典》物权编明确了登记在我国不动产物权变动中的效力，采取了登记生效主义原则，法律另有规定的除外。不动产物权变动，必须在当事人意思表示之外，再履行登记手续，即必须具备“合意加登记”的双重条件，才能生效。明确登记为不动产物权变动的生效要件，把当事人之间的物权变动关系与对社会第三人的公示关系统一起来，这样有助于减少不经登记即可发生不动产物权的变动对物权的取得人和相对人带来的巨大风险，从而最大限度地保护当事人和第三人的利益。

（3）权利正确性推定效力。权利正确性推定效力是指以不动产登记簿所记载的当事人的权利内容为正确不动产权利的效力。这也是维护登记公信力的重要手段。当出现不动产登记簿上记载的权利与当事人的实际权利不一致的情况时，无论是权利人、相对人的过错，还是不动产登记机关的过错，登记对任意第三人来说都应该是正确的登记，登记的权利与权利人实际权利都应该是一致的。另外，恶意第三人明知登记错误而采取的法律行为不生效。因此，登记权利正确性推定的效力只及于善意第三人。为弥补登记生效主义的弊端，《民法典》物权编规定了预告登记、更正登记、异议登记等辅助制度。

（4）善意保护效力。善意保护效力是指当信赖登记的善意第三人取得登记的不动产物权时，其正当权利不会因为有错误的登记而被追夺。这体现了不动产登记对客观、公正的社会交易秩序的维护。

（5）风险警示效力。不动产登记的主要任务之一是反映不动产物权的详细法律信息，并在法律许可的范围内将其提供给社会，为不动产市场交易服务。由于不动产登记提供给社会的法律信息中既包括对利害关系人有利的内容，也可能包括对其不利的内容，这就为社会做了不动产风险的警示。不动产登记簿可以让不动产取得人掌握不动产的充分信息，作为是否采取进一步行为的决策依据。例如，在不动产抵押时，当在抵押物之上已经存在着顺位优先的抵押权，或者顺位优先的其他物权如用益物权时，抵押权人权利的取得就很难实现。这时如果在不动产登记簿中已经给抵押权取得人提供了足够的信息，使其了解了设立后序顺位抵押权的风险，就有助于减小其交易风险。

13.3.3　不动产登记的类型与负责部门

按照《不动产登记暂行条例》，不动产是指土地、海域以及房屋、林木等定着物。不动产登记是指不动产登记机构依法将不动产权利归属和其他法定事项记载于不动产登记簿的行为。

1. 不动产登记类型

不动产登记包括首次登记、变更登记、转移登记、注销登记、更正登记、异议登记、预告登记、查封登记等。

2. 不动产权利登记种类

不动产权利登记种类包括：（1）集体土地所有权；（2）房屋等建筑物、构筑物所有权；（3）森林、林木所有权；（4）耕地、林地、草地等土地承包经营权；（5）建设用地使用权；（6）宅基地使用权；（7）海域使用权；（8）地役权；（9）抵押权；（10）法律规定需要登记的其他不动产权利。

3. 不动产登记管理部门

国务院自然资源主管部门负责指导、监督全国不动产登记工作。县级以上地方人民政府应当确定一个部门为本行政区域的不动产登记机构，负责不动产登记工作，并接受上级人民政府不动产登记主管部门的指导和监督。

4. 不动产登记办理机构

不动产登记由不动产所在地的县级人民政府不动产登记机构办理，直辖市、设区的市人民政府可以确定本级不动产登记机构统一办理所属各区的不动产登记。跨县级行政区域的不动产登记，由所跨县级行政区域的不动产登记机构分别办理。不能分别办理的，由所跨县级行政区域的不动产登记机构协商办理；协商不成的，由共同的上一级人民政府不动产登记主管部门指定办理。

5. 特殊情况规定

国务院确定的重点国有林区的森林、林木和林地，国务院批准项目用海、用岛，中央国家机关使用的国有土地等不动产登记，由国务院自然资源主管部门会同有关部门规定。

13.3.4 不动产登记簿

不动产以不动产单元为基本单位进行登记，不动产单元具有唯一编码。不动产登记机构应当按照国务院自然资源主管部门的规定设立统一的不动产登记簿。

（1）不动产登记簿应当记载以下事项：不动产的坐落、界址、空间界限、面积、用途等自然状况，不动产权利的主体、类型、内容、来源、期限、权利变化等权属状况，涉及不动产权利限制、提示的事项，其他相关事项。

（2）不动产登记簿应当采用电子介质，暂不具备条件的，可以采用纸质介质。不动产登记机构应当明确不动产登记簿唯一、合法的介质形式。不动产登记簿采用电子介质的，应当定期进行异地备份，并具有唯一、确定的纸质转化形式。

（3）不动产登记机构应当依法将各类登记事项准确、完整、清晰地记载于不动产登记簿。任何人不得损毁不动产登记簿，除依法予以更正外，不得修改登记事项。

（4）不动产登记工作人员应当具备与不动产登记工作相适应的专业知识和业务能力。不动产登记机构应当加强对不动产登记工作人员的管理和专业技术培训。

（5）不动产登记机构应当指定专人负责不动产登记簿的保管，并建立健全相应的安全责任制度。采用纸质介质不动产登记簿的，应当配备必要的防盗、防火、防渍、防有害生物等安全保护设施。采用电子介质不动产登记簿的，应当配备专门的存储设施，并采取信息网络安全防护措施。

（6）不动产登记簿由不动产登记机构永久保存。不动产登记簿损毁、灭失的，不动产登记机构应当依据原有登记资料予以重建。

（7）行政区域变更或者不动产登记机构职能调整的，应当及时将不动产登记簿移交相应的不动产登记机构。

13.3.5 不动产登记程序

1. 申请

因买卖、设定抵押权等申请不动产登记的，应当由当事人双方共同申请。

属于下列情形之一的，可以由当事人单方申请：

（1）尚未登记的不动产首次申请登记的；

（2）继承、接受遗赠取得不动产权利的；

（3）人民法院、仲裁委员会生效的法律文书或者人民政府生效的决定等设立、变更、转让、消灭不动产权利的；

（4）权利人姓名、名称或者自然状况发生变化，申请变更登记的；

（5）不动产灭失或者权利人放弃不动产权利，申请注销登记的；

（6）申请更正登记或者异议登记的；

（7）法律、行政法规规定可以由当事人单方申请的其他情形。

当事人或者其代理人应当到不动产登记机构办公场所申请不动产登记。不动产登记机构将申请登记事项记载于不动产登记簿前，申请人可以撤回登记申请。

2. 提交材料

申请人应当提交下列材料，并对申请材料的真实性负责：

（1）登记申请书；

（2）申请人、代理人身份证明材料、授权委托书；

（3）相关的不动产权属来源证明材料、登记原因证明文件、不动产权属证书；

（4）不动产界址、空间界限、面积等材料；

（5）与他人利害关系的说明材料；

（6）法律、行政法规以及《不动产登记暂行条例实施细则》规定的其他材料。

不动产登记机构应当在办公场所和门户网站公开申请登记所需材料目录和示范文本等信息。

3. 受理

不动产登记机构收到不动产登记申请材料，应当分别按照下列情况办理：

（1）属于登记职责范围，申请材料齐全、符合法定形式，或者申请人按照要求提交全部补正申请材料的，应当受理并书面告知申请人；

（2）申请材料存在可以当场更正的错误的，应当告知申请人当场更正，申请人当场更正后，应当受理并书面告知申请人；

（3）申请材料不齐全或者不符合法定形式的，应当当场书面告知申请人不予受理，并一次性告知需要补正的全部内容；

（4）申请登记的不动产不属于本机构登记范围的，应当当场书面告知申请人不予受理，并告知申请人向有登记权的机构申请。

不动产登记机构未当场书面告知申请人不予受理的，视为受理。

4. 查验

不动产登记机构受理不动产登记申请的，应当按照下列要求进行查验：

（1）不动产界址、空间界限、面积等材料与申请登记的不动产状况是否一致；

（2）有关证明材料、文件与申请登记的内容是否一致；

（3）登记申请是否违反法律、行政法规规定。

5. 实地查看

属于下列情形之一的，不动产登记机构可以对申请登记的不动产进行实地查看：

（1）房屋等建筑物、构筑物所有权首次登记；

（2）在建建筑物抵押权登记；

（3）因不动产灭失导致的注销登记；

（4）不动产登记机构认为需要实地查看的其他情形。

对可能存在权属争议，或者可能涉及他人利害关系的登记申请，不动产登记机构可以向申请人、利害关系人或者有关单位进行调查。不动产登记机构进行实地查看或者调查时，申请人、被调查人应当予以配合。

6. 办结

不动产登记机构应当自受理登记申请之日起30个工作日内办结不动产登记手续，法律另有规定的除外。

登记事项自记载于不动产登记簿时完成登记。不动产登记机构完成登记，应当依法向申请人核发不动产权属证书或者登记证明。

另外，登记申请有下列情形之一的，不动产登记机构应当不予登记，并书面告知申请人：（1）违反法律、行政法规规定的；（2）存在尚未解决的权属争议的；（3）申请登记的不动产权利超过规定期限的；（4）法律、行政法规规定不予登记的其他情形。

13.3.6 不动产登记信息共享与保护

（1）国务院自然资源主管部门应当会同有关部门建立统一的不动产登记信息管理基础平台。各级不动产登记机构登记的信息应当纳入统一的不动产登记信息管理基础平台，确保国家、省、市、县四级登记信息的实时共享。

（2）不动产登记有关信息与住房和城乡建设、农业、林业、海洋等部门审批信息、交易信息等应当实时互通共享。不动产登记机构能够通过实时互通共享取得的信息，不得要求不动产登记申请人重复提交。

（3）自然资源、公安、民政、财政、税务、市场监管、金融、审计、统计等部门应当加强不动产登记有关信息互通共享。

（4）不动产登记机构、不动产登记信息共享单位及其工作人员应当对不动产登记信息保密；涉及国家秘密的不动产登记信息，应当依法采取必要的安全保密措施。

（5）权利人、利害关系人可以依法查询、复制不动产登记资料，不动产登记机构应当提供。有关国家机关可以依照法律、行政法规的规定查询、复制与调查处理事项有关的不动产登记资料。

（6）查询不动产登记资料的单位、个人应当向不动产登记机构说明查询目的，不得将查询获得的不动产登记资料用于其他目的；未经权利人同意，不得泄露查询获得的不动产登记资料。

13.4 土地统计

土地统计是指利用数据和图件等形式对土地的数量、分布、权属、利用状况及其动态变化进行系统的调查、整理、分析和预测的一项管理措施。《土地管理法》规定，“国家建立土地统计制度”。土地统计不仅是我国社会经济统计的重要内容，也是地籍管理的主要组成部分，是保证地籍信息现势性的主要途径。

13.4.1 土地统计概述

1. 土地统计的内涵与对象

土地统计包括三方面的含义，即土地统计工作、土地统计资料和土地统计科学。其中土地统计工作一般是指土地相关数据的收集、整理、分析的工作过程，土地统计资料是反映土地资源的特征和规律的数字资料及与之相关的其他资料的总称，土地统计科学则是土地统计的相关理论和方法。

土地统计资料是土地统计工作的成果，土地统计科学则是土地统计工作的经验总结和理论概括。因此，土地统计不仅是以数据反映土地的分类、面积、权属、分布及质量、等级状况，而且还是以土地统计设计、土地统计调查、土地统计整理和土地统计分析及预测为内容的土地统计工作过程。

土地统计作为一项极为重要的国家统计措施，属于我国基本国情、国力的调查范畴。因此，土地统计的对象是我国境内全部的土地资源的类型、面积、质量、分布、权属和利用状况等。土地统计的对象决定了土地统计工作以数字、图、表为主要形式，对土地的数量、质量、分布、权属、利用状况及其变化规律进行全面、系统的收集、整理、分析和研究，这就是土地统计的内容。这些土地状况的质与量的变化则通过土地统计指标体系中相应指标的变动得以体现。

2. 土地统计指标体系

土地统计指标体系是由一系列互相联系的土地统计指标组成的一个有机整体，其中每一个土地统计指标都反映一定的土地利用现状及水平，说明了土地数量、质量、分布与变化等某一方面的规模、水平、速度、比例等数量特征。统计指标是由指标名称和指标数值两部分组成的。根据具体指标反映的不同内容可将土地统计指标体系分为四类，即土地统计的数量指标、质量指标、实物指标与价值指标。

（1）数量指标是反映土地利用、耕地保护、土地整理与复垦等土地管理内容的总规模、总水平等方面的指标。

（2）质量指标是反映土地的质量、等级以及经济效益和土地管理工作效率的指标。

（3）实物指标是根据所统计土地的自然特性而采用的自然、物理计量单位的总量指标。

（4）价值指标是根据土地的社会经济属性，用货币计量单位表示土地经济价值的相关指标，例如基准地价、出让地价等指标。

土地统计指标体系是土地统计工作的核心，土地统计调查、整理和分析都是围绕着土地统计指标体系进行的。

3. 土地统计的特点

作为我国社会经济统计的重要组成部分，土地统计不仅具有一般统计数量性、具体性、广泛性、工具性、社会性的特点，由于土地本身独特的不可再生性、稀缺性、位置固定等自然属性，土地统计还具有其自身的特点：

（1）总面积的稳定性。土地是一种不可再生的资源，因此一定地域的土地总面积不发生变化。

（2）质量的相对性。土地质量的统计数据只能反映某种环境条件下一定用途的土地质量，具体宗地的质量只是相对于其现状利用方式而言的。

（3）数量的地域性。由于土地位置是固定的，因此具体每项土地统计数据仅反映特定地域内的土地的相关属性。

（4）统计图表与实地的一致性。在进行土地面积计算及其他土地统计工作时，为避免出现重复、遗漏和混乱等情况，除了需要统计土地的面积外，还要反映其位置和四至。因此，不仅需要在统计文件上进行数字统计，还要在图纸资料上进行土地界线变化的统计，使土地统计表格、统计图与实地保持一致。这是土地统计区别于其他统计的一个重要特点。

13.4.2 土地统计的法律依据

我国现行的土地统计制度是依据《统计法》《土地管理法》及其他相关法规、行政规章而制定的。各级自然资源主管部门的统计机构和统计人员依法行使土地统计的调查、报告、监督的职权。

（1）《统计法》。《统计法》对统计调查计划的制订和统计制度的构建、统计资料的管理和公布、统计机构和统计人员的职权范围、相关法律责任做了具体规定，是我国国家统计制度的基本法。

《统计法》第三条规定："国家建立集中统一的统计系统，实行统一领导、分级负责的统计管理体制。"国务院设立国家统计局，负责组织领导和协调全国统计工作。各级人民政府、各部门和企业事业组织，根据统计任务的需要，设置统计机构、统计人员。统计调查必须按照经过批准的计划进行。统计调查计划按照统计调查项目编制。国家统计调查、部门统计调查、地方统计调查必须明确分工、互相衔接，不得重复。国务院和地方各级人民政府的各部门，根据统计任务的需要设立统计机构，或者在有关机构中设置统计人员，并指定统计负责人。这些统计机构和统计负责人在统计业务上受国家统计局或者同级地方人民政府统计机构的指导。

土地统计是一种部门统计，土地统计项目由自然资源部拟定，报国家统计局审批或备案，在自然资源系统内执行。

（2）《土地管理法》。《土地管理法》是国家建立土地统计制度、开展土地统计工作的主要法律依据。《土地管理法》第二十八条规定："国家建立土地统计制度。县级以上人民政府统计机构和自然资源主管部门依法进行土地统计调查，定期发布土地统计资料。土地所有者或者使用者应当提供有关资料，不得拒报、迟报，不得提供不真实、不完整的资料。统计机构和自然资源主管部门共同发布的土地面积统计资料是各级人民政府编制土地利用总体规划的依据。"

另外，《自然资源部职能配置、内设机构和人员编制规定》明确了土地统计的职责，也是土地统计的法律依据之一。

13.4.3　土地统计类型

我国现行土地统计制度包括初始土地统计制度、日常土地统计制度和土地统计报表制度。根据国家土地统计管理体制和现行土地统计报表制度中有关土地统计报表的报告程序的规定，土地统计又可分为国家土地统计和基层土地统计两个层次。

1. 初始土地统计与日常土地统计

初始土地统计是土地统计后续工作的起点与基础，其统计数据将作为历年统计的初始值。土地利用现状调查和土地登记资料都是初始土地统计的重要信息来源。一般而言，我们将我国第一次全国土地调查的结束作为初始土地统计的起点，将土地利用现状调查的成果作为初始土地统计的依据。县级土地利用现状调查取得的调查资料在加以整理的基础上，可以作为统计基数，以建立反映当地土地初始状况的土地台账、统计簿和图件，并进行统计数据整理与分析等。初始土地统计也可以在初始土地登记后进行，并将初始土地等级的各类土地利用面积作为初始土地统计的基本依据资料。相应地，在城镇内开展的城镇（村庄）地籍调查也可以作为城镇土地统计的起点。

土地的数量、质量、类型、权属、利用及分布状况等会随着时间的推移而发生变化，此时为了保证土地统计资料的与时俱进，应当进行日常土地统计。日常土地统计，又称变更土地统计，是在初始土地统计的基础上，通过变更调查对所辖区行政范围内的土地利用现状进行全面核实，特别是对有变化的地类面积和界线进行实地测量及图上注记，并记录其变更的面积、原因和性质，然后对资料进行整理和分析的过程。日常土地统计是基层土地统计资料的主要来源和重要成分，是构成土地统计台账的主体。

2. 国家土地统计和基层土地统计是土地统计报表制度的主要内容

国家土地统计是县级以上自然资源主管部门所进行的土地统计设计、调查、整理和分析等全部土地统计工作。它包括土地统计的有关制度与方法的设计；按国家统一制定的土地统计报表制度定期完成《土地利用现状变更表》的填报和汇总；检查和监督国家下达的用地计划执行情况，为土地政策的制定、相关规划的编制提供科学的土地信息等。

基层土地统计泛指县级以下的乡（镇）土地管理机构、村级生产单位以及其他非农业建设的用地单位等所从事的基层土地统计工作，包括土地统计年报的填制、开展专项调查、初始和日常的土地统计、土地统计原始记录表的建立和管理，以及各项土地统计制度的执行和完善。基层土地统计是以土地利用现状调查中的地类图斑或地块为单位进行统计调查和填报统计报表的。基层土地统计是国家土地统计的源头，其统计数据的准确性决定了国家土地统计数据的质量，因此必须高度重视基层土地统计制度的建设。

13.4.4 自然资源统计

为更好地发挥自然资源统计对自然资源管理和事中事后监测监管的基础支撑作用，根据《自然资源统计管理办法》和《部门统计调查项目管理暂行办法》的有关要求，自然资源部和国家统计局建立了自然资源综合统计调查制度。

1. 统计目的

为全面了解全国土地资源、矿产资源和海洋资源状况，掌握自然资源调查评价、勘查、开发利用及其行政管理工作情况，为国家有关部门、各级自然资源主管部门制定有关政策和进行宏观管理提供依据，为社会公众提供信息服务，根据《统计法》《土地管理法》《矿产资源法》的有关规定，建立自然资源统计报表制度。

2. 统计范围

自然资源统计的主要内容包括：土地资源状况及土地资源行政管理、矿产资源状况及矿产资源行政管理、地质环境管理及地质灾害防治、海洋资源开发利用及行政管理、自然资源主管部门和部直属及有关主管部门直属事业单位概况、自然资源行政复议及行政应诉案件情况、科学研究和信息化建设情况以及自然资源管理干部培训等。

土地资源状况的统计范围是辖区内的全部土地（未含港、澳、台地区，下同），自然资源行政管理的统计范围是国家、省（区、市）、市、县自然资源主管部门。

关键术语

地籍　　地籍管理　　土地登记　　土地统计

复习思考题

1. 简述土地调查的目的。
2. 简述不动产登记的法律效力。
3. 简述土地统计的法律依据。

第14章

规划管理法律制度

土地规划是土地利用管理的龙头。本章主要就土地利用规划体系、土地利用总体规划、土地利用计划管理、国土空间规划改革等问题做一阐述。

14.1　土地利用规划体系

土地利用规划是对一定区域未来土地利用超前性的计划与安排，是依据区域社会经济发展和土地的自然历史特性在时空上进行土地资源合理分配和土地利用协调组织的综合措施。

我国的土地利用规划体系是由不同种类、不同类型、不同级别和不同时序的土地利用规划所组成的相互交错而又互相联系的有机整体。我国的土地利用规划体系按等级层次分为土地利用总体规划、土地利用详细规划和土地利用专项规划；按区域性质分为行政区、自然区、经济区，甚至跨区域土地利用规划；按行政区划分为全国—省—市—县—乡五级土地利用规划，各级土地利用规划之间存在相互联系和相互补充的关系。上一级规划对下一级规划起着控制作用，而下一级规划对上一级规划有着反馈作用。按规划深度可分为土地利用规划、土地利用设计和土地利用施工。

根据规划的对象、范围和任务的不同，土地利用规划的性质及内容也有所差异。土地利用规划依据其对象的不同可分为城市土地利用规划和乡村土地利用规划，依据其范围可分为区域性土地利用规划和用地单位土地利用规划，依据其任务可分为土地利用总体规划、土地利用详细规划和土地利用专项规划。

土地利用总体规划是在一定规划区域内，根据当地自然经济条件以及国民经济发展的要求，协调土地总供给与总需求，确定或调整土地利用结构和用地布局的宏观战略措施。土地利用总体规划的核心任务是通过确定或调整土地利用结构和用地布局实现对国民经济各部门的土地利用进行宏观调控和土地的供需平衡。

土地利用详细规划是在土地利用总体规划的控制和指导下，详细规定各类用地的各项控制性指标和规划管理要求，或对规划范围内某一区域、某一土地使用单位的土地利用方案进行具体的安排和设计的一种土地利用规划。土地利用详细规划具有单一性、具体性、可操作性、针对性的特点。按照规划目的的不同，土地利用详细规划可分为控制性土地利用详细规划和开发性土地利用详细规划。前者是地方政府为规范和控制土地使用者的微观土地利用行为而编制的规划，它详细地规定了各类土地的使用条件；后者是对规划范围内某一区域、某一土地使用单位的土地利用方案进行具体的安排和设计。当前我国的土地利用详细规划主要包括居民点用地规划、交通运输用地规划、水利工程用地规划、农业用地规划等。

土地利用专项规划是为解决某个特定的土地利用问题而编制的一种土地利用规划，如基本农田保护区规划，农田整理规划，土地开发、复垦、整治规划等。土地利用专项规划具有针对性和专一性的特点，是土地利用总体规划的深入和补充。

虽然土地利用规划按其规划对象、范围和任务有所区别，但是一般而言，土地利用规划应包含下列内容：土地利用现状分析与评价、土地利用潜力分析、土地供给和需求预测、土地供需平衡和土地利用结构优化、土地利用规划分区和重点项目布局、居民点用地规划、交通运输用地规划、水利工程用地规划、农业用地规划、生态环境建设用地规划、土地利用专项规划、土地利用规划实施和规划管理。

关于土地利用规划的相关法规制度，主要包括《土地管理法》以及《土地管理法实施条例》中的相关规定。《土地管理法》专门将“土地利用总体规划”列为第三章，对土地利用总体规划编制的依据及原则、规划内容、规划的法律地位、审批程序、修编程序等做了规定。在第三章的第二十三条和第二十四条中规定了对土地利用计划的编制方法和执行程序。第十八条规定，国家建立国土空间规划体系。经依法批准的国土空间规划是各类开发、保护、建设活动的基本依据。已经编制国土空间规划的，不再编制土地利用总体规划和城乡规划。《土地管理法实施条例》第二条规定，土地开发、保护、建设活动应当坚持规划先行，经依法批准的国土空间规划是各类开发、保护、建设活动的基本依据。第三条规定，国土空间规划应当细化落实国家发展规划提出的国土空间开发保护要求，统筹布局农业、生态、城镇等功能空间，划定落实。

14.2　土地利用总体规划

《土地管理法》规定：“各级人民政府应当依据国民经济和社会发展规划、国土整治和资源环境保护的要求、土地供给能力以及各项建设对土地的需求，组织编制土地利用总体规划。”

14.2.1　土地利用总体规划的相关概念和特征

土地利用总体规划是土地利用规划体系中的重要组成部分，是土地利用的龙头和土地管理的依据，因此土地利用总体规划在我国的土地管理体系中具有极为重要的地位。

土地利用总体规划的实质是对有限的土地资源在国民经济部门间的合理配置及土地资源在部门间的时空分配（数量、质量、区位），具体借助于调整土地利用结构加以实现。因此，土地利用结构和布局是土地利用总体规划的核心内容。土地利用结构体系是国民经济各部门占地的比重及其相互关系的总和。土地利用结构可视为土地利用类型按照一定的构成方式所组成的集合。一定的经济结构和生产结构（产业结构）可以通过相应的土地利用结构得到反映。产业结构的调整在土地利用领域中就是土地利用关系和结构的调整。根据系统论的观点，结构决定功能。因此，只有合理的土地利用结构才能保证一定地域内土地利用系统的良性循环，优化结构、合理配置、强化功能，达到以较少的消耗或投入取得较高的收益或产出。

土地利用总体规划具有整体性、长期性、战略性、控制性、动态性和社会参与性。

14.2.2　土地利用总体规划的任务

为了实现土地利用总体规划的宏观控制和管理的龙头作用，土地利用总体规划的任务可以概括为以下三个方面：

（1）土地利用的宏观调控。土地利用总体规划是我国土地利用宏观管理体系的重要基础，是土地利用宏观控制的主要依据。国家通过土地利用总体规划协调国民经济各部门的土地利用活动，从而建立适应市场经济发展和土地资源，尤其是耕地保护的合理的土地利用结构和土地利用方式。

（2）土地利用的合理组织。国家通过土地利用总体规划在时空上对各类用途的土地进行合理布局，并对后备土地资源潜力进行综合分析研究，制定相应的配套政策，实施土地资源利用与保护的策略，引导土地资源的开发、利用、整治和保护，以保证合理、充分、科学利用有限的土地资源，防止对土地资源的盲目开发。

（3）土地利用的有效监督。土地利用总体规划具有法律效力，任何组织和个人不得随意变更规划方案，各项用地审批必须依据规划。可以说，土地利用总体规划是监督土地利用情况的重要依据。

14.3　土地利用计划管理

14.3.1　土地利用计划的内涵和分类

1. 土地利用计划的内涵

土地利用计划是各级土地行政主管部门依据土地利用总体规划与国民经济和社会发展的需要，对土地资源开发利用做出的中期或年度的部署和具体安排。通过编制和实施土地利用计划可以有效地控制建设用地的总量，为农用地转用、生态退耕、耕地开垦和土地整理的审批提供依据。

《土地管理法》规定：“各级人民政府应当加强土地利用计划管理，实行建设用地总量控制。土地利用年度计划，根据国民经济和社会发展计划、国家产业政策、土地利用总体规划以及建设用地和土地利用的实际状况编制。……土地利用年度计划的编制审批程序与土地利用总体规划的编制审批程序相同，一经审批下达，必须严格执行。”这是各级土地行政部门编制土地利用计划和实施土地利用计划管理的法律依据，同时规定了各级政府进行土地利用计划管理的职责。近年来，随着土地政策参与宏观调控，土地利用计划管理也成为宏观调控政策体系的重要组成部分。

2. 土地利用计划的分类

（1）按计划的时间跨度分为土地利用中期计划和年度计划。

土地利用中期计划与国民经济和社会发展的综合规划的时间相一致，一般是五年计划。土地利用中期计划是土地利用规划的阶段性实施计划，能够对土地利用规划的各项控制性指标做出较为精确的核算，并作为土地利用年度计划编制的依据。土地利用中期计划在土地利用规划和土地利用年度计划中起着承上启下的作用。

土地利用年度计划是以一年为期的计划，是指国家对计划年度农用地（含耕地）转用计划指标、耕地保有量计划指标和土地开发整理计划指标等的具体安排。

（2）按计划的行政级别分为全国土地利用计划和地方性土地利用计划。

全国土地利用计划是由自然资源部会同国务院有关部门，根据国民经济和社会发展规划、国家产业政策、全国土地利用总体规划及建设用地和土地利用的实际情况，在各地和国务院有关部门提出的土地利用年度计划建议的基础上，经过综合平衡编制的土地利用年度计划，并报国务院批准。全国土地利用计划是制订地方计划的依据。

地方性土地利用计划主要是指省、市、县级土地利用计划，是全国土地利用计划的具体化。县级以上地方自然资源主管部门，以本级土地利用总体规划安排为基本依据，综合考虑本地规划管控、固定资产投资、节约集约用地、人口转移等因素，测算本地未来三年新增建设用地计划指标控制规模，以此为基础，按照年度间相对平衡的原则，会同有关部门提出本地的土地利用年度计划建议，经同级人民政府审查后，报上一级自然资源主管部门。

14.3.2 土地利用计划指标体系

土地利用计划指标是指组成土地利用计划的某个单项计划，是计划目标和任务的具体化和数量表现，通常由指标名称和指标数值两部分构成[①]。

土地利用计划指标体系一般由以下四个指标构成：

（1）农用地转用计划指标。按照国土资源部 2004 年发布的《土地利用年度计划管理办法》的规定，农用地转用计划指标依据国民经济和社会发展计划、土地利用总体规划、国家供地政策和土地利用的实际情况确定，分为城镇村建设占用农用地指标和能源、交通、水利等独立选址的重点建设项目占用农用地指标。

---

① 王万茂，等．土地利用规划学．北京：科学出版社，2006.

农用地转用计划指标实行指令性管理，不得突破。没有农用地转用计划指标，擅自批准农用地转用的，相关执法部门将按非法批准用地追究责任。各省、自治区、直辖市及计划单列市、新疆生产建设兵团节余的农用地转用计划指标，经国土资源部核准后，允许在规划期内结转使用。

(2) 新增建设用地控制指标。根据《关于加强土地调控有关问题的通知》的规定，除农用地（包括耕地、林地等）转用外，新增建设用地控制指标还将非农建设占用未利用地统一纳入土地利用计划管理。这就使得土地用途管制制度更加完整，实现对各地年度新增建设用地进行总量控制、增强土地利用计划的整体调控的目的。

(3) 土地开发整理计划指标。土地开发整理计划指标依据土地利用总体规划、土地开发整理规划、建设占用耕地等耕地减少情况确定，分为土地开发补充耕地指标和土地整理复垦补充耕地指标。

(4) 耕地保有量计划指标。耕地保有量计划指标依据国务院向各省、自治区、直辖市下达的耕地保护责任考核目标确定。耕地保有量计划指标用于耕地保护责任目标的检查和考核。考核年的耕地保有量不得低于耕地保有量计划指标。

由以上分析可知，土地利用计划指标已经成为所有实际发生用地的控制指标，而不只是作为控制用地审批的依据，从而实现对所有用地的计划控制，以扭转以往只管住审批“闸门”，而审批以外的超计划用地大量存在的局面。土地利用计划的职能从单一服务于土地资源特别是耕地的保护，逐步转为在作为土地资源利用和管理体系的重要组成部分的同时，为综合的宏观调控服务。

14.3.3　土地利用年度计划

土地利用年度计划是以一年为期的计划。土地利用年度计划的主要任务就是对土地利用中期计划确定的各项指标做出年度分解和具体安排。目前，我国土地利用计划管理的对象主要是土地利用年度计划。制定土地利用年度计划目的是加强土地管理和调控，严格保护耕地，节约集约用地，保障经济社会可持续发展。

土地利用年度计划执行。一是严格管控。不得超计划批地，农用地转用须符合计划指标；未取得计划指标的项目不得批准用地。二是优先保障。优先保障国家重大战略项目（如交通、能源、水利等），以及保障性住房、乡村振兴、民生工程等用地。三是建立奖惩机制。对耕地保护成效显著、节约集约用地水平高的地区，奖励计划指标；对批而未供、闲置土地问题严重的地区，核减下一年度指标。四是实行分级管理。自然资源部负责全国计划编制，报国务院批准后下达至省级政府；省级自然资源主管部门分解下达市、县，并报部备案。

14.4　国土空间规划改革

国土空间规划改革是中国近年来推进生态文明建设和国家治理体系现代化的重要举

措。自《中共中央关于全面深化改革若干重大问题的决定》明确提出“建立空间规划体系”以来，中央先后在城镇化工作会议、《国家新型城镇化规划（2014—2020年）》、《生态文明体制改革总体方案》、《中共中央关于制定国民经济和社会发展第十三个五年规划的建议》等中提出，要推进规划体制改革，加快规划立法工作，健全规划管理体制机制。2014年12月，由国家发展改革委、国土资源部、环保部和住房城乡建设部分别牵头，选取全国28个市县陆续开展了“多规合一”的试点工作。2016年10月，习近平总书记在中央全面深化改革领导小组第二十八次会议上发表重要讲话，强调开展省级空间规划试点，为实现“多规合一”，建立健全国土空间开发保护制度积累经验。因此，推进“多规合一”，构建空间规划体系，已成为推进国家治理体系和治理能力现代化，助力生态文明建设和新型城镇化的重要举措。

自然资源部于2018年成立，负责建立空间规划体系并监督实施。内设的国土空间规划局负责拟订国土空间规划相关政策，承担建立空间规划体系工作并监督实施。组织编制全国国土空间规划和相关专项规划并监督实施。承担报国务院审批的地方国土空间规划的审核、报批工作，指导和审核涉及国土空间开发利用的国家重大专项规划。开展国土空间开发适宜性评价，建立国土空间规划实施监测、评估和预警体系。

2019年1月，中央全面深化改革委员会第六次会议审议通过了《关于建立国土空间规划体系并监督实施的若干意见》，将主体功能区规划、土地利用规划、城乡规划等空间规划融合为统一的国土空间规划，实现“多规合一”。构建了“五级三类”空间规划体系，即国家级、省级、市级、县级、乡镇级五级以及总体规划、专项规划、详细规划三类的规划体系，覆盖全域全要素。《全国国土空间规划纲要（2021—2035年）》已经由国务院批准实施，地方各级国土空间规划编制也已经完成，进入实施阶段。国土空间规划明确了生态保护红线、永久基本农田、城镇开发边界“三条控制线”的划定规则，提出科学布局生产空间、生活空间、生态空间，体现战略性，提高科学性，加强协调性，强化规划权威，改进规划审批，健全用途管制，监督规划实施，强化国土空间规划对各专项规划的指导约束作用。

国土空间规划是中长期高位统筹的战略性规划，空间规划需要促进空间资源在各部门、行业间优化配置。我国空间规划应该包含定性（性质）、定用（用途）、定量（规模）、定位（位置）、定序（时序）的“五定方案”，其最本质的功能是其对国土空间利用、行业政策协调和政府治理过程的未来时空导向，即对未来资源的分配和时空组织，其最大的目标在于遵守五重框架中各项约束条件的效益最大化，即自然条件的适宜性、经济发展的可行性、社会制度的可容性、生态系统的平衡性和空间布局的合理性。

空间规划可以理解为国土空间格局的综合优化。从现实看，空间规划是高位统筹的战略性规划，是统筹城乡发展、推进新型城镇化、实现国土生态文明、完善政府治理机制、保障社会经济可持续发展的战略工具。在本体论层面：立足我国基本国情，空间规划是为了满足区域社会经济发展长远需求，对城镇、农业和生态布局统筹优化，对土地、水体、林木、矿产、能源、生物等空间资源进行合理安排。在认识论层面：从权利上看，空间规划是对国土空间发展权的分配；从宗旨上看，空间规划是对国土空间未来利用的导向；从行政上看，空间规划是对市场失灵的一种纠正；从功能上看，空间规划是对国土系统时空的优化。在方法论层面：空间规划的编制需要包含定性、定用、定量、定位、定序的“五定方案”，其目标在于遵守五重框架中各项约束条件的效益最大化。

“多规合一”的改革应体现国家意志，提升政府治理能力，坚持永续发展，适应市场经济配置，注重城乡发展统筹。“多规合一”改革的具体思路在于提出可复制推广的“多规合一”试点方案，将规划目标、坐标、指标和限标进行空间统筹，形成合理的生产、生活和生态的“三生”空间布局，建立相关规划衔接协调机制。同时将立法保障作为空间规划的法律支撑，为厘清未来空间规划的改革路径，建构符合国家战略发展要求与长远利益的空间规划体系提供参考。

《国土空间规划法》已纳入国家立法计划。2023 年，《国土空间规划法》被列入国务院年度立法工作计划中的“预备项目”，标志着立法程序正式启动。自然资源部加快推进《国土空间规划法》立法研究。部分省份已通过地方性法规或政策，为全国立法积累经验，《浙江省国土空间规划条例》是全国首部省级国土空间规划法规，明确了规划调整的“正面清单＋负面清单”模式。

关键术语

土地利用规划　　土地利用总体规划　　土地利用计划

复习思考题

1. 简述土地利用规划体系。
2. 简述土地利用计划指标体系。
3. 简述国土空间规划改革过程。

第 15 章

土地保护法律制度

土地保护是指人们为保证土地的永续利用所采取的各种保护措施，包括土地数量保护、土地质量保护和土地生态保护。我国已初步建立了土地保护法律制度，其法律形式也是多种多样的。本章主要阐述基本农田保护、土地生态保护、水土流失防治、土地沙化防治和土地环境保护等方面的法律制度。

15.1 基本农田保护

15.1.1 基本农田保护制度的建立

1. 基本农田及基本农田保护区的含义

为了对基本农田实行特殊的保护，促进农业和社会经济的可持续发展，国家依据《农业法》《土地管理法》和 1994 年 8 月 18 日国务院发布的《基本农田保护条例》，总结近年来基本农田保护的经验，于 1998 年 12 月发布了新的《基本农田保护条例》，并于 2011 年 1 月进行了修订。依据《基本农田保护条例》的规定，基本农田是指按照一定时期人口和社会经济发展对农产品的需求，依据土地利用总体规划确定的不得占用的耕地。基本农田保护区则是指为对基本农田实行特殊保护而依据土地利用总体规划和依照法定程序确定的特定保护区域。划定基本农田保护区的任务是在县级土地利用总体规划确定的目标、方针和耕地保护的控制指标下，确定必须保护的基本农田的面积，划定保护区的范围并落实到地块，建立起相应的保护措施。

中国人多地少，任何时候都要守住耕地红线，守住基本农田红线。但存方寸地，留与子孙耕。做好永久基本农田划定工作是贯彻落实“十分珍惜、合理利用土地和切实保护耕地”基本国策和国家粮食安全战略的基本要求，是贯彻落实国家新型城镇化战略、生态文明战略的重要举措，是尽职尽责保护耕地资源的重要任务。要坚持数量与质量并重，严格划定永久基本农田，严格实行特殊保护，扎紧耕地保护的“篱笆”，筑牢国家粮食安全的基石。

2. 基本农田保护制度的确定

在我国建立基本农田保护制度，对划入基本农田保护区的耕地实行特殊保护的措施是党中央、国务院根据我国耕地资源和建设占用耕地的状况而提出的保护耕地的一项重大措施。人均耕地少、耕地后备资源匮乏是我国的基本国情。20世纪90年代初，随着建设规模的扩大，各项建设占用耕地造成耕地面积不断减少，同时，人口不断增加使人均耕地占有量不断减少。为了保证国民经济发展和解决中国的粮食问题，必须采取果断的措施，控制耕地的占用。1988年，湖北荆州地区试行基本农田保护区工作。取得成功后，1989年5月，国家土地管理局和农业部在荆州地区联合召开了“全国基本农田保护工作现场会”，推广荆州的经验，并部署在全国开展划定基本农田保护区的试点工作。一年后，两个部门再次联合在济南召开了各地基本农田保护工作座谈会，会后，向国务院提出了《关于在全国开展基本农田保护工作的请示》。这项工作得到了党中央和国务院的重视。1991年11月，党的十三届八中全会通过了《中共中央关于进一步加强农业和农村工作的决定》，该决定指出：“我国人口多耕地少，要十分珍惜耕地，依法加强土地管理，建立基本农田保护区。”1993年7月，全国人大常委会通过了《农业法》，其中规定：“县级以上各级地方人民政府应当划定基本农田保护区，对基本农田保护区内的耕地实行特殊保护，具体办法由国务院规定。”

1994年8月18日，国务院发布了《基本农田保护条例》，标志着我国正式确定了基本农田保护制度。实践证明，实施基本农田保护制度是保护耕地的有效办法。一是制止了乱批乱占耕地，保住了高产稳产农田和人口的增长所需要的耕地；二是稳定了耕地承包者的思想，调动了农民对耕地增加投入的积极性，提高了农作物的产量；三是通过划定保护区，协调安排了今后若干年的各类建设用地。2008年党的十七届三中全会提出对基本农田实行永久性保护，即永久基本农田概念，永久基本农田既不是在原有基本农田中挑选的一定比例的优质基本农田，也不是永远不能占用的基本农田。现在的永久基本农田就是我们常说的基本农田。加上“永久”二字，体现了党中央、国务院对耕地特别是基本农田的高度重视，体现的是严格保护的态度。2016年8月，国土资源部、农业部联合发布《关于全面划定永久基本农田实行特殊保护的通知》，对全面完成永久基本农田划定工作加强特殊保护做出部署。2018年2月，国土资源部印发《关于全面实行永久基本农田特殊保护的通知》，以守住永久基本农田控制线为目标，以建立健全“划、建、管、补、护”长效机制为重点，巩固永久基本农田划定成果，完善保护措施，提高监管水平，确保到2020年，全国永久基本农田保护面积不少于15.46亿亩，基本形成保护有力、建设有效、管理有序的永久基本农田特殊保护格局。

2019年修改后的《土地管理法》从法律层面将基本农田提升为永久基本农田。永久基本农田保护制度的主要内容包括永久基本农田的划定、保护、监督管理以及违反永久基本农田保护规定所需承担的法律责任和处罚的办法等。根据《全国国土空间规划纲要

(2021—2035年)》和国务院相关政策文件，中国到2035年需要守住18.65亿亩耕地红线，确保粮食安全底线，永久基本农田保护面积不低于15.46亿亩，实行特殊保护。

15.1.2 基本农田保护区的划定

1. 划定基本农田保护区的依据及要求

划定基本农田保护区的依据是土地利用总体规划。土地利用总体规划是协调各业用地的最高规划。各级人民政府在编制土地利用总体规划时，应当将基本农田保护作为规划的一项重要内容，明确基本农田保护的布局安排、数量指标和质量要求。特别是县(市)、乡（镇）两级土地利用总体规划应当明确确定基本农田保护区。

省、自治区、直辖市划定的基本农田应当占本行政区域内耕地总面积的80%以上，具体数量指标根据全国土地利用总体规划逐级分解下达。80%这个目标是根据国民经济和今后人们对粮、棉、油的需要来确定的。

2. 划入基本农田保护区的耕地范围

依照《基本农田保护条例》的规定，下列耕地应当划入基本农田保护区，严格管理：

(1) 经国务院有关主管部门或者县级以上地方人民政府批准确定的粮、棉、油生产基地内的耕地。

(2) 有良好的水利和水土保持设施的耕地，正在实施改造计划以及可以改造的中、低产田。将这部分耕地划入基本农田保护区主要是考虑到我国耕地总体质量较差，有些耕地因为生态的要求还必须进行退耕，为了保证粮食产出不减少，必须将这一部分耕地作为潜在的资源加以保护。

(3) 蔬菜生产基地。这部分耕地主要是为了解决城市居民吃菜难的问题，在进行“菜篮子”工程建设时必须给予保护的耕地。

(4) 农业科研、教学试验田。农业科研、教学试验田虽然直接产粮并不多，但对农作物产量的提高、新品种的推广等都具有特殊的意义。农业科研、教学试验田对耕地的土壤、气候、水利等都有特殊的要求，占用之后重新建设要经过一定的时间，这就会影响农业科研的正常进行。因此，这一类数量不大的耕地也应该划入基本农田保护区。

根据土地利用总体规划，铁路、公路等交通沿线，城市和村庄、集镇建设用地区周边的耕地，应当优先划入基本农田保护区；需要退耕还林、还牧、还湖的耕地，不应当划入基本农田保护区。

3. 基本农田保护区的规划与划定

基本农田保护区的划定，应从实际情况出发，根据本地区的社会经济发展以及人口增长对耕地的需求进行科学的预测和论证，编制基本农田保护区规划，经批准后方可实施。主要法律规定如下：

(1) 国务院土地行政主管部门和农业行政主管部门会同其他有关部门编制全国基本农田保护区划，并报国务院批准。县级以上土地行政主管部门和同级农业行政主管部门应当会同其他有关部门，根据上一级人民政府的基本农田保护区规划，编制本行政区域的基本农田保护区规划，经本级人民政府审定，报上一级人民政府批准。经过批准的基本农田保护区规划需要调整的，必须报原审批机关同意。

（2）各级人民政府编制基本农田保护区规划时，应当确定基本农田保护区的数量指标和布局安排，并逐级分解下达。基本农田保护区的划区定界工作，以乡（镇）为单位进行，由县级人民政府土地行政主管部门会同同级农业行政主管部门组织实施。

（3）基本农田保护区规划应当以土地利用总体规划和农业资源调查区规划为依据，并与城市规划、村镇建设规划相协调。

（4）凡是划定的基本农田保护区，由县级人民政府设立保护标志，予以公告；由县级人民政府土地行政主管部门建立档案并报送同级农业行政主管部门。任何单位和个人不得擅自改变基本农田保护区的标志，也不得擅自改变原承包者的承包经营权。

（5）基本农田保护区划定后，由省、自治区、直辖市人民政府组织土地行政主管部门和农业行政主管部门验收确认，或者由省、自治区人民政府授权设区的市、自治州人民政府组织土地行政主管部门和农业行政主管部门验收确认。

15.1.3　基本农田保护规定

1. 基本农田的数量保护

基本农田的数量以《土地利用现状分类》中界定的耕地内涵为基础，通过土地利用规划确定，基本农田数量保护通过严格控制新增建设占用耕地、加强耕地开垦、耕地占补平衡及土地用途管制等途径落实。

（1）基本农田保护区依法划定后，任何单位和个人不得改变或占用。国家能源、交通、水利、军事设施等重点建设项目选址确实无法避开基本农田保护区需要占用的，必须经过国务院批准。

（2）经国务院批准占用基本农田的，当地人民政府应当依法修改土地利用总体规划，并补充划入数量和质量相当的基本农田。

（3）禁止在基本农田保护区内建窑、建房、建坟或者擅自挖沙、采矿、取土、堆放固体废弃物。禁止任何单位和个人闲置、荒芜基本农田。经批准占用的基本农田，满1年未使用而又可耕作并收获的，由原耕种的单位或个人恢复耕种，也可由用地单位组织耕种；1年以上未动工建设的，应当按省级人民政府的规定缴纳闲置费；连续2年未使用的，经国务院批准，由县级以上人民政府无偿收回用地单位的土地使用权；该幅土地若原为农民集体所有，交由原集体经济组织恢复耕种，重新划入基本农田；承包经营基本农田的单位或个人，连续2年弃耕抛荒的，由原发包单位收回承包经营权。

2. 基本农田的质量保护

按照《农用地质量分等规程》及《耕地质量等级》（GB/T 33469—2016）等，基本农田质量是从农业生产角度出发，通过综合指数法对耕地地形、田面坡度、土壤、有机质、灌溉保证率和排水条件等构成的满足农产品持续产出能力进行评价、划分等级来衡量，并通过高标准农田建设、农业综合开发、农田水利建设、耕作层剥离再利用等土地整治途径来实施耕地质量建设。

（1）利用基本农田从事农业生产的单位和个人应当保持和培肥地力。国家提倡和鼓励农业生产者对其经营的基本农田使用有机肥料，合理施用化肥和农药。

（2）县级人民政府应当根据当地实际情况制定基本农田地力分等定级办法，由农业行政主管部门会同土地行政主管部门组织实施，对基本农田地力实行分等定级，并建立档案，农村集体经济组织或者村民委员会应当定期评定基本农田地力等级。县级以上地方各级人民政府农业行政主管部门应逐步建立基本农田地力与施肥效益长期定位监测网点，定期向本级人民政府提交基本农田地力变化状况报告及地力保护措施。

（3）凡是向基本农田保护区提供肥料和作为肥料的城市垃圾、污泥的，应当符合国家标准，因发生事故或其他突然性变故造成或者可能造成基本农田污染事故的，当事人必须立即采取措施处理，并向当地环境和农业行政主管部门报告以及接受调查处理。

3. 基本农田保护的监督管理

（1）在建立基本农田保护区的地方，县级以上地方人民政府应当与下一级人民政府签订基本农田保护责任书；乡（镇）人民政府应当根据与县级人民政府签订的基本农田保护责任书的要求，与农村集体经济组织或者村民委员会签订基本农田保护责任书。也就是说，实行层层负责制。基本农田保护责任书应包括的内容有：基本农田的范围、面积、地块，基本农田的地力等级，保护措施，当事人的权利与义务，奖励与处罚等。

（2）县级以上地方人民政府应当建立基本农田保护监督检查制度，定期组织土地行政主管部门、农业行政主管部门以及其他有关部门对基本农田保护情况进行检查，将检查情况报告上一级人民政府。被检查的单位和个人应当如实提供有关情况和资料，不得拒绝。

（3）县级以上地方人民政府土地行政主管部门、农业行政主管部门对本行政区域内发生的破坏基本农田的行为，有权责令纠正。

4. 违反规定的法律责任

（1）违反《基本农田保护条例》规定，有下列行为之一的，依照《土地管理法》和《土地管理法实施条例》的有关规定，从重给予处罚：未经批准或者采取欺骗手段骗取批准，非法占用基本农田的；超过批准数量，非法占用基本农田的；非法批准占用基本农田的；买卖或者以其他形式非法转让基本农田的。

（2）违反《基本农田保护条例》规定，应当将耕地划入基本农田保护区而不划入的，由上一级人民政府责令其限期改正；拒不改正的，对直接负责的主管人员和其他直接责任人员依法给予行政处分或者纪律处分。

（3）违反《基本农田保护条例》规定，破坏或者擅自改变基本农田保护区标志的，由县级以上地方人民政府土地行政主管部门或者农业行政主管部门责令恢复原状，可以处1 000元以下罚款。

（4）违反《基本农田保护条例》规定，占用基本农田建窑、建房、建坟、挖沙、采石、采矿、取土、堆放固体废弃物或者从事其他活动破坏基本农田，毁坏种植条件的，由县级以上人民政府土地行政主管部门责令改正或者治理，恢复原种植条件，处占用基本农田的耕地开垦费 1 倍以上 2 倍以下的罚款；构成犯罪的，依法追究刑事责任。

（5）侵占、挪用基本农田的耕地开垦费，构成犯罪的，依法追究刑事责任；尚不构成犯罪的，依法给予行政处分或者纪律处分。

15.2　土地生态保护

土地是发展之基、民生之本，更是生态之要。水土流失、土地荒漠化、土地盐碱化、土地污染、土地贫瘠化等各种土地利用问题，无不关乎生态文明建设。目前，土地生态文明建设得到空前重视，土地生态保护成为生态文明建设的一个重要部分渗透在各类相关法律、政策文件和各种规划中。以下主要从耕地生态保护、草地生态保护和林地生态保护三方面进行阐述。

15.2.1　耕地生态保护

耕地生态保护是指将土地作为一个生态整体并用生态学综合手段进行保护的统称，即为维护耕地与其周边环境的生态平衡关系，使耕地生态环境保持良好的状态，以保证耕地的可持续利用，包括维持耕地生态环境、防治耕地污染、预防耕地沙漠化与水土流失、防止耕地退化等。

1. 耕地生态保护的基本规定

《土地管理法》规定实施“占一补一”耕地保护政策，不仅涉及耕地数量与质量，还涉及耕地生态环境保护。其中，要求土地整理复垦开发补充的耕地在数量和质量上与建设占用的耕地相当，其中的质量相当，也包括对生态环境的要求，要保证新补充耕地的生态环境达到一定的要求。

同时，对于现有耕地的生态环境，相关法律法规也专门规定了对其实施保护的政策。《土地管理法》第三十六条规定：“各级人民政府应当采取措施，引导因地制宜轮作休耕，改良土壤，提高地力，维护排灌工程设施，防止土地荒漠化、盐渍化、水土流失和土壤污染。”《环境保护法》第三十三条规定：“各级人民政府应当加强对农业环境的保护，促进农业环境保护新技术的使用，加强对农业污染源的监测预警，统筹有关部门采取措施，防治土壤污染和土地沙化、盐渍化、贫瘠化、石漠化、地面沉降以及防治植被破坏、水土流失、水体富营养化、水源枯竭、种源灭绝等生态失调现象，推广植物病虫害的综合防治。”可见，耕地生态环境保护政策的内容也比较全面，其目标是要解决社会经济发展过程中出现的越来越严重的耕地生态环境问题，确保耕地的生态环境得以恢复乃至不断改善。继 1997 年发布文件对耕地保护和节约用地提出严格要求后，中共中央、国务院于 2017 年印发《中共中央 国务院关于加强耕地保护和改进占补平衡的意见》，强调“像保护大熊猫一样保护耕地”，要着力加强耕地数量、质量、生态“三位一体”保护。

2. 耕地生态保护法律制度的运行方式

（1）采取鼓励、奖励和经济扶持的措施促进耕地生态环境保护。

为了提高单位和个人对耕地生态环境保护的积极性和实际效果，政府制定了一系列促进耕地生态环境保护的鼓励、奖励和经济扶持措施。如《环境保护法》第十一条规定：“对保护和改善环境有显著成绩的单位和个人，由人民政府给予奖励。”

（2）对耕地生态环境实施动态监测。

《基本农田保护条例》第二十三条规定：“县级以上人民政府农业行政主管部门应当会同同级环境保护行政主管部门对基本农田环境污染进行监测和评价，并定期向本级人民政府提出环境质量与发展趋势的报告。”这一规定表明，县级以上人民政府都应当建立监测网点，对耕地生态环境进行监测，并根据监测结果采取措施，确保耕地生态环境得到保护和改善。

15.2.2 草地生态保护

草原在我国生态环境保护和经济社会发展中具有重要的战略地位。加强草原生态保护，促进牧民增收，对于保障国家生态安全、加快牧区经济社会发展、促进构建和谐社会具有重大意义。草原的数量和质量制约着畜牧业发展的规模和速度，影响着整个自然生态环境。为了加强对草原的保护、管理、建设和合理利用，保护和改善生态环境，发展现代化畜牧业，适应社会主义建设和人民生活的需要，必须保护草原和合理利用草原。目前，我国草原立法主要是1985年6月18日通过，2002年12月、2009年8月、2013年6月、2021年4月修正/修订的《中华人民共和国草原法》（以下简称《草原法》）。对保护和合理利用草原的规定主要有以下两个方面：

1. 国家实行基本草原保护制度

下列草原应当划为基本草原，实施严格管理：重要放牧场，割草地，用于畜牧业生产和生态建设的人工草地、退耕还草地以及改良草地、草种基地，对调节气候、涵养水源、保持水土、防风固沙具有特殊作用的草原，作为国家重点保护野生动植物生存环境的草原，草原科研、教学试验基地，国务院规定应当划为基本草原的其他草原。同时，为了维护草原生物多样性，保护植物种质资源，确定了草原自然保护区制度。

2. 草地生态保护有关规定

（1）县级以上人民政府应当依法加强对草原珍稀濒危野生植物和种质资源的保护、管理。国家对草原实行以草定畜、草畜平衡制度，防止超载过牧。

（2）禁止开垦草原。对水土流失严重、有沙化趋势、需要改善生态环境的已垦草原，应当有计划、有步骤地退耕还草；已造成沙化、盐碱化、石漠化的，应当限期治理。

（3）对严重退化、沙化、盐碱化、石漠化的草原和生态脆弱区的草原，实行禁牧、休牧制度。国家支持依法实行退耕还草和禁牧、休牧。

（4）禁止在荒漠、半荒漠和严重退化、沙化、盐碱化、石漠化、水土流失的草原以及生态脆弱区的草原上采挖植物和从事破坏草原植被的其他活动。

（5）在草原上从事采土、采砂、采石等作业活动，应当报县级人民政府草原行政主管部门批准；开采矿产资源的，应当依法办理有关手续。在草原上种植牧草或者饲料作物，应当符合草原保护、建设、利用规划；县级以上地方人民政府草原行政主管部门应当加强监督管理，防止草原沙化和水土流失。

（6）县级以上地方人民政府应当做好草原鼠害、病虫害和毒害草防治的组织管理工作。县级以上地方人民政府草原行政主管部门应当采取措施，加强草原鼠害、病虫害和毒害草监测预警、调查以及防治工作，组织研究和推广综合防治的办法。禁止在草原上使用剧毒、高残留以及可能导致二次中毒的农药。

15.2.3 林地生态保护

林地在应对全球气候变化方面具有重要作用，这是由于林地自身具有维护地球生命、改善人类生存空间的生态价值。林地生态保护工作是国家绿化工程的重要组成内容，是保护森林的基础与保障，同时也是森林发展建设的重点内容。林地和林地生态保护的法规主要有《中华人民共和国森林法》《中华人民共和国森林法实施条例》《退耕还林条例》。林地和林地生态的保护主要体现在对森林的保护，主要有以下几个方面的内容：

1. 鼓励植树造林

植树造林、保护森林，是公民应尽的义务。各级人民政府应当组织全民义务植树，开展植树造林活动。25°以上的坡地应当用于植树、种草。25°以上的坡耕地应当按照当地人民政府制定的规划，逐步退耕、植树和种草。下列耕地应当纳入退耕还林规划，并根据生态建设需要和国家财力有计划地实施退耕还林：水土流失严重的，沙化、盐碱化、石漠化严重的，生态地位重要、粮食产量低而不稳的。江河源头及其两侧、湖库周围的陡坡耕地以及水土流失和风沙危害严重等生态地位重要区域的耕地，应当在退耕还林规划中优先安排。

2. 防治病虫害

县级以上人民政府林业主管部门应当根据森林病虫害测报中心和测报点对测报对象的调查和监测情况，定期发布长期、中期、短期森林病虫害预报，并及时提出防治方案。森林经营者应当选用良种，营造混交林，实行科学育林，提高防御森林病虫害的能力。发生森林病虫害时，有关部门、森林经营者应当采取综合防治措施，及时进行除治。发生严重森林病虫害时，当地人民政府应当采取紧急除治措施，防止蔓延，消除隐患。

3. 禁止滥垦滥伐

禁止毁林采种和违反操作技术规程采脂、挖笋、掘根、剥树皮及过度修枝的毁林行为。禁止毁林开垦和毁林采石、采砂、采土以及其他毁林行为。禁止在幼林地和特种用途林内砍柴、放牧。

总之，实现生态用地的良好有序管理，应当把握好以下几点：一是注重土地生态保护的法律保障与规程规范；二是注重土地生态保护的统一监管和区域统筹；三是注重土地生态补偿与保护资助；四是注重引入标准化的管理协议机制；五是注重生态用地的资金保障与使用效率；六是注重公众参与，构建研讨机制。

15.3 水土流失防治

我国十分重视水土流失的防治工作，颁布了一系列的法律和法规。其中最重要的有1991年制定的《中华人民共和国水土保持法》（2009年修正、2010年修订）；1993年颁布的《中华人民共和国水土保持法实施条例》（2011年修订，2024年废止）。

1. 水土保持的内涵

水土保持是指对自然因素和人为活动造成水土流失所采取的预防和治理措施。水土保持面广量大，情况复杂，既是理论问题，也是实践问题；既是自然科学，也是社会科学；既要注重经济发展，更要关注生态环境；既要有辩论思维，又要考虑政策法规。人与自然以及物与物之间的和谐共处，才是水土保持治理的最高理想。

水土保持是一项综合性很强的系统工程，水土保持工作主要有四个特点：一是科学性，涉及多学科，如土壤、地质、林业、农业、水利、法律等；二是地域性，由于各地自然条件的差异和当地经济水平、土地利用、社会状况及水土流失现状的不同，需要采取不同的手段；三是综合性，涉及财政、计划、环保、农业、林业、水利、国土资源、交通、建设、经贸、司法、公安等诸多部门，需要通过大量的协调工作，争取各部门的支持，才能搞好水土保持工作；四是群众性，必须依靠广大群众，动员千家万户治理千沟万壑。

2. 水土保持的措施

工程措施、生物措施和蓄水保土耕作措施是水土保持的主要措施。

（1）国家对水土保持工作实行预防为主、全面规划、综合防治、因地制宜、加强管理、注重效益的方针。

（2）各级地方人民政府应当根据当地情况，组织农业集体经济组织和国营农、林、牧场，种植薪炭林和饲草、绿肥植物，有计划地进行封山育林育草、轮封轮牧，防风固沙，保护植被。禁止毁林开荒、烧山开荒和在陡坡地、干旱地区铲草皮、挖树兜。

（3）禁止在25°以上陡坡地开垦种植农作物。《中华人民共和国水土保持法》施行前已在禁止开垦的陡坡地上开垦种植农作物的，应当在建设基本农田的基础上，根据实际情况，逐步退耕，植树种草，恢复植被，或者修建梯田。在5°以上坡地上整地造林，抚育幼林，垦复油茶、油桐等经济林木，必须采取水土保持措施，防止水土流失。

（4）修建铁路、公路和水工程，应当尽量减少破坏植被；废弃的砂、石、土必须运至规定的专门存放地堆放，不得向江河、湖泊、水库和专门存放地以外的沟渠倾倒；在铁路、公路两侧地界以内的山坡地，必须修建护坡或者采取其他土地整治措施；工程竣工后，取土场、开挖面和废弃的砂、石、土存放地的裸露土地，必须植树种草，防止水土流失。开办矿山企业、电力企业和其他大中型工业企业，排弃的剥离表土、矸石、尾矿、废渣等必须堆放在规定的专门存放地，不得向江河、湖泊、水库和专门存放地以外的沟渠倾倒；因采矿和建设使植被受到破坏的，必须采取措施恢复表土层和植被，防止水土流失。各级地方人民政府应当采取措施，加强对采矿、取土、挖砂、采石等生产活动的管理，防止水土流失。

（5）在水力侵蚀地区，应当以天然沟壑及其两侧山坡地形成的小流域为单元，实行全面规划，综合治理，建立水土流失综合防治体系。在风力侵蚀地区，应当采取开发水源、引水拉沙、植树种草、设置人工沙障和网格林带等措施，建立防风固沙防护体系，控制风沙危害。

（6）各级地方人民政府应当组织农业集体经济组织和农民，有计划地对禁止开垦坡度以下、5°以上的耕地进行治理，根据不同情况，采取整治排水系统、修建梯田、蓄水保土耕作等水土保持措施。

15.4　土地沙化防治

严峻的沙化发展现状，促使国家把“防沙治沙”纳入法制化管理的轨道，用法律这一强有力的武器推动防沙治沙工作。2001年8月31日，九届全国人大常委会第二十三次会议通过了《中华人民共和国防沙治沙法》，并于2002年1月1日起施行。这是全世界第一部关于防沙治沙的专门法律，为预防土地沙化，治理沙化土地，进行沙区国土整治，维护沙区生态安全，促进我国特别是华北、西北广大地区的经济和社会可持续发展提供有力的保障。

1. 土地沙化的预防

（1）对沙化土地进行监测。

国务院林业行政主管部门组织其他有关行政主管部门对全国沙化情况进行监测、统计和分析，并定期公布监测结果；由县级以上人民政府林业或其他有关行政主管部门监测；监测结果向本级人民政府和上一级林业或其他有关行政主管部门报告；监测过程中发现土地发生沙化或沙化程度加重的应及时报告本级人民政府，政府收到报告后责成有关行政主管部门制止导致土地沙化的行为，并采取有效措施进行治理。

（2）对气象进行监测。

各级气象部门应当组织对两类气象进行监测、预报，一类是气象干旱，另一类是沙尘暴天气。发现这两类气象征兆时，应当及时报告当地人民政府，人民政府应当采取预防措施，必要时公布灾情预报，并组织有关部门采取应急措施，避免或减轻风沙危害。

（3）营造防风固沙林。

沙化土地所在地区县级以上人民政府划出一定比例土地，营造防风固沙林网、林带，由林业行政主管部门负责确保完成。对防风固沙林带、林网严格保护，除了抚育更新性质的采伐外，不得批准采伐，进行抚育更新性质采伐前，必须预先在附近形成接替林网、林带，避免留下“真空地带”。更新困难地区不得砍伐林带、林网。

（4）保护植被。

植被对防治土壤风蚀沙化具有举足轻重的作用。我国沙漠学专家通过风洞模拟实验表明，当植被覆盖度达到60%以上时，土壤风蚀基本消失。法律规定：禁止在沙化土地砍挖固沙植物（包括灌木、药材等）；实行以产草量规定载畜量的制度，保护草原植被，防止草原退化和沙化；不得批准在沙漠边缘地带和林地、草原开垦耕地；已经开垦并对生态产生不良影响的，有计划地组织退耕还林还草；切实保护封禁区植被，禁止在沙化土地封禁保护区范围内的一切破坏植被的活动。

（5）管好水资源。

沙化土地所在地区都是极其干旱缺水地区，对于非常稀缺的水资源，尤其要倍加珍惜。《中华人民共和国防沙治沙法》特别强调，在编制水资源开发利用规划和供水计划时，必须考虑植被用水的需求，要防止因水资源过度开发利用而导致植被破坏和土地沙化。这个规定遵循了生态规律，考虑了生态需求，做到了把合理利用水资源与保护植被很好地结合起来。

（6）沙化土地范围内开发建设活动的环境影响评价要求。

要就可能对当地及相关地区生态产生的影响进行评价，报告应当包括有关防沙治沙的内容。

2. 土地沙化的治理

（1）沙化土地所在地区的各级政府应当做好治理组织工作，治理已经沙化的土地，主要采用人工或飞机播种造林种草、封沙育林育草、合理调配生态用水等措施。治理工作要注意两点：一是要遵守防沙治沙规划；二是要因地制宜，不要“一刀切”。

（2）国家鼓励开展公益性治沙活动，这种活动的前提是“自愿”，可采取捐资或其他形式。林业和其他有关行政主管部门对这类活动要提供治理地点和技术指导。这类指导应是“无偿”的。公益性治沙活动要讲实效保质量，要按照林业等有关行政主管部门的技术要求治理，所种植的林、草可以委托他人或交当地政府有关行政主管部门管护。

（3）沙化土地使用权人和承包经营权人有治沙义务。必须采取治理措施，改善土地质量。地方各级政府及有关行政主管部门、技术推广部门应当提供技术指导。采取退耕还林还草、植树种草或封育措施治沙，按照国家规定，享受政府提供的政策优惠。确实无能力完成治理任务的，可以通过签订协议，委托他人或与他人合作治理。

（4）开展营利性治沙活动。应事先依法取得该土地使用权。事先应当向县级以上林业或县级以上地方人民政府指定的行政主管部门提出治理申请，申请时要附具土地权属证明、治理协议、治理方案、治理所需资金证明等文件。国家保护治理者的合法权益。治理必须按照治理方案进行。治理任务完成后，要通过原来受理治理申请的单位验收。

15.5　土地环境保护

环境是指影响人类生存和发展的各种天然的和经过人工改造的自然因素的总体，包括大气、水、海洋、土地、矿藏、森林、草原、野生生物、自然遗迹、人文遗迹、自然保护区、风景名胜区、城市和乡村等。

环境保护是指人类有意识地保护自然资源并使其得到合理的利用，防止自然环境受到污染和破坏，对受到污染和破坏的环境必须做好综合治理，以创造出适合于人类生活、工作的环境。它是人类为解决现实的或潜在的环境问题，协调人类与环境的关系，保障经济社会的持续发展而采取的行动。其方法和手段有工程技术的、行政管理的，也有法律的、经济的、宣传教育的等。

环境包括土地，保护环境，亦包含对土地的保护；而人类对土地的开发利用必然会对环境有所影响。例如，建设和开发活动可能引起环境破坏，包括大型水利工程、铁路、公路干线、大型港口码头、机场和大型工业项目等工程建设对环境造成的污染和破坏，农垦和围湖造田活动、海上油田、海岸带和沼泽地的开发、森林和矿产资源的开发对环境的破坏和影响，新工业区、新城镇的设置和建设等对环境的破坏、污染和影响等。因此，土地开发利用中必须考虑环境保护问题。如今，环境保护已成为世界各国政府和人民的共同行动和主要任务之一，我国把环境保护宣布为我国的一项基本国策，并制定和颁布了一系列环境保护的法律、法规，以保证这一基本国策的贯彻执行。

15.5.1　《环境保护法》

为保护和改善环境，防治污染和其他公害，保障公众健康，推进生态文明建设，促进经济社会可持续发展，《中华人民共和国环境保护法》于1989年12月通过，2014年4月修订。

(1) 保护环境是国家的基本国策。国家采取有利于节约和循环利用资源、保护和改善环境、促进人与自然和谐的经济、技术政策和措施，使经济社会发展与环境保护相协调。

(2) 环境保护的原则。坚持保护优先、预防为主、综合治理、公众参与、损害担责的原则。

(3) 国家实行环境保护目标责任制和考核评价制度。县级以上人民政府应当将环境保护目标完成情况纳入对本级人民政府负有环境保护监督管理职责的部门及其负责人和下级人民政府及其负责人的考核内容，作为对其考核评价的重要依据。考核结果应当向社会公开。

(4) 国家建立、健全生态保护补偿制度。国家加大对生态保护地区的财政转移支付力度。有关地方人民政府应当落实生态保护补偿资金，确保其用于生态保护补偿。国家指导受益地区和生态保护地区人民政府通过协商或者按照市场规则进行生态保护补偿。

（5）加强对农业环境的保护。防治土壤污染、土地沙化、盐渍化、贫瘠化、沼泽化、地面沉降和防治植被破坏、水土流失、水源枯竭、种源灭绝以及其他生态失调现象的发生和发展，推广植物病虫害的综合防治，合理使用化肥、农药及植物生长激素。

（6）加强城市及工业对环境的保护。城市人口密集，在土地使用中必须全面规划，合理布局，制定城市规划，应当确定保护和改善环境的目标和任务。对排放废气、废渣、废水不合格的工矿企业坚决予以关、停、转、迁。新建工业企业和现有工业企业的技术改造，应当采用资源利用率高、污染物排放量少的设备和工艺，采用经济、合理的废弃物综合利用技术和污染物处理技术。建设项目中防治污染的设施，必须与主体工程同时设计，同时施工，同时投产使用。

（7）建立跨行政区域的联合防治协调机制。国家建立跨行政区域的重点区域、流域环境污染和生态破坏联合防治协调机制。实行统一规划、统一标准、统一监测、统一的防治措施。

（8）公民、法人和其他组织依法享有获取环境信息、参与和监督环境保护的权利。各级人民政府环境保护主管部门和其他负有环境保护监督管理职责的部门，应当依法公开环境信息、完善公众参与程序，为公民、法人和其他组织参与和监督环境保护提供便利。

15.5.2 《海洋环境保护法》

海洋属于国土资源的一部分，随着沿海经济的迅猛发展，近海海域遭到越来越严重的污染，海域环境质量明显下降，生态环境日趋恶化。保护海洋环境已经成为关系到人类生存和发展的大事。

为了保护和改善海洋环境，保护海洋资源，防治污染损害，维护生态平衡，保障人类健康，促进经济和社会的可持续发展，我国于1982年制定了《中华人民共和国海洋环境保护法》（以下简称《海洋环境保护法》）。2023年10月24日，第十四届全国人民代表大会常务委员会第六次会议表决通过了对《海洋环境保护法》的修订，自2024年1月1日起施行。

1. 适用范围

《海洋环境保护法》适用于中华人民共和国内水、领海、毗连区、专属经济区、大陆架以及中华人民共和国管辖的其他海域。在中华人民共和国管辖海域内从事航行、勘探、开发、生产、旅游、科学研究及其他活动，或者在沿海陆域内从事影响海洋环境活动的任何单位和个人，都必须遵守《海洋环境保护法》。在中华人民共和国管辖海域以外，造成中华人民共和国管辖海域污染、生态破坏的，也适用《海洋环境保护法》。

2. 海洋生态资源的保护

国务院和沿海地方各级人民政府应当采取有效措施，保护红树林、珊瑚礁、海藻场、海草床、滨海湿地、海岛、海湾、入海河口、重要渔业水域等具有典型性、代表性的海洋生态系统，珍稀、濒危海洋生物的天然集中分布区，具有重要经济价值的海洋生物生存区域及有重大科学文化价值的海洋自然历史遗迹和自然景观。对遭到破坏的具有重要生态、经济、社会价值的海洋生态系统，应当进行修复。国务院和沿海省级人民政府可以依法划定海洋自然保护区，保护典型的海洋生态系统、珍稀濒危物种、自然遗迹等。

3. 沿海的防护措施

沿海地方各级人民政府应当结合当地自然环境的特点，建设海岸防护设施、沿海防护林、沿海城镇园林和绿地，对海岸侵蚀和海水入侵地区进行综合治理。禁止毁坏海岸防护设施、沿海防护林、沿海城镇园林和绿地。

4. 沿海建设工程

新建、改建、扩建海岸工程建设项目，应当遵守国家有关建设项目环境保护管理的规定，并把防治污染和生态保护所需资金纳入建设项目投资计划。禁止在依法划定的自然保护区、重要渔业水域及其他需要特别保护的区域，违法建设污染环境、破坏生态的工程建设项目或者从事其他活动。海岸工程建设单位必须在项目可行性研究阶段编制环境影响报告书（表），报生态环境主管部门批准。涉及红树林、珊瑚礁、滨海湿地等敏感生态区的项目，需进行专项生态影响论证。未通过环境影响评价的项目不得开工。

5. 沿海农用地

沿海农田、林场施用化学农药，应当执行国家农药安全使用的规定和标准。

6. 国家建立健全海洋生态保护补偿制度

开发利用海洋资源，应当根据海洋功能区划合理布局，严格遵守生态保护红线，不得造成海洋生态环境破坏。国家建立健全海洋生态保护补偿制度，对海洋生态系统保护者给予合理补偿，对海洋生态损害者依法要求赔偿。

15.5.3 《环境影响评价法》

为了实施可持续发展战略，预防因规划和建设项目实施后对环境造成不良影响，促进经济、社会和环境的协调发展，我国制定了《中华人民共和国环境影响评价法》。该法由第九届全国人民代表大会常务委员会第三十次会议于2002年10月28日通过，自2003年9月1日起施行，2016年7月、2018年12月修正。

1. 适用范围

环境影响评价是指对规划和建设项目实施后可能造成的环境影响进行分析、预测和评估，提出预防或者减轻不良环境影响的对策和措施，进行跟踪监测的方法与制度。

2. 规划的环境影响评价

国务院有关部门、设区的市级以上地方人民政府及其有关部门，对其组织编制的土地利用的有关规划，区域、流域、海域的建设、开发利用规划，应当在规划编制过程中组织进行环境影响评价，编写该规划有关环境影响的篇章或者说明。规划有关环境影响的篇章或者说明，应当对规划实施后可能造成的环境影响做出分析、预测和评估，提出预防或者减轻不良环境影响的对策和措施，作为规划草案的组成部分一并报送规划审批机关。未编写有关环境影响的篇章或者说明的规划草案，审批机关不予审批。

3. 建设项目的环境影响评价

国家根据建设项目对环境的影响程度，对建设项目的环境影响评价实行分类管理。建设单位应当按照规定组织编制环境影响报告书、环境影响报告表或者填报环境影响登记表，建设项目的环境影响评价文件未经法律规定的审批部门审查或者审查后未予批准的，建设单位不得开工建设。

15.5.4 《水污染防治法》

为了保护和改善环境，防治水污染，保护水生态，保障饮用水安全，维护公众健康，推进生态文明建设，促进经济社会可持续发展，我国制定了《中华人民共和国水污染防治法》（以下简称《水污染防治法》）。该法由第六届全国人民代表大会常务委员会第五次会议于1984年5月11日通过，自1984年11月1日起施行。1996年5月、2008年2月、2017年6月修正/修订。

1. 水污染防治的原则

水污染防治应当坚持预防为主、防治结合、综合治理的原则，优先保护饮用水水源，严格控制工业污染、城镇生活污染，防治农业面源污染，积极推进生态治理工程建设，预防、控制和减少水环境污染和生态破坏。

2. 建立河长制

省、市、县、乡建立河长制，分级分段组织领导本行政区域内江河、湖泊的水资源保护、水域岸线管理、水污染防治、水环境治理等工作。国家实行水环境保护目标责任制和考核评价制度，将水环境保护目标完成情况作为对地方人民政府及其负责人考核评价的内容。

3. 水体污染的类型

水是最重要的天然溶剂，因此极易被污染。常见的水体污染有下列几类：（1）水体富营养化。水体富营养化是一种有机污染类型，由于过多的氮、磷等营养物质进入天然水体而恶化水质。（2）有毒物质的污染。有毒物质包括两大类：一类是汞、镉、铝、铜、铅、锌等重金属；另一类是有机氯、有机磷、多氯联苯、芳香族氨基化合物等化工产品。

（3）热污染。许多工业生产过程中产生的废余热散发到环境中，会把环境温度提高到不理想或生物不适应的程度，称为热污染。（4）海洋污染。

4. 依法划定生活饮用水地表水源保护区

生活饮用水地表水源保护区分为一级保护区和其他等级保护区。在生活饮用水地表水源取水口附近可以划定一定的水域和陆域为一级保护区。在生活饮用水地表水源一级保护区外，可以划定一定的水域和陆域为其他等级保护区。各级保护区应当有明确的地理界线。禁止在生活饮用水地表水源一级保护区内新建、扩建与供水设施和保护水源无关的建设项目。

5. 土地利用中的水污染防治

人类的活动是引起水体污染的主要原因，在人类改造自然的各项活动中，土地利用活动是最主要的一种。因此，《水污染防治法》中的规定对土地利用做出了限制，以达到保护水资源不被污染的目的。

（1）新建、改建、扩建直接或者间接向水体排放污染物的建设项目和其他水上设施，必须遵守国家有关建设项目环境保护管理的规定。建设项目的环境影响报告书，必须对建设项目可能产生的水污染和对生态环境的影响做出评价，规定防治的措施，按照规定的程序报经有关环境保护部门审查批准。在运河、渠道、水库等水利工程内设置排污口，应当经过有关水利工程管理部门同意。建设项目中防治水污染的设施，必须与主体工程同时设计，同时施工，同时投产使用。防治水污染的设施必须经过环境保护部门检验，达不到规定要求的，该建设项目不准投入生产或者使用。

（2）国务院有关部门和地方各级人民政府必须把保护城市水源和防治城市水污染纳入城市建设规划，建设和完善城市排水管网，有计划地建设城市污水集中处理设施，加强城市水环境的综合整治。

（3）国家支持农村污水、垃圾处理设施的建设，推进农村污水、垃圾集中处理。地方各级人民政府应当统筹规划建设农村污水、垃圾处理设施，并保障其正常运行。制定化肥、农药等产品的质量标准和使用标准，应当适应水环境保护要求。

15.5.5 《土壤污染防治法》

土壤是经济社会可持续发展的物质基础，而土壤污染防治则是关乎食品安全、公众健康和环境保护的大事。2018 年 8 月 31 日，十三届全国人大常委会第五次会议全票通过了《中华人民共和国土壤污染防治法》（以下简称《土壤污染防治法》），于 2019 年 1 月 1 日起施行。《土壤污染防治法》共 7 章 99 条，这是我国首次制定专门的法律来规范防治土壤污染。在以预防为主、保护优先、风险管控、分类管理、污染担责、公众参与原则的基础上，《土壤污染防治法》明确了土壤污染防治规划，土壤污染风险管控标准，土壤污染状况普查和监测，土壤污染预防、保护、风险管控和修复等方面的基本制度和规则①。

1. 突出预防为主，保护优先

土壤是大气、水、固体等废弃物的最终受体，一旦污染，修复治理的难度大、周期长、成本高。为此，《土壤污染防治法》强化源头预防，专门设“预防和保护”专章，要求土地使用权人从事土地开发利用、企业事业单位和其他生产经营者从事生产经营活动等，都要采取有效措施，减少和防止土壤污染。同时，《土壤污染防治法》在第三章中还按照工业企业生产活动、农业生产活动等不同的特点，有针对性地规定不同的预防措施。另外，还规定加强对未污染土壤的保护，重点保护未污染的耕地、林地、草地、水源地，对于永久基本农田则要进行严格保护。

2. 坚持风险管控，分类管理

法律规定要通过普查、详查、调查、监测、风险评估等措施和途径，掌握土壤污染的状况和变化趋势，为风险管控打好基础。同时，根据土地的不同用途和污染程度，规定了不同的应对措施、管理手段和管理要求，分类实施以有效地防范和应对土壤污染。

3. 坚持明确责任，从严监管

法律合理配置了土壤污染责任人、土地使用权人和政府三者之间的责任，落实企业主体责任，强化污染治理责任，明确政府及其相关部门的监管责任。同时，还赋予监管部门查封、扣押等权力，规定土壤污染责任人负有实施土壤污染风险管控和修复的义务。土壤污染责任人无法认定的，土地使用权人应当实施土壤污染风险管控和修复。地方人民政府及其有关部门可以根据实际情况组织实施土壤污染风险管控和修复。

4. 坚持科学合理设计，规定工作流程

法律规定对土壤污染防治工作的各环节、全过程进行监管。通过普查、调查、详查、监测、现场检查等，对于地块可能存在污染风险的，要进行土壤污染情况的调查。此外，法律还根据各个不同环节规定了不同措施，明确采取措施的主体和达到的效果。

5. 坚持源头把关

加强对敏感用地的管理。住宅、公共管理和公共服务用地直接涉及人居安全，十分敏感，法律加强了对敏感用地的准入管理，规定土壤用途要变更为住宅、公共管理和公共服务用地的，变更之前要进行污染情况调查，列入建设用地风险管控和修复名录的地块，不得作为住宅、公共管理和公共服务用地，从而从源头上保障群众住得安心安全。

① 朱宁宁．“最强”法律保障群众吃得放心住得安心．法制日报，2018－10－30．

关键术语

基本农田　　基本农田保护区　　耕地生态保护　　水土保持

复习思考题

1. 哪些耕地应当划入基本农田保护区？
2. 哪些草原应当划入基本草原？
3. 水土保持的主要措施有哪些？
4. 土地环境保护有哪些主要法律？

第 16 章

土地整治法律制度

土地整治是保障发展、保护耕地、统筹城乡土地配置的重要抓手。本章主要阐述土地整治、土地开发、土地整理、土地复垦、国土综合整治等方面的法律制度及相关内容。

16.1 土地整治

我国的土地整治历史悠久，但现代意义的土地整治在中国只有几十年的历史。目前，土地整治已经上升为国家层面的战略部署，是保障国家粮食安全和主要农产品有效供给，实现农业增产、农民增收、农村繁荣和“藏粮于地、藏粮于技”的重大举措，成为乡村振兴、新型城镇化和城乡统筹发展的重要抓手。党的十八大以来，我国的土地整治事业在支撑生态文明建设过程中处于前所未有的重大战略机遇期，土地整治的推进与发展面临新形势、新机遇。

2018 年 3 月 15 日，国土资源部印发 2018 年第 8 号公报，批准、发布《土地整治术语》(TD/T 1054—2018) 行业标准，于 2018 年 5 月 1 日起实施。土地整治 (land consolidation and rehabilitation) 是为满足人类生产、生活和生态的功能需要，对未利用、低效和闲置利用、损毁和退化土地进行综合治理的活动，是土地开发、土地整理、土地复垦、土地修复的统称。

2014 年 3 月，国土资源部审议通过的《节约集约利用土地规定》提出：“国家鼓励土地整治。县级以上地方国土资源主管部门应当会同有关部门，依据土地利用总体规划和土地整治规划，对田、水、路、林、村进行综合治理，对历史遗留的工矿等废弃地进行复垦利用，对城乡低效利用土地进行再开发，提高土地利用效率和效益，促进土地节约集约利用。”2014 年 9 月，国土资源部发布的《关于推进土地节约集约利用的指导意见》指出：“在土地整理、土地复垦、土地开发和土地修复中，综合运用先进科学技术，推进农村土地整治和城市更新，修复损毁土地，保障土地可持续利用，提高节约集约用地水平。”2017年5月，《土地管理法（修正案）》（征求意见稿）提出：“国家实行土地整治制度，对低效利用、不合理利用和未利用的土地进行治理，对生产建设破坏和自然灾害损毁的土地进行恢复利用，提高土地利用率。”2019年《土地管理法》提出，土地整治项目优先用于耕地补充和生态修复。2021年《土地管理法实施条例》规定，土地整治新增耕地可纳入耕地占补平衡，规范土地复垦责任，要求建设单位编制复垦方案。2021年施行的《乡村振兴促进法》要求统筹农村土地整治，支持高标准农田建设，鼓励盘活闲置宅基地和集体建设用地。《全国国土空间规划纲要（2021—2035年）》将土地整治纳入国土空间规划体系，明确生态修复和耕地保护目标。

目前，土地整治已成为拉动内需的强大引擎、落实空间规划“多规合一”的实施单元、助力乡村振兴的重要手段。土地整治的范畴、目标、内涵和方式等都正在发生深刻变化。在整治范畴上正在由分散的土地开发整治向集中连片的田、水、路、林、村综合整治转变，在整治目标上正在由单纯的补充耕地向建设性保护耕地、推进新农村建设和城乡统筹发展相结合转变，在整治内涵上正在由增加耕地数量为主向“数量管控、质量管理、生态管护”三位一体综合管理转变，在整治方式上正在由以项目为载体向以项目、工程为载体结合城乡建设用地增减挂钩、工矿废弃地复垦调整利用等政策的运用转变。

16.2　土地开发

16.2.1　土地开发概念

土地开发是通过一定的技术经济手段，扩大对土地的有效利用范围，提高土地利用深度的一种手段。

广义上，土地开发是指因人类生产建设和生活不断发展的需要，采用一定的现代科学技术和经济手段，扩大对土地的有效利用范围或提高对土地的利用深度所进行的活动，既包括对尚未利用的土地进行开垦和利用，以扩大土地利用范围，也包括对已利用的土地进行整治，以提高土地利用条件、土地利用率和集约经营程度。

狭义上，土地开发主要是指对未利用土地的开发利用，即指对未利用土地，通过工程、生物或综合措施，使其达到可利用状态的活动，包括开发为农用地和开发为建设用地。要实现耕地总量动态平衡，未利用土地开发是补充耕地的一种有效途径。土地整治中所讲的土地开发，一般是指狭义上的土地开发。

16.2.2　相关法律规定

《土地管理法》第三十九条规定，国家鼓励单位和个人按照土地利用总体规划，在保护和改善生态环境、防止水土流失和土地荒漠化的前提下，开发未利用的土地。《土地管理法》第四十条规定，开垦未利用的土地，必须经过科学论证和评估，在土地利用总体规划划定的可开垦的区域内，经依法批准后进行。禁止毁坏森林、草原开垦耕地，禁止围湖造田和侵占江河滩地。根据土地利用总体规划，对破坏生态环境开垦、围垦的土地，有计划有步骤地退耕还林、还牧、还湖。

1. 禁止单位和个人在土地利用总体规划确定的禁止开垦区内从事土地开发活动

在土地利用总体规划确定的土地开垦区内，开发未确定土地使用权的国有荒山、荒地、荒滩从事种植业、林业、畜牧业、渔业生产的，应当向土地所在地的县级以上人民政府自然资源主管部门提出申请，报有批准权的人民政府批准。开垦土地必须注意对林地、草原、江河湖滩地的特别保护。森林作为土地的天然植被，具有涵养水源、保持水木、调节气候、防治污染和减少自然灾害的作用。我国森林覆盖率比较低，因此，毁坏森林开垦耕地的行为必须禁止。草原也是土地的一个重要部分，是畜牧业生产的基本生产资料，是整个自然生态环境的重要组成部分，因此，毁坏草原开垦耕地的行为同样也应禁止。盲目围湖造田或者侵占江河滩地，降低了天然水域的调蓄和宣泄能力，人为地增加洪涝灾害，因此，必须予以禁止。

2. 国家鼓励单位和个人按照土地利用总体规划进行未利用地开发

保护开发者的合法权益不受侵害，对侵害开发者合法权益的单位和个人将依法做出处理。开发未确定土地使用权的国有荒山、荒地、荒滩，从事种植业、林业、畜牧业、渔业生产的，经县级以上人民政府批准，可以确定给开发单位或个人使用，也可以依法将土地的使用权或承包经营权确定给土地开发者，明确土地使用权或承包经营权的年限。使用期或承包期内，不得收回土地使用权或承包经营权。土地使用权或承包经营权可以继承，但不得用于非农业建设。

3. 开垦未利用的土地必须经过科学论证和评估

所谓科学论证和评估，是指对未利用土地的性能、可利用的经济社会价值、开垦对周围环境的影响等因素进行科学论证，综合评估。经过论证、评估后，认为开垦价值大，不破坏生态环境的，经依法批准后，可组织开垦；认为开垦价值不大，并对生态环境有影响的，就不应开垦。

16.3 土地整理

16.3.1 土地整理概念

土地整理是指在一定区域内，按照土地利用规划和相关规划所确定的目标和用途，采取行政、经济、法律、工程和生物等措施，对田、水、路、林、村进行综合整治，对土地利用状况进行调整改造，对土地资源进行重新分配，以提高土地质量和土地利用效率，增加有效耕地面积，改善生产、生活条件和生态环境的活动。根据对象不同，土地整理又分为农用地整理和建设用地整理（农村建设用地整理、城镇工矿建设用地整理）。高标准农田建设（或农田整治）是农用地整理下一层次的概念，是农用地整理的一个分支。

在我国大部分地区，农田中不同程度地分散着一些闲散地、废沟塘、取土坑等。农村居民点内也有许多闲散地，如对其加以整理，不但可以提高耕地质量，提高粮食单产，还可以增加耕地有效面积。土地整理将是我国今后补充耕地的有效途径。特别是在一些耕地后备资源不足的地区，通过土地整理来增加耕地有效面积显得更为重要。

土地整理是土地利用现状与社会经济发展中形成的土地需求之间矛盾尖锐化的结果。当土地资源的供应能力对社会经济发展形成威胁，人地矛盾变得更为尖锐时，就迫使人们去改善土地资源现存环境，通过土地整理来提高土地资源的供应能力。虽然土地资源的自然供应能力是固定的、有限的，但其经济供应能力是有弹性的，其大小受自然、经济、社会等因素影响。土地整理正是通过借助对此因素的改善来不断提高土地资源的经济供应能力。土地整理的最终目标是持续地保证社会经济发展对土地资源的需求，也是实施土地资源可持续利用，即随着人类社会的发展，通过土地整理的实施来保证土地资源的生产能力和宏观环境能够满足人口日益增长和生活水平不断提高的需求。这种需求随着社会发展水平不同而不同，相应的土地整理内容与任务也会发生变化，并随着时代的发展、社会的进步以及社会生产对土地利用不断提出更高的要求而需要不断地调整、充实和完善。

我国是世界上开展土地整理最早的国家之一，其历史可以追溯到殷周时期的井田制。从那时起，我国劳动人民对土地的开发整理就从未间断过。新中国成立以后的几次大规模的农田基本调整和近几年来的小流域治理、农业综合开发等，在一定意义上说都是土地整理。特别是随着人口的不断增加、耕地的减少，人地矛盾日益加剧，为解决土地利用问题，促进经济和社会可持续发展，各地不同程度地开展了以提高土地的利用率和产出率，改善生产、生活条件和生态环境为目的的现代意义的土地整理，并已取得了初步成效。

16.3.2　相关法律规定

《土地管理法》规定，国家鼓励土地整理。县、乡（镇）人民政府应当组织农村集体经济组织，按照土地利用总体规划，对田、水、路、林、村综合整治，提高耕地质量，增加有效耕地面积，改善农业生产条件和生态环境。土地整理的有关法律规定如下：

1. 国家鼓励土地整理

土地整理新增耕地面积可以用作折抵建设占用耕地的补偿指标。土地整理所需费用，按照“谁受益、谁负担”的原则，由农村集体经济组织和土地使用者共同负担。各级人民政府应协助解决好土地整理中的产权关系、利益分配等问题，保证土地整理的有效实现。

2. 编制土地整理规划

应当对土地整理做出规划，依据土地利用总体规划，与村镇建设、农田水利基本建设相结合，进行土地整理项目设计，使土地整理达到增加有效耕地面积、改善耕地生产条件和生态环境的目的。

3. 注重规划实施

土地整理应当由县、乡（镇）人民政府按照土地利用总体规划，组织农村集体经济组织制定土地整理方案，并组织实施。因为土地整理往往涉及几个村或几个村民小组、几十个承包经营者，没有统一的组织很难进行。同时县、乡（镇）人民政府也应对整理土地的调整做出安排，不得借土地整理侵害农民的合法权益。

16.4　土地复垦

16.4.1　土地复垦概念

土地复垦在早期的文献资料中被称为“复田”，即恢复利用被采矿破坏的土地。随着社会的发展，“复田”这一术语越来越显露出它的局限性，逐渐被“土地复垦”所代替。从范围来看，恢复后的土地范围和用途都有所扩大。

国家有关法规规定，土地复垦是指对在生产建设过程中，因挖损、塌陷、压占等造成破坏的土地，采取整治措施，使其恢复到可利用状态的活动。

土地复垦的对象包括：开采矿产资源、挖砂、取土等对地表造成直接损坏的土地；地下开采引起的地表下沉的土地；工矿企业的排土场、尾矿场、电厂储灰场、钢厂灰渣场、城市垃圾场，以及废弃的水利工程，废弃的公路、铁路、路基，其他废弃建筑物等压占的土地；工业等污染造成废弃的土地。

16.4.2　相关法律规定

《土地管理法》规定，因挖损、塌陷、压占等造成土地破坏，用地单位和个人应当按照国家有关规定负责复垦；没有条件复垦或者复垦不符合要求的，应当缴纳土地复垦费，专项用于土地复垦。复垦的土地应当优先用于农业。为了落实“十分珍惜、合理利用土地和切实保护耕地”的基本国策，规范土地复垦活动，加强土地复垦管理，提高土地利用的社会效益、经济效益和生态效益，根据《土地管理法》，国务院于 2011 年 3 月颁布了《土地复垦条例》，自公布之日起施行。

（1）土地复垦实行“谁破坏、谁复垦”的原则。土地复垦费用可列入基本建设投资或生产成本。复垦后的土地由当地人民政府自然资源主管部门验收，要达到规定标准。同时，土地复垦中采取“谁复垦、谁受益”的政策，复垦土地者可优先取得土地使用权。

没有条件复垦或者复垦不符合要求的应当缴纳土地复垦费，专项用于复垦，由当地地政部门统一组织复垦。对不履行土地复垦义务的要给予处罚。

（2）企业和个人对其破坏的其他单位使用的国有土地或者集体所有土地，除负责复垦外，还应向遭受损失的单位支付土地损失补偿费。土地损失补偿费分为耕地损失补偿费、林地损失补偿费和其他土地的损失补偿费。耕地损失补偿费是以实际造成减产前三年的年均产量为计算标准，由企业和个人按照各年造成的实际损失逐年支付相应的损失补偿费。如果由集体经济组织承包复垦其原有的土地，补偿年限应当按照合同规定的工期确定。其他土地的损失补偿费，可参照此原则确定。对地上附着物的损失补偿标准，则按照省级政府有关规定办理。

（3）复垦的土地应当优先用于农业。这是由我国人均耕地少、耕地后备资源不足的实际情况决定的。有条件复垦为耕地的，应当首先复垦为耕地，以便能真正增加耕地的有效面积。

16.5　国土综合整治

国土综合整治是新时期贯彻国家发展战略的新要求。《全国国土规划纲要（2016—2030年）》作为新时期国家战略性、综合性、基础性的规划，明确提出开展国土综合整治，并用第六章阐释国土综合整治的基本任务。在此背景下，生态文明建设、协调发展和优化国土空间开发利用对国土综合整治工作提出了更高的要求，对国土进行综合整治的诉求日益强烈，需要对其进行深入和系统的研究。

16.5.1　国土综合整治内涵辨析

1. 国土的概念

国土包括土地，但若将国土仅理解为土地是不够的。首先，国土是一个国家政治地域概念，是指国家主权管辖下的疆域，即国家领土、领海和领空。可以看出，国土是一个立体的空间概念，将国家主权实施于土地之上，包括以田、地、水、土、气、生物等地理环境诸要素为物质基础所组成的地域空间实体。因此，国土的概念应当包括国家所拥有的一切资源。国土要素是国土的构成部分，分为资源要素、环境要素、生态要素和空间要素四类。国土具有很强的综合特性。一方面，国土资源效用是多方面的，国土的开发、利用、治理、保护也是互相联系、互相制约的；另一方面，国土功能是多样的，包括生命支持功能、自然资源功能、环境功能、生态功能和空间功能五大基本功能。

2. 国土综合整治的界定

国土综合整治是以国家战略实现与国土资源优化为目标，与土地整治相比具有更强的综合性，是落实和推进《全国国土规划纲要（2016—2030年）》的重要抓手。国土综合整治是通过政府、市场和社会的合作，利用工程、技术、经济、行政、法律等手段对有待改造的国土进行因地制宜的整治，消除国土资源及其统筹利用中的障碍性因素，调适国土资源禀赋以满足发展需要。国土综合整治的本质是“对人与国土关系的再调适”，从整体上全面提升国土利用的综合效率和效益、保障国土资源的永续利用、改善生态景观环境的状态，最终促进人与自然的可持续协调发展。国土综合整治即是采取整理、开发、复垦、修复等一系列手段对国土进行整治，包括两个维度的内涵：一是通过“田水路林村”对土地进行整治以提升人类的生活生产条件，二是通过“山水林田湖”对国土空间进行整治以改善人类的生态空间。

3. 国土综合整治的拓展

新时期背景下，国土综合整治是在土地整治的基础上，从生态文明建设、国土空间优化利用和协调发展的角度出发，在生态功能区、矿产资源开发集中区、海岸带和海岛、开展乡村振兴区域进行的土地、资源、生态、环境和能源等的开发利用和保护活动，具体包括自然资源时空重组、生态环境治理建设、海岸带与海岛利用保护、城乡融合区域协调四个大类。

16.5.2 国土综合整治的目标

国土综合整治的总体目标是全面推进国土综合整治，对国土进行与其资源环境承载能力相匹配的开发利用，通过实施综合整治重大工程进而修复国土功能，提高国土开发利用的效率和质量，从整体上构建安全、和谐、开放、协调、富有竞争力和可持续发展的美丽国土。

1. 国土生态系统平衡

全面整治国土生态系统中的突出问题，修复破损的国土生态系统，提升国土资源质量，建立国土资源合理利用方式，从而实现每项国土资源的有力保护、合理利用与有效恢复，重塑国土生态系统，保障国土生态系统结构上的稳定、功能上的稳定和能量输入输出上的稳定，实现国土资源生态系统的平衡。

2. 国土利用格局优化

根据国土资源系统的整体性、系统性及其内在规律，针对全国与各区域发展战略、资源禀赋、经济发展水平等实际情况，开展不同类型、模式的国土综合整治，统筹整治自然生态各要素、山上山下、地上地下、陆地海洋以及流域上下游等各方面的国土资源，实现全国—跨省—省级—省内区域等不同尺度下的格局优化，实现发展与保护的内在统一、相互促进。

3. 推动城乡统筹发展

建立城乡国土资源使用联动机制，尤其要注重提升农村国土资源的经济价值，城市国土资源利用以农村国土资源为支撑，同时反哺农村国土资源，实现城乡国土资源互动，实现城乡国土资源的高效利用，优化城镇化布局，实现精细化、高质量的新型城镇化发展模式。

4. 促进区域协调发展

地区间既有差异又相互关联，因此国土综合整治应该以促进各地区通过发挥各自比较优势进行合理分工与协作为目标，通过全面统筹各区域的土地利用，最终促进区域经济、产业和人口的发展与土地利用相协调。从国家层面上讲，要以“一带一路”建设、京津冀协同发展、长江经济带发展的国家战略为导向，对国土资源进行分区、分类的差别化重点整治，从结构和布局上提升国土资源在区域间的协同发展。

5. 实现陆海联动发展

我国国土资源具有陆海兼备的特点，因此我国国土开发利用要重视提升海洋空间在国家发展全局中的战略地位，推动蓝色国土的合理开发利用。从陆海统筹发展的角度，整合蓝色国土资源，开发建构符合陆海联动的发展体系。未来应切实提高海洋开发、控制、综合管理能力，积极进行海洋生态文明建设，提升海洋资源总体质量，建立海洋综合管理制度，实现蓝色国土的全面优化。

6. 助力国土制度建设

树立“数量、质量、生态、人文”四位一体的国土管理理念，总结以往工作经验，从土地、经济、规划、户籍管理、重大项目安排等多方面，统筹涉及国土治理的各项工作，创新和完善国土综合整治配套制度，对国土综合整治进行顶层设计，发挥政府、市场和社会的多重力量，提高国土综合整治实施进度和整治效果，推动国土制度建设。

关键术语

土地整治　　土地开发　　土地整理　　土地复垦　　国土综合整治

复习思考题

1. 简述土地开发的相关法律规定。
2. 简述土地整理的相关法律规定。
3. 简述土地复垦的相关法律规定。

第 17 章
自然资源法律制度

自然资源利用与管理的立法工作十分重要。《宪法》第九条明确规定，矿藏、水流、森林、山岭、草原、荒地、滩涂等自然资源，都属于国家所有，即全民所有；由法律规定属于集体所有的森林和山岭、草原、荒地、滩涂除外。国家保障自然资源的合理利用。党的十九大报告提出，“设立国有自然资源资产管理和自然生态监管机构”“统一行使全民所有自然资源资产所有者职责”。根据党的十九届三中全会审议通过的《深化党和国家机构改革方案》和第十三届全国人民代表大会第一次会议审议批准的《国务院机构改革方案》，设立了中华人民共和国自然资源部。自然资源部的设立是一场系统性、整体性、重构性变革，标志着我国自然资源管理已然提升到前所未有的国家战略层面。党的二十大及二十届三中全会对自然资源管理提出了战略性部署，强调生态文明建设、绿色发展及法治保障。我国现行的自然资源利用和管理方面的法律除《土地管理法》外，主要有《森林法》《草原法》《水法》《海域使用管理法》《矿产资源法》等。以下主要就这些自然资源立法和有关土地问题的规定做一阐述。

17.1 森林资源

《中华人民共和国森林法》（以下简称《森林法》）是我国较早制定的一部经济行政法。1979 年 2 月 23 日，第五届全国人民代表大会常务委员会第六次会议原则通过《森林法（试行）》后，我国的林业建设就有了法律规范。1984 年 9 月 20 日，第六届全国人民代表大会常务委员会第七次会议通过了《森林法》，自 1985 年 1 月 1 日起施行。1998 年 4 月 29 日，第九届全国人民代表大会常务委员会第二次会议通过了《关于修改〈中华人民共和国森林法〉的决定》。这是对森林法做的一次重要修正，这次修改后重新公布的《森林法》自 1998 年 7 月 1 日起施行。其后，根据 2009 年 8 月 27 日第十一届全国人民代表大会常务委员会第十次会议通过的《关于修改部分法律的决定》进行了修改。2019年12月28日，第十三届全国人民代表大会常务委员会第十五次会议修订通过新的《森林法》，自2020年7月1日起施行。

17.1.1 立法宗旨

为了保护、培育和合理利用森林资源，加快国土绿化，发挥森林蓄水保土、调节气候、改善环境和提供林产品的作用，适应社会主义建设和人民生活的需要，特制定《森林法》。我国森林法的立法目的，是综合森林的生态效益、社会效益、经济效益统一确立的，主要有以下四个方面的内容：

1. 保护、培育和合理利用森林资源

森林资源作为一种重要的自然资源，包括森林、林木、林地以及林区内的野生动物和植物，具有蓄水保土、调节气候、改善环境和提供林产品等功能。同时，森林资源作为一种可再生的自然资源，具有生长周期长、投资多、见效慢、易受病虫害和火灾等自然灾害威胁等特点。因此，制定《森林法》首先要体现保护、培育和合理利用森林资源的目的。

2. 加快国土绿化

我国是一个少林国家，森林的自然资源相对贫乏，因此，绿化祖国将是我国目前以至今后相当长时期内的一项历史性的任务，这是我国社会主义现代化建设中造福子孙后代的一项伟大事业，是保持水土、防止水土流失，维护和改善生态环境的根本性措施。所以，制定《森林法》的一个重要目的就是要通过法律措施加快我国的国土绿化进程。

3. 发挥森林蓄水保土、调节气候、改善环境的作用

森林的功能很多，最主要的是通过水的循环蓄住水、保住土，通过影响气温、降水、风速等的变化调节气候，通过净化空气防风固沙、降低噪声等改善环境。森林的这些功能是人类生存和发展不可缺少的环境要素。制定《森林法》的重要目的之一就是要充分发挥森林的这些功能。

4. 提供林产品，适应社会主义建设和人民生活的需要

一方面，森林可以蓄水保土、调节气候，使森林所在地区的自然环境等适宜人类的生存和发展；另一方面，森林具备蓄水保土、防风固沙、改善自然环境等功能，可以使农业稳产、高产，为人类提供充足的农产品。森林还可以提供大量的木材和各种林产品，形成国民经济重要组成部分的林业产业。

通过制定和实施《森林法》，保护、培育和合理利用森林资源，加快国土绿化，发挥森林蓄水保土、调节气候、改善环境和提供林产品的作用，最终是为了满足社会主义建设事业和人民生活的需要。

17.1.2 林权与林地

1. 林权

在《森林法》中，虽然未出现“林权”字眼，但对森林、林木、林地和森林资源的所有权和使用权等权属问题却有明确规定。森林、林木、林地的权属，通常称为林权，主要是指森林、林木和林地的所有权和使用权。《森林法》第十四条规定：“森林资源属于国家所有，由法律规定属于集体所有的除外。”国家所有的和集体所有的森林、林木和林地，个人所有的林木和使用的林地，由县级以上地方人民政府登记造册，发放证书，确认所有权或者使用权。森林、林木、林地的权属有三种形式。一是国家所有权。我国《宪法》第九条明确规定：“矿藏、水流、森林、山岭、草原、荒地、滩涂等自然资源，都属于国家所有，即全民所有；由法律规定属于集体所有的森林和山岭、草原、荒地、滩涂除外。”因此，“森林资源属于国家所有，由法律规定属于集体所有的除外”。二是集体所有权。按照《宪法》第九条的规定，法律规定属于集体所有的森林，属于集体所有。因此，森林、林木和林地可以由集体依照法律规定享有所有权。这是指依照《土地改革法》在土地改革时分配给农民群众，在农业合作化过程中依照《初级农业生产合作社示范章程》和《高级农业生产合作社示范章程》，通过农业集体化由个体农民所有转化为农民集体所有的森林、林木和林地，以及在农民集体所有的土地上由农村集体经济组织种植、培育的林木。在实践中，我国农民集体所有的森林、林木和林地，还包括在“四固定”时期确定给农民集体所有的森林、林木和林地。三是个人的林木所有权和林地使用权。个人所有的林木，主要是指农村居民在房前屋后、自留地、自留山和农业集体经济组织指定的其他地方种植的树木，在以承包和其他合法方式取得的有使用权的林地上和在承包的荒山、荒地、荒滩上种植的树木（按照承包合同约定归个人所有的）以及城镇居民在自有房屋的庭院内种植的树木。个人的林地使用权，是指承包造林的林地及其他依法取得的林地使用权。在我国，土地不可以由个人所有，所以个人只能拥有林地的使用权，而不能有林地的所有权。

2. 林地

林业用地，简称林地，是指森林或者林木所占用的土地。我国法律中涉及林地管理的主要有《森林法》《土地管理法》《农村土地承包法》。在这些法律中都对林地管理的不同方面做出了规定，但是，《土地管理法》和《农村土地承包法》中林地的概念与《森林法》中林地的概念有所不同。这是因为，《森林法》中的林地包含在“森林资源”概念中，而《土地管理法》和《农村土地承包法》中的林地作为农用地的一种类型包含在“土地”概念中。

在《土地管理法》和《农村土地承包法》中，主要是从经济意义或者物权客体意义上使用林地概念，林地理所当然地成为土地的一种类型。而在《森林法》中，主要从生态意义或者环境权客体意义上使用林地概念，即把森林、林木、林地以及依托其生存的非人类生命体看作是一个整体意义上的陆地生态资源——森林资源，而林地理所当然地成为森林资源的一种类型。因此，林地既是经济意义上的土地资源，又是生态意义上的“森林资源”，具有双重法律属性。《土地管理法》中对林地的规定是把林地纳入了农用地的范畴：“农用地是指直接用于农业生产的土地，包括耕地、林地、草地、农田水利用地、养殖水面等。”《森林法》中没明确提出林地的概念，但在《森林法实施条例》第二条规定：“森林资源，包括森林、林木、林地以及依托森林、林木、林地生存的野生动物、植物和微生物。……林地，包括郁闭度 0.2 以上的乔木林地以及竹林地、灌木林地、疏林地、采伐迹地、火烧迹地、未成林造林地、苗圃地和县级以上人民政府规划的宜林地。”显然，这种定义是从保护森林资源的角度提出的。

林地所有权是指林地所有者对林地占有、使用、收益和处分的权利。林地所有权是林地所有制在法律上的表现。《宪法》规定，土地的所有者只能是国家或者是农村集体，林地属于土地的一种，当然也不能例外。因此，林地所有权可以分为两类，即国有林地所有权和集体林地所有权。其所有权分别由国家和农村集体经济组织所有，除了这二者以外的任何公司、企业、单位等法人组织和个人都不得拥有林地所有权。

林地使用权是指使用人对他人所有的林地依法享有的占有、使用、收益和一定情况下处分的权利。无论是国家、集体，还是自然人、法人或者其他组织，都可以依法享有林地的使用权。国家对森林、林木和林地通常在保留所有权的前提下，通过一定方式将森林、林木和林地确定给集体、自然人、法人或者其他组织使用。林地的使用人可以在法律规定的范围内，根据自己的意志使用林地，进而收取森林、林木和林地所生的孳息，包括天然孳息和法定孳息。

林地和林地上的森林、林木的所有权、使用权，由不动产登记机构统一登记造册，核发证书。国务院确定的国家重点林区的森林、林木和林地，由国务院自然资源主管部门负责登记。森林、林木、林地的所有者和使用者的合法权益受法律保护，任何组织和个人不得侵犯。国家所有的林地和林地上的森林、林木可以依法确定给林业经营者使用。林业经营者依法取得的国有林地和林地上的森林、林木的使用权，经批准可以转让、出租、作价出资等。具体办法由国务院制定。林业经营者应当履行保护、培育森林资源的义务，保证国有森林资源稳定增长，提高森林生态功能。集体所有和国家所有依法由农民集体使用的林地实行承包经营的，承包方享有林地承包经营权和承包林地上的林木所有权，合同另有约定的从其约定。承包方可以依法采取出租（转包）、入股、转让等方式流转林地经营权、林木所有权和使用权。

17.1.3　建设占用征收林地

矿藏勘查、开采以及其他各类工程建设，应当不占或者少占林地；确需占用林地的，应当经县级以上人民政府林业主管部门审核同意，依法办理建设用地审批手续。占用林地的单位应当缴纳森林植被恢复费。森林植被恢复费征收使用管理办法由国务院财政部门会同林业主管部门制定。县级以上人民政府林业主管部门应当按照规定安排植树造林，恢复森林植被，植树造林面积不得少于因占用林地而减少的森林植被面积。上级林业主管部门应当定期督促下级林业主管部门组织植树造林、恢复森林植被，并进行检查。

必须占用征收林地的，应当经过三个程序：一是经县级以上人民政府林业主管部门审核同意，二是依照有关土地管理的法律、行政法规办理建设用地审批手续，三是由用地单位依照有关规定缴纳森林植被恢复费。

为了防止非法侵占林地，越权审批征收、占用林地，在占用、征收林地前须先经林业主管部门审核把关，经过林业主管部门审核同意后方可依照有关土地管理的法律、法规办理用地审批手续。未经林业主管部门审核同意，批准用地机关无权办理批准占用、征收林地手续，违法办理占用、征收林地的，应依照《土地管理法》有关规定处理。

占用、征收林地，会导致森林资源减少。因此，占用或者征收林地的单位必须按照国务院有关规定缴纳森林植被恢复费。这样，一方面能够保证森林资源和森林覆盖率不因占用或者征收林地而减少，另一方面对用地单位也是一种经济约束机制，可以利用经济手段控制林地的减少。

17.2 草原资源

我国是草原资源大国，《草原法》对保护、建设和合理利用草原，改善生态环境，发展现代畜牧业，促进经济和社会的可持续发展起着重要的作用。《草原法》于 1985 年 6 月 18 日第六届全国人民代表大会常务委员会第十一次会议通过，自 1985 年 10 月 1 日起施行。2002 年 12 月 28 日，第九届全国人民代表大会常务委员会第三十一次会议进行了修订，自 2003 年 3 月 1 日起施行。2009 年、2013 年、2021 年分别进行了三次修正。

17.2.1 立法宗旨

为了保护、建设和合理利用草原，改善生态环境，维护生物多样性，发展现代畜牧业，促进经济和社会的可持续发展，制定《草原法》。

1. 保护、建设和合理利用草原

建设、利用、保护草原是《草原法》的三个主要内容，也是制定《草原法》的直接目的。《草原法》列专章分别在第四章、第五章、第六章做了具体规定。草原既是畜牧业的重要生产资料，又是重要的自然资源，具有经济效益和生态效益。草原的这一特点，决定了保护、建设和合理利用草原这三者之间是紧密联系、相辅相成的。长期以来，我国普遍存在着对草原重利用轻保护、重索取轻建设的现象，只想向草原索取，对草原进行透支，搞掠夺性经营，对如何让草原喘气、恢复生机重视不够。虽然草原是一种可再生资源，但在生态脆弱区草原一旦被破坏，恢复十分困难且周期长。这方面的教训十分深刻。因此，需要总结这方面的经验教训，必须按科学和自然规律办事，处理好草原保护、建设与利用，眼前利益与长远利益之间的关系，保护、建设草原的目的是为人类所用，创造更多的生态效益和经济效益，保护、建设草原是利用草原的基础和条件，利用

草原应是在保护、建设草原的前提下的合理利用和可持续利用。为此《草原法》还规定，国家对草原实行科学规划、全面保护、重点建设、合理利用的方针，促进草原的可持续利用和生态、经济、社会的协调发展。

2. 改善生态环境，维护生物多样性

草原是世界上的主要生态系统之一，占全球陆地面积的 1/4。这样一个巨大的生态系统，在地球生物圈中的位置是不可取代的。草原对改善生态环境、维护生物多样性是至关重要的。生态环境是人类生存和发展的基本条件，是经济、社会发展的基础。保护和建设好生态环境，实现可持续发展是我国现代化建设中必须始终坚持的一项基本方针。我国不仅草原面积大，草原类型也十分多样，全球草原分 48 个大类，我国就有 39 个，草原类型之多、生物多样性之丰富是得天独厚的。从 20 世纪 80 年代以来，我国已建立超过 40 个草原类自然保护区，其中国家级草原自然保护区约占一半。我国草原，特别是草原自然保护区为维护生物多样性起到了特殊重要的作用。为此，《草原法》对建立草原自然保护区做了专门规定。“改善生态环境，维护生物多样性”既是《草原法》的立法目的，也是编制草原保护、建设、利用规划的重要原则和依据。

3. 发展现代畜牧业

草原畜牧业是广大农牧民的基本生产方式和重要的生活内容，是牧区经济的支柱产业。发展现代畜牧业作为《草原法》的立法目的就是把草原保护、建设与农牧民脱贫致富结合起来，大力发展现代畜牧业，提高广大农牧民的生活水平，只有这样才能充分调动广大农牧民的积极性，草原也才能够保护和建设好，同时生态环境才会得到改善。这里讲的现代畜牧业是相对传统畜牧业而言的。传统畜牧业是指靠天然草原放养畜牧的生产方式。面对日益恶化的草原生态环境和农业结构调整的新形势，只有改变传统畜牧的生产方式，发展现代畜牧业，才是保证草原生态系统健康发展的根本途径。为此，《草原法》明确规定了草原载畜量及草畜平衡制度，禁牧、休牧、轮牧制度，对实行牲畜舍饲圈养的给予补助，改变依赖天然草地放牧的生产方式。这些规定都体现了国家法律鼓励发展现代畜牧业，处理好发展现代畜牧业与保护草原生态环境的关系。

4. 促进经济和社会的可持续发展

保护、建设草原的最终目的是促进经济和社会的可持续发展，实现草原资源的可持续利用。可持续发展，就是要促进人与自然的和谐，实现经济发展与人口、资源、环境相协调，坚持走生产发展、生活富裕、生态良好的文明发展道路，保证一代一代地永续发展。良好的生态环境是社会生产力持续发展和人们生存质量不断提高的重要基础。随着我国经济和社会的快速发展和人民生活水平的不断提高，自然灾害、生态环境问题日益突出，已成为我国经济和社会可持续发展的制约因素。我国已开始彻底改变以牺牲环境、破坏资源为代价的粗放型增长方式，不能以牺牲环境、破坏资源为代价去换取一时的经济增长，不能因眼前发展损害长远利益，不能用局部发展损害全局利益。发展经济要充分考虑自然资源的承载能力和承受能力。为此《草原法》规定，禁止开垦草

原，实行以草定畜、草畜平衡制度及退耕还草和禁牧、休牧制度，对草原上采矿实行严格管理等。

17.2.2 草原与草地

1. 草原与草地的概念

《草原法》第二条规定，草原是指天然草原和人工草地。天然草原包括草地、草山和草坡，人工草地包括改良草地和退耕还草地，不包括城镇草地。天然草原是指一种土地类型，它是草本和木本饲用植物与其所着生的土地构成的具有多种功能的自然综合体。人工草地是指选择适宜的草种，通过人工措施而建植或改良的草地。1985 年《草原法》规定草原包括草山、草地。这一规定比较简单。基于我国有计划地推进以退耕还林还草为主的生态建设，现行《草原法》明确草原既包括天然草原，也包括人工草地，这样规定比较科学和全面，符合我国草原建设、保护的实际，特别是将人工草地纳入调整的草原范围，有利于草原建设、保护和利用，发展畜牧业生产，改善生态环境。同时需要说明的是，《草原法》规定的人工草地不包括城镇草地。主要考虑城镇人工草地大多是美化环境的园林绿地，其建设、保护、利用和管理与《草原法》规定的草原均有所不同。

《土地管理法》在第四条中提到草地，农用地是指直接用于农业生产的土地，包括耕地、林地、草地、农田水利用地、养殖水面等。虽然《土地管理法》没有对草地做出明确的定义，但土地调查、评价和管理中执行《土地利用现状分类》。《土地利用现状分类》中的草地是指以生长草本植物为主的土地。天然牧草地是指以天然草本植物为主，用于放牧或割草的草地。人工牧草地是指人工种植牧草的草地。其他草地是指树木郁闭度小于 0.1，表层为土质，生长草本植物为主，不用于畜牧业的草地。

2. 草原所有权

（1）草原所有权的概念。

草原所有权是指草原所有者对草原享有的占有、使用、收益和处分的权利。草原所有权是草原所有制在法律上的表现。《宪法》规定，土地的所有者只能是国家或者是农村集体，草原属于土地的一种，当然也不能例外。《草原法》第九条规定，草原属于国家所有，由法律规定属于集体所有的除外。因此，草原所有权可以分为两类，即国有草原所有权和集体草原所有权。其所有权分别归属于国家和农村集体经济组织，除了这二者以外的任何公司、企业、单位等法人组织和个人都不得拥有草原的所有权。

（2）草原所有权的确认。

国有草原所有权的客体，即依法属于国家所有的草原。主要包括：国有单位使用的草场、按历史习惯拨付给几个县共用的草场、目前尚未开发利用的草原以及国家拨付给农、牧民集体长期固定使用的国有草原等。高原上的林木、矿藏、水流、牧道及野生动植物资源等，都属于国有草原所有权客体的范围。《草原法》第十条规定，国家所有的草原，可以依法确定给全民所有制单位、集体经济组织等使用。使用草原的单位，应当履行保护、建设和合理利用草原的义务。

集体草原所有权是指牧区集体经济组织对其所拥有的草原在法律规定的范围内享有占有、使用、收益和处分的权利。集体所有的草原，由草原所有者提出申请，经草原主管部门审核后，由县级人民政府登记造册，核发证书，确认所有权。草原所有权，受法律保护，任何单位和个人不得侵犯。

3. 草原使用权

（1）草原使用权的概念。

草原使用权是指使用人对其拥有使用权的草原依法享有的占有、使用、收益和一定情况下处分的权利。国家单位、集体组织和其他的自然人、法人组织，都可以依法享有草原的使用权。草原的使用人可以在法律规定的范围内，根据自己的意志使用草原，在履行保护、建设和合理利用草原义务的同时，收取利用草原所取得的收益。

（2）草原使用权的取得。

《草原法》明确规定，全民所有草原，可以固定给集体长期使用，可以由集体或者个人承包从事畜牧业生产。草原使用权的取得，有以下几种方式：

1）划拨。即由使用者依法定程序提出申请，经有关机关批准，取得草原使用权。这种方式主要适用于国有草原的使用，草原使用者主要是国有单位。

2）承包。承包是以草原使用者为承包方，以代表草原管理权的组织为发包方，双方就承包草原的面积、位置及使用期限问题进行协商，确定相互权利义务关系，签订承包合同。合同生效后，承包方便依据合同取得草原使用权。《草原法》第十三条规定："集体所有的草原或者依法确定给集体经济组织使用的国家所有的草原，可以由本集体经济组织内的家庭或者联户承包经营。在草原承包经营期内，不得对承包经营者使用的草原进行调整……集体所有的草原或者依法确定给集体经济组织使用的国家所有的草原由本集体经济组织以外的单位或者个人承包经营的，必须经本集体经济组织成员的村（牧）民会议三分之二以上成员或者三分之二以上村（牧）民代表的同意，并报乡（镇）人民政府批准。"

（3）草原使用权的确认。

《草原法》规定："依法确定给全民所有制单位、集体经济组织等使用的国家所有的草原，由县级以上人民政府登记，核发使用权证，确认草原使用权。未确定使用权的国家所有的草原，由县级以上人民政府登记造册，并负责保护管理。"经人民政府确认的草原使用权受国家法律的保护，任何单位和个人不得侵犯。

（4）草原使用权的流转。

草原使用者取得草原使用权后，在法律法规允许的条件下，可以通过转让、合作、合资、作价入股等方式流转草原使用权，草原使用权权属发生变更或者消灭时，应当依照《土地管理法》规定办理变更登记手续。

17.2.3 草原的征收、占用及审批

根据《草原法》中的相关规定，进行矿藏开采和工程建设，应当不占或者少占草原；

确需征收或者使用草原的，必须经省级以上人民政府草原行政主管部门审核同意后，依照有关土地管理的法律、行政法规办理建设用地审批手续。因建设确需征收、占用草原的，分为以下几种情况处理：

（1）因建设征收集体所有的草原的，应当依照《土地管理法》的规定给予补偿。

（2）因建设使用国家所有的草原的，应当依照国务院有关规定对草原承包经营者给予补偿。

（3）征收或者使用民族自治地方草原，应当照顾地方的利益，做出有利于民族自治地方经济建设的安排。

（4）需要临时占用草原的，应当经县级以上地方人民政府草原行政主管部门审核同意。临时占用草原的期限不得超过两年，并不得在临时占用的草原上修建永久性建筑物、构筑物；占用期满，用地单位必须恢复草原植被并及时退还。

（5）在草原上修建直接为草原保护和畜牧业生产服务的工程设施，需要使用草原的，由县级以上人民政府草原行政主管部门批准。“直接为草原保护和畜牧业生产服务的工程设施”是指：生产、贮存草种和饲草饲料的设施，牲畜圈舍、配种点、剪毛点、药浴池、人畜饮水设施，科研、试验、示范基地，草原防火和灌溉设施。

以上所涉及的在草原上进行的各项建设需要将草原转为非畜牧业生产用地的，必须依法办理建设用地审批手续。

同时，《草原法》中还规定，因建设征收或者使用草原的，应当缴纳草原植被恢复费。草原植被恢复费专款专用，由草原行政主管部门按照规定用于恢复草原植被，任何单位和个人不得截留、挪用。草原植被恢复费的征收、使用和管理办法，由国务院价格主管部门和国务院财政部门会同国务院草原行政主管部门制定。

17.2.4 基本草原的保护

《草原法》第四十二条规定：“国家实行基本草原保护制度。下列草原应当划为基本草原，实施严格管理：（一）重要放牧场；（二）割草地；（三）用于畜牧业生产的人工草地、退耕还草地以及改良草地、草种基地；（四）对调节气候、涵养水源、保持水土、防风固沙具有特殊作用的草原；（五）作为国家重点保护野生动植物生存环境的草原；（六）草原科研、教学试验基地；（七）国务院规定应当划为基本草原的其他草原。”

同时，《草原法》特别强调了草原的生态功能，规定国家对草原实行以草定畜、草畜平衡制度和草原禁垦、退耕还草制度。《草原法》第四十五条规定：“县级以上地方人民政府草原行政主管部门应当按照国务院草原行政主管部门制定的草原载畜量标准，结合当地实际情况，定期核定草原载畜量。各级人民政府应当采取有效措施，防止超载过牧。”《草原法》第四十六条规定：“禁止开垦草原。对水土流失严重、有沙化趋势、需要改善生态环境的已垦草原，应当有计划、有步骤地退耕还草；已造成沙化、盐碱化、石漠化的，应当限期治理。”按国家规定的范围实施退耕还草的农牧民，可以得到国家给予的粮食、现金、草种费等补助。

17.3　水资源

水资源是自然资源的重要组成部分，是所有生物的结构组成和生命活动的主要物质基础。从全球范围讲，水是连接所有生态系统的纽带，自然生态系统既能控制水的流动，又能不断促使水的净化和反复循环。在我国，国家保护自然资源、保护环境是一项基本国策。

《中华人民共和国水法》（以下简称《水法》）是我国水资源管理方面的基本法律。《水法》于 1988 年 1 月 21 日经第六届全国人民代表大会常务委员会第二十四次会议通过，并于同年 7 月 1 日起施行；于 2002 年 8 月 29 日经第九届全国人民代表大会常务委员会第二十九次会议修订，自 2002 年 10 月 1 日起施行；2009 年 8 月、2016 年 7 月对《水法》进行修正。除《水法》外，我国还先后制定了有关涉水方面的法律、行政法规，如《防洪法》《水污染防治法》《水土保持法》《渔业法》《城市供水条例》《取水许可和水资源费征收管理条例》《防汛条例》《水库大坝安全管理条例》《河道管理条例》等，这些法律、行政法规的制定对合理开发、利用、保护水资源，防治水害和水污染，保护和改善环境，实现社会经济可持续发展都具有十分重要的作用。

17.3.1　立法宗旨

水是人类生存的生命线，人类因水而生存，因水而发展。然而，21 世纪人类却面临着更加严重的水资源问题。水资源短缺几乎成为世界性的问题。我国是水资源贫乏的国家，人均水资源占有量仅为世界平均水平的 1/4。同时，水资源在时间和地区分布上很不平衡，由于所处的独特的地理位置和气候条件，我国面临水资源短缺、洪涝灾害频繁、水环境恶化（通俗说是“水少”“水多”“水脏”）三大水问题，对国民经济和社会发展具有全局影响。

《水法》是为了合理开发、利用、节约和保护水资源，防治水害，实现水资源的可持续利用，适应国民经济和社会发展的需要而制定的法规。

1. 合理开发、利用水资源，防治水害

开发、利用水资源与防治水害是《水法》的核心内容，也是《水法》的直接立法目的。《水法》列出专章对水资源开发利用做了规定，防治水害则由《防洪法》做专门规定。我国降雨 70%～80%集中在 6—9 月汛期，洪涝灾害严重，水资源的可利用率低，因此只有在江河、湖泊修建蓄水、引水、提水工程，调蓄径流，才能满足工农业生产和人民生活的需要。开发、利用水资源与防治水害是关系治国安邦的大事。为此《水法》规定，开发、利用水资源和防治水害，应当全面规划、统筹兼顾、标本兼治、综合利用、讲求效益，发挥水资源的多种功能，协调好生活生产经营和生态用水。这是开发、利用水资源，防治水害的基本原则。我国水资源短缺，时空分布不均，因此应当在统一规划的前提下，合理开发、利用水资源，防治水害。

2. 节约和保护水资源

过去我们在水资源开发利用方面，存在着重开源、轻节流，重经济效益、轻生态环境和资源保护的问题。现在我国把水资源问题与粮食、石油一起作为国家的重要战略资源，提高到可持续发展的突出位置。基于这种认识，《水法》把节约和保护水资源放在突出位置，作为《水法》的重点之一，并在立法目的中加以规定。节约和保护水资源与合理开发利用水资源、防治水害是紧密联系、互相促进的，不能将二者割裂开来。从宏观讲，节约用水是缓解我国水资源紧缺、减少污废水排放、保护水资源的基本措施，是一项必须长期坚持的方针。因此，《水法》规定，国家厉行节约用水，大力推行节约用水措施，发展节水型工业、农业和服务业，建立节水型社会。目前，我国水污染未能达到有效控制，且有加重趋势；地下水超采严重，地下水位下降形成大面积漏斗区，引发地面沉降等地质灾害，同时地下水质污染也有发展趋势。特别是我国水资源紧缺，地表径流对污染物的稀释能力低，必须对水质与水量、水污染防治与水资源综合开发利用统筹考虑。为了满足水资源可持续利用的需要，采取经济的、法律的、行政的手段，合理安排水资源的开发利用，保护水资源是非常必要的，保护水资源也是《水法》的重要内容。《水污染防治法》和《水法》对水资源保护问题都做了规定，但各有侧重，彼此相互衔接。《水法》对制定水功能区划、维持江河的合理流量、维护水体的自然净化能力和建立饮用水源保护区、控制开采地下水等都做了规定。

3. 实现水资源的可持续利用

合理开发、利用水资源，防治水害，节约和保护水资源的最终目的是实现水资源的可持续利用，适应国民经济和社会发展的需要。水资源可持续利用的主要含义有：一是在人类与自然相和谐的前提下，不但提高人们生活质量和环境承载能力，满足一个地区人们的用水需要，而且也不损害其他地区人们满足其发展的需要；二是防止只追求眼前的发展，造成污染和枯竭进而影响长远的发展。近 40 年来，随着我国经济和社会的快速发展、城市化进程的加快和人民生活水平的不断提高，水资源短缺、洪涝灾害频繁、水环境恶化等问题日益突出，已成为我国经济和社会可持续发展的重要制约因素，水资源的可持续利用是关系实现新时期经济和社会发展目标，实现经济和社会可持续发展的基础性、全局性和战略性的问题。我国的水利事业正面临从传统水利向现代化水利、可持续发展水利转变，在继续做好防洪抗旱、防灾减灾工作的同时，应把解决水资源短缺和水污染问题放到重要的位置。《水法》将实现水资源的可持续利用作为重要的指导思想，强调通过制定水资源规划，合理配置水资源，协调好生活、生产和生态用水，特别是加强水资源开发、利用中对生态环境的保护，以实现水资源的可持续利用，适应国民经济和社会发展的需要。

17.3.2 水资源的内涵和权属

1. 水资源的内涵

水是人类赖以生存的环境要素之一。《水法》第二条指出，水资源包括地表水和地下水。地球上的水分布在海洋、冰川、雪山、湖泊、沼泽、河流、大气、生物体、土壤和地层中，它们相互作用并不断交换，形成一个完整的水系统。全球97.5%的水是咸水，而能参与全球水循环、在陆地上逐年可以得到恢复和更新的淡水资源，数量仅为全球水储量的0.2%。这部分淡水与人类的关系最密切，且具有经济利用价值。这部分陆地上可供人们使用的淡水就是通常所说的水资源，一般包括地表水和地下水，它们都靠降水补给。地表水主要有河流和湖泊水，由大气降水、冰川融水和地下水补给，经河川径流、水面蒸发、土壤入渗的形式排泄；地下水为储存于地下含水层的水量，由降水和地表水的下渗补给，以河川径流、潜水蒸发、地下潜流的形式排泄。地表水包括河流、冰川、湖泊、沼泽等水体；地下水是地下含水量的动态水量，用地下水的补给量来表示。《水法》规定的水资源，包括地表水和地下水，主要考虑地表水与地下水之间互相联系且相互转化，不能分割管理，必须加强统一配置、管理和保护。

《水法》适用范围不包括有关海水的开发、利用、保护、管理和防洪活动、水污染防治。《水法》第八十条规定："海水的开发、利用、保护和管理，依照有关法律的规定执行。"《海域使用管理法》《海洋环境保护法》对海水的开发、利用、保护和管理已有规定，因此海水的开发、利用、保护和管理，不适用《水法》。

2. 水资源的所有权

水资源的所有权是指所有者对水资源享有的占有、使用、收益和处分的权利。《水法》第三条规定："水资源属于国家所有。水资源的所有权由国务院代表国家行使。农村集体经济组织的水塘和由农村集体经济组织修建管理的水库中的水，归各该农村集体经济组织使用。"国家对水资源的占有、使用和收益的权利，将通过国家（由国务院代为行使）对水资源所有权进行管理（如配置、征税等）的方式来实现。其中，国家对水资源的使用权利将转化为消费者（个体或群体国民）对水资源的使用权，因为在通常情况下，国家并不直接使用水资源。

3. 水资源的管理体制

《水法》第十二条规定，国家对水资源实行流域管理与行政区域管理相结合的管理体制。国务院水行政主管部门负责全国水资源的统一管理和监督工作。国务院水行政主管部门在国家确定的重要江河、湖泊设立的流域管理机构，在所管辖的范围内行使法律、行政法规规定的和国务院水行政主管部门授予的水资源管理和监督职责。县级以上地方人民政府水行政主管部门按照规定的权限，负责本行政区域内水资源的统一管理和监督工作。

17.3.3　取水许可制度和有偿使用制度

《水法》第七条规定，国家对水资源依法实行取水许可制度和有偿使用制度。但是，农村集体经济组织及其成员使用本集体经济组织的水塘、水库中的水的除外。

1. 国家对水资源依法实行取水许可制度

取水许可制度在1988年《水法》第三十二条已经规定，“国家对直接从地下或者江河、湖泊取水的，实行取水许可制度”。取水许可制度的实施使水资源开发利用逐步纳入法制轨道，促进了水资源的保护、节约和优化配置，加强了水资源的统一管理。《水法》修订除在“水资源配置和节约使用”（第五章）中保留了取水许可制度的有关规定外，还将取水许可制度作为国家基本的水资源管理制度在总则中做了专门规定。为了依法保障取水许可制度的实施，现行《水法》还在法律责任（第七章）中对违反取水许可制度，未经批准擅自取水和未依照批准的取水许可规定条件取水的行为规定了相应的行政处罚。

2. 国家对水资源依法实行有偿使用制度

水资源有偿使用制度是指国家以水资源所有者和管理者的双重身份，为实现所有者权益，保障水资源的可持续利用，向取用水资源的单位和个人收取水资源使用费的制度。新中国成立后的很长一段时间，我国在计划经济体制下，对水资源主要采取行政调配、无偿使用的方式，加上经济技术的原因，用水效率与发达国家差距很大。进入21世纪，随着人口增长和经济社会发展，水资源短缺形势更加严重，对我国的可持续发展将构成最严重的挑战。“喝大锅水”的状况不能再延续下去了，必须建立一个适应我国水情和市场经济体制的水资源使用制度。水资源在人们生活和生产过程中，在保障社会经济可持续发展中具有使用价值和不可替代性，同时也具有了价值。因此，国家所有，即全民所有的水资源也需要有一定的使用方式，以提高水资源的利用效率，促进水资源的合理开发利用，更好地满足全社会、各方面对水资源日益增长的需求。1988年《水法》虽然没有规定对水资源全面实行有偿使用制度，但对特定取水征收水资源费的问题已经做出了规定。其第三十四条规定，“对城市中直接从地下取水的单位，征收水资源费；其他直接从地下或者江河、湖泊取水的，可以由省、自治区、直辖市人民政府决定征收水资源费”。现行《水法》将水资源有偿使用制度作为国家一项基本的水资源管理制度在总则中做了专门规定。《水法》为了健全完善我国的水资源权属法律制度，建立取水权法律规范，将实施取水许可和收取水资源费两项制度紧密相连，明确规定除家庭生活和零星散养、圈养畜禽饮用等少量取水的以外，直接从江河、湖泊或者地下取用水资源的单位和个人，应当按照国家取水许可制度和水资源有偿使用制度的规定，向水行政主管部门或者流域管理机构申请领取取水许可证，并缴纳水资源费，取得取水权。就是将取得取水许可证和缴纳水资源费作为取得取水权的前提条件。这就为进一步健全完善我国的水资源权属法律制度和取水许可、水资源有偿使用制度提供了法律依据，为在国家宏观调控下进一步运用市场机制配置水资源创立了法制基础。

农村集体经济组织及其成员使用本集体经济组织的水塘、水库中的水不实行取水许可制度和有偿使用制度。根据《宪法》和《水法》的规定，水资源属于国家所有。国家鼓励单位和个人依法开发、利用水资源，并保护其合法权益。我国是一个农业大国，农业是国民经济的基础，而水利又是农业的命脉，为了保持我国水资源归属和开发利用法律制度的稳定性和延续性，调动农村集体经济组织和农民兴修农田水利设施的积极性，

《水法》除在第三条规定，农村集体经济组织的水塘和由农村集体经济组织修建管理的水库中的水，归各该农村集体经济组织使用外，又在第七条进一步明确规定，农村集体经济组织及其成员使用本集体经济组织的水塘、水库中的水不实行取水许可制度和有偿使用制度，以切实保护农村集体经济组织和农民已有的用水权益，避免增加农民在农业用水上的负担，促进农业和农村经济的持续、稳定、健康发展，实现全面建设小康社会的目标。

17. 3. 4　水资源的开发利用

对于水资源的开发和利用，《水法》第六条、第十条和第十一条做出了如下规定：国家鼓励单位和个人依法开发、利用水资源，并保护其合法权益。开发、利用水资源的单位和个人有依法保护水资源的义务。国家鼓励和支持开发、利用、节约、保护、管理水资源和防治水害的先进科学技术的研究、推广和应用。在开发、利用、节约、保护、管理水资源和防治水害等方面成绩显著的单位和个人，由人民政府给予奖励。第十四条还规定，国家制定全国水资源战略规划。根据《土地管理法》第二十二条的规定，江河、湖泊综合治理和开发利用规划，应当与土地利用总体规划相衔接。在江河、湖泊、水库的管理和保护范围以及蓄洪滞洪区内，土地利用应当符合江河、湖泊综合治理和开发利用规划，符合河道、湖泊行洪、蓄洪和输水的要求。水资源利用规划与土地利用规划要相互衔接。开发、利用、节约、保护水资源和防治水害，应当按照流域、区域统一制定规划。规划分为流域规划和区域规划。流域规划包括流域综合规划和流域专业规划，区域规划包括区域综合规划和区域专业规划。

合理利用水资源，要坚持兴建与除害相结合的原则，兼顾上下游、左右岸和地区间的利益，充分发挥水资源的综合效益。要积极采用节约用水措施。在水源不足的地区，要限制城市规模和耗水量大的农业生产的发展。兴建水利工程和其他建设项目，对原有灌溉用水、供水水源或者航道水量有不利影响的，建设单位应当采取补救措施，造成损失的应予补偿。

17. 3. 5　水资源和水域的保护

为了强调水资源的重要性，加强水资源和水域的保护，《水法》中专设一章来规定水资源和水域的保护。在这一章中，有不少条目是与土地利用有关的，其主要内容有：

（1）开采矿藏或者建设地下工程，因疏干排水导致地下水水位下降、水源枯竭或者地面塌陷，采矿单位或者建设单位应当采取补救措施；对他人生活和生产造成损失的，依法给予补偿。

（2）在江河、湖泊新建、改建或者扩大排污口，应当经过有管辖权的水行政主管部门或者流域管理机构同意，由环境保护行政主管部门负责对该建设项目的环境影响报告书进行审批。

（3）从事工程建设，占用农业灌溉水源、灌排工程设施，或者对原有灌溉用水、供水水源有不利影响的，建设单位应当采取相应的补救措施；造成损失的，依法给予补偿。

（4）禁止在江河、湖泊、水库、运河、渠道内弃置、堆放阻碍行洪的物体和种植阻碍行洪的林木及高秆作物。禁止在河道管理范围内建设妨碍行洪的建筑物、构筑物以及从事影响河势稳定、危害河岸堤防安全和其他妨碍河道行洪的活动。

（5）在河道管理范围内建设桥梁、码头和其他拦河、跨河、临河建筑物、构筑物，铺设跨河管道、电缆，应当符合国家规定的防洪标准和其他有关的技术要求，工程建设方案应当依照防洪法的有关规定报经有关水行政主管部门审查同意。需要扩建、改建、拆除或者损坏原有水工程设施的，建设单位应当负担扩建、改建的费用和损失补偿。但是，原有工程设施属于违法工程的除外。

（6）禁止围湖造地。已经围垦的，应当按照国家规定的防洪标准有计划地退地还湖。禁止围垦河道。确需围垦的，应当经过科学论证，经省、自治区、直辖市人民政府水行政主管部门或者国务院水行政主管部门同意后，报本级人民政府批准。

17.4 海洋资源

我国是海洋大国，拥有300多万平方千米的管辖海域，约为陆地国土面积的1/3；拥有18 000多千米的大陆岸线，14 000多千米的岛屿岸线。海洋蕴藏着丰富资源，包括生物资源、矿产资源、航运资源、旅游资源等。对于丰富的资源，国家有责任实施管理，对于我国辽阔的海域，需要由国家行使管理职能。国家的丰富海洋资源，使海洋使用管理立法成为一种客观要求。为维护国家海洋权益，基于《联合国海洋法公约》，我国颁布了《领海及毗连区法》和《专属经济区和大陆架法》；基于我国海洋资源管理实际需要，我国颁布了《海域使用管理法》《海岛保护法》《海洋环境保护法》《渔业法》等。

17.4.1 《联合国海洋法公约》

《联合国海洋法公约》（以下简称《公约》）于1982年12月10日在牙买加的蒙特哥湾召开的第三次联合国海洋法会议最后会议上通过，1994年生效。150多个国家和国际实体历时多年谈判通过的《公约》几乎涵盖了海洋利用和海洋资源的所有方面，被誉为“海洋宪章”，其历史地位仅次于《联合国宪章》。我国是1982年第一批签字的国家之一，并于1996年5月15日批准《公约》，是世界上第93个批准《公约》的国家。1982年通过的《公约》使各沿海国对依法扩大邻接海域的占有和管辖提供了法律支持。沿海国纷纷通过研究《公约》、利用《公约》、加强国内立法等，加速强化本国海洋主权和权益，扩大管辖范围，争夺海洋资源，形成了新的国际海洋秩序。

《公约》分17个部分，连同9个附件共有446条。主要内容包括：领海和毗邻区、专属经济区、大陆架、用于国际航行的海峡、群岛国、岛屿制度、闭海或半闭海、内陆国出入海洋的权利和过境自由、海洋科学研究、海洋环境的保护与安全、海洋技术的发展和转让等。

基于《公约》，我国于 1992 年颁布了《领海及毗连区法》，1998 年颁布了《专属经济区和大陆架法》。

1. 领海

领海是指沿着国家的海岸、受国家主权支配和管辖的一定宽度的海水带。《公约》规定，每一国家有权确定其领海的宽度，直至从按照《公约》确定的基线量起不超过 12 海里[①]的界限为止。我国在 1958 年发表关于领海的声明，宣布中国领海宽度为 12 海里；采用直线基线法划定领海。1992 年制定的《领海及毗连区法》规定，我国领海为邻接中华人民共和国陆地领土和内水的一带海域；领海的宽度从领海基线量起为 12 海里；领海基线采用直线基线法划定，由各相邻基点之间的直线连线组成。在我国《领海及毗连区法》中，还明确规定我国对领海的主权及于领海上空、领海的海床及底土。

2. 毗连区

毗连区为领海以外邻接领海的一带海域。毗连区的宽度为 12 海里。我国毗连区的外部界限为一条其每一点与领海基线的最近点距离等于 24 海里的线。

3. 专属经济区

专属经济区为我国领海以外并邻接领海的区域，从测算领海宽度的基线量起延至 200 海里。

4. 大陆架

大陆架为我国领海以外依本国陆地领土的全部自然延伸，扩展到大陆边外缘的海底区域的海床和底土；如果从测算领海宽度的基线量起至大陆边外缘的距离不足 200 海里，则扩展至 200 海里。

17.4.2 《海域使用管理法》

《中华人民共和国海域使用管理法》（以下简称《海域使用管理法》）于 2001 年 10 月 27 日由九届全国人大常委会第二十四次会议通过，自 2002 年 1 月 1 日起施行。根据《海域使用管理法》第二条的规定，海域是指中华人民共和国内水、领海的水面、水体、海床和底土。内水是指中华人民共和国领海基线向陆地一侧至海岸线的海域。在中华人民共和国内水、领海持续使用特定海域三个月以上的排他性用海活动，适用该法。

1. 立法宗旨

《海域使用管理法》第一条规定，为了加强海域使用管理，维护国家海域所有权和海域使用权人的合法权益，促进海域的合理开发和可持续利用，制定该法。《海域使用管理

① 1 海里＝1.852 千米。

法》的立 法宗旨包括以下几个方面：

一是加强海域使用管理。自古以来，海洋就是资源的宝库，在人类生活中占有十分重要的地位。海域是海洋资源一定范围内的载体，是海洋的组成部分。海域同其他任何资源一样，都是有限的，而人类的生产、生活对资源的需求又是无限的，要让有限的资源最大限度地满足人们的生产和生活需要，就必须对各种开发利用海域的活动进行规范和管理。党和国家历来十分重视海洋经济发展和海域使用管理工作，制定了一系列方针政策，为海域使用管理立法提供了强有力的指导和支持，也为加强海域使用管理提供了明确的政策依据。因此，为了防止耗竭性地开发和利用海洋资源，保护海洋生态环境，确保海域资源科学、合理的利用，促进海洋经济的可持续发展，必须切实加强海域使用管理。

二是维护国家海域所有权和海域使用权人的合法权益。《海域使用管理法》首次明确规定海域属于国家所有，国务院代表国家行使海域所有权。长期以来，一些人错误地认为毗邻海域属于本地、本企业甚至个人所有，导致非法买卖、租用、抢占海域的现象时有发生，这直接影响到社会秩序的稳定和海洋资源的可持续利用。为了改变这种错误的观念，维护国家海域所有权，《海域使用管理法》明确规定，海域属于国家所有。同时，根据所有权与使用权相分离的原则，把海域使用权授予海域使用申请人，并依法维护海域使用权人的合法权益。这既是海洋经济发展的客观需要，也是国家作为海域所有者的权益在经济上的实现方式。

三是促进海域的合理开发和可持续利用。我国的海洋开发，由最早的渔盐之利、舟楫之便开始，在度过了几千年渔舟唱晚、波澜不惊的平静后，在改革开放政策的推动下，各地掀起了一股股海洋开发热潮。海域开发利用活动日益频繁，海洋经济迅速发展，成为国民经济新的增长点和可持续发展的重要支柱。但是，随着海洋开发领域的日益拓展、海洋空间利用范围的日益扩大，特别是受到传统用海观念的影响和只顾眼前、不顾长远的经济利益的驱动，在海域使用中，无度、无序的现象大量发生；在一些海区，用海秩序混乱，纠纷频繁发生，造成国有海域资源性资产的大量流失，局部海域生态环境恶化，有些海洋资源甚至面临灭绝的危险。为了从根本上遏制并扭转这种现象，我国制定了《海域使用管理法》，用法律手段规范海域开发利用活动，促进海域的合理开发和可持续利用，以实现海洋经济的可持续发展。

由于海域使用是多功能的，海洋资源又是多样化的，因而催生了多个涉海部门和多种用海产业，在海域的管理和使用上形成了不同的相关管理制度和具体做法。国家先后制定的《渔业法》《海上交通安全法》《海洋环境保护法》等，都对有关的用海行为和管理事项做出了规定。在制定《海域使用管理法》时，考虑到海域使用的多功能、管理的复杂性、现实中存在的问题和立法的指导原则，因而重点把握以下几个关键要点：第一，积极推进海域使用的统一管理；第二，建立海域使用管理当前所迫切需要的法律秩序；第三，既要确立新的使用管理制度，又要使管理有必要的连续性；第四，相关法律协调、衔接，在《海域使用管理法》中做出必要的规定；第五，对用海的有关方面、有关事项做出法律上的安排，明确相互关系，有必要的定位。以上几点主要体现在《海域使用管理法》的总则、海洋功能区划、海域使用金等有关各章中，从而使海域使用管理成为一项独立的、有自身特点的管理制度，同时又是与其他法律相协调的。这样一种法律制度是可操作的，在其所调整的范围内是有权威性的。

2. 海域使用权的取得

在《海域使用管理法》的总则部分明确规定，单位和个人使用海域，必须依法取得海域使用权。海域使用权是一种自然资源的使用权，这已在前面内容中提及，从海域使用权来说，就是单位和个人为了一定的目的使用国家所有的海洋资源，因此使用海域应当先取得海域使用权。国家是海洋资源的所有者，就要从国家那里取得海域使用权。同时，国家作为海域的所有者，对海域使用管理的必要环节就在于对海域使用权的权属管理，所以《海域使用管理法》对海域使用权的取得、授予做出了系统的规定，主要内容有：

（1）取得海域使用权的法定方式。

依照《海域使用管理法》的规定，单位和个人取得海域使用权，可以有三种方式：一是向国家依法确定的海洋行政主管部门申请取得，这是行政依法审批的方式，是当前用得较多的方式；二是招标的方式，就是发挥市场机制的作用，将海域使用权授予公开竞争中的优胜者，以寻求最佳的使用效益；三是拍卖的方式，就是以公开竞价的形式，将海域使用权转让给最高应价者。

（2）取得海域使用权的申请。

这是以申请方式取得海域使用权的第一步，也是当前取得海域使用权的一项法定程序，因此《海域使用管理法》规定，单位和个人可以向县级以上人民政府海洋行政主管部门申请使用海域，申请人在提出申请时，应当提交的书面材料有：海域使用申请书；海域使用论证材料，这项材料可以因海域使用项目的规模大小、复杂程度的不同而有不同的具体要求；相关的资信证明材料；法律、法规规定的其他书面材料。

（3）对海域使用申请的审批。

单位和个人为取得海域使用权而提出申请，对该项申请的审批程序和审批权限，则由《海域使用管理法》做出规定：

一是审批程序。由县级以上人民政府海域行政主管部门依据海洋功能区划，对海域使用申请进行审核，并依照《海域使用管理法》和省、自治区、直辖市人民政府的规定，报有批准权的人民政府批准。这里所指的人民政府包括依法被授予审批权的各级人民政府。在审批程序中，为了全面考虑用海的需要，还规定海洋行政主管部门审核海域使用申请，应当征求同级有关部门的意见。

二是审批权限。在法律上对海域使用的审批权限分为两个层次，第一个层次是国务院的审批权，法定的审批项目为：填海50公顷以上的项目用海，围海100公顷以上的项目用海，不改变海域自然属性用海700公顷以上的项目用海，国家重大建设项目用海，国务院规定的其他项目用海。第二个层次是依法由国务院审批的用海项目以外的其他用海项目，其审批权限在《海域使用管理法》中规定，是由国务院授权省、自治区、直辖市人民政府规定。这两个层次的规定表明，海域使用的审批权是统一集中的，即皆由国务院审批或者由国务院向下授权；但是又有分级管理的方式，因为除了国务院直接审批的用海项目外，还有许多用海项目是授权省级人民政府规定审批权限的，这就可能根据实际情况，规定不同层级的地方人民政府有一定的审批权限，即有区别地授予审批权。

（4）招标或拍卖方式的实施。

海域使用权可以通过招标或者拍卖方式取得，招标或者拍卖方案由海洋行政主管部门制定，报有审批权的人民政府批准后组织实施。在制定海域使用权招标或者拍卖方案时，海洋行政主管部门应当征求同级有关部门的意见。

（5）海域使用权证书的颁发。

海域使用权证书是确认海域使用权权属的证明文件，由法律所规定，具有法律上的效力。颁发证书的有关事项由《海域使用管理法》规定，主要内容为：

一是颁发程序。海域使用申请经依法批准后，国务院批准用海的，由国务院海洋行政主管部门登记造册，向海域使用申请人颁发海域使用权证书；地方人民政府批准用海的，由地方人民政府登记造册，向海域使用申请人颁发海域使用权证书。

二是证书效力。《海域使用管理法》明确规定，海域使用申请人自领取海域使用权证书之日起，取得海域使用权。这项规定表明，海域使用权证书是确认海域使用权权属的必要证明文件，这个文件的取得与权属的确定是一致的，不可分离，有明显的法律效力。

三是以招标或者拍卖方式取得海域使用权的证书颁发。不管以何种法定的方式取得海域使用权，都应颁发海域使用权证书，从法律上确认其权属。因此，在法律中规定，招标或者拍卖工作完成后，依法向中标人或者买受人颁发海域使用权证书，在这里虽然没有规定具体程序，但是应当明确的是，在依法制定和批准的招标或者拍卖方案中，需要有此项内容的具体安排，以保障中标人或者买受人的合法权益。因此，在《海域使用管理法》中还规定，中标人或者买受人自领取海域使用权证书之日起，取得海域使用权。

四是公告程序。《海域使用管理法》规定，颁发海域使用权证书，应当向社会公告。这种公告是一种法定程序，使海域使用权的归属公开透明，既有利于保护使用权人的合法权益，也有利于调整利害关系人之间的关系，还可使海域使用管理受到社会的监督。

五是费用收取。为了防止在颁发海域使用权证书时出现乱收费现象，更不允许借此牟取不法利益，造成海域使用权人额外的负担，所以在《海域使用管理法》中专门规定，颁发海域使用权证书，除依法收取海域使用金外，不得收取其他费用。这项规定是很清楚的，领取海域使用权证书，仅限于依法缴纳海域使用金，而不需要再缴纳其他任何费用。

六是由于海域使用权证书的发放和管理还有其他若干事项，未能在法律中一一规定，因此授权国务院具体规定有关的发放和管理办法。

3. 海域使用权的实现

《海域使用管理法》不仅对海域使用权的取得做出规定，而且对这种权利的保护与实施等事项做出规定，也就是不仅确定权属，而且保障和规范其实现。主要内容为：

（1）权利保护。海域使用权是一种财产权利，使用权人可以运用这种权利谋取一定的利益，实现一定的目的。因此，只要是依法取得和运用海域使用权的，使用权人的合法权利及其在使用过程中获得的利益就应当受到法律的保护，其他人对这种权利应当承认，并不得有侵犯的行为。所以，《海域使用管理法》明确规定，海域使用权人依法使用海域并获得收益的权利受法律保护，任何单位和个人不得侵犯。

（2）应尽义务。在海域使用中，权利和义务是联系在一起的，享有权利的同时，也应当履行相应的义务。因此，《海域使用管理法》规定，海域使用权人有依法保护和合理使用海域的义务。这是一项基本义务，在利用海洋资源时，必须有保护的责任和合理利用的法定要求，行使用海的权利必须履行法定的义务。海域是多功能的，在同一海域中会出现多种用海活动，上面已提及其他人应当尊重海域使用权人的合法权利，而《海域使用管理法》也规定，海域使用权人对不妨害其依法使用海域的非排他性用海活动，不得阻挠。这是由海域使用的特点所产生的一项重要义务，海域使用权人应当遵守用海的法律秩序，认真履行这项义务。

（3）使用期限。海域使用权是有期限的，期限届满时可以续期，终止使用时有一定的要求。法律规定了某些特定用途用海的最高期限，比如，养殖用海为15年，拆船用海为20年，旅游、娱乐用海为25年，盐业、矿业用海为30年，公益事业用海为40年，港口、修造船厂等建设工程用海为50年。这些都是根据用海的性质、具体的投入、可能的收益等情况考虑的。

第一，续期使用。在海域使用期限届满，需要继续使用的，海域使用权人应当在期限届满前2个月向原批准用海的机关申请续期。对于续期申请，除根据公共利益或者国家安全需要收回海域使用权外，原批准机关应当批准续期。这样规定，有利于维护海域使用权人的利益，稳定用海、合理用海。

第二，终止使用。海域使用权期满，海域使用权人未申请续期，或者申请续期未获批准的，海域使用权即行终止。在这种情况下，《海域使用管理法》做出一项特定的要求，即海域使用权终止后，原海域使用权人应当拆除可能造成海洋环境污染或者影响其他用海项目的用海设施和构筑物。这里仅是特定的要求而未要求拆除所有的用海设施和构筑物，主要是考虑了公共利益以及拆除行为的必要性、可行性。

（4）海域使用权的转移。海域使用权作为一项财产权利，有一定的流动性，因此《海域使用管理法》规定了下列三种情形：一是因企业合并、分立或者与他人合资、合作经营，变更海域使用权人的，需经原批准用海的人民政府批准；二是海域使用权可以依法转让，具体办法由国务院规定；三是海域使用权可以依法继承。

（5）海域使用权的收回。因公共需要或者国家安全的需要，原批准用海的人民政府可以依法收回海域使用权；如果这种收回海域使用权是在其使用期限届满前进行的，也就是依法提前收回的，《海域使用管理法》规定，对海域使用权人应当给予相应的补偿。

17.4.3　《海岛保护法》

我国是海洋大国，海岛众多。海岛是壮大海洋经济、拓展发展空间的重要依托，是保护海洋环境、维护生态平衡的重要平台，是捍卫国家权益、保障国防安全的战略前沿。《中华人民共和国海岛保护法》是为了保护海岛及其周边海域生态系统、合理开发利用海岛自然资源、维护国家海洋权益、促进经济社会可持续发展而制定的法规，由第十一届全国人民代表大会常务委员会第十二次会议于2009年12月26日通过，自2010年3月1日起施行。

1. 海岛与海岛保护

海岛是指四面环海水并在高潮时高于水面的自然形成的陆地区域，包括有居民海岛和无居民海岛。海岛保护是指海岛及其周边海域生态系统保护，无居民海岛自然资源保护和特殊用途海岛保护。我国拥有面积大于500平方米的海岛7 300多个，海岛陆域总面积近8万平方千米，岛屿岸线总长为14 000多千米。按海区分布统计，渤海区海岛数量占总数的4%，黄海区占5%，东海区占66%，南海区占25%。按离岸距离统计，距大陆岸线10千米之内的海岛数量占总数的70%，10～100千米的占27%，100千米之上的占3%。我国海岛广布温带、亚热带和热带海域，生物种类繁多，不同区域海岛的岛体、海岸线、沙滩、植被、淡水和周边海域的各种生物群落和非生物环境共同形成了各具特色、相对独立的海岛生态系统，一些海岛还具有红树林、珊瑚礁等特殊生境；海岛及其周边海域自然资源丰富，有港口、渔业、旅游、油气、生物、海水、海洋能等优势资源和潜在资源。

2. 海岛保护规划

国家实行海岛保护规划制度。海岛保护规划是从事海岛保护、利用活动的依据。制定海岛保护规划应当遵循有利于保护和改善海岛及其周边海域生态系统，促进海岛经济社会可持续发展的原则。海岛保护规划报送审批前，应当征求有关专家和公众的意见，经批准后应当及时向社会公布。但是，涉及国家秘密的除外。

国务院海洋主管部门会同本级人民政府有关部门、军事机关，依据国民经济和社会发展规划、全国海洋功能区划，组织编制全国海岛保护规划，报国务院审批。全国海岛保护规划应当按照海岛的区位、自然资源、环境等自然属性及保护、利用状况，确定海岛分类保护的原则和可利用的无居民海岛，以及需要重点修复的海岛等。全国海岛保护规划应当与全国城镇体系规划和全国土地利用总体规划相衔接。

沿海省、自治区人民政府海洋主管部门会同本级人民政府有关部门、军事机关，依据全国海岛保护规划、省域城镇体系规划和省、自治区土地利用总体规划，组织编制省域海岛保护规划，报省、自治区人民政府审批，并报国务院备案。沿海直辖市人民政府组织编制的城市总体规划，应当包括本行政区域内海岛保护专项规划。省域海岛保护规划和直辖市海岛保护专项规划，应当规定海岛分类保护的具体措施。

省、自治区人民政府根据实际情况，可以要求本行政区域内的沿海城市、县、镇人民政府组织编制海岛保护专项规划，并纳入城市总体规划、镇总体规划；可以要求沿海县人民政府组织编制县域海岛保护规划。

沿海城市、镇海岛保护专项规划和县域海岛保护规划，应当符合全国海岛保护规划和省域海岛保护规划。编制沿海城市、镇海岛保护专项规划，应当征求上一级人民政府海洋主管部门的意见。县域海岛保护规划报省、自治区人民政府审批，并报国务院海洋主管部门备案。

3. 海岛保护法律规定

国务院和沿海地方各级人民政府应当采取措施，保护海岛的自然资源、自然景观以及历史、人文遗迹。禁止改变自然保护区内海岛的海岸线；禁止采挖、破坏珊瑚和珊瑚礁；禁止砍伐海岛周边海域的红树林。国家保护海岛植被，促进海岛淡水资源的涵养，支持有居民海岛淡水储存、海水淡化和岛外淡水引入工程设施的建设；国家支持利用海岛开展科学研究活动，在海岛从事科学研究活动不得造成海岛及其周边海域生态系统破坏；国家开展海岛物种登记，依法保护和管理海岛生物物种；国家支持在海岛建立可再生能源开发利用、生态建设等实验基地；国家安排海岛保护专项资金，用于海岛的保护、生态修复和科学研究活动；国家保护设置在海岛的军事设施，禁止破坏、危害军事设施的行为；国家保护依法设置在海岛的助航导航、测量、气象观测、海洋监测和地震监测等公益设施，禁止损毁或者擅自移动，妨碍其正常使用。

（1）有居民海岛生态系统的保护。

有居民海岛的开发、建设应当遵守有关城乡规划、环境保护、土地管理、海域使用管理、水资源和森林保护等法律、法规的规定，保护海岛及其周边海域生态系统。有居民海岛的开发、建设应当对海岛土地资源、水资源及能源状况进行调查评估，依法进行环境影响评价。海岛的开发、建设不得超出海岛的环境容量。新建、改建、扩建建设项目，必须符合海岛主要污染物排放、建设用地和用水总量控制指标的要求。有居民海岛的开发、建设应当优先采用风能、海洋能、太阳能等可再生能源和雨水集蓄、海水淡化、污水再生利用等技术。有居民海岛及其周边海域应当划定禁止开发、限制开发区域，并采取措施保护海岛生物栖息地，防止海岛植被退化和生物多样性降低。在有居民海岛进行工程建设，应当坚持先规划后建设、生态保护设施优先建设或者与工程项目同步建设的原则。进行工程建设造成生态破坏的，应当负责修复；无力修复的，由县级以上人民政府责令停止建设，并可以指定有关部门组织修复，修复费用由造成生态破坏的单位、个人承担。严格限制在有居民海岛沙滩建造建筑物或者设施；确需建造的，应当依照有关城乡规划、土地管理、环境保护等法律、法规的规定执行。未经依法批准在有居民海岛沙滩建造的建筑物或者设施，对海岛及其周边海域生态系统造成严重破坏的，应当依法拆除。严格限制在有居民海岛沙滩采挖海砂；确需采挖的，应当依照有关海域使用管理、矿产资源的法律、法规的规定执行。严格限制填海、围海等改变有居民海岛海岸线的行为，严格限制填海连岛工程建设；确需填海、围海改变海岛海岸线，或者填海连岛的，项目申请人应当提交项目论证报告、经批准的环境影响评价报告等申请文件，依照《海域使用管理法》的规定报经批准。

（2）无居民海岛的保护。

未经批准利用的无居民海岛，应当维持现状；禁止采石、挖海砂、采伐林木以及进行生产、建设、旅游等活动。严格限制在无居民海岛采集生物和非生物样本，因教学、科学研究确需采集的，应当报经海岛所在县级以上地方人民政府海洋主管部门批准。从事全国海岛保护规划确定的可利用无居民海岛的开发利用活动，应当遵守可利用无居民海岛保护和利用规划，采取严格的生态保护措施，避免造成海岛及其周边海域生态系统破坏。在依法确定为开展旅游活动的可利用无居民海岛及其周边海域，不得建造居民定居场所，不得从事生产性养殖活动；已经存在生产性养殖活动的，应当在编制可利用无居民海岛保护和利用规划中确定相应的污染防治措施。

（3）特殊用途海岛的保护。

国家对领海基点所在海岛、国防用途海岛、海洋自然保护区内的海岛等具有特殊用途或者特殊保护价值的海岛，实行特别保护。领海基点所在的海岛，应当由海岛所在省、自治区、直辖市人民政府划定保护范围，报国务院海洋主管部门备案。领海基点及其保护范围周边应当设置明显标志。禁止在领海基点保护范围内进行工程建设以及其他可能改变该区域地形、地貌的活动。确需进行以保护领海基点为目的的工程建设的，应当经过科学论证，报国务院海洋主管部门同意后依法办理审批手续。禁止损毁或者擅自移动领海基点标志。县级以上人民政府海洋主管部门应当按照国家规定，对领海基点所在海岛及其周边海域生态系统实施监视、监测。任何单位和个人都有保护海岛领海基点的义务。发现领海基点以及领海基点保护范围内的地形、地貌受到破坏的，应当及时向当地人民政府或者海洋主管部门报告。禁止破坏国防用途无居民海岛的自然地形、地貌和有居民海岛国防用途区域及其周边的地形、地貌。禁止将国防用途无居民海岛用于与国防无关的目的。国防用途终止时，经军事机关批准后，应当将海岛及其有关生态保护的资料等一并移交该海岛所在省、自治区、直辖市人民政府。国务院、国务院有关部门和沿海省、自治区、直辖市人民政府，根据海岛自然资源、自然景观以及历史、人文遗迹保护的需要，对具有特殊保护价值的海岛及其周边海域，依法批准设立海洋自然保护区或者海洋特别保护区。

17.5 矿产资源

为了发展矿业，加强矿产资源的勘查、开发利用和保护工作，保障社会主义现代化建设当前和长远的需要，根据《宪法》，制定《中华人民共和国矿产资源法》（以下简称《矿产资源法》）。该法于 1986 年 3 月 19 日第六届全国人民代表大会常务委员会第十五次会议通过，自 1986 年 10 月 1 日起施行；1996 年、2009 年进行了修正。2024 年 11 月 8 日，第十四届全国人民代表大会常务委员会第十二次会议修订通过《矿产资源法》，自 2025 年 7 月 1 日起实施。

17.5.1 矿产资源与矿业用地

矿产资源是指经过地质成矿作用，埋藏于地下或裸露于地表，并具有开发利用价值的矿物或有用元素的集合体。在《中华人民共和国矿产资源法实施细则》第二条中对矿产资源的定义是，矿产资源是指由地质作用形成的，具有利用价值的，呈固态、液态、气态的自然资源。矿产资源是重要的自然资源，是社会生产发展的重要物质基础，现代社会人们的生产和生活都离不开矿产资源。矿产资源属于非可再生资源，其储量是有限的。目前世界已知的矿产有 170 多种，其中 80 多种应用较广泛。按其特点和用途，通常分为金属矿产、非金属矿产和能源矿产三大类。

矿产资源埋藏于地下或裸露于地表，是地壳的构成部分。这一自然事实决定了有关矿产资源的权利与有关土地的权利之间存在着紧密的联系。矿业用地包括蕴含有一定可供开采利用的矿物资源的土地和矿产勘查、开采等生产设施和附属设施所占用的土地。因为矿产资源一般是以土地的附着物或者埋藏物的形态存在的，开采矿产资源必须占用一定范围内的土地，所以矿产资源的开发和利用与矿业用地有着很大关系。

17.5.2　矿产资源所有权与矿业用地所有权

1. 矿产资源所有权

矿产资源所有权包括对矿产资源的占有、使用、收益和处分四项权能，这四项权能构成矿产资源所有权的内容。《矿产资源法》明确规定，矿产资源属于国家所有，地表或者地下的矿产资源的国家所有权，不因其所依附的土地的所有权或者使用权的不同而改变。也就是说，国务院作为国家的代表行使占有、使用、收益和处分矿产资源的权利。

具体来说，占有是指国家的矿产资源神圣不可侵犯，任何法人、自然人使用矿产资源须经国务院许可。使用是指国家可以依法设立矿业权，通过资源规划合理开发。收益是指国家作为所有者在经济利益上的回报，如收取矿产资源补偿费（权利金）。处分是指对矿产资源的规划分配和矿业权的出让、拍卖或作价投资等。

一般来说，国家通过矿业权的设定、许可和管理，可以基本实现矿产资源所有权的各项权能。

2. 矿业用地所有权

如前所述，矿产资源属于国家所有，但矿业用地并不都是归国家所有。根据我国土地所有权的现状，矿业用地的所有权既可以由国家所有，也可以由农村集体组织所有。对于集体所有矿业用地的，国家在进行矿业建设时，需要依照《土地管理法》及相关法律法规的规定将该矿业用地征为国有，然后才能进行建设。

17.5.3　矿业权与矿业用地使用权

1. 矿业权

我国习惯上采用两分法把矿业权分为探矿权与采矿权。所谓探矿权，是指在依法取得的勘查许可证规定的范围内，勘查矿产资源并优先取得作业区矿产资源采矿权的权利。取得勘查许可证的单位和个人称为探矿权人。所谓采矿权，是指在依法取得的采矿许可证规定的范围内，开采矿产资源和获得所开采的矿产品的权利，取得采矿许可证的单位或个人称为采矿权人。

矿业权是矿业权人在法律规定的范围内，对一定时空范围限定工作区下的矿产资源的管领和支配，并排除他人干涉的民事权利，具有物权的性质。但是，由于矿业权是从矿产资源国家所有权派生出来的，作为所有者的国家要求矿业权人须具备一定的资质条件，其取得和转让须经过国家批准，权利的行使受到行政权力的干预。在矿业活动中，探矿权人是为了获得具有经济意义的矿产资源储量（矿物自然富集到一定的品位，储量达到一定规模，开采技术条件较好，总体评价是经济可采，即开采可以实现利润），采矿权人是为了开发具有经济可采价值的矿产资源，获取具有经济价值的矿产品，他们最终都是为了实现矿业权的使用价值和交换价值，从而获得经济上的回报。所以，矿业权也具有财产权的属性。《矿产资源法》第五条规定，勘查、开采矿产资源应当依法分别取得探矿权、采矿权，该法另有规定的除外。国家保护依法取得的探矿权和采矿权不受侵犯，保障矿区和勘查作业区的生产秩序、工作秩序不受影响和破坏。

2. 矿业用地使用权及其取得

矿业用地依法分别由矿山企业和个体采矿者使用。就新发现或者新开采的矿产而言，对于用地范围内的土地，需要通过法定程序改变原集体土地所有权的权属和原土地的使用权的权属。至于矿井上面的土地，是否属于矿业用地的范围，可视情况确定：对于在用地范围以外的土地，原集体土地所有者和原土地使用单位或者个人可以照常使用，不需要变更使用权。

勘查矿产资源，临时使用土地的，应当按照《土地管理法》的规定取得土地的临时使用权。《土地管理法》规定，建设项目施工和地质勘查需要临时使用国有土地或者农民集体所有的土地的，由县级以上人民政府自然资源主管部门批准。土地使用者应当根据土地权属，与有关自然资源主管部门或者农村集体经济组织、村民委员会签订临时使用土地合同，并按照合同的约定支付临时使用土地补偿费。

经过矿产勘查，确定开采的，需要办理正式用地手续。当矿业权发生在国有土地上时，将矿业用地归于建设用地一类而适用出让方式取得，由矿业权人与国土管理部门办理土地使用权出让及登记手续，领取土地使用权证，取得土地使用权。如果该土地为荒漠等非耕地，土地使用权可通过行政划拨方式产生。当矿业权发生在集体土地上时，就得先把集体土地征为国有土地后再出让给矿业权人。

根据《土地管理法》规定，集体组织自办企业使用本集体土地作为建设用地的，无须经过国家征收，所以一些集体企业或其他矿山可以依法通过和集体经济组织联营的方式，从农村集体经济组织中直接取得矿业用地使用权。

3. 矿业权与矿业用地使用权的关系

在实践中，区分土地和矿产资源这两种不同的不动产是理顺矿业权与矿业用地使用权关系的关键。一般来说，土地中的沙、岩石、地下水等为土地的成分，归土地所有权人所有；矿产资源由资源所有权人所有。当人类不能将某种物质作为矿产资源利用时，它仅仅是土地的构成部分；当人类可以将它作为矿产资源利用时，同样的物质就转化为矿产资源，因此矿产资源本身就是一个发展的概念，其外延随着人类科技的发展而逐渐扩大。

矿业权和矿业用地使用权分别从相应的矿产资源所有权和土地所有权中派生而来，成为相对独立的财产权，取得矿业权并不当然取得矿业活动所必需的土地使用权。因此，矿业权的行使有可能会受到土地使用权的限制而得不到保障。

17.5.4 矿业用地的保护

1. 矿业用地的合理使用和环境保护

开采利用各种矿产资源，必须合理利用矿业用地，同时做好环境保护工作。国家完善与矿产资源勘查、开采相适应的矿业用地制度。编制国土空间规划应当考虑矿产资源勘查、开采用地实际需求。勘查、开采矿产资源应当节约集约使用土地。县级以上人民政府自然资源主管部门应当保障矿业权人依法通过出让、租赁、作价出资等方式使用土地。开采战略性矿产资源确需使用农民集体所有土地的，可以依法实施征收。国家鼓励、支持矿业绿色低碳转型发展，加强绿色矿山建设。勘查、开采矿产资源，应当采用先进适用、符合生态环境保护和安全生产要求的工艺、设备、技术，不得使用国家明令淘汰的工艺、设备、技术。开采矿产资源应当采取有效措施，避免、减少对矿区森林、草原、耕地、湿地、河湖、海洋等生态系统的破坏，并加强对尾矿库建设、运行、闭库等活动的管理，防范生态环境和安全风险。

2. 矿业用地的复垦和闭矿处理

土地复垦是指对在生产建设过程中，因挖损、塌陷、压占等原因造成的土地破坏，采取整治措施，使其恢复到可供利用状态的活动。矿业用地的复垦是矿山企业闭坑的法定义务，是因地制宜地恢复和发展土地利用价值的活动，也是解决土地资源供需矛盾的一项有效途径。采矿权人应当在矿山闭坑前或者闭坑后的合理期限内采取安全措施、防治环境污染和生态破坏，县级以上地方人民政府应当组织有关部门加强闭坑的监督管理。矿区生态修复应当坚持自然恢复与人工修复相结合，遵循因地制宜、科学规划、系统治理、合理利用的原则，采取工程、技术、生物等措施，做好地质环境恢复治理、地貌重塑、植被恢复、土地复垦等。涉及矿区污染治理的，应当遵守相关法律法规和技术标准等要求。

关键术语

森林资源　草原资源　水资源　海洋资源　矿产资源

复习思考题

1. 简述《森林法》的立法宗旨。

2. 简述《草原法》的立法宗旨。
3. 简述《水法》的立法宗旨。
4. 简述《海域使用管理法》的立法宗旨。
5. 简述《海岛保护法》的立法宗旨。
6. 简述《矿产资源法》的立法宗旨。

第 18 章

土地税收法律制度

土地税收是国家以土地为征税对象，取得部分土地收益的一种重要税收。本章主要阐述土地税收制度、耕地占用税、土地使用税、土地增值税和土地税制建设等问题。

18.1　土地税收制度

18.1.1　税收、税制和税种

1. 税收

税收是国家为实现其职能，凭借其政治权力，依法参与单位和个人的财富分配，强制、无偿地取得财政收入的一种形式。税收具有强制性、无偿性和固定性。税收的职能包括财政职能、经济职能和监督职能，其中筹集财政资金是税收的最基本职能。

税收原则，即指导一国税制建立、发展和制定税收政策的准则或规范。税收原则包括公平税负原则和税收效率原则。公平税负原则是指以公正、平等为目标，通过税收调节，实现合理负担，鼓励平等竞争。税收效率原则是以增进资源有效配置、提高经济效率为目标，体现国家产业政策，充分发挥税收对经济增长的激励作用。

2. 税制

税收制度简称税制，是国家制定的税收法令和征收办法的总称，它是国家向纳税人征税的法律依据和工作规范，是由国家制定的，反映国家和纳税人之间的一种分配关系。

一般来说，税制主要由以下几个要素构成：征税对象、纳税人、税基、税率、减免税、征收期限、征收方式和违章处理等。征税对象又叫课税对象、征税客体，是指税法规定的对什么征税，是征纳税双方权利义务共同指向的客体或标的物，是区别一种税与另一种税的重要标志。纳税人，又称纳税义务人或课税主体，是指税法上规定的直接负有纳税义务的单位和个人。税基是课税基础的简称，又称计税依据，是计算应纳税额的基数，有实物量和价值量两种计量单位。税率，是税制的又一基本要素，它是指应征税额占课税对象数额的比例。税率一般有四种：（1）比例税率：不论课税对象数额大小，都按统一比例课税。（2）累进税率：按课税对象数额大小，规定不同等级的税率，课税对象数额越大，税率越高。（3）累退税率：与累进税率相反，课税对象数额越大，税率越低。（4）定额税率：对单位课税对象规定固定税额。税率是计算税额的尺度，是税收制度的中心环节，它直接关系着国家的财政收入和纳税人的负担。

3. 税种

税种是指一个国家税收体系中的具体税收种类，是基本的税收单元。以课税对象为标准分类，目前我国税收分为流转税、所得税、财产税、资源税、行为税五大类，共18种。

（1）流转税：以商品生产流转额和非生产流转额为课税对象征收的一类税（我国税制结构中的主体税类，包括增值税、消费税和关税等）。

（2）所得税：又称收益税，是指以各种所得额为课税对象的一类税（我国税制结构中的主体税类，包括企业所得税、个人所得税等）。

（3）财产税：是指以纳税人所拥有或支配的财产为课税对象的、按课税对象分类的一类税（包括遗产税、房产税、契税、车辆购置税和车船税等）。

（4）资源税：是指对在我国境内从事资源开发的单位和个人征收的一类税（如资源税、土地增值税、耕地占用税和城镇土地使用税等）。

（5）行为税：是指以纳税人的某些特定行为为课税对象的一类税（如城市维护建设税、印花税等）。

18.1.2 土地税收的内涵、功能和土地税种

1. 土地税收的内涵

土地税收是指国家以土地为征税对象，凭借政治权力，运用法律手段，从土地所有者或土地使用者手中固定地、无偿地、强制地取得部分土地收益的一种税收①。具体来说，土地税收是以土地或者土地改良物的财产价值或财产收益或自然增值为征税对象，属于财产税的范畴。

土地税在各种税中历史最久，并为各国普遍采用。我国早在周朝就开始了对土地征税。在我国的财税史中，土地税收政策占有重要地位。当今社会，土地税收制度在土地资源利用和管理、贫富差距调节、经济社会协调发展等诸多方面仍然发挥着重要作用，不仅是组织财政收入的重要途径，也是有效实施宏观调控的重要手段。新中国成立初期，

---

① 毕宝德．土地经济学．7版．北京：中国人民大学出版社，2016.

在全国范围内征收过地产税。改革开放以来，我国初步建立了覆盖各环节、调节全过程的土地税收调控体系，在筹集政府收入、限制土地粗放利用、节约土地资源、提高土地利用效率等方面发挥了一定的积极作用。我国现行土地税收制度是从20世纪80年代初改革开放以后逐步建立和完善起来的。目前土地税收制度是指与土地开发、转让和使用环节有关的税收。

另外，地租、土地税、土地费的关系不能混淆不清。地租是土地所有权在经济上借以实现其增值价值的形式，是土地使用者获取土地权益的成本，体现的是一种纯粹的经济关系。土地税和其他税种一样，是国家凭借政治权力，依靠立法强制、无偿、固定地取得的一部分国民收入，属于国民收入的再分配，是国家政治权利的体现。土地税是强化管理和合理配置土地资源不可缺少的重要经济杠杆。税收具有宏观调控作用，在促进土地资源合理配置、引导利用方向上，土地税起主导作用。费是一个补偿性概念，是经济生活中对他方提供劳动或服务的补偿，解决的是享受特殊服务的公民与非享受特殊服务公民之间负担公平问题，具有有偿的特点。土地费是国家向土地所有者或土地使用者收取的各种管理性、服务性、补偿性费用。

2. 土地税收的功能

土地税收的调节和聚财以及促进财富的公平分配作用，是地租无法比拟的。无论范围还是力度都比地租大得多，这与税收所具有的强制性、无偿性、固定性特征分不开。土地税收的功能主要表现在以下几个方面：

（1）保证国家财政收入。改革开放之前，我国财政收入的主要来源是国有企业的上缴利润，税收所占比例很小。随着改革的深入，税收所占比例逐年增加，土地税也随着市场经济运行机制的建立与完善而逐步加强。土地属于不动产，其位置固定不能移动，不能隐藏，且具有自然增值的属性。这种自然特性本身就决定了它是一种广泛而稳定的税源，从而成为国家财政收入的重要组成部分，在许多发达国家，土地税在地方政府财政收入中都占有较高的比重，甚至是财政的主要来源。

（2）促进土地资源合理利用。合理的土地税收政策能够促进土地资源的合理利用。例如，对低效用地、荒地和空地征收土地税，征税压力就会驱使土地占有者充分利用这些土地。如我国浙江省、海南省就将税收作为土地供应和监督考核的重要指标，建立低效用地退出机制；我国台湾地区就设有荒地税和空地税，其目的就在于减少荒芜土地，促进土地的合理利用。

（3）引导土地利用方向，调整土地利用结构。土地税收作为一种经济杠杆，具有调整土地利用方向的功能。例如，对不希望的土地利用方向征税或者课以重税，征税压力就会促使土地使用者改变土地利用方向。我国开征耕地占用税的目的，就是用税收这一经济手段保护耕地，促使建设项目不占或者少占耕地，尽量占用劣地、次地和非耕地。

（4）调整土地收益分配关系，抑制土地投机。世界上许多国家在土地发生转移时，都开征了土地转让税或者土地增值税。我国也开征了各种土地税，以此来调整土地收益分配关系。比如我国开征了土地增值税，通过开征此税调节土地增值收益分配，抑制土地投机，维护国家权益；开征了不动产税以缓解收入分配不平等问题。

3. 土地税种

按照《宪法》的规定，我国的土地分为城市国有和农村集体所有两种形式。农村集体所有的土地用于农业生产，在 2006 年以前需要缴纳农业税和农业特产税，2006 年国家取消了农业税收制度。在城市开发、转让和使用土地，需要在各个环节，缴纳有关税收，涉及 8 个税种，在土地开发环节，需要缴纳耕地占用税；在土地转让环节，需要缴纳土地增值税、城市维护建设税及教育费附加、印花税、契税和企业所得税或个人所得税 6 种税；在土地使用环节仅需缴纳城镇土地使用税。应该说，经过这些调整，我国基本构建了以土地的取得、保有、交易（转移）为征税点的税收体系，土地税收杠杆也在保护土地资源、提高土地利用率、调节土地级差收益、组织财政收入等方面起到了积极作用（见表 18－1）。虽然在城市开发、转让和使用土地涉及若干个税种，但是最直接与土地有关的税种是耕地占用税、城镇土地使用税和土地增值税，以下进行重点介绍。

表 18－1　我国现行土地税种一览

税目	征税范围和对象	税率
耕地占用税	对占用耕地的单位和个人征收	定额税率，因人均耕地面积的不同，税率分别为每平方米 10～50 元、8～40 元、6～30 元、5～25 元
城镇土地使用税	城市、县、建制镇和工矿区内的国有和集体所有的土地，对拥有土地使用权的单位和个人征收	定额税率，按城市级别分为四级，税率分别为每平方米 1.5～30 元、1.2～24 元、0.9～18 元、0.6～12 元
土地增值税	对转让国有土地使用权、地上建筑物及其附着物的单位和个人，就其转让房地产所得的增值额征收	采用四级超额累进税率，分别为 30%、40%、50%、60%
契税	国有土地使用权出让、土地使用权转让、房屋买卖、房屋赠与、房屋交换	3%～5%的幅度税率，具体税率由各省、自治区、直辖市人民政府确定
印花税	对书立、使用、领受房屋租赁合同、不动产的所有权转移所立的书据、房屋产权证、土地使用证的单位和个人征收	税率有两种形式，比例税率分为五个档次，分别为 0.05‰、0.3‰、0.5‰、1‰、5‰；定额税率均为按件贴花，税额为 5 元
企业所得税	境内企业生产经营所得和其他所得	25%
城市维护建设税	对缴纳增值税、消费税的从事工商经营单位和个人以其实际缴纳的“三税”税额为依据而征收	实行地区差别比例税率，市区为 7%，县镇为 5%，其他地区为 1%
个人所得税	财产租赁所得和财产转让所得中涉及出租建筑物、土地使用权出租及转让	20%

18.2　耕地占用税

18.2.1　概念和特征

耕地占用税是国家对占用耕地建设建筑物、构筑物或者从事非农业建设的单位和个人按照规定一次性征收的一种税。耕地占用税是国家税收的重要组成部分，开征耕地占用税是为了合理利用土地资源，加强土地管理，保护农用耕地。其作用主要表现在：利用经济手段限制乱占滥用耕地，促进农业生产的稳定发展；补偿占用耕地所造成的农业生产力的损失；为大规模的农业综合开发提供必要的资金来源。耕地占用税的主要特征有：

（1）兼具资源税与特定行为税的性质。耕地占用税以占用耕地建房或从事其他非农业建设的行为为征税对象，以约束纳税人占用耕地的行为、促进土地资源的合理运用为课征目的，除具有资源税的属性外，还具有明显的特定行为税的特点。

（2）征税对象是非农业建设占用耕地的行为。至于农业生产占用的耕地，不是耕地占用税的征税对象。

（3）向纳税人一次性征收的税。即纳税人占用耕地进行非农业建设时，按照规定一次性缴纳耕地占用税以后，在其使用土地过程中不再缴纳这种税。

（4）税收收入专用于耕地开发与改良。耕地占用税收入按规定应用于建立发展农业专项基金，主要用于开展宜耕土地开发和改良现有耕地，因此，具有“取之于地、用之于地”的补偿性特点。

1987年4月1日，国务院发布《耕地占用税暂行条例》，即日起施行。征税目的在于限制非农业建设占用耕地，建立发展农业专项资金，促进农业生产的全面协调发展。国务院于2007年12月1日发布了修订后的《耕地占用税暂行条例》，财政部、国家税务总局于2008年2月26日公布了《耕地占用税暂行条例实施细则》。2018年12月29日，第十三届全国人民代表大会常务委员会第七次会议通过《中华人民共和国耕地占用税法》（以下简称《耕地占用税法》），自2019年9月1日起施行，《耕地占用税暂行条例》同时废止。

18.2.2　征税对象和征税范围

占用耕地建设建筑物、构筑物或者从事非农业建设的单位或者个人，为耕地占用税的纳税人，应当依法缴纳耕地占用税。

耕地占用税的征税范围，包括国家和集体所有的从事建房和从事非农业建设的耕地。这种耕地是指种植农作物的土地。被征收前三年曾用于种植农作物的土地亦视为耕地，适用《耕地占用税法》。征税范围内的耕地包括：种植粮食作物或经济作物的土地、菜地、园地、鱼塘，以及其他农用土地。

18.2.3 税率和税额计算

我国耕地占用税采用的是地区差别定额税额。中国地区之间生产力水平、经济发展不平衡，人口密度不同，各地区人均占有耕地数量悬殊，决定了全国不能用一个固定税额征税，必须根据不同地区人均占有耕地数量和经济发展状况规定不同的税额，即实行地区差别税额。

《耕地占用税法》第四条将耕地占用税的税额分为四个档次：

（1）人均耕地不超过1亩的地区（以县级行政区域为单位，下同），每平方米为10～50元；

（2）人均耕地超过1亩但不超过2亩的地区，每平方米为8～40元；

（3）人均耕地超过2亩但不超过3亩的地区，每平方米为6～30元；

（4）人均耕地超过3亩的地区，每平方米为5～25元。

各地区耕地占用税的适用税额，由省、自治区、直辖市人民政府根据人均耕地面积和经济发展等情况，在前款规定的税额幅度内提出，报同级人民代表大会常务委员会决定，并报全国人民代表大会常务委员会和国务院备案。各省、自治区、直辖市耕地占用税适用税额的平均水平，不得低于该法所附《各省、自治区、直辖市耕地占用税平均税额表》规定的平均税额（见表18-2）。

表18-2 各省、自治区、直辖市耕地占用税平均税额表

省、自治区、直辖市	平均税额（元/平方米）
上海	45
北京	40
天津	35
江苏、浙江、福建、广东	30
辽宁、湖北、湖南	25
河北、安徽、江西、山东、河南、重庆、四川	22.5
广西、海南、贵州、云南、陕西	20
山西、吉林、黑龙江	17.5
内蒙古、西藏、甘肃、青海、宁夏、新疆	12.5

根据《耕地占用税法》第五条的规定，在人均耕地低于0.5亩的地区，省、自治区、直辖市可以根据当地经济发展情况，适当提高耕地占用税的适用税额，但提高的部分不得超过该法第四条第二款确定的适用税额的50%。具体适用税额按照该法第四条第二款规定的程序确定。

根据《耕地占用税法》第六条的规定，占用基本农田的，应当按照该法第四条第二款或者第五条确定的当地适用税额，加按150%征收。

18.2.4 税收减免

为体现国家政策，《耕地占用税法》第七条规定了一些减免税规定：

（1）军事设施、学校、幼儿园、社会福利机构、医疗机构占用耕地，免征耕地占用税。

（2）铁路线路、公路线路、飞机场跑道、停机坪、港口、航道、水利工程占用耕地，减按每平方米 2 元的税额征收耕地占用税。

（3）农村居民在规定用地标准以内占用耕地新建自用住宅，按照当地适用税额减半征收耕地占用税；其中农村居民经批准搬迁，新建自用住宅占用耕地不超过原宅基地面积的部分，免征耕地占用税。

（4）农村烈士遗属、因公牺牲军人遗属、残疾军人以及符合农村最低生活保障条件的农村居民，在规定用地标准以内新建自用住宅，免征耕地占用税。

（5）根据国民经济和社会发展的需要，国务院可以规定免征或者减征耕地占用税的其他情形，报全国人民代表大会常务委员会备案。

18.3 土地使用税

18.3.1 概念和特征

土地使用税是对使用国有土地的单位和个人，按使用的土地面积定额征收的税。以土地面积为课税对象，目前只向城镇土地使用人课征。具体地说，城镇土地使用税是国家在城市、县城、建制镇和工矿区范围内，按照使用土地的等级和数量，对拥有城镇土地使用权的单位和个人，以其实际占有的土地面积为计税依据，按照规定的税额计算征收的一种税。征收该税的主要目的是，用经济手段加强土地宏观调控和管理，促进土地使用者节约用地，提高土地的使用效益，并适当调节不同地区之间土地的级差收益，同时增加国家的财政收入。

土地使用税的特征包括：

（1）土地使用税属于以有偿利用为特点的行为税和占用土地的资源税类型。

（2）征税对象是城镇、工矿区范围内的用地。这里所说的城镇，包括城市、县城和建制镇，另外，位于城镇之外的独立的大中型矿区使用的土地也属于城镇土地使用税的征收对象。

（3）纳税义务人是城镇、工矿区土地的使用者。

（4）征收办法是按土地使用者使用的土地等级和数量计算税额。不同等级、不同面积的土地，征收的具体税额也不同。

1988 年 9 月，国务院发布了《城镇土地使用税暂行条例》，2006 年 12 月、2011 年 1 月、2013 年 12 月、2019 年 3 月分别进行修订。

18.3.2 征收对象和征收范围

城镇土地使用税的征税对象是城镇范围内的土地使用者使用的土地。凡是在城镇范围内使用土地的单位和个人，都是城镇土地使用税的纳税义务人。

从城镇土地使用税的征收范围来看，只要在城市、县城、建制镇和工矿区范围内使用的土地都是城镇土地使用税的征税对象，此范围以外的土地一律不征收城镇土地使用税。其中，城市是指经国务院批准建立的市，包括市区和郊区；县城是指县人民政府所在地的城镇；建制镇是指经省、自治区、直辖市人民政府批准设立的建制镇；工矿区是指工商业比较发达，人口比较集中，符合国务院规定的建制镇标准，但尚未设立建制镇的大中型工矿企业所在地，工矿区须经省、自治区、直辖市人民政府批复。城市、县城、建制镇、工矿区的具体征税范围，由各省、自治区、直辖市人民政府划定。为了防止长期征地而不使用和限制多占土地，可在规定税额的2～5倍范围内加成征税。

18.3.3 计税的依据和税率

城镇土地使用税的计税依据，以纳税人实际占用面积为准。《城镇土地使用税暂行条例》第三条规定，土地占用面积的组织测量工作，由省、自治区、直辖市人民政府根据实际情况确定。在实施中，对未组织测量的，可以纳税人所持政府部门核发的土地使用证确认的土地使用面积为准。

城镇土地使用税的确定，根据各地的经济情况、土地的等级差异，确定不同的税率。在同一城市内部，也根据土地位置、市政建设、经济繁荣程度等条件的不同，采用不同的税率。为此，城镇土地使用税实行定额税率法，其税额按城市大小分为：

（1）大城市1.5～30元；

（2）中等城市1.2～24元；

（3）小城市0.9～18元；

（4）县城、建制镇、工矿区0.6～12元。

上述大、中、小城市是以公安部门登记在册的城市非农业正式户口人数为依据。具体标准是，市区与郊区非农业人口总计在50万以上的为大城市，20万～50万的为中等城市，20万以下的为小城市。

18.3.4 税收减免

对下列特殊用地实行减免税：

（1）国家机关、人民团体、军队自用的土地；

（2）由国家财政部门拨付事业经费的单位自用的土地；

（3）宗教寺庙、公园、名胜古迹自用的土地；

（4）市政街道、广场、绿化地带等公共用地；

（5）直接用于农、林、牧、渔业的生产用地；

（6）经批准开山填海整治的土地和改造的废弃土地，从使用的月份起免缴土地使用税5～10年；

（7）由财政部另行规定免税的能源、交通、水利设施用地和其他用地。

除上述享受减免待遇者外，纳税人缴纳土地使用税确有困难，需要定期减免的，由县以上税务机关批准。

新征收土地为耕地的，使用者征地时要缴纳耕地占用税，应缴纳的土地使用税，自批准征收之日起，满一年时开始征收。新征收土地是非耕地，土地使用税自批准的次月起开始征收。

18.4　土地增值税

18.4.1　概念和特征

土地增值税是指国家为了规范土地、房地产市场，向转让国有土地使用权、地上的建筑物及其附着物并取得收入的单位和个人，按照转让房地产所取得的增值额和规定的税率计算征收的一种税。征收土地增值税是为了规范土地、房地产市场交易秩序，合理调节土地增值收益，维护国家权益。具体地说，土地增值税的开征有利于增强国家对房地产开发商和房地产交易市场的调控，有利于国家抑制炒买炒卖土地获取暴利的行为，有利于增加国家财政收入，为经济建设积累资金。土地增值税的主要特征是：

（1）以转让房地产的增值额为计税依据。土地增值税只对“转让”国有土地使用权的行为征税，对“出让”国有土地使用权的行为不征税。土地增值税既对转让国有土地使用权的行为征税，也对转让地上建筑物及其他附着物产权的行为征税。土地增值税的增值额是以征税对象的全部销售收入额扣除与其相关的成本、费用、税金及其他项目金额后的余额，与增值税的增值额有所不同。

（2）普遍征收的原则。开征土地增值税是为了抑制土地投机，保证国有土地的增值收入大部分归国家所有。因此，所有从事房地产经营的单位和个人，都是土地增值税的纳税人，要按规定缴纳增值税。

（3）实行超率累进税率。土地增值税的税率是以转让房地产增值率的高低为依据来确认，按照累进原则设计，实行分级计税，增值率高的，税率高，多纳税；增值率低的，税率低，少纳税。

（4）实行按次征收。土地增值税在房地产发生转让的环节，实行按次征收，每发生一次转让行为，就应根据每次取得的增值额征一次税。

18.4.2　征收对象和征收范围

土地增值税的征税对象是纳税人转让房地产所取得的增值额。转让国有土地使用权、地上的建筑物及其附着物并取得收入的单位和个人，为土地增值税的纳税人。土地增值额即纳税人转让房地产所取得的收入减去法定扣除项目后的余额。为了合理计算增值额，房地产的成本按房屋及建筑物的评估价格（即重置成本价乘以成新度折扣率后的价格）计算。纳税人的收入包括转让房地产的全部价款及相关的经济效益，具体包括货币收入、实物收入和其他收入等。

根据《土地增值税暂行条例实施细则》规定，计算增值额的扣除项目包括：

（1）取得土地使用权所支付的金额。即纳税人为取得土地使用权所支付的地价款和按国家统一规定缴纳的有关费用。

（2）开发土地和新建房及配套设施的成本。即纳税人在房地产开发项目中实际发生的成本，包括土地征用及拆迁补偿费、前期工程费、建筑安装工程费、基础设施费、公共配套设施费、开发间接费用。

（3）开发土地和新建房及配套设施的费用。即与房地产开发项目有关的销售费用、管理费用和财务费用。

（4）旧房及建筑物的评估价格。即在转让已使用的房屋及建筑物时，由政府批准设立的房地产评估机构评定的重置成本价乘以成新度折扣率后的价格。

（5）与转让房地产有关的税金。即在转让房地产时缴纳的增值税、城市维护建设税、印花税等。因转让房地产缴纳的教育费附加也可视同税金予以扣除。

（6）财政部规定的其他扣除项目。即对从事房地产开发的纳税人可按取得土地使用权所支付的金额和开发土地与新建房屋及配套设施的成本两项规定计算的金额之和，加计20%扣除。

对征税的范围确定应注意：

（1）只有转让国有土地使用权的，才属于土地增值税的征税范围。

（2）只有有偿转让的房地产并取得收入的才属于征税范围。

（3）地上建筑物及其附着物是指建于地上的一切建筑物、构筑物、地上地下的各种附属设施及附着于该土地上的不能移动，或一经移动即遭损坏的种植物、养殖物及其他物品。所有这些地上建筑物及其附着物也属于该税的征税范围。

18.4.3 土地增值税的税率

我国土地增值税实行的是四级超额累进税率，其合理性表现在纳税人只就超过各级段的收入部分依确定的税率纳税，它充分考虑了不同地段土地增值收入的差别，体现了合理负税的原则。具体税率为：（1）增值额未超过扣除项目金额50%的部分，税率为30%；（2）增值额超过扣除项目金额50%，未超过扣除项目金额100%的部分，税率为40%；（3）增值额超过扣除项目金额100%，未超过扣除项目金额200%的部分，税率为50%；（4）增值额超过扣除项目金额200%的部分，税率为60%。

18.4.4 土地增值税的减免

对下列情况实行减免税。

（1）纳税人建造普通标准住宅出售，增值额未超过扣除项目金额20%的，免征土地增值税。这里所指的标准住宅是指一般居民居住用住宅。免税的普通住宅须经税务机关确认。

（2）因国家建设需要依法征收、收回的房地产，免征土地增值税。

（3）以房地产进行投资、联营，一方以土地作价入股进行投资或者作为联营条件，免征土地增值税。其中如果投资联营的企业从事房地产开发，或者房地产开发企业以其建造的商品房进行投资联营的，就不能暂免征税。

（4）房地产开发企业将开发的房产转为自用或者用于出租等商业用途，如果产权没有发生转移，不征收土地增值税。

（5）合作建房，对于一方出地，另一方出资金，双方合作建房，建成后按比例分房自用的，暂免征收土地增值税；但建成后转让的，应征收土地增值税。

（6）企业兼并转让房地产，在企业兼并中，对被兼并企业将房地产转让到兼并企业中的，免征土地增值税。

（7）对于个人之间互换自有居住用房的行为，经过当地税务机关审核，可以免征土地增值税。

18.5　土地税制建设

自1950年我国社会主义新税制建立，新中国土地税收制度已有多年的历史。随着国际、国内政治经济形势的发展变化和我国经济体制改革的不断深化，土地税收制度也经历了一个建立、发展和逐步完善的过程。我国基本上建立了适应社会主义市场经济体制的税收体制框架，其中涉及土地课税的税种有城镇土地使用税（1988年开征）、土地增值税（1994年开征）、耕地占用税（1987年开征）、农业税（1958年开征，2006年停征）等。土地税收体制的改革在保护土地资源、提高土地利用率、调节土地级差收益、增加财政收入等方面起到了积极作用。但是我国的土地税收制度也暴露了许多问题，并随着经济的发展而日益明显。因此，有必要改革我国的土地税收制度，使之更加有利于社会主义市场经济的发展，促进资源合理配置和社会经济可持续发展。以下是土地税制建设的主要方向。

1. 结构清晰、征管简便

将我国的土地税收制度按照取得、保有、转移三个环节划分，从整个税收体系的角度出发设置税种，并力求各税项界定明确、计算简便、负担合理、易于征收、便于管理。这不仅有利于投资者在进行投资的可行性研究时，准确地估算出土地税方面的支出，更加科学、合理地制定决策，同时也给国内外的投资者创造良好的投资环境，以便更多地吸引外资。

2. 全面征收、税负适中

全面征收具有两层含义：一是土地税收面向中华人民共和国范围内的所有土地，任何土地（除法律规定免税外），无论是出让土地，还是划拨土地都有纳税的义务；二是在建立土地税收体系时要综合考虑房地产市场各种有关的行为，根据在房地产交易过程中（包括房地产开发、经营、管理）所出现的各种利益关系设置税种。将税种的设置作为一个过程统一考虑，减少产生漏洞的可能，有利于土地税作用的正常发挥。

实现土地税负适中需要构建一个以市场价值评估为基础、税率结构设计合理（差异化、累进性）、减免政策精准有效、征管高效透明、配套政策协同、充分考虑社会公平和经济效率的综合性制度体系。这需要持续评估、调整和完善，以适应经济社会发展的动态变化。核心目标是让土地税负既能有效支撑地方公共服务和发展所需，又不成为经济发展的阻碍或社会不公的源头，实现多方共赢的可持续状态。

3. 规范土地收费制度

土地收费的过多和重复、管理的分散和失控，弱化了地价和地税促进土地资源合理配置的作用，同时也为腐败滋生、职务消费开了方便之门。因此清费立税仍是当前及今后的重要任务。应对现有土地收费项目进行清理，对不适合采用收费形式的应采取税收方式征收，对不符合规定的收费项目应予以取消，对标准制定过高的调低收费标准，对确需保留的收费项目应予以规范。改变土地收费的管理方式，切断土地收费与部门利益之间的关联，将原来由相关部门自收自支的土地收费纳入预算管理，使土地收费取之有凭、用之有据。

总之，土地税制建设需兼顾效率与公平，通过“保有税重调节、流转税抑投机、增值税享公益”的组合设计，结合数字化征管与配套改革，方可实现土地资源优化配置与社会发展共赢。最终目标是让土地回归“居住与生产”。

关键术语

税收制度　　土地税收　　耕地占用税　　城镇土地使用税
土地增值税

复习思考题

1. 简述土地税收的功能。
2. 简述耕地占用税的概念和特征。
3. 简述城镇土地使用税的概念和特征。
4. 简述土地增值税的概念和特征。

第 4 篇

纠纷处理、行政监督与法律责任

本篇主要就土地纠纷处理、行政监督和法律责任等问题进行阐述。

第19章

土地纠纷处理

土地纠纷问题是常见且复杂的问题。本章主要阐述土地纠纷的内涵、土地纠纷的和解、土地纠纷的调解、土地纠纷的仲裁、土地纠纷的复议和土地纠纷的诉讼等。

19.1 土地纠纷的内涵

19.1.1 土地纠纷的概念和类型

纠纷的基本解释是指争执不下的事或不易解决的事情。土地纠纷是指因土地占有、使用、收益、处分以及土地行政管理而引起的争议和争执。土地纠纷主要有两种表现形式：一种是土地民事纠纷，是指平等主体之间发生的，以土地民事权利义务为内容的社会纠纷；另一种是土地行政纠纷，是指土地行政管理部门及相关单位和个人在土地行政管理过程中引起的与土地相对人之间的纠纷。

土地民事纠纷大体上可分为土地权属纠纷、土地侵权纠纷、土地相邻关系纠纷和土地承包经营纠纷等。土地权属纠纷是指土地所有权和土地使用权等权利归属引起的纠纷。土地侵权纠纷是指由于过错侵害他人土地权利而引起的纠纷。前者是土地权属不明导致的纠纷，后者则是在土地权属已经确定的情况下发生的侵犯土地权利行为而引起的纠纷。土地相邻关系纠纷是指因截水、排水、通行、通风、采光等相邻权利引起的土地相邻主体间的纠纷。土地承包经营纠纷是指由土地承包经营引发的纠纷，主要有侵犯农村土地承包经营权纠纷和土地承包经营权流转纠纷两种类型。

土地行政纠纷类型单一，必须是由土地行政管理部门的具体行政行为引起的，且纠纷必须是围绕同一个土地行政行为展开的。土地行政纠纷的一方是土地行政管理部门（官），另一方则是土地管理相对的当事人（民）。土地行政纠纷是发生在“官”与“民”

之间的纠纷，而土地民事纠纷是发生在“民”与“民”之间的纠纷，这是二者的重要区别。

土地民事纠纷主要通过当事人协商和解、调解、仲裁、民事诉讼等途径解决。土地行政纠纷一般通过土地行政复议或土地行政诉讼解决。

19.1.2 土地纠纷解决的法律依据

土地纠纷应该依据有关的法律、法规和规章解决。

在法律层面，《民法典》第二百三十三条规定，物权受到侵害的，权利人可以通过和解、调解、仲裁、诉讼等途径解决。第二百三十四条规定，因物权的归属、内容发生争议的，利害关系人可以请求确认权利。《土地管理法》第十六条规定，土地所有权和使用权争议，由当事人协商解决；协商不成的，由人民政府处理。单位之间的争议，由县级以上人民政府处理；个人之间、个人与单位之间的争议，由乡级人民政府或者县级以上人民政府处理。当事人对有关人民政府的处理决定不服的，可以自接到处理决定通知之日起三十日内，向人民法院起诉。在土地所有权和使用权争议解决前，任何一方不得改变土地利用现状。为了公正、及时地解决农村土地承包经营纠纷，维护当事人的合法权益，促进农村经济发展和社会稳定，第十一届全国人民代表大会常务委员会第九次会议通过《农村土地承包经营纠纷调解仲裁法》，专门对农村土地承包经营纠纷调解和仲裁做了详细的规定。

在行政规章方面，国家土地行政管理部门出台了一些具体规定。如《国土资源信访规定》由国土资源部于 2005 年 12 月修订通过，并于 2006 年 1 月 4 日发布（国土资源部令第 32 号），自 2006 年 3 月 1 日起施行。2019 年 7 月，自然资源部修订并公布《自然资源行政复议规定》（自然资源部令第 3 号），原《国土资源信访规定》废止。《土地权属争议调查处理办法》由国土资源部于 2003 年发布（国土资源部令第 17 号），自 2003 年 3 月 1 日起施行。2019 年修订的《土地管理法》进一步强调了土地权属争议的依法处理原则，但未直接修改《土地权属争议调查处理办法》的具体内容。实践中，该办法仍与《土地管理法》《行政复议法》《行政诉讼法》等配套适用。2017 年 11 月，国土资源部发布了《国土资源行政复议规定》，该办法规定了土地权属争议的申请、受理、调查、调解和处理程序，是解决集体土地、国有土地等权属争议的主要规章。2024 年 12 月 13 日，自然资源部令第 15 号公布《自然资源行政复议行政应诉规定》，自公布之日起施行。自然资源部 2019 年 7 月 19 日发布的《自然资源行政复议规定》（自然资源部令第 3 号）和《自然资源行政应诉规定》（自然资源部令第 4 号）同时废止。

在调解、仲裁和诉讼方面，我国还颁布了《人民调解法》《仲裁法》《民事诉讼法》《行政诉讼法》《信访条例》等相关法律法规。这些法律法规也都是土地纠纷解决的重要依据。

土地纠纷调处应坚持以下原则：遵循合法程序的原则；纠纷解决前维持现状的原则；尊重历史的原则；以事实为依据、以法律为准绳的原则；坚持社会主义土地公有制的原则；多部门共同解决的原则。

19.2　土地纠纷的和解

19.2.1　土地纠纷和解的内涵

《土地管理法》规定，土地所有权和使用权争议，由当事人协商解决。和解一般是指通过协商解决纠纷，平息纷争，重归于好。和解属于民事法律行为，是当事人依法处分自己民事实体权利的表现。土地纠纷和解是指土地民事纠纷各方当事人在自愿、互谅的基础上，按照有关法律法规的规定，在不损害国家和集体的正当权益，不损害社会公共利益的前提下，直接进行协商，自行解决土地权属、土地侵权和相邻关系等纠纷。在土地民事纠纷解决方式中，协商和解是非常重要的方式。

和解与调解不同，和解是当事人之间自愿协商，达成协议，一般没有第三者参加，但有时也可以请第三者从中斡旋，但以双方当事人的意思一致作为达成协议的根据，第三人只是在当事人之间起“搭桥牵线”的作用，并不实质上参与当事人间的协商。当事人间签订的协议在双方自愿的基础上执行，如果一方反悔，拒绝执行，另一方则可以提请有关部门进行调处，也可以直接向人民法院提起诉讼。

当事人协商是解决土地民事纠纷的最初级和最基本的方式。这种方式简单易行、迅速稳妥，既有利于双方当事人统一认识、增进了解、加强团结，也有利于日后协作关系的发展。我国长期受到儒家思想的影响，“和为贵”的理念在人民群众的思想中根深蒂固，自古以来就有团结互让的优良传统。新中国成立前，在中国共产党领导下的人民政权十分关心群众的团结，无论是在苏区革命根据地、抗日根据地，还是在解放区，都一贯倡导用和解的办法解决土地纠纷等争执，并预防争执的发生。新中国成立后，更在全国范围内加以提倡。当前在构建社会主义和谐社会的进程中，大力推行和解制度有利于化解社会矛盾，维护社会稳定，减少执行成本。尤其是农业生产季节性强，在农用土地的纠纷上，自行协商不会影响生产。协商的程序比较简单，其形式一般是在双方当事人意思一致的基础上达成书面协议。属于临时性的问题，双方还可以口头同意即时了结。总之，自行协商能使纠纷尽快解决，防止损失扩大，并能节约开支。

19.2.2　土地纠纷和解的原则

1. 自愿原则

协商和解并不是法定的解决民事纠纷的必经程序，所以，必须在双方当事人都同意的情况下，才能适用这种方式。而且，协商和解后达成的协议也必须是在双方当事人都自愿的基础上达成，因为民事法律行为的特征之一是当事人意思表示真实。

2. 合法原则

分清是非是协商和解的前提，衡量是非的标准是民事方面的法律、法规的规定。和解协议的内容不得违反国家法律、法规和政策的强制性规定，也不得损害国家、社会利益和他人的合法权益，否则和解协议是无效的。

19.2.3 土地纠纷和解的成立

《民事诉讼法》还将自行和解作为当事人一项重要的诉讼权利，该法规定，双方当事人可以自行和解。和解可以在诉讼的任何阶段进行。双方当事人互相协商达成协议，解决双方的争执。和解的内容，可以是一方自愿放弃一部分或全部权利，也可以是一方满足另一方的要求，还可以是双方都做一些让步。和解虽然发生在双方当事人之间，是双方自己的事，但也要符合一定的条件，即这种和解必须基于双方当事人达成的和解协议，人民法院执行员应当将协议内容记入笔录，由双方签名或盖章。和解成立后，当事人所争执的权利即归确定，所抛弃的权利随即消失。和解一经成立，当事人不得任意反悔要求撤销。但是，和解所依据的文件，事后发现是伪造或涂改的，和解事件已为法院判决所确定，而当事人于和解时不知情的，当事人对重要的争执有重大误解而达成协议的，当事人都可以要求撤销和解。

19.3 土地纠纷的调解

19.3.1 土地纠纷调解的内涵

调解是指双方当事人以外的第三者，以国家法律、法规和政策以及社会公德为依据，对纠纷双方进行疏导、劝说，促使他们相互谅解，进行协商，自愿达成协议，解决纠纷的活动。我国的调解方式主要有四种形式：诉讼调解（法院在诉讼过程中的调解）、行政调解（行政机关在执法过程中的调解）、仲裁调解（仲裁机关在仲裁过程中的调解）和人民调解（群众性组织即人民调解委员会的调解）。行政调解是我国解决双方或多方当事人之间发生的土地纠纷的主要手段，是一种诉讼外活动。土地权属纠纷行政调解的依据主要是《土地管理法》和《土地权属争议调查处理办法》，而农村土地承包经营纠纷行政调解的依据主要是《农村土地承包法》和《农村土地承包经营纠纷调解仲裁法》。

19.3.2 土地纠纷调解的原则

土地纠纷调解应遵循以下原则：

1. 以事实为依据的原则

调解要以事实为依据，做到查明事实、分清是非和明确责任这三项基本要求。因此，调解前要将发生土地纠纷的原因、争执的经过和争执的后果了解清楚，为调解做好基础性工作。调查处理土地权属争议，应当从实际出发，尊重历史，面对现实。

2. 兼顾法律原则性和灵活性的原则

政策、法律、法规是调解土地纠纷的准绳，要在向当事人宣传政策法规的基础上进行耐心细致的说服工作，达到解决纠纷的目的。但不能一味地生搬硬套法律法规，要充分考虑具体情况，在不违背法律政策的前提下，从实际出发解决问题。

3. 与有关部门合作的原则

土地纠纷如果涉及多个方面，要主动与有关部门联系，征求有关部门的意见，取得其配合和支持，妥善解决土地纠纷。

19.3.3 土地权属纠纷的调解处理

《土地管理法》第十四条规定，土地所有权和使用权争议，由当事人协商解决；协商不成的，由人民政府处理。国土资源部发布了配套的《土地权属争议调查处理办法》，就土地权属争议的受理、处理等做了详细规定。

土地权属争议是指土地所有权或使用权归属争议。县级以上国土资源行政主管部门负责土地权属争议案件（以下简称争议案件）的调查和调解工作；对调解不成需要依法做出处理决定的，拟定处理意见，报同级人民政府做出处理决定。县级以上国土资源行政主管部门可以指定专门机构或者人员负责办理争议案件有关事宜。

调解达成协议的，应当制作调解书。调解书经双方当事人签名或者盖章，由承办人署名并加盖国土资源行政主管部门的印章后生效的调解书具有法律效力，是土地登记的依据。国土资源行政主管部门应当在调解书生效之日起15日内，依照《民事诉讼法》的有关规定，将调解书送达当事人，并同时报上级国土资源行政主管部门。

调解未达成协议的，国土资源行政主管部门应当及时提出调查处理意见，报同级人民政府做出处理决定。国土资源行政主管部门应当自受理土地权属争议之日起6个月内提出调查处理意见。因情况复杂，在规定时间内不能提出调查处理意见的，经该国土资源行政主管部门负责人批准，可以适当延长。国土资源行政主管部门提出调查处理意见后，应当在5个工作日内报同级人民政府，由人民政府下达处理决定。单位之间的争议，由县级以上人民政府处理；个人之间、个人与单位之间的争议，由乡级人民政府或者县级以上人民政府处理。国土资源行政主管部门的调查处理意见在报同级人民政府的同时，报上一级国土资源行政主管部门。当事人对人民政府做出的处理决定不服的，可以依法申请行政复议或者提起行政诉讼。在规定的时间内，当事人既不申请行政复议，也不提起行政诉讼，处理决定即发生法律效力。生效的处理决定是土地登记的依据。

依据《土地权属争议调查处理办法》，下列案件不作为土地权属争议案件受理：（1）土地侵权案件；（2）行政区域边界争议案件；（3）土地违法案件；（4）农村土地承包经营权争议案件；（5）其他不作为土地权属争议的案件。

19.3.4 农村土地承包经营纠纷的调解

《农村土地承包法》第五十五条规定，因土地承包经营发生纠纷的，双方当事人可以通过协商解决，也可以请求村民委员会、乡（镇）人民政府等调解解决。为了公正、及时地解决农村土地承包经营纠纷，维护当事人的合法权益，促进农村经济发展和社会稳定，第十一届全国人民代表大会常务委员第九次会议还专门通过了《农村土地承包经营纠纷调解仲裁法》。

农村土地承包经营纠纷包括：(1) 因订立、履行、变更、解除和终止农村土地承包合同发生的纠纷；(2) 因农村土地承包经营权转包、出租、互换、转让、入股等流转发生的纠纷；(3) 因收回、调整承包地发生的纠纷；(4) 因确认农村土地承包经营权发生的纠纷；(5) 因侵害农村土地承包经营权发生的纠纷；(6) 法律、法规规定的其他农村土地承包经营纠纷。因征收集体所有的土地及其补偿发生的纠纷，不属于农村土地承包仲裁委员会的受理范围，可以通过行政复议或者诉讼等方式解决。

《农村土地承包经营纠纷调解仲裁法》第三条规定，发生农村土地承包经营纠纷的，当事人可以自行和解，也可以请求村民委员会、乡（镇）人民政府等调解。第七条规定，村民委员会、乡（镇）人民政府应当加强农村土地承包经营纠纷的调解工作，帮助当事人达成协议解决纠纷。第八条规定，当事人申请农村土地承包经营纠纷调解可以书面申请，也可以口头申请。口头申请的，由村民委员会或者乡（镇）人民政府当场记录申请人的基本情况、申请调解的纠纷事项、理由和时间。第九条规定，调解农村土地承包经营纠纷，村民委员会或者乡（镇）人民政府应当充分听取当事人对事实和理由的陈述，讲解有关法律以及国家政策，耐心疏导，帮助当事人达成协议。

《农村土地承包经营纠纷调解仲裁法》第十条规定，经调解达成协议的，村民委员会或者乡（镇）人民政府应当制作调解协议书。调解协议书由双方当事人签名、盖章或者按指印，经调解人员签名并加盖调解组织印章后生效。第六条规定，县级以上人民政府农村土地承包管理部门及其他有关部门应当依照职责分工，支持有关调解组织和农村土地承包仲裁委员会依法开展工作。第十一条规定，仲裁庭对农村土地承包经营纠纷应当进行调解。调解达成协议的，仲裁庭应当制作调解书；调解不成的，应当及时做出裁决。调解书应当写明仲裁请求和当事人协议的结果。调解书由仲裁员签名，加盖农村土地承包仲裁委员会印章，送达双方当事人。调解书经双方当事人签收后，即发生法律效力。在调解书签收前当事人反悔的，仲裁庭应当及时做出裁决。

当事人和解、调解不成或者不愿和解、调解的，可以向农村土地承包仲裁委员会申请仲裁，也可以直接向人民法院起诉。

19.4 土地纠纷的仲裁

19.4.1 土地纠纷仲裁的概念和特点

仲裁是指双方当事人通过合议，自愿将有关争议提交非司法机构的第三者，即仲裁员或公断人审理，由其依据法律或依公平原则做出对争议双方均有约束力的裁决的一种纠纷解决制度。所谓仲裁法，是指由国家制定或认可的，规范和调整仲裁法律关系的法律规范的总称。仲裁法有广义和狭义之分。狭义的仲裁法，仅指仲裁法典，如我国 1994

年 8 月 31 日第八届全国人民代表大会常务委员会第九次会议通过的《中华人民共和国仲裁法》(以下简称《仲裁法》),该法自 1995 年 9 月 1 日起施行。广义的仲裁法除包括仲裁法典外,还包括其他制度中的相关法律规范,如《最高人民法院关于适用〈中华人民共和国仲裁法〉若干问题的解释》《民事诉讼法》《民法典》等法律和有关国际公约中关于仲裁的规定。

土地纠纷仲裁是指人民政府或相关仲裁机构依照法律授权和法定程序,以第三人的身份就双方或多方当事人在土地纠纷过程中进行仲裁的具体行政行为。

1. 土地纠纷仲裁主体的特殊性

一般来说,土地纠纷仲裁是由人民政府国土管理部门根据《土地管理法》的授权进行的,以解决民事纠纷为目的的具体行政行为。《土地管理法》第十四条规定,单位之间的争议,由县级以上人民政府处理;个人之间、个人与单位之间的争议,由乡级人民政府或者县级以上人民政府处理。另外,根据《仲裁法》《农村土地承包经营纠纷调解仲裁法》等法律,由县级或者设区的市人民政府有关管理部门组建纠纷仲裁委员会。可见,土地纠纷必须到特定的管理部门进行仲裁。

2. 土地纠纷仲裁对象的局限性

由于国土管理部门是行政机关,不能对所有的民事、经济纠纷进行仲裁,只能仲裁那些法律规定的、与行政管理事项有关的民事纠纷。根据有关法律规定,国土管理部门受理的土地纠纷只能是土地所有权和使用权的纠纷。土地承包仲裁委员会则只能受理土地承包经营纠纷。

3. 土地纠纷仲裁具有准司法性

国土管理部门在纠纷仲裁中是以主持人的身份出现,土地纠纷仲裁不同于一般的具体行政行为的程序,而是一种准司法程序,要求行政主体客观、公正地审查证据,调查事实,依法做出公正的裁决。

4. 土地纠纷仲裁在效果上具有强制性

根据《农村土地承包经营纠纷调解仲裁法》第四十八条规定,当事人不服仲裁裁决的,可以自收到裁决书之日起 30 日内向人民法院起诉。逾期不起诉的,裁决书即发生法律效力。这说明土地纠纷仲裁的结果具有法律效力。当事人不能自行改变或推翻该裁决。如果当事人既不通过合法途径申请复议或提起诉讼,又不履行该裁决,土地行政机关有权依法采取强制措施或申请人民法院强制执行。

19.4.2 土地纠纷仲裁的原则

根据《仲裁法》《土地管理法》等法律法规,土地纠纷仲裁应遵守以下原则。

1. 当事人自愿原则

仲裁是当事人自愿将其纠纷提交给中立的第三者裁决的纠纷解决方式，因此，自愿原则是仲裁制度的基本原则。《仲裁法》在当事人自愿原则方面做了详细规定。根据《仲裁法》第四条和第五条的规定，当事人采用仲裁方式解决纠纷，应当双方自愿，达成仲裁协议。没有仲裁协议，一方申请仲裁的，仲裁委员会不予受理。当事人达成仲裁协议，一方向人民法院起诉的，人民法院不予受理，但仲裁协议无效的除外。违反当事人自愿原则强制受理案件，即当事人之间没有订立仲裁协议而受理案件的，仲裁裁决可能被人民法院依法撤销或者不予执行；仲裁程序如果与当事人之间的协议不符，或者仲裁部门裁决的事项超越了仲裁协议的范围，仲裁裁决也可能被人民法院依法撤销或者不予执行。

2. 专业性原则

由于仲裁对象是复杂的土地纠纷，涉及复杂的法律、社会经济和技术性问题，所以，仲裁机构一般配备专业的仲裁员供当事人选择，而仲裁员一般是行业专家，在保证仲裁专业性的同时确定了仲裁的权威性。

3. 实事求是原则

《仲裁法》第七条规定："仲裁应当根据事实，符合法律规定，公平合理地解决纠纷。"这一规定，既符合我国长期坚持的以事实为依据、以法律为准绳的法律原则，同时也对这一法律原则做了新的发展。也就是说，在法律没有规定或法律规定不完备的情况下，仲裁机构可以按照公平、合理的一般原则来解决纠纷。

4. 不公开仲裁原则

在仲裁程序中，不公开原则是指自当事人申请仲裁起至仲裁机构对纠纷做出裁决止，一律不公开进行，对外保密。不公开仲裁原则主要包含两方面内容：仲裁庭在开庭审理案件时，只允许双方当事人、代理人、证人、有关的专家、翻译人员及审理本案的仲裁人员参加，其他与本案无关的人员、记者等都不能参加开庭审理或者旁听。仲裁机构和仲裁庭对仲裁案件负有保密义务，不仅不能对外公开当事人的任何有关仲裁资料，而且也不允许对外宣告仲裁裁决的内容。

19.4.3 土地纠纷仲裁的程序

根据我国有关法律，土地纠纷仲裁的程序如下：（1）申请；（2）受理；（3）审理；（4）裁决。仲裁程序具体见《仲裁法》，在此不再赘述。

19.4.4 农村土地承包经营纠纷仲裁

农村土地承包经营纠纷面广量大，且有其自身特点，为此，国家为解决农村土地承包中的矛盾纠纷，专门制定了《农村土地承包经营纠纷调解仲裁法》。这部法律共分4章53条，分别为总则、调解、仲裁和附则。第十一届全国人大常委会第九次会议于2009年6月27日表决通过，自2010年1月1日起施行。《农村土地承包经营纠纷调解仲裁法》是一部具有中国特色的重要法律，是继《农村土地承包法》之后又一部有关农村土地承包的专门法律。它立足于我国农村实际，坚持从方便群众出发，将调解和仲裁紧密结合起来，确立了仲裁组织的法律地位，明确了仲裁调解和裁决的法律效力，规定了调解和仲裁的原则、方式和程序，为公正而及时地解决农村土地承包经营纠纷、维护当事人的合法权益提供了法律依据。

1. 设立仲裁委员会

农村土地承包仲裁委员会，根据解决农村土地承包经营纠纷的实际需要设立。农村土地承包仲裁委员会既可以在县和不设区的市设立，也可以在设区的市或者其市辖区设立。农村土地承包仲裁委员会在当地人民政府指导下设立。设立农村土地承包仲裁委员会的，其日常工作由当地农村土地承包管理部门承担。农村土地承包仲裁委员会由当地人民政府及其有关部门代表、有关人民团体代表、农村集体经济组织代表、农民代表和法律及经济等相关专业人员兼任组成，其中农民代表和法律及经济等相关专业人员不得少于组成人员的二分之一。农村土地承包仲裁委员会设主任一人、副主任一至两人和委员若干人。主任、副主任由全体组成人员选举产生。

2. 申请和受理

农村土地承包经营纠纷申请仲裁的时效为两年，自当事人知道或者应当知道其权利被侵害之日起计算。农村土地承包经营纠纷仲裁的申请人、被申请人为当事人。家庭承包的，可以由农户代表人参加仲裁。当事人一方人数众多的，可以推选代表人参加仲裁。与案件处理结果有利害关系的，可以申请作为第三人参加仲裁，或者由农村土地承包仲裁委员会通知其参加仲裁。当事人、第三人可以委托代理人参加仲裁。当事人申请仲裁，应当向纠纷涉及的土地所在地的农村土地承包仲裁委员会递交仲裁申请书。仲裁申请书可以邮寄或者委托他人代交。仲裁申请书应当载明申请人和被申请人的基本情况、仲裁请求和所根据的事实和理由，并提供相应的证据和证据来源。书面申请确有困难的，可以口头申请，由农村土地承包仲裁委员会记入笔录，经申请人核实后由其签名、盖章或者按指印。

农村土地承包仲裁委员会应当对仲裁申请予以审查，符合条件的应当受理。农村土地承包仲裁委员会决定受理的，应当自收到仲裁申请之日起五个工作日内，将受理通知书、仲裁规则和仲裁员名册送达申请人；决定不予受理或者终止仲裁程序的，应当自收到仲裁申请或者发现终止仲裁程序情形之日起五个工作日内书面通知申请人，并说明理由。农村土地承包仲裁委员会应当自受理仲裁申请之日起五个工作日内，将受理通知书、仲裁申请书副本、仲裁规则和仲裁员名册送达被申请人。被申请人应当自收到仲裁申请书副本之日起十日内向农村土地承包仲裁委员会提交答辩书；书面答辩确有困难的，可以口头答辩，由农村土地承包仲裁委员会记入笔录，经被申请人核实后由其签名、盖章或者按指印。农村土地承包仲裁委员会应当自收到答辩书之日起五个工作日内将答辩书副本送达申请人。被申请人未答辩的，不影响仲裁程序的进行。

3. 仲裁庭的组成

仲裁庭由三名仲裁员组成，首席仲裁员由当事人共同选定，其他两名仲裁员由当事人各自选定；当事人不能选定的，由农村土地承包仲裁委员会主任指定。事实清楚、权利义务关系明确、争议不大的农村土地承包经营纠纷，经双方当事人同意，可以由一名仲裁员仲裁。仲裁员由当事人共同选定或者由农村土地承包仲裁委员会主任指定。农村土地承包仲裁委员会应当自仲裁庭组成之日起两个工作日内将仲裁庭组成情况通知当事人。

4. 开庭和裁决

农村土地承包经营纠纷仲裁应当开庭进行。开庭可以在纠纷涉及的土地所在地的乡（镇）或者村进行，也可以在农村土地承包仲裁委员会所在地进行。当事人双方要求在乡（镇）或者村开庭的，应当在该乡（镇）或者村开庭。开庭应当公开，但涉及国家秘密、商业秘密和个人隐私以及当事人约定不公开的除外。仲裁庭应当在开庭五个工作日前将开庭的时间、地点通知当事人和其他仲裁参与人。当事人有正当理由的，可以向仲裁庭请求变更开庭的时间、地点。是否变更，由仲裁庭决定。

当事人在开庭过程中有权发表意见、陈述事实和理由、提供证据、进行质证和辩论。对不通晓当地通用语言文字的当事人，农村土地承包仲裁委员会应当为其提供翻译。当事人应当对自己的主张提供证据。与纠纷有关的证据由作为当事人一方的发包方等掌握管理的，该当事人应当在仲裁庭指定的期限内提供，逾期不提供的，应当承担不利后果。

仲裁庭应当根据认定的事实和法律以及国家政策做出裁决并制作裁决书。裁决应当按照多数仲裁员的意见做出，少数仲裁员的不同意见可以记入笔录。仲裁庭不能形成多数意见时，裁决应当按照首席仲裁员的意见做出。农村土地承包仲裁委员会应当在裁决做出之日起三个工作日内将裁决书送达当事人，并告知当事人不服仲裁裁决的起诉权利、期限。仲裁农村土地承包经营纠纷，应当自受理仲裁申请之日起 60 日内结束；案情复杂需要延长的，经农村土地承包仲裁委员会主任批准可以延长，并书面通知当事人，但延长期限不得超过 30 日。

当事人不服仲裁裁决的，可以自收到裁决书之日起 30 日内向人民法院起诉。逾期不起诉的，裁决书即发生法律效力。当事人对发生法律效力的调解书、裁决书，应当依照规定的期限履行。一方当事人逾期不履行的，另一方当事人可以向被申请人住所地或者财产所在地的基层人民法院申请执行。受理申请的人民法院应当依法执行。

另外，农村土地承包经营纠纷仲裁规则和农村土地承包仲裁委员会示范章程，由国务院农业、林业行政主管部门依照《农村土地承包经营纠纷调解仲裁法》规定共同制定。农村土地承包经营纠纷仲裁不得向当事人收取费用，仲裁工作经费纳入财政预算予以保障。

19.5　土地纠纷的复议

19.5.1　土地行政复议的内涵和特点

1. 土地行政复议的内涵

土地的民事纠纷可以通过和解、调解和仲裁来解决，而土地的行政纠纷可以通过行政复议来解决。

行政复议是指公民、法人或者其他组织认为行政主体的具体行政行为违法或不当侵犯其合法权益，依法向主管行政机关提出复查该具体行政行为的申请，行政复议机关依照法定程序对被申请的具体行政行为进行合法性、适当性审查，并做出行政复议决定的一种法律制度。为了进一步发挥行政复议制度在解决行政争议、建设法治政府、构建社会主义和谐社会中的作用，我国制定了《中华人民共和国行政复议法》(以下简称《行政复议法》) 和《中华人民共和国行政复议法实施条例》(以下简称《行政复议法实施条例》)。《行政复议法》于 1999 年 4 月 29 日第九届全国人民代表大会常务委员会第九次会议通过，自 1999 年 10 月 1 日起施行，2009 年 8 月、2017 年 9 月、2023 年 9 月修正/修订。《行政复议法实施条例》于 2007 年 5 月 23 日国务院第一百七十七次常务会议通过，自 2007 年 8 月 1 日起施行。

土地行政复议是指公民、法人或组织不服国土管理部门的行政处理决定，在法定的期限内向行政复议机关申请重新处理，行政复议机关对申请处理的行政行为的合法性和适当性进行复查复审，并做出维持、变更或撤销、部分撤销原行政处理裁定的活动。为规范国土资源行政复议工作，化解国土资源行政争议，维护公民、法人和其他组织的合法权益，推进法治国土建设，根据《行政复议法》和《行政复议法实施条例》，国土资源部于 2001 年颁布了《国土资源行政复议规定》，后经多次修订。2024 年 12 月 13 日，自然资源部令第 15 号公布《自然资源行政复议行政应诉规定》，自公布之日起施行。《自然资源行政复议规定》和《自然资源行政应诉规定》同时废止。

2. 土地行政复议的特点

土地行政复议具有以下特征：

(1) 复议主体的特定性。

土地行政复议一般以土地行政争议为处理对象，提出土地行政复议的申请人，必须是土地管理的相对人，即与国土管理部门的具体行政行为有直接利害关系的公民、法人或组织。

县级以上人民政府土地资源主管部门按照“谁行为、谁应诉”的原则，由行政行为的承办业务机构具体承办行政应诉事项。2023 年 9 月修订的《行政复议法》落实党中央改革决策，规定除垂管系统外，地方政府工作部门的案件均由地方人民政府管辖，同时对行政复议案件受理、审理、答复等提出新要求。按照新法规定，除自然资源部继续审理部本级行政复议案件外，地方各级自然资源主管部门不再是行政复议机关，但其行政行为的合法性和适当性仍要接受行政复议机关、司法机关的审查和监督，仍会作为被申请人参加行政复议，作为被告参与行政诉讼。

（2）申请复议的期限性。

公民、法人或者其他组织认为具体行政行为侵犯其合法权益的，可以自知道该具体行政行为之日起 60 日内提出行政复议申请；但是法律规定的申请期限超过 60 日的除外。因不可抗力或者其他正当理由耽误法定申请期限的，申请期限自障碍消除之日起继续计算。

（3）受理复议的期限性。

行政复议机关应当自受理申请之日起 60 日内做出行政复议决定，但是法律规定的行政复议期限少于 60 日的除外。情况复杂，不能在规定期限内做出行政复议决定的，经行政复议机关的负责人批准，可以适当延长，并书面告知申请人和被申请人，但是延长期限最多不超过 30 日。如果复议机关在法定的期限内不予答复或者拒绝答复的，申请人可以依法在法定期限内向人民法院起诉。

（4）复议范围的广泛性。

与土地行政诉讼相比，土地行政复议的范围广泛。依照《行政复议法》的规定，土地行政复议机关对土地行政行为的合法性与合理性均进行审查。根据《行政诉讼法》的规定，行政诉讼只对具体行政行为是否合法进行审查。

（5）复议的一次性。

不服从行政主体的具体行政行为的公民、法人或者其他组织，可以向法定的复议机关申请复议一次，复议机关做出的复议决定是行政终极决定，行政相对人不服不能再向上级国家行政机关申请复议，只能依法向人民法院提起行政诉讼。行政复议实行一级终结复议制。

土地行政复议不是解决土地行政纠纷唯一的途径和程序，但由于行政复议程序比行政诉讼程序简单，既有利于土地行政机关发挥监督作用，也有利于对行政权力造成的损害及时给予行政救济，因此是被提倡的土地行政纠纷解决途径。具体来说，土地行政复议有以下几点意义：（1）土地行政复议有助于上级国土管理部门维护和监督下级国土管理部门，依法行使职权，纠正下级国土管理部门违法或不恰当的行政行为，从而加强土地管理工作。（2）土地行政复议有助于使土地管理相对人的合法权益获得及时和充分的保护。因为行政复议比行政诉讼简便快捷，而且土地行政复议机关熟悉土地法律、法规、政策及土地管理业务，有助于及时纠正国土管理部门违法或者不当的具体行政行为，为公民提供方便、快捷、全面的行政救济。（3）土地行政复议有助于土地行政案件及时得到处理，减少土地行政诉讼，这不仅能够减轻国土管理部门参加行政诉讼的负担，而且能够减轻人民法院受理过多土地行政案件的压力。

19.5.2 土地行政复议的范围和管辖

1. 土地行政复议的范围

根据《行政复议法》《土地管理法》《自然资源行政复议行政应诉规定》，土地行政纠纷的复议范围如下：(1) 对土地行政处罚不服的，可以申请复议。如公民、法人或者组织不服国土管理部门做出的“责令退还非法占用土地”“查封、扣押、冻结财产”“罚款”“没收非法所得”等行政处罚，可以申请复议。(2) 对土地行政确权不服的，可以申请复议。如公民、法人或者组织认为国土管理部门的具体行政行为侵犯其已获得的土地所有权或使用权的，必须先申请复议。只有对行政复议决定不服的，才能依法起诉。(3) 对土地审批处理不服的，可以申请复议。如公民、法人或者组织提出的土地申请未被批准或者不予答复，或者认为国土管理部门审批处理有误，可以申请复议。(4) 对土地行政赔偿或者补偿裁决不服的，可以申请复议。这里说的是公民、法人或者组织认为自己土地所有权或使用权受到国土管理部门具体行政行为的侵犯，对国土管理部门做出的行政赔偿或者补偿裁决不服，可以申请复议。(5) 对土地赔偿决定不服的，可以申请复议。这里说的是公民、法人或者组织之间，因土地所有权和使用权受到他人的侵犯而发生纠纷，经国土管理部门依照职权做出赔偿裁决，一方或双方不服该赔偿裁决的，可以申请复议。(6) 对其他土地行政处理决定不服的，可以申请复议。如有关法律、法规规定，公民、法人或者组织对土地部门做出的其他土地行政处理决定不服的，可以申请复议。

有关法律规定了不能申请复议的事项，具体如下：(1) 对抽象行政行为不服的，不能申请复议。如公民或者组织对国务院部、委和省级人民政府就土地问题制定的行政法规、规章或者具有普遍约束力的决定、命令不能申请复议。(2) 对内部行政行为不服的，不能申请复议。如国土管理部门的工作人员对本单位或者上级行政机关做出的行政处分或其他人事决定不服的，不能申请复议。(3) 对土地民事纠纷的调解、仲裁或者处理不服的，不能申请复议。公民、法人或者组织之间因土地权益争议，对国土管理部门居间做出的调解、仲裁或者处理不服的，不能申请复议。(4) 对下级国土资源主管部门做出的行政复议决定或者行政复议告知不服，申请行政复议的，行政复议机关不予受理。(5) 对国家、外交等国家行为不服的，不能申请复议。国家行为是涉及国家主权、国家安全和国家利益的行为，如为了国家的安全，需要占用集体所有的土地修筑国防工程，公民、法人或者组织不能申请复议。

2. 土地行政复议的管辖

近年来，自然资源领域矛盾纠纷呈现高发多发的基本态势。新《行政复议法》实施后，省级部门的复议案件改由省级人民政府管辖，但复议管辖体制的改变并不代表自然资源领域矛盾纠纷的减少，自然资源部作为上级机关对自然资源系统的指导和管理职责没有改变。为规范自然资源全系统严格依法行政，履行好复议应诉职责，结合自然资源管理工作实际，《自然资源行政复议行政应诉规定》明确了适用范围：一是不仅适用自然资源部依法办理行政复议案件，履行行政复议决定，参加行政诉讼活动，指导和监督行政复议行政应诉工作，还适用于地方各级自然资源主管部门依法办理行政复议案件，履行行政复议决定，参加行政诉讼活动，指导和监督行政复议行政应诉工作。二是不仅适用各级自然资源主管部门开展复议应诉工作，还适用各级自然资源主管部门参加行政赔偿诉讼活动，办理检察监督、公益诉讼等事项，以及自然资源部办理国务院裁决案件。

19.5.3 土地行政复议程序

1. 土地行政复议的申请

土地行政复议的申请是指公民、法人或者组织认为行政机关及其工作人员在行使土地管理职权时，所做的具体行政行为侵犯其合法权益，依法要求土地行政复议机关进行审查和处理，以维护合法权益的意思表示。

土地行政复议的申请须满足以下条件：符合申请时效，有明确的申请人，有明确的被申请人，有具体的复议请求和事实依据，属于申请复议的范围，避免与行政诉讼冲突。

《行政复议法》第二十九条规定，公民、法人或者其他组织申请行政复议，行政复议机关已经依法受理的，在行政复议期限内不得向人民法院提起行政诉讼。公民、法人或者其他组织向人民法院提起行政诉讼，人民法院已经依法受理的，不得申请行政复议。

2. 土地行政复议的受理

土地行政复议的受理是指土地行政复议机关收到公民、法人或者其他组织提出的复议申请后，通过审查对符合法定条件的复议申请，决定予以立案。

《行政复议法》第三十条规定，行政复议机关收到行政复议申请后，应当在五日内进行审查。对不符合本法规定的行政复议申请，应当在审查期限内决定不予受理并说明理由；不属于本机关管辖的，还应当在不予受理决定中告知申请人有管辖权的行政复议机关。

3. 土地行政复议的审理

复议机关受理复议申请后，应全面审查具体行政行为，并做出最终复议决定。土地行政复议的审理包括以下程序：(1) 被申请人答复；(2) 审查申请人资格；(3) 调查取证；(4) 确定审理方式。

4. 土地行政复议的裁决

复议机关通过对案件的审理，应该就有关的行政纠纷做出结论性的决定，并按照决定内容制作复议决定书。

土地行政复议的决定主要分为以下几种情况：(1) 维持具体行政行为的决定；(2) 撤销、变更或确认具体行政行为的决定；(3) 被申请人履行法定职责的决定；(4) 被申请人履行赔偿申请人损失的决定。

5. 土地行政复议的执行

行政复议决定书制作完成并加盖公章后应立即送达当事人。

复议决定书一经送达即发生法律效力，当事人必须立即履行。除终局的复议外，申请人对复议决定不服的，可以在收到复议决定书之日起 15 日内向人民法院起诉。对申请人逾期不起诉又不履行或者无正当理由拖延履行复议决定的，分为以下情况处理：(1) 如果复议决定维持原具体行政行为的，由最初做出具体行政行为的国土管理部门依法申请人民法院强制执行。（2）如果复议决定改变原具体行政行为的，由复议机关依法申请人民法院强制执行。

19.6 土地纠纷的诉讼

如果土地纠纷通过协商和解、调解、仲裁和行政复议等手段仍然没有解决，诉讼就是当事人最后的选择。土地纠纷诉讼根据类型的不同分为土地纠纷民事诉讼和土地纠纷行政诉讼。如果涉及刑事责任问题，就要进行刑事诉讼。

19.6.1 土地民事诉讼

1. 土地纠纷民事诉讼的含义和特征

土地纠纷的民事诉讼是指人民法院和当事人在其他诉讼参与人的配合下，依《民事诉讼法》规定的程序，审理和解决土地民事纠纷的活动过程和产生的诉讼法律关系的总称。诉讼参与人包括原告、被告、第三人、证人、鉴定人、勘验人等。民事诉讼当事人有平等的诉讼权利。人民法院审理民事案件，应当保障和便利当事人行使诉讼权利，对当事人在适用法律上一律平等。

（1）公权性。与调解、仲裁这些诉讼外的解决民事纠纷的方式相比，民事诉讼有如下特征：民事诉讼是以司法方式解决平等主体之间的纠纷，是由法院代表国家行使审判权解决民事争议。它既不同于群众自治组织性质的人民调解委员会以调解方式解决纠纷，也不同于由民间性质的仲裁委员会以仲裁方式解决纠纷。

（2）强制性。强制性是公权力的重要属性。民事诉讼的强制性既表现在案件的受理上，又反映在裁判的执行上。调解、仲裁均建立在当事人自愿的基础上，只要有一方不愿意选择上述方式解决争议，调解、仲裁就无从进行；民事诉讼则不同，只要原告起诉符合《民事诉讼法》规定的条件，无论被告是否愿意，诉讼均会发生。诉讼外调解协议的履行依赖于当事人的自觉，不具有强制力；法院裁判则不同，当事人不自动履行生效裁判所确定的义务，法院可以依法强制执行。

（3）特定性。民事诉讼的对象具有特定性。它解决的争议是有关民事权利义务的争议。不是民事主体之间民事权益发生争议，不能纳入民事诉讼程序处理，如伦理上的冲突、政治上的争议、宗教上的争议或者科学上的争议等不能成为民事诉讼调整的对象。

民事诉讼应依据《中华人民共和国民事诉讼法》（以下简称《民事诉讼法》）进行。《民事诉讼法》于1991年第七届全国人民代表大会第四次会议通过，2007年10月、2012年8月、2017年6月、2021年12月、2023年9月修正。《民事诉讼法》的任务，是保护当事人行使诉讼权利，保证人民法院查明事实，分清是非，正确适用法律，及时审理民事案件，确认民事权利义务关系，制裁民事违法行为，保护当事人的合法权益，教育公民自觉遵守法律，维护社会秩序、经济秩序，保障社会主义建设事业顺利进行。

2. 土地民事诉讼的范围

根据《民事诉讼法》第三条的规定，人民法院受理公民之间、法人之间、其他组织之间以及他们相互之间因财产关系和人身关系提起的民事诉讼，适用本法的规定。土地民事纠纷属于公民之间、法人之间、其他组织之间以及他们相互之间因财产关系而产生的纠纷。土地民事纠纷如通过协商和解、调解、仲裁等手段仍然没有解决，则可以用民事诉讼的方式来处理。如土地侵权纠纷，由当事人协商解决。协商不成的，可进行调解，当事人对调解不服的，可以以对方当事人为被告提起民事诉讼；当事人也可不经和解、调解直接提起民事诉讼。土地权属纠纷，按照《土地管理法》第十四条的规定，由当事人协商解决；协商不成的，由人民政府处理。单位之间的争议，由县级以上人民政府处理；个人之间、个人与单位之间的争议，由乡级人民政府或者县级以上人民政府处理。当事人对有关人民政府的处理决定不服的，可以自接到处理决定通知之日起三十日内，向人民法院起诉。《土地权属争议调查处理办法》第三十一条规定，当事人对人民政府做出的处理决定不服的，可以依法申请行政复议或者提起行政诉讼。因为土地权属纠纷是由土地行政管理部门先行处理的，所以，当事人对行政处理不服的，应当提起行政诉讼，而不是民事诉讼。

关于不服农村土地承包仲裁委员会裁决的起诉案件受理问题，《农村土地承包经营纠纷调解仲裁法》第四十八条规定："当事人不服仲裁裁决的，可以自收到裁决书之日起三十日内向人民法院起诉。逾期不起诉的，裁决书即发生法律效力。"该条规定了不服仲裁裁决的救济方式及起诉时间，但是对不服仲裁裁决起诉的性质是民事诉讼还是行政诉讼、起诉后裁决的效力如何规定得不明确。一般而言，当事人不服农村土地承包经营仲裁委员会裁决的，由当事人依法向人民法院提起民事诉讼，原农村土地承包经营纠纷的当事人作为民事诉讼的适格主体，因为此类案件不是行政案件，仲裁机构不是行政机构，仲裁行为不是行政行为。以原纠纷的当事人作为民事诉讼当事人双方，以原土地承包经营纠纷提起诉讼，并以原土地承包经营纠纷确定案件的管辖问题，而不以仲裁机构为被告或第三人进行诉讼。起诉后，原仲裁裁决不发生法律效力，人民法院依据查明的情况依法对原土地承包经营纠纷进行处理。

3. 土地民事诉讼的管辖

民事诉讼管辖是指确定上下级人民法院之间和同级人民法院受理第一审民事案件的分工和权限。根据《民事诉讼法》，民事诉讼管辖可以分为级别管辖和地域管辖两类。

（1）级别管辖。

基层人民法院管辖第一审民事案件，《民事诉讼法》另有规定的除外。中级人民法院管辖下列第一审民事案件：重大涉外案件，在本辖区有重大影响的案件和最高人民法院确定由中级人民法院管辖的案件。高级人民法院管辖在本辖区有重大影响的第一审民事案件。最高人民法院管辖下列第一审民事案件：在全国有重大影响的案件和认为应当由本院审理的案件。

（2）地域管辖。

《民事诉讼法》第三十四条规定，因不动产纠纷提起的诉讼，由不动产所在地人民法院管辖。因此，土地民事纠纷一般由土地所在地人民法院管辖。但《民事诉讼法》相关条款也规定，因合同纠纷提起的诉讼，由被告住所地或者合同履行地人民法院管辖；因侵权行为提起的诉讼，由侵权行为地或者被告住所地人民法院管辖；两个以上人民法院都有管辖权的诉讼，原告可以向其中一个人民法院起诉；原告向两个以上有管辖权的人民法院起诉的，由最先立案的人民法院管辖。人民法院发现受理的案件不属于本院管辖的，应当依据《民事诉讼法》移送有管辖权的人民法院；有管辖权的人民法院由于特殊原因不能行使管辖权的，由上级人民法院指定管辖。可见，土地纠纷引起的民事诉讼应当根据《民事诉讼法》的有关规定进行处理。

4. 土地民事诉讼的程序

民事诉讼是依照法定程序进行的诉讼活动，无论是法院还是当事人和其他诉讼参与人，都需要按照《民事诉讼法》设定的程序实施诉讼行为，违反诉讼程序常常会引起一定的法律后果。民事诉讼的整个过程，围绕解决民事纠纷这一基本任务，由若干各有其中心任务的阶段组成，同时各个阶段相互衔接，依次连续进行。审判程序分为一审程序和二审程序。

一审程序包括：（1）原告起诉。（2）受理立案。法院受理后将起诉书副本送达被告；被告在十五日内提交答辩状，法院在五日内将答辩状副本送达原告，如果被告不提交答辩状，不影响审理；决定开庭审理的案件，法院在三日前通知当事人并公告。（3）法庭审理。法庭调查阶段包括：当事人陈述；告知证人的权利义务，证人作证，宣读未到庭的证人证言；出示书证、物证和视听资料；宣读鉴定结论；宣读勘验笔录。法庭辩论包括：原告及其诉讼代理人发言，被告及其诉讼代理人答辩，第三人及其诉讼代理人发言或者答辩，互相辩论。法庭辩论终结，由审判长按照原告、被告、第三人的先后顺序征询各方最后意见；法庭辩论终结，应当依法做出判决。判决前能够调解的，还可以进行调解；调解不成的，应当及时判决。（4）判决宣告。

二审程序包括：（1）上诉。当事人不服地方人民法院第一审判决的，有权在判决书送达之日起十五日内向上一级人民法院提起上诉。当事人不服地方人民法院第一审裁定的，有权在裁定书送达之日起十日内向上一级人民法院提起上诉。上诉状应当通过原审人民法院提出，并按照对方当事人或者代表人的人数提出副本。当事人直接向第二审人民法院上诉的，第二审人民法院应当在五日内将上诉状移交原审人民法院。（2）法院受理。（3）审理。程序大体与一审相同，不同之处主要在审查范围和内容上。对判决的上诉案件，应当在第二审立案之日起三个月内审结。有特殊情况需要延长的，由本院院长批准。对裁定的上诉案件，应当在第二审立案之日起三十日内做出终审裁定。

我国实行二审终审制。第二审人民法院的判决、裁定，是终审的判决、裁定。但如原告有新的证据证明判决错误的，还可以提出申诉，或者由检察机关按照审判监督程序提起再行审理。

19.6.2 土地行政诉讼

1. 土地行政诉讼的含义和特征

土地行政诉讼是指公民、法人或者其他组织认为行使国家土地行政权的机关和组织及其工作人员所实施的土地管理方面具体行政行为侵犯了其合法权利，依法向人民法院起诉，人民法院在当事人及其他诉讼参与人的参加下，依法对被诉具体行政行为进行审查并做出裁判，从而解决行政争议的制度。行政诉讼是指人民法院根据当事人的申请，对行政机关的行政行为进行合法性审查的一种制度。

行政诉讼在受理、裁判的案件上与其他诉讼的区别是，刑事诉讼解决的是被追诉者刑事责任的问题，民事诉讼解决的是民商事权益纠纷的问题，而行政诉讼解决的是行政争议，即行政机关或法律、法规授权的组织与公民、法人或者其他组织在行政管理过程中发生的争议。

行政诉讼和行政复议的区别是，二者解决争议的性质不同。人民法院处理行政诉讼案件属于司法行为，适用《行政诉讼法》；行政机关处理行政争议属于行政行为的范围，应当适用《行政复议法》。在具体的制度设计上，或将行政复议作为行政诉讼的前置阶段，或由当事人选择救济途径，或在当事人选择复议救济途径之后，仍允许其提起行政诉讼。《行政诉讼法》第四十四条规定，对属于人民法院受案范围的行政案件，公民、法人或者其他组织可以先向行政机关申请复议，对复议决定不服的，再向人民法院提起诉讼；也可以直接向人民法院提起诉讼。

为保证人民法院公正、及时审理行政案件，解决行政争议，保护公民、法人和其他组织的合法权益，监督行政机关依法行使职权，第七届全国人民代表大会第二次会议于1989年4月4日通过了《行政诉讼法》，自1990年10月1日起施行。2014年进行了第一次修正，2017年进行了第二次修正。

2. 土地行政诉讼的范围

土地行政诉讼的范围是指人民法院审判土地行政案件的范围。依法可以提起土地行政诉讼的案件主要有以下几类：不服土地行政处罚的具体行政行为，不服国土管理部门拒绝颁发许可证或者不予答复的具体行政行为，不服国土管理部门对土地所有权、使用权归属所做的具体行政行为，不服国土管理部门对侵犯土地的所有权、使用权所做的赔偿损失的具体行政行为，不服国土管理部门所做的行政侵权赔偿或者补偿的具体行政行为，不服国土管理部门违法要求履行义务的具体行政行为，不服国土管理部门所做的其他土地纠纷的具体行政行为。

在实践中，土地行政复议的范围和土地行政纠纷的范围是基本相同的，凡是不服土地行政复议的案件，都可以向人民法院提起行政诉讼。但是，所有提起行政诉讼的案件，不一定都必须进入土地行政复议。人民法院不受理个人或者组织就国家行为、抽象行政行为、行政机关内部行政行为以及法律规定终局裁决的具体行政行为所提起的诉讼。

3. 土地行政诉讼的管辖

行政诉讼的管辖是指人民法院之间受理第一审行政案件的分工和权限。可以分为级别管辖、地域管辖和裁定管辖。行政案件由最初做出具体行政行为的行政机关所在地人民法院管辖。经复议的案件，复议机关改变原具体行政行为的，也可以由复议机关所在地人民法院管辖。《行政诉讼法》第二十条规定，因不动产提起的行政诉讼，由不动产所在地人民法院管辖。因此，土地行政诉讼管辖存在下列两种情形：当事人不服国土管理部门的具体行政行为，直接向人民法院起诉的案件，或者申请行政复议，对复议决定维持原具体行政行为不服而向人民法院起诉的案件，应由最初做出具体行政行为的国土管理部门所在地人民法院管辖。对土地复议机关改变原具体行政行为不服而向人民法院起诉的案件，最初做出具体行政行为的国土管理部门和复议机关所在地的法院都有管辖权。如果两地都有管辖权的人民法院与行政争议的不动产所在地一致时，可以由土地管理相对人自由选择管辖；如果不一致时，为了便于人民法院及时审理土地行政案件，一般应当根据《行政诉讼法》规定，由符合第一审案件级别管辖的不动产所在地人民法院管辖。其中，对省级以下人民政府国土部门做出的具体行政行为不服提起的诉讼，由不动产所在地的基层人民法院管辖。对国家国土部门或者省级人民政府做出的土地具体行政行为不服提起的诉讼，由不动产所在地的中级人民法院管辖。中级人民法院管辖本辖区内重大、复杂的第一审土地行政案件。高级人民法院管辖本辖区内重大、复杂的第一审土地行政案件。最高人民法院管辖全国范围内重大、复杂的第一审土地行政案件。

4. 土地行政诉讼的程序

土地行政诉讼需要按照法律规定的程序进行。（1）土地行政诉讼的起诉；（2）土地行政诉讼的受理；（3）土地行政诉讼的审理；（4）土地行政诉讼的判决；（5）土地行政诉讼的执行。

根据《行政诉讼法》的规定，人民法院第一审土地行政案件必须实行开庭公开审理的方式，不得采用书面审理，但是涉及国家秘密、个人隐私和法律另有规定的，可以开庭不公开审理。人民法院审理行政案件，不适用调解。

人民法院审理土地行政案件，应当着重从以下五个方面审查该具体行政行为是否合法：一是审查被诉的国土管理部门是否依法取得实施被诉土地管理具体行政行为相应的行政管理职权和是否超越职权，二是审查被诉国土管理部门实施的具体行政行为认定的事实是否真实、证据是否确凿，三是审查被诉国土管理部门实施的具体行政行为所适用的法律、法规和规章是否正确，四是审查被诉国土管理部门的具体行政行为是否符合法定程序，五是审查被诉国土管理部门做出的行政处罚是否显失公正。

当事人不服第一审判决或裁定的，有权在判决或裁定书送达之日起十日内，向上一级人民法院提起上诉。人民法院审理上诉案件，应当在收到上诉状之日起两个月内做出终审判决。有特殊情况需要延长的，由高级或最高人民法院批准。审判监督程序为：当事人对已经发生法律效力的判决、裁定，认为确有错误的，可以向上一级人民法院申请再审，但判决、裁定不停止执行。

关键术语

土地纠纷　土地纠纷和解　土地纠纷调解　土地纠纷仲裁
土地纠纷复议　土地纠纷诉讼

复习思考题

1. 简述土地纠纷解决的法律依据。
2. 简述土地纠纷调解的原则。
3. 简述土地纠纷仲裁的原则。
4. 简述土地行政复议的程序。
5. 简述土地民事诉讼的含义和特征。
6. 简述土地行政诉讼的含义和特征。

第 20 章

土地行政监督

土地行政监督是土地行政管理的重要手段。本章主要就国家监督制度、土地执法监督和国家土地督察等问题进行阐述。

20.1 国家监督制度

20.1.1 国家监督制度的发展

国家监督制度是指由国家颁布的旨在监督国家机关及其工作人员在国家管理活动中遵纪守法情况等一系列法律规定和各种规定所形成的体系。监督制度包括的内容相当广泛，既包括国家机关的立法、行政、司法的监督，也包括政党监督、群众监督和社会舆论监督等。

监督制度经历了漫长的历史发展进程，其发展可分为三个阶段。古代社会的国家监督实质上是君主个人的特权。那时的监督目标主要是维护君权，防止大权旁落。这是古代社会实行专制统治的必然结果，而且监督的对象仅局限于行政系统。资产阶级革命的胜利是人类历史上的一个转折点。随着政府管理职能的日益扩大，国家权力系统划分明确，国家监督制度进入第二个阶段。不仅行政系统内部监督得到加强，而且国家权力系统的各组成部分彼此制约平衡，以监控权力的滥用。20 世纪初，社会主义国家出现在确立无产阶级专政的国体和组织民主共和政体的过程中，监督制度进入第三个发展阶段。社会主义国家开始双向性监督的探索，即国家机关内部自上而下的监督和人民群众对国家机关自下而上的监督，力求设计有效的国家监督模式，以顺应人类监督历史的发展趋势[①]。

---

① 孙国华．中华法学大辞典：法理学卷．北京：中国检察出版社，1997.

我国的监督制度经历了六个发展时期。

（1）监督制度的建立时期。这是指从新中国成立初期到1957年监督制度从无到有的重要阶段。1954年《宪法》规定，各级人民代表大会及其常委会有权对政府和司法工作进行监督。

（2）监督制度的徘徊曲折时期。这是指从1957年下半年反右斗争的开展至1966年“文化大革命”开始的九年。这一时期，由于反右派斗争扩大化，加之“大跃进”等，国家民主政治进程遭到严重的挫折。

（3）监督制度的严重破坏时期。“文化大革命”期间，全国人大及其常委会仅仅保留了一个名义，实际上已失去了最高国家权力机关的作用。各级革委会集党、政、军、司法权于一身，监督制度被扫荡无遗。

（4）监督制度的恢复和重建时期。1976年后，国家监督工作得以复苏，特别是党的十一届三中全会后，监督制度进入一个崭新的、重要的历史发展阶段。人民代表大会的监督职权得到加强，行政机关的行政监察工作恢复，司法机关在恢复机构的基础上开展了司法监督工作，并对监督的内容、方式、种类、主体等方面做了一系列规定，使监督制度不断发展和完善起来。

（5）国家监督体制健全时期。1986年12月，第六届全国人大常委会第十八次会议根据国务院的提议，决定设立中华人民共和国监察部，并与中共中央纪律检查委员会、司法部门的检察院同为国家监督检查机关。监察部在各省、自治区、直辖市设监察厅，州县市设监察局，负责本行政区的监察工作。国家及监察机构成立以来，在实行对行政人员的监督检查、受理个人和单位对违法违纪行为的检举、审议监察对象的纪律处分等方面做了大量工作，取得了很好的成绩。

（6）加强反腐败监督时期。为了推进全面依法治国，实现国家监察全面覆盖，深入开展反腐败工作，2018年3月20日，十三届全国人大一次会议表决通过了《中华人民共和国监察法》。一是实现监察全覆盖。在我国，“政府”历来是广义的，而行政监察对象主要是行政机关及其工作人员，监察范围过窄。监察委员会对所有行使公权力的公职人员进行监察，实现由监督“狭义政府”公职人员到监督“广义政府”公职人员的转变，使监督不再有空白地带。二是整合分散的反腐败力量。组建监察委员会，整合反腐败工作力量，解决检察机关查处职务犯罪的职能与党的纪律检察机关、行政监察机关职能交叉重叠问题，有利于形成反腐败合力。

20.1.2 国家监督制度的类型

我国现行的监督制度分为法律监督、行政监督和社会监督三个层次。法律监督，由国家权力机关人民代表大会行使，包括立法和对法律实施的监督以及对政府和司法部门工作的监督。行政监督，即国家机关自身的监督。它的监督职能随行政权力的产生而产生，并通过行政法规和规章的制定、行政解释和行政执法对行政违法行为进行监督。社会监督是指社会成员、组织或公众通过合法途径对政府、企业、社会组织等主体的行为进行观察、评价和制约的过程，旨在促进权力透明、责任落实和公共利益最大化。

土地执法监督和土地督察是目前国家土地监督制度的两类重要形式，都属于国家土地行政监督的范畴。

20.2　土地执法监督

20.2.1　土地执法监督的内涵和特征

土地执法监督是指县级以上土地资源主管部门依照法定职权和程序，对公民、法人和其他组织执行和遵守土地资源法律法规的情况进行监督检查，并对违反土地资源法律法规的行为进行制止和查处的行政执法活动。

土地执法监督是各级人民政府国土管理部门的重要职责。《土地管理法》专辟第六章规定土地管理的监督检查。其中第六十七条规定，县级以上人民政府自然资源主管部门对违反土地管理法律、法规的行为进行监督检查。国家土地管理局于 1995 年 6 月 12 日发布了《土地监察暂行规定》。国土资源部于 2017 年 12 月 27 日发布了《国土资源执法监督规定》，《土地监察暂行规定》同时废止。

土地执法监督的主要特征有：

(1) 主体合法性。土地执法监督的主体必须是县级以上人民政府国土管理部门，乡（镇）人民政府无权行使土地执法监督。

(2) 对象合法性。监察的对象必须是县级以上人民政府国土管理部门在履行土地管理职责过程中发现的，或者被检举控告有违反土地法律、法规行为的公民、法人或者其他单位。

(3) 内容合法性。监察的内容必须是土地法律、法规要求当事人遵守或执行，而当事人采取作为或不作为的方式违反这些规范的行为。

(4) 程序合法性。土地执法监督人员履行检查职责时应当出示统一制发的土地管理监督检查证件。否则，被检查者有权拒绝接受检查。

(5) 措施合法性。只能采取土地法律、法规和相关法律法规允许采取的措施。否则，给当事人造成财产损失的，要依法赔偿；构成犯罪的，要依法追究刑事责任。

20.2.2　土地执法监督的作用

土地执法监督制度有利于国土管理部门及时发现、揭露和制止土地所有者、土地使用者和土地管理者的土地违法行为，这对于强化土地管理职能，保证国家土地法律、法规、规章的正确执行以及保护国家和社会公共利益及其他当事人的合法权益有十分重要的作用。具体来说，土地执法监督的作用可以分为以下几个方面：

1. 土地执法监督是实现土地管理法治化的重要途径

我国社会主义法治的基本要求是，有法可依，有法必依，执法必严，违法必究。目前，我国已经构建了以《土地管理法》为基础的土地法律体系框架，但是若没有健全的土地执法监督制度，土地法律、法规就不能有效地贯彻执行。要使法律付诸实施，不仅要靠人们自觉执行和遵守，还要靠有关部门对执行和遵守情况实施有效的监督检查。土地执法监督制度正是从体制上落实有法必依的必要措施。

对各级国土管理部门来说，执法必严既是对土地执法监督工作的要求，也是土地执法监督活动的行为准则，没有健全的土地执法监督制度，执法必严就会成为一句空话。土地执法监督制度的重要职能之一，就是对违反土地法律、法规的当事人，依法追究其法律责任。违法必究正是土地法治化本身属性的客观要求，否则就不能维护法律的权威性。所以说，土地执法监督是土地管理法治化的内在要求，是实现土地管理法治化的重要途径。

2. 土地执法监督是贯彻以预防为主原则的有效手段

土地执法监督的基本原则之一是预防为主，预防和查处相结合。“预防为主”是指国土管理部门通过土地执法监督来增强国民的土地国情、国策、国法观念，增强他们自觉遵守土地法律、法规的意识，把国家的土地国策变为国民的自觉行动，同时通过各种制度和有效措施，防止土地违法案件的发生。按照法律规定，对在违法占用的土地上新建的建筑物，不是“拆除”，就是“没收”，这不仅会造成国家、国民的财产损失和土地的破坏，而且也有违土地立法的精神。因此，加强防范措施，努力降低土地违法发案率，有效地保护土地资源，最大限度地降低不必要的财产损失，才是土地立法的目的。

土地执法监督以预防为主，并不是说放弃对土地违法案件的查处。国土管理部门在其职权范围内对违法土地的行为进行严肃查处，不仅对土地违法者起到警示和惩罚的作用，也同时对其他人进行了教育和警示，引导人们自觉遵守土地法律和法规。从这种意义上讲，查处也是一种特殊的预防措施。

3. 土地执法监督具有强化土地管理职能的作用

国土管理部门通过实施与强化土地执法监督工作，可以及时发现、揭露和纠正系统内部工作人员履行职责中存在的问题，不断提高依法行政的公平和效率，有助于建立廉洁、公正、高效的政府机构。

4. 土地执法监督有助于保护土地所有者、使用者的合法权益

国土管理部门通过土地执法监督活动，查处土地违法案件，对土地违法者予以制裁，有助于保护土地所有者、土地使用者的合法权益，维护正常的土地管理秩序和土地市场秩序。

20.2.3 土地执法监督的机构、任务和职权

1. 土地执法监督机构

土地执法监督机构是指中央和地方人民政府国土管理部门内部按照职责划分设置的

专门负责土地执法监督工作的职能机关。

1998 年，国务院批准的国土资源部内设机构方案中专门设置执法监察局，代表中央人民政府国土管理部门具体负责我国的土地执法监督工作。县级以上地方人民政府国土管理部门也相应设置土地执法监督机构，代表地方人民政府负责辖区内的土地执法监督工作。2018 年，根据党的十九届三中全会审议通过的《中共中央关于深化党和国家机构改革的决定》《深化党和国家机构改革方案》和第十三届全国人民代表大会第一次会议批准的《国务院机构改革方案》，成立了自然资源部。其内部设置执法局，负责拟订自然资源违法案件查处的法规草案、规章和规范性文件并指导实施；查处重大国土空间规划和自然资源违法案件，指导协调全国违法案件调查处理工作，协调解决跨区域违法案件查处；指导地方自然资源执法机构和队伍建设，组织自然资源执法系统人员的业务培训。

2. 土地执法监督任务

土地执法监督任务，就是对土地管理者、土地所有者和土地使用者执行、遵守土地法律、法规的情况进行执法监察，查处土地违法案件，以维护社会主义土地公有制和国家土地管理秩序。根据自然资源部机构设置方案和《国土资源执法监督规定》及有关规定，土地执法监督机构的职责主要是：（1）执法监察；（2）检举、控告和受理；（3）查处土地违法案件；（4）对下级国土管理部门履行土地管理和监督的职责情况进行监督检查；（5）协助有关部门查处土地管理机关人员依法执行职务遭受打击报复的案件，维护土地执法人员的人身和财产安全。

3. 土地执法监督职权

土地执法监督职权是指土地执法监督机构在履行土地执法监督职责时依法享有的权利。为了切实保障土地监察机构依法履行监察职责，提高土地执法监督的有效性和合法性，法律必须赋予该机构必要的、与其职责相适应的监察职权。《土地管理法》规定，县级以上人民政府自然资源主管部门对违反土地管理法律、法规的行为进行监督检查。这就是法律赋予县级以上人民政府国土管理部门的土地执法监督职权。

土地执法监督职权的种类有：（1）监督检查权；（2）调查权；（3）制止权；（4）建议权；（5）行政处罚权；（6）行政处理权。

20.2.4　土地执法监督的程序

土地执法监督的程序是指土地执法监督机构依法开展监察活动的方法、步骤的总称。土地执法监督的程序主要由准备、实施和终结三部分组成。

1. 做好准备

（1）做好思想准备，明确检查的任务、目的、范围及重点内容等。依据检查的内容，学习有关法律、法规，熟悉有关业务知识，收集必要的资料，为全面实施检查做好思想和业务准备。

（2）根据检查的总任务，制定具体实施方案。明确检查的目的、重点问题和检查范围以及检查的形式、方法、步骤及时间安排和对检查对象的要求。

（3）组织落实和物质准备。明确检查活动的牵头单位、负责人、参加人员及职责分工。物质准备主要是落实好开展检查所必需的经费和有关物资。

（4）通知检查对象，即以书面的形式通知被检查的单位和个人，说明检查的目的、时间、方式和要求等有关事项。

2. 实施监督

（1）向检查对象出示土地执法监督证件，说明检查的目的、内容和工作步骤，提出检查要求，使其做好准备工作并提供检查所必需的条件，积极支持、配合监察机构依法开展工作。根据实际需要，依法采取一切必要的检查措施。

（2）采取多种方法和途径调查了解情况，广泛收集一切与检查事项有关的情况、信息。

（3）对获取的情况和资料进行分析研究，去粗取精、去伪存真、查清事实真相。

（4）依法处理。国土管理部门对检查中发现的违反土地法律法规的行为应根据问题的性质做出不同的处理。属于国土管理部门职权范围内的案件，应依法做出处理；对不属于本部门职权范围内的案件，应当建议或者提请人民政府或有关部门处理。

3. 检查终结

（1）写出检查的总结报告。主要内容包括：土地检查的基本情况，检查采取的主要措施和形式，检查中发现的主要问题，对当事人土地违法行为的处理结果和防止土地违法行为发生的建议等。

（2）对在土地执法监督工作中做出显著成绩的单位和个人予以表彰或建议表彰，对检查工作中好的经验应及时总结并推广。

20.2.5 土地违法行为的处理方式

根据《土地管理法》等有关规定，国土管理部门在实施土地执法监督过程中发现的土地违法问题应分别按下列方式处理。

（1）对下级人民政府或国土管理部门制定的与现行法律、法规相抵触的规范性文件，应分别按照下列要求处理：责令其修改或者向下级人民政府提出撤销的建议；向制定机关提出修改建议，必要时，可以向同级人民政府提出责令修改或者撤销的建议。

（2）对下级人民政府违法批地行为的处理。国土管理部门报经同级人民政府批准，可以对下级人民政府的违法批地行为予以公告，宣布批准文件无效，注销土地使用证，对有关责任人由其所在单位或者上级机关给予行政处分；构成犯罪的，依法追究刑事责任。

（3）对下级国土管理部门不履行法定职责的处理。依法应当给予行政处罚，而有关国土管理部门不给予行政处罚的，上级人民政府国土管理部门有权责令有关国土管理部门做出行政处罚决定或者直接给予行政处罚，并给予有关国土管理部门的负责人行政处分。

（4）对下级国土管理部门行政处罚错误的处理。国土管理部门发现下级人民政府国土管理部门未经行政诉讼或者行政复议程序，但已发生法律效力的行政处罚决定确有错误的，可以责令下级人民政府地政部门重新处理，也可以自己依法处理。

（5）对土地违法案件当事人的行政处罚。地政部门在监察工作中发现土地违法案件，违法事实清楚、证据确凿，应当按照行政处罚的有关规定对当事人予以行政处罚。

（6）对国家工作人员的行政处分。国土管理部门在土地执法监督工作中发现国家工作人员的违法行为，依法应当给予行政处分的，应向同级或上级人民政府行政监察机关提出行政处分建议书，由有关行政监察机关依法予以处理。

（7）对构成犯罪行为的处理。国土管理部门在土地执法监督工作中发现土地违法者的行为已经构成犯罪的，应当将案件移送有关司法机关，依法追究其刑事责任。

（8）对拒绝、阻碍执行公务或者打击报复执法人员的处理。对拒绝、阻碍国土管理部门依法履行土地执法监督职责，或者对土地执法监督人员进行打击报复的，由国土管理部门提请公安机关依照有关规定进行处罚；构成犯罪的，依法追究刑事责任。

需要指出的是，国土管理部门不得对违法者采取职权范围外的处理措施，否则，应承担因越权而产生的法律责任。

20.3 国家土地督察

20.3.1 国家土地督察制度的产生

土地督察制度是指国家土地总督察及设立的督察机构在国务院授权下，代表国务院对省、自治区、直辖市以及计划单列市人民政府土地利用和管理情况进行监督检查的制度。

国家土地督察制度的建立，是中国土地管理制度的一次重大变革，是推进行政管理体制改革的创新举措，是加强土地监管，落实最严格的土地管理制度和改善宏观调控的重大措施。

由于我国土地资源的特殊国情，以1998年修订《土地管理法》为契机，国家制定了“十分珍惜、合理利用土地和切实保护耕地”的基本国策，决定实行最严格的土地管理制度。土地管理决策性权力基本上归中央和省级政府掌控，市级政府和县级政府有一定的执行权①。这种权力配置模式在土地市场初步建立时期发挥了积极作用，有利于国家土地管理政策目标和宏观调控目标的实现。但是，随着我国经济体制和行政体制改革的深入，这种管理体制的弊端也日益暴露。地方政府在土地管理方面的政策目标与中央政府不完全一致。中央政府主要考虑耕地保护、粮食安全、可持续发展等全局性目标，地方政府

① 甘藏春．以制度创新推动社会经济发展：重温《土地管理法》的全面修订．国土资源，2011（10）：4－7.

则更偏重于考虑区域发展、财政收入、政绩考核等局部性目标。地方政府独立于中央政府的特殊利益考量，导致了中央土地管理政策执行的偏离，也就是我们常说的“上有政策，下有对策”。

从2003年开始，我国经济过热现象十分严重，地方出现了大规模建设滥用耕地和圈占土地的现象，土地管理的形势十分严峻。在历次耕地保护政策落实和土地市场治理整顿中，地方政府纵容、默许甚至主导的土地违法行为日益增多，其隐蔽性强，查处难度大，已经成为遏制土地违法违规势头的重点和难点。很多地方政府为了所谓的业绩，大量圈占土地兴办经济开发区，用零地价或者低地价吸引开发商投资，造成地区之间恶性竞争和国有资产流失。开发商取得土地使用权的成本很低，缺乏开发的积极性，导致大量土地闲置。针对这样的情况，中央政府决定加强对地方政府土地管理行为的监督，建立国家土地督察制度。2004年，《国务院关于深化改革严格土地管理的决定》指出，“完善土地执法监察体制，建立国家土地督察制度，设立国家土地总督察，向地方派驻土地督察专员，监督土地执法行为”。此后，国土资源部开始了国家土地督察机构的筹备和组建工作。2006年，为了使国家土地督察制度在机制、人员上真正落实，国务院办公厅颁布《关于建立国家土地督察制度有关问题的通知》，由此国家土地督察制度初步形成。根据2018年第十三届全国人民代表大会第一次会议批准的《国务院机构改革方案》，成立自然资源部，设立国家自然资源总督察办公室。根据中央授权，自然资源部向地方派驻国家自然资源督察北京局等九个局，承担对所辖区域的自然资源督察工作。土地督察制度实施以来，在监督地方政府依法管地用地、维护土地管理秩序等方面发挥了重要作用。在充分总结国家土地督察制度实施成效的基础上，2019年《土地管理法》在总则中增加一条，对土地督察制度做出规定：国务院授权的机构对省、自治区、直辖市人民政府以及国务院确定的城市人民政府土地利用和土地管理情况进行督察。以此为标志，国家土地督察制度正式成为土地管理的法律制度。

20.3.2 土地督察与土地执法监察

土地督察不同于国土资源管理部门内部的土地执法监察。《土地管理法》专门规定了土地监督检查制度，是指县级以上人民政府自然资源主管部门依照法定权限、程序和方式，对本行政区域内单位和个人执行、遵守土地管理法律法规的情况进行监督检查，并对违反土地管理法律法规行为进行调查处理的行政执法活动。土地执法监察的主体是县级以上人民政府自然资源主管部门，其监察对象在土地督察制度实施前，是一切与土地发生法律关系的单位和个人，包括行使土地审批和管理职能的地方各级人民政府及代表政府行使土地管理权的土地行政主管部门。

土地督察实质上是把国务院对省级以及计划单列市人民政府的土地监督检查权从土地执法监察中分离出来，形成专门的督察制度，并在此基础上，国务院赋予了土地督察机构更为宽泛、全面的督察职权。但是，土地督察并没有取代自然资源主管部门依法享有的土地执法监察权。国家土地督察机构行使职权，不改变、不取代各级自然资源主管部门的监督检查和行政处罚等管理职权。

就性质而言，国家土地督察制度是国务院的一种授权行为；就法律地位而言，国家土地总督察代表国务院行使监督检查的职权，督察的对象主要是地方政府的土地利用和管理行为；就监督类别而言，土地督察制度是一种行政监督制度，其主体是行政系统内部机构，即国务院授权设立的专门机构。

20. 3. 3　国家土地督察的机构与职责

1. 设立国家自然资源总督察及其办公室

2006 年，国务院授权国土资源部代表国务院对各省、自治区、直辖市，以及计划单列市人民政府土地利用和管理情况进行监督检查。设立国家土地总督察一名，由国土资源部部长兼任；兼职副总督察一名，由国土资源部一名副部长兼任；专职副总督察（副部长级）一名。国家土地总督察、副总督察负责组织实施国家土地督察制度。主要职责是：监督检查省级以及计划单列市人民政府耕地保护责任目标的落实情况；监督省级以及计划单列市人民政府土地执法情况，核查土地利用和管理中的合法性和真实性，监督检查土地管理审批事项和土地管理法定职责履行情况；监督检查省级以及计划单列市人民政府贯彻中央关于运用土地政策参与宏观调控要求情况；开展土地管理的调查研究，提出加强土地管理的政策建议；承办国土资源部及国家土地总督察交办的其他事项。在国土资源部设立国家土地总督察办公室。主要职责是：拟定并组织实施国家土地督察工作的具体办法和管理制度；协调国家土地督察局工作人员的派驻工作；指导和监督检查国家土地督察局的工作；协助国土资源部人事部门考核和管理国家土地督察局工作人员；负责与国家土地督察局的日常联系、情况沟通和信息反馈工作。

2018 年，中共中央、国务院批准自然资源部“三定”方案，决定成立国家自然资源总督察办公室。主要职责是：完善国家自然资源督察制度，拟定自然资源督察相关政策和工作规则等；指导和监督检查派驻督察局工作，协调重大及跨督察区域的督察工作；根据授权，承担对自然资源和国土空间规划等法律法规执行情况的监督检查工作。

2. 向地方派驻国家自然资源督察局

由自然资源部向地方派驻九个自然资源督察局。

（1）国家自然资源督察北京局，督察范围为：北京市、天津市、河北省、山西省、内蒙古自治区；

（2）国家自然资源督察沈阳局，督察范围为：辽宁省、吉林省、黑龙江省及大连市；

（3）国家自然资源督察上海局，督察范围为：上海市、浙江省、福建省及宁波市、厦门市；

（4）国家自然资源督察南京局，督察范围为：江苏省、安徽省、江西省；

（5）国家自然资源督察济南局，督察范围为：山东省、河南省及青岛市；

（6）国家自然资源督察广州局，督察范围为：广东省、广西壮族自治区、海南省及深圳市；

（7）国家自然资源督察武汉局，督察范围为：湖北省、湖南省、贵州省；

（8）国家自然资源督察成都局，督察范围为：重庆市、四川省、云南省、西藏自治区；

（9）国家自然资源督察西安局，督察范围为：陕西省，甘肃省，青海省，宁夏回族自治区，新疆维吾尔自治区，新疆生产建设兵团及所辖师（市）、团场。

派驻地方的国家自然资源督察局，代表国家自然资源总督察履行监督检查职责，承办自然资源部及国家自然资源总督察交办的其他事项。

依照法律规定由国务院审批的农用地转用和土地征收事项，省级人民政府在报国务院时，应将上报文件同时抄送派驻地区的国家自然资源督察局。派驻地区的国家自然资源督察局发现有违法违规问题的，应及时向国家自然资源总督察报告。依照法律规定由省级和计划单列市人民政府审批的农用地转用和土地征收事项，应及时将批准文件抄送派驻地区的国家自然资源督察局。

对监督检查中发现的问题，派驻地区的国家自然资源督察局应及时向其督察范围内的相关省级和计划单列市人民政府提出整改意见。对整改不力的，由国家自然资源总督察依照有关规定责令限期整改。整改期间，暂停被责令限期整改地区的农用地转用和土地征收的受理和审批。整改工作由省级和计划单列市人民政府组织实施。对该地区整改结束，由派驻地区的国家自然资源督察局审核后，报国家自然资源总督察批准。

20.3.4 国家土地督察制度的工作机制和监督方式

通过《国务院关于深化改革严格土地管理的决定》《国务院办公厅关于建立国家土地督察制度有关问题的通知》等文件，我国建立了土地督察制度，成立了相关工作队伍，构建了工作机制和监督方式，以监督基本国策的落实情况。

1. 国家土地督察制度的工作机制

土地督察制度由三个工作机制组成。

（1）发现机制，通过采用遥感监测等先进技术和运用媒体揭露、群众举报、实地巡查、查阅档案等手段，及时发现督察范围内的土地违法违规情况。

（2）审核机制，研究确定对建设用地审批事项进行审核的操作程序，对省级和计划单列市人民政府建设用地审批事项的真实性、合法性进行审核。

（3）纠正机制，对省级和计划单列市人民政府土地违法违规行为，提出纠正整改意见。

2. 国家土地督察制度的监督方式

（1）日常督察。

日常督察是指以审核督察为主要内容，以其前后延伸核审和领导批办、部门转办、信访反映、媒体披露等收集的重大问题线索核查为重要补充，以节约集约利用土地和维护群众合法权益等为常态内容的督察工作。国家自然资源督察局应当加强日常督察工作。

（2）审核督察。

审核督察是指国家自然资源督察局对省级以及计划单列市人民政府负责的农用地转

用和土地征收等审批事项以及出台的有关政策进行审核，对其贯彻落实党中央、国务院及自然资源部有关土地利用和管理政策情况进行的督察。省级以及计划单列市人民政府应当及时将有关土地利用和管理的法规规章、文件资料等抄送国家自然资源督察局。国家自然资源督察局应当及时对省级以及计划单列市人民政府抄送的有关文件资料等进行审核，发现存在违反法律、行政法规规定的，国家自然资源督察局应当提出意见和建议，必要时将有关情况向国务院报告。

（3）例行督察。

例行督察是指国家自然资源督察局根据监督检查省级以及计划单列市人民政府土地利用和管理情况的需要，可以每年选择督察区域内部分市、县，对其土地利用和管理情况进行全面督察。国家自然资源督察局依据督察工作计划开展例行督察，应当将例行督察的开始时间、督察县（市、区）的名单等事项报国家自然资源总督察批准后启动。国家自然资源督察局应当在例行督察开始前30个工作日，书面通知有关地方人民政府。国家自然资源督察局应当在例行督察结束后形成督察报告，报国家自然资源总督察。

（4）专项督察。

专项督察是指国家自然资源督察局按照国务院以及国家自然资源总督察的工作部署，或者根据土地管理和利用中存在的突出问题，在督察区域内就某一具体事项开展的督察。全国范围内的专项督察事项，由国家自然资源总督察确定。国家自然资源督察局根据专项督察安排，应当在规定的时限内组成督察组开展督察工作。国家自然资源督察局应当在专项督察开始前10个工作日，书面通知有关地方人民政府。全国范围内开展的专项督察，国家自然资源督察局应当在督察结束后将督察报告报国务院。

关键术语

国家监督制度　　土地执法监督　　国家土地督察制度

复习思考题

1. 简述国家监督制度的类型。
2. 简述土地执法监督的内涵和特征。
3. 简述国家土地督察制度的工作机制和监督方式。

第21章

土地法律责任

土地法律责任是土地法律体系的重要内容。本章阐述土地法律责任概述、土地民事法律责任、土地行政法律责任和土地刑事法律责任等。

21.1　土地法律责任概述

21.1.1　土地法律责任的内涵和特征

法律责任是指违法者依法对违法行为所应承担的法律后果。违法行为是指法律所不允许作为或不作为的行为。行为人违反法律规定，侵害了国家、集体或个人的合法权益，必须承担相应的法律责任。法律责任是通过法律制裁实现的。违法行为所指的法，包括宪法、法律、行政法规、地方性法规和其他依法制定的行政规章。法律责任是法理学的基本问题之一，是法律义务履行的保障机制和法律义务违反的矫正机制，在整个法律体系中占有十分重要的地位。

土地法律责任是指因违反土地法律规范的行为而应当承担的法律后果。国家为了维护社会秩序和社会公共利益，根据土地法律规范有权对违法者给予相应的制裁，教育每个社会成员自觉遵守土地法律规范和土地管理秩序，保证人民生活和生产的正常运行。国家行政管理人员、土地所有者、土地使用者、土地利益相关者或国家机关、社会团体、企事业单位，拒不执行土地法律规范规定的职责和义务，或者做出法律规范禁止的行为，并具备违法行为构成要件，应追究其法律责任。如《土地管理法》第七章、《农村土地承包法》第四章和《城市房地产管理法》第六章都专门就法律责任做了明确规定。

土地法律责任的特征是：（1）该项违法行为是由土地法律规范规定的主体实施的；（2）其实施的行为是违反有关土地法律规范的规定的；（3）该行为已经引起危害后果；

（4）按土地法律规范的规定要承担一定的法律责任，至于其法律责任的大小，根据行为人违法行为的性质、情节以及危害后果的程序来决定。追究法律责任必须按照“有法可依，有法必依，执法必严，违法必究”的原则。

21.1.2　土地法律责任的类型

法律责任的种类根据违法行为的具体性质、情节不同，一般分为行政责任、民事责任和刑事责任。

土地法律责任是一种由行政责任、民事责任和刑事责任构成的综合责任制度，这是由土地法律规范调整的对象、内容、性质、特点所决定的。我国实行土地的社会主义公有制，土地的公有化决定了土地在开发利用过程中必须体现社会的意志和利益。这种社会的意志和利益，主要表现在国家对土地的宏观管理上，即对土地的统一管理和统一规划上。国家依据各种土地法律规范有计划地指导土地的开发利用，保证土地的利用符合全社会的根本利益。在这种情况下，我国的土地关系必然存在一种指导性、强制性、计划性的关系。这是一种行政上的隶属性关系，国家与土地使用者之间的地位是不平等的，即国家机关、企事业单位、经济实体、公民在土地使用上具有从属、服从的性质。此外，土地的有偿使用，使土地使用权可以依法流转，即土地的出让方与土地的受让方之间以及土地使用者之间是按照自愿互利、协商一致达成协议的形式来调整土地关系。这便形成了一种互相协作、权利义务对等的民事法律关系，需要按民事法律的规定来调整，以确立双方主体间的民事责任，即民事主体在民事活动中，因实施了民事违法行为，根据民法所承担的对其不利的民事法律后果或者基于法律特别规定而应承担的民事法律责任。由于违反土地管理法律的行为大多以贪图私利、牟取非法的物质经济利益为目的，因此，其违法行为超过一定限度，构成犯罪的，即要追究刑事责任。

行政责任、民事责任、刑事责任的三种法律责任形式及其各项制裁措施互相联系配合，从而构成整体的土地法律责任制度。在运用时需要综合考虑违法行为的主体、客体的情况，以及违法行为的性质、情节、危害程度、社会影响等情况，才能正确确定适用的法律责任的形式及具体的制裁措施。

21.2　土地民事法律责任

21.2.1　土地民事法律责任的内涵和特征

1. 土地民事法律责任的内涵

民事法律责任，简称民事责任，是民事主体不履行或者不完全履行民事义务的法律后果。民事主体应当依照法律规定或者当事人约定履行民事义务，不履行或者不完全履行的，应当依法承担民事责任。民事责任属于法律责任的一种，是保障民事权利和民事义务实现的重要措施，是民事主体因违反民事义务所应承担的民事法律后果，它主要是一种民事救济手段，旨在使受害人被侵犯的权益得以恢复。《民法典》总则编中专设“民事责任”一章（第八章），规定了违约责任和侵权责任两种民事责任。违约责任作为一种民事责任，在目的、构成要件、责任形式等方面均有别于其他法律责任。

土地民事法律责任是指公民、法人或者其他组织实施违反了土地法律规范、侵犯了平等主体的土地权利，给国家、集体、个人经济上造成损失的行为，必须依法接受民事法律制裁所应承担的法律责任。土地法律规范的民事责任主体主要是公民、法人或者其他组织，他们之间不论是侵权的一方还是被侵权的一方，都处于平等的法律地位。一般土地法中的民事责任，主要是因土地侵权行为或不履行民事经济合同的义务而引起的土地侵权赔偿责任和土地违约责任。二者都是以补偿因不履行土地义务所造成的损失为原则。

2. 土地民事法律责任的特征

（1）财产性。土地本身就是不动产，土地民事责任以财产责任为主，以非财产责任为辅。一方不履行民事义务的行为，通常通过财产性赔偿的方式予以恢复。但是仅有财产责任不足以弥补受害人的损失，因此，《民法典》总则编中也规定了一些辅助性的非财产责任。

（2）强制性。土地民事责任的强制性是其区别于道德责任和其他社会责任的基本标志。民事责任强制性的表现主要有两点：一是在土地民事主体违反合同或者不履行其他义务，或者由于过错侵害国家、集体的土地财产，侵害他人土地财产，法律规定应当承担民事责任。二是当土地民事主体不主动承担民事责任时，通过国家有关权力机构强制其承担责任，履行民事义务。

（3）补偿性。土地民事责任以弥补民事主体所受的损失为限。就违约责任而言，旨在使当事人的利益达到合同获得适当履行的状态；侵权责任，旨在使当事人的利益恢复到受损害以前的状态。

21. 2. 2 土地侵权责任与土地违约责任

土地民事主体依照法律规定和当事人约定，履行土地民事义务，承担土地民事责任。法律规定和当事人约定分别表现为土地侵权责任和土地违约责任。

1. 土地侵权责任

侵权责任是指民事主体因实施侵权行为而应承担的民事法律后果。侵权责任是任何人都对他人承担这样一种义务，即不因为自己的错误（过错）行为而侵害他人的合法权益，否则即构成侵权行为，要对受害方承担责任。侵权行为基本上是违法行为。

（1）侵权责任是民事主体因违反法律规定的义务而应承担的法律后果。民事义务有法定义务和约定义务，法定义务是通过法律的强制性规范、禁止性规范设定的义务。这种义务对于每个自然人、法人都具有普遍的适用性，违反此种义务，即构成侵权责任。约定义务则是特定当事人之间设定的某种义务，违反约定义务，构成违约责任。

（2）侵权责任以侵权行为为前提要件。侵权责任产生的基础是侵权行为，没有侵权行为则不存在承担侵权责任的问题。侵权责任正是行为人实施侵权行为应承担的法律后果。

（3）侵权责任的形式具有多样性。侵权责任的行为人或责任人除了要承担赔偿损失、返还财产等财产责任外，在很多情况下，还可能同时承担停止侵害、恢复名誉、消除影响、赔礼道歉等非财产形式的责任。

2. 土地违约责任

违约责任是指当事人不履行合同义务或者履行合同义务不符合合同约定而依法应当承担的民事责任。违约责任是合同责任中一种重要的形式，违约责任不同于无效合同的后果，违约责任的成立以有效的合同存在为前提。违约责任也不同于侵权责任，其可以由当事人在订立合同时事先约定；其属于一种财产责任。《民法典》总则编和合同编相关条文对违约责任均做了概括性规定①。

（1）责任的相对性。合同关系的相对性决定了违约责任的相对性，即违约责任是合同当事人之间的民事责任，合同当事人以外的第三人对当事人之间的合同不承担违约责任。

（2）责任的补偿性。违约责任以补偿守约方因违约行为所受损失为主要目的，以损害赔偿为主要责任形式，故具有补偿性质。违约责任可以由当事人在法律规定的范围内约定，具有一定的任意性。

（3）责任的财产性。违约责任是财产责任，不是人身责任。违约责任可以约定（如约定违约金、约定定金），也可以直接适用法律的规定（如支付赔偿金、强制实际履行等）。

（4）责任的选择性。违约相对人可以选择违约人承担违约责任的方式，即因当事人一方的违约行为，损害对方财产权益的，受损害方有权选择请求其承担违约责任或者侵权责任。比如说违约人违反约定没有完成合同义务，相对人可以在损害赔偿和违约金中选择一项要求违约人承担责任。

21.2.3 土地民事法律责任的形式

民事责任是指违反民事法律、法规，应追究民事责任的行为。这种违法行为侵害的客体是民事法律关系。民事违法行为的主体内容很广泛，除公民外，还有国家机关、企事业单位和社会团体等。根据相关法律规定，土地民事责任的承担方式主要有以下几种：

（1）停止侵害、排除妨碍。即排除影响、妨碍、干扰土地所有者或使用者行使权利的任何因素。在土地权属纠纷中，追究违法者的民事责任主要是排除妨害。

（2）消除危险。如拆除危险建筑物，消除污染、恶臭物，即土地所有者或土地使用者请求有权部门消除各种给土地带来危害的行为，以保护土地所有者或使用者的合法权益。对有可能或已经造成土地破坏的，土地所有者或使用者有权请求人民法院运用国家强制力制止和消除危险的发生和发展。违法者则应承担消除危险的民事责任。

---

① 侯丽艳．经济法概论．北京：中国政法大学出版社，2012.

（3）返还财产。返还非法占用土地，即在土地法中追究违法者返还土地的民事责任，主要适用于非法占用国家和集体所有的土地，以及非法占用单位和个人使用的土地。在土地侵权案中，违法者承担的民事责任就是将非法占用的土地返还给土地所有者或使用者。

（4）恢复原状，修理重做。如对水源地、渠道、涵闸、管道等工程设施破坏进行修复。即对土地造成破坏的，要依法恢复土地原有的自然形态和生长能力。恢复原状民事责任适用于违法占地建房、土地污染和破坏的违法行为。

（5）赔偿损失。这是因侵权行为产生的民事法律后果。如侵占国家、集体和个人的财产应当返还财产，不能返还的应当折价赔偿；损坏国家、集体或个人财产的应当恢复原状，或折价赔偿。赔偿损失在土地纠纷诉讼中，只有在排除妨害、消除危害、返还财产、恢复原状这几种民事责任由于种种原因不能追究或单靠这几种民事责任的一种或数种不足以保护受害者的利益的情况下，才加以施用。因而，赔偿损失是一种最消极的民事责任承担方式。它也是民事审判活动中运用最多的一种民事责任承担方式。赔偿损失的民事责任运用比较灵活，它既可以同其他任何民事责任合并使用，也可以单独使用。法律规定惩罚性赔偿的，依照其规定实施。

以上规定的承担民事责任的方式，既可以单独使用，也可以合并使用。民事主体因同一行为应当承担民事责任、行政责任和刑事责任的，承担行政责任或者刑事责任不影响承担民事责任；民事主体的财产不足以支付的，优先用于承担民事责任。

两人以上依法承担按份责任的，能够确定责任大小的，各自承担相应的责任；难以确定责任大小的，平均承担责任。两人以上依法承担连带责任的，权利人有权请求部分或者全部连带责任人承担责任。连带责任人的责任份额根据各自责任大小确定；难以确定责任大小的，平均承担责任。实际承担责任超过自己责任份额的连带责任人，有权向其他连带责任人追偿。连带责任，由法律规定或者当事人约定。

因不可抗力不能履行民事义务的，不承担民事责任。不可抗力是指不能预见、不能避免且不能克服的客观情况。

因紧急避险造成损害的，由引起险情发生的人承担民事责任。由自然原因引起的危险，紧急避险人不承担民事责任，可以给予适当补偿。紧急避险采取措施不当或者超过必要的限度，造成不应有的损害的，紧急避险人应当承担适当的民事责任。

因保护他人民事权益使自己受到损害的，由侵权人承担民事责任，受益人可以给予适当补偿。没有侵权人、侵权人逃逸或者无力承担民事责任，受害人请求补偿的，受益人应当给予适当补偿。

21.3 土地行政法律责任

21.3.1 土地行政法律责任的内涵和特征

1. 土地行政法律责任的内涵

行政法律责任是指行为人由于违反行政法律规范规定而应承担一种具有强制性行政

法律后果的责任。土地行政法律责任是指对违反土地行政法律规范或不履行土地行政法律规范的主体追究行政责任的法律后果。违反土地行政法律规范规定的行政责任主体有两个方面：一方面是有权实施土地行政行为者，另一方面是其相对方。前者是实施土地行政管理权的主体，其有义务依法行政，保证其行政职责的实现；后者是土地行政权相对方主体，在其享有权利的同时必须履行其法定义务。不依法实施土地行政管理和不履行土地行政法定义务，都要承担土地行政法律责任。

《土地管理法》第七章专门就土地行政法律责任做了比较详细的规定。涉及土地利用与管理的《水法》《草原法》《森林法》《海域使用管理法》等自然资源法律也设专章就法律责任做了明确规定。《行政处罚法》《公务员法》《国家赔偿法》《行政许可法》《行政复议法》《治安管理处罚法》《行政诉讼法》等行政方面的法律也都是处理土地行政法律责任的重要依据。

2. 土地行政法律责任的特征

（1）土地管理是行政管理，是国家保护土地资源，统一管理全国土地，以实现合理、节约、有效、持续利用为目的。其主体即是土地行政法律关系的主体，基于土地行政管理法律关系，双方都负有行政责任，即土地行政管理主体，不依法做出行政行为，实施有效管理，其相对方（一般为土地利用人）主体不履行法定义务，都要承担土地行政法律责任。因此，土地法律、法规在规定行政管理主体的法律责任的同时，必须明确规定行政相对方的法律责任，即土地行政管理主体负有依法行政，忠实地执行土地管理公务的职责，其相对方主体必须自觉遵守法律规定，履行其应尽义务。以上所称土地法律、法规包括一切与土地有关的法律规范，不限于《土地管理法》。

（2）在现代社会中，人们之间的交往日益复杂，社会成员与社会公共利益之间的矛盾日益增多。为了维护社会秩序和公共利益，保护土地生态环境和可持续发展利用，已有法律法规已不能完全规范后来发生的各种行为，行政管理权的行使偏离原有规定的情况难免发生。有些地方由于经济利益的驱使，滥用权力，以致侵犯公民、法人权益，损害公共利益。近年来土地违法案件滋生，即是其例。因此，加强对土地行政管理权行使的监督，是土地行政责任的重要一环。不受监督的权力必然会产生腐败，这是一条一再被证实的公理。这也表明，土地行政责任的重点在行政管理方，不在其相对方。

（3）土地行政责任是违反土地法律规范的后果，其责任的形式按其所违反的土地法律、法规的规定而定，凡不在土地法律、法规规定范围内的行为，不能追究其土地行政责任。土地行政管理机关，能自行创设责任形式执行。

（4）土地行政责任是土地法律法规事先规定的，它具有强制性和不可改变性。对于承担违法行为的行政法律责任者来说，没有任何选择、协商的余地，所以行政责任是不可以调解变更的。

（5）行政责任的法律后果既可以是制裁性的，如处罚；也可以是非制裁性的，如责令恢复原状、返还土地、依法赔偿等。法律所做的这种规定如个别案例或有特殊性问题，无法适用时，则可比照一般规定的原则或其他有关法例，酌情处理。

（6）对相对人行政责任采取的强制措施分为行政强制预防、行政强制制止、行政强制执行、行政强制处罚四种，具体应用视案情情节而异。

21.3.2 土地行政法律责任的形式

土地行政法律责任的形式主要包括行政处罚、行政处分和行政赔偿。

1. 行政处罚

（1）行政处罚的内涵。

行政处罚是指行政主体依照法定职权和程序对违反行政法律规范，尚未构成犯罪的相对人给予行政制裁的具体行政行为。实施行政处罚的主体是作为行政主体的行政机关和法律法规授权的组织；行政处罚的对象是实施了违反行政法律规范行为的公民、法人或其他组织；行政处罚是一种以惩戒违法为目的、具有制裁性的具体行政行为[①]。行政处罚的直接法律依据是《行政处罚法》。

行政处罚的适用主体是行政机关或法律、法规授权的组织。这一点使它与刑罚区别开来。刑罚的适用主体是人民法院。行政处罚是以对违法行为人的惩戒为目的，而不是以实现义务为目的。这一点将它与行政强制执行区别开来。行政强制执行的目的在于促使义务人履行义务。

行政处罚与刑罚的区别是：制裁的性质不同，适用的违法行为不同，惩罚程度及适用的程序不同，制裁机关不同，处罚形式不同。

行政处罚的适用对象是作为行政相对方的公民、法人或其他组织，属于外部行政行为。这一点将它与行政处分区别开来。行政处分只能适用于行政机关的工作人员或其他由行政机关任命或管理的人员。

行政处罚与行政处分的区别是：制裁的对象不同，制裁的行为性质不同，制裁的原则不同，惩罚的范围和程度不同，采取的形式不同，救济途径不同。

行政处罚的前提是行政相对方实施了违反行政法律规范的行为，而非违反了刑法、民法等其他法律规范的行为。

（2）行政处罚的种类。

行政处罚的种类，主要是指行政处罚机关对违法行为的具体惩戒制裁手段。按照《行政处罚法》第九条的规定，“行政处罚的种类：（一）警告、通报批评；（二）罚款、没收违法所得、没收非法财物；（三）暂扣许可证件、降低资质等级、吊销许可证件；（四）限制开展生产经营活动、责令停产停业、责令关闭、限制从业；（五）行政拘留；（六）法律、行政法规规定的其他行政处罚”。

根据《行政处罚法》和其他法律、法规的规定，中国的行政处罚可以分为：人身罚、行为罚、财产罚和申诫罚。

人身罚也称自由罚，是指特定行政主体限制和剥夺违法行为人的人身自由的行政处罚。这是最严厉的行政处罚。人身罚主要是指行政拘留。行政拘留，也称治安拘留，是

---

① 邹东升．公共行政学．北京：北京大学出版社，2014.

特定的行政主体依法对违反行政法律规范的公民，在短期内剥夺或限制其人身自由的行政处罚。

行为罚又称能力罚，是指行政主体限制或剥夺违法行为人特定的行为能力的制裁形式。它是仅次于人身罚的一种较为严厉的行政处罚措施。具体包括：一是责令停产、停业。这是行政主体对从事生产经营者所实施的违法行为而给予的行政处罚措施。它直接剥夺生产经营者进行生产经营活动的权利。只适用于违法行为严重的行政相对方。二是暂扣或者吊销许可证件。这是指行政主体依法收回或暂时扣留违法者已经获得的从事某种活动的权利或资格的证书，其目的在于取消或暂时中止被处罚人的一定资格，剥夺或限制某种特许的权利。

财产罚是指行政主体依法对违法行为人给予剥夺财产权的处罚形式。它是运用最广泛的一种行政处罚。主要措施有：一是罚款。行政主体强制违法者承担一定金钱给付义务，要求违法者在一定期限内缴纳一定数量的货币。二是没收财物（没收违法所得、没收非法财物等）。行政主体依法将违法行为人的部分或全部违法所得、非法财物，包括违禁品或实施违法行为的工具收归国有。

申诫罚又称精神罚、声誉罚，是指行政主体对违反行政法律规范的公民、法人或其他组织的谴责和警诫。它主要包括：一是警告。它是行政机关对违法者实施的一种书面形式的谴责和告诫。警告是行政处罚中最轻的一种。适用于情节轻微或未构成实际危害后果的违法行为。它既具有教育性质也具有制裁性质。其目的是向违法者发出警诫，避免其再犯。二是通报批评。这是行政机关以公开、公布的方式，使被处罚人的名誉权受到损害，既制裁、教育违法者，又可广泛教育他人的一种行政处罚形式。通报批评比警告的适用范围广、影响大，对被处罚人的荣誉或信誉会造成损害。

2. 行政处分

（1）行政处分的内涵。

行政处分是指国家行政机关依照行政隶属关系给予有违法失职行为的国家机关公务人员的一种惩罚措施。它是行政制裁的一种形式，是国家机关、企事业单位依照有关法律和有关规章，对在工作中违法失职的公务员实行的惩处和制裁，是对公务员的过错行为的一种否定和惩戒，使之受到抑制和消除，对未受到惩戒的公务员，也有着规范和警诫作用。同时它又是被处分人的行政责任的体现形式之一①。

（2）行政处分的种类。

《公务员法》规定，处分包括警告、记过、记大过、降级、撤职、开除。

1）警告。对违反行政纪律的行为主体提出告诫，使之认识应负的行政责任，以便加以警惕，使其注意并改正错误，不再犯此类错误。这种处分适用于违反行政纪律行为轻微的人员。2）记过。记载或者登记过错，以示惩处之意。这种处分，适用于违反行政纪律行为比较轻微的人员。3）记大过。记载或登记较大或较严重的过错，以示严重惩处的意思。这种处分，适用于违反行政纪律行为比较严重，给国家和人民造成一定损失的人

---

① 刘美林．市场经济法律概论．2版．北京：科学技术文献出版社，2009.

员。4）降级。降低其工资等级。这种处分，适用于违反行政纪律，使国家和人民的利益受一定损失，但仍然可以继续担任现任职务的人员。5）撤职。撤销现任职务。这种处分适用于违反行政纪律行为严重，已不适宜担任现任职务的人员。6）开除。取消其公职。这种处分适用于犯有严重错误已丧失国家工作人员基本条件的人员。

公务员受行政处分，有处分期限的规定：警告，6个月；记过，12个月；记大过，18个月；降级、撤职，24个月。

公务员受处分期间不得晋职、晋级；受警告以外行政处分的，不得晋升工资档次；受开除处分的，不得被行政机关重新录用或聘用。

3. 行政赔偿

（1）行政赔偿的内涵。

行政赔偿是指行政主体违法实施行政行为，侵犯相对人合法权益造成损害时由国家承担的一种赔偿责任。只有行政主体才享有行政权，才能实施行政行为，才能构成行政赔偿。当然，行政主体是由行政人员组成，行政行为是经行政人员做出。因此，行政主体往往具体化为有关的行政人员。没有行政主体，就不能构成行政赔偿。司法机关作为司法权主体，行政机关作为机关法人，行政人员作为公民等而引起的赔偿，都不是行政赔偿。

行政赔偿的直接法律依据是《国家赔偿法》。国家赔偿比行政赔偿范围更广，一般包括行政赔偿、刑事赔偿。

（2）行政赔偿的范围与方式。

行政机关及其工作人员在行使行政职权时有下列侵犯人身权情形之一的，受害人有取得赔偿的权利：1）违法拘留或者违法采取限制公民人身自由的行政强制措施的；2）非法拘禁或者以其他方法非法剥夺公民人身自由的；3）以殴打、虐待等行为或者唆使、放纵他人以殴打、虐待等行为造成公民身体伤害或者死亡的；4）违法使用武器、警械造成公民身体伤害或者死亡的；5）造成公民身体伤害或者死亡的其他违法行为。

行政机关及其工作人员在行使行政职权时有下列侵犯财产权情形之一的，受害人有取得赔偿的权利：违法实施罚款、吊销许可证和执照、责令停产停业、没收财物等行政处罚的，违法对财产采取查封、扣押、冻结等行政强制措施的，违法征收、征用财产的，造成财产损害的其他违法行为。

我国国家赔偿是以金钱赔偿为主要方式，以返还财产、恢复原状为补充。

21.3.3 土地行政法律责任的适用

土地行政法律责任的具体规定，主要体现在《土地管理法》第七十四至第八十四条中，包括以下几种情况：

（1）买卖或者以其他形式非法转让土地的行政责任。由县级以上人民政府自然资源主管部门没收违法所得；对违反土地利用总体规划擅自将农用地改为建设用地的，限期拆除在非法转让的土地上新建的建筑物和其他设施，恢复土地原状，对符合土地利用总体规划的，没收在非法转让的土地上新建的建筑物和其他设施；可以并处罚款；对直接负责的主管人员和其他直接责任人员，依法给予处分。

（2）占用耕地建窑、建坟或者擅自在耕地上建房、挖砂、采石、采矿、取土等，破坏种植条件的，或者因开发土地造成土地荒漠化、盐渍化的行政责任。由县级以上人民政府自然资源主管部门、农业农村主管部门等按照职责责令限期改正或者治理，可以并处罚款。拒不履行土地复垦义务的，由县级以上人民政府自然资源主管部门责令限期改正；逾期不改正的，责令缴纳复垦费，专项用于土地复垦，可以处以罚款。

（3）未经批准或者采取欺骗手段骗取批准，非法占用土地的行政责任。由县级以上人民政府自然资源主管部门责令退还非法占用的土地，对违反土地利用总体规划擅自将农用地改为建设用地的，限期拆除在非法占用的土地上新建的建筑物和其他设施，恢复土地原状，对符合土地利用总体规划的，没收在非法占用的土地上新建的建筑物和其他设施，可以并处罚款；对非法占用土地单位的直接负责的主管人员和其他直接责任人员，依法给予处分。超过批准的数量占用土地，多占的土地以非法占用土地论处。

（4）农村村民未经批准或者采取欺骗手段骗取批准，非法占用土地建住宅的行政责任。由县级以上人民政府农业农村主管部门责令退还非法占用的土地，限期拆除在非法占用的土地上新建的房屋。超过省、自治区、直辖市规定的标准，多占的土地以非法占用土地论处。

（5）无权批准征收、使用土地的单位或者个人非法批准占用土地的行政责任。超越批准权限非法批准占用土地的，不按照土地利用总体规划确定的用途批准用地的，或者违反法律规定的程序批准占用、征收土地的，其批准文件无效，对非法批准征收、使用土地的直接负责的主管人员和其他直接责任人员，依法给予处分；构成犯罪的，依法追究刑事责任。非法批准、使用的土地应当收回，有关当事人拒不归还的，以非法占用土地论处。非法批准征收、使用土地，对当事人造成损失的，依法应当承担赔偿责任。侵占、挪用被征收土地单位的征地补偿费用和其他有关费用，尚不构成犯罪的，依法给予处分。

（6）依法收回国有土地使用权当事人拒不交出土地的行政责任。临时使用土地期满拒不归还的，或者不按照批准的用途使用国有土地的，由县级以上人民政府自然资源主管部门责令交还土地，处以罚款。擅自将农民集体所有的土地通过出让、转让使用权或者出租等方式用于非农业建设的，由县级以上人民政府自然资源主管部门责令限期改正，没收违法所得，并处罚款。

（7）责令限期拆除在非法占用的土地上新建的建筑物和其他设施的行政责任。建设单位或者个人必须立即停止施工，自行拆除；对继续施工的，做出处罚决定的机关有权制止。建设单位或者个人对责令限期拆除的行政处罚决定不服的，可以在接到责令限期拆除决定之日起15日内，向人民法院起诉；期满不起诉又不自行拆除的，由做出处罚决定的机关依法申请人民法院强制执行，费用由违法者承担。

（8）自然资源主管部门、农业农村主管部门的工作人员玩忽职守、滥用职权、徇私舞弊，尚不构成犯罪的行政责任。依据《公务员法》《公职人员政务处分法》，给予处分。

21.4 土地刑事法律责任

21.4.1 土地刑事法律责任的内涵和特征

1. 土地刑事法律责任的内涵

刑事法律责任是指犯罪行为应当承担的法律责任。土地刑事法律责任是指实施违反土地法律规范的行为已触犯了刑律构成犯罪，并由国家司法机关依法给予刑罚制裁所承担的法律责任。实施应承担刑事责任的土地违法行为，必须是情节严重，触犯刑律并已构成犯罪，同时还必须是土地法律规范和《刑法》都有适用刑罚制裁的明文规定。否则，只能按照土地法律规范的具体规定，对实施违法行为人追究行政责任和民事责任。土地刑事法律责任的直接法律依据是《刑法》《刑事诉讼法》《土地管理法》等。

（1）刑事责任与犯罪的关系。犯罪是刑事责任产生的法律事实根据，没有犯罪就不可能有刑事责任；刑事责任是犯罪的必然法律后果，只要实施了犯罪，就不能不产生刑事责任。这体现了犯罪与刑事责任的质的一致性。同时，由于各种犯罪的严重程度不同，犯罪人承担的刑事责任程度也不相同。犯罪同一般违法是有区别的，犯罪对社会的危害要比一般违法大，是违法行为中危害社会最严重的一种。

（2）刑事责任与刑罚的关系。刑事责任是一种法律责任，是一种刑事法意义上的负担，刑罚则是一种强制方法。刑事责任是以犯罪人承受《刑法》规定的惩罚或单纯的否定性法律评价为内容，刑罚则是以剥夺犯罪人一定的法益为内容。刑事责任随实施犯罪而产生，刑罚则随法院的有罪判决生效而出现。但二者具有密切的关系，它表现在：刑事责任的存在是适用刑罚的前提，刑事责任的大小决定刑罚的轻重，刑事责任主要通过刑罚实现。

2. 土地刑事法律责任的特征

土地刑事法律责任具有以下基本特征：

（1）强制性。刑事责任是一种由犯罪行为所引起的法律效应，是一种强制犯罪人向国家承担的法律责任。

（2）严厉性。刑事责任是一种性质最为严重、否定评价最为强烈、制裁后果最为严厉的法律责任。

（3）专属性。刑事责任只能由犯罪的个人和单位承担，具有专属性，不可转嫁，不能替代。

（4）准据性。刑事责任既是犯罪案情事实的综合反映，也是《刑法》规范的现实化。刑事责任为人民法院判处刑罚提供根据和衡量标准。刑事责任一经确定，犯罪人和被害人均不能自行变更，也不容许“私了”。

21.4.2　土地刑事法律责任的形式

犯罪、刑事责任和刑罚，是《刑法》的三个基本范畴。这三者的关系是：犯罪决定刑事责任，刑事责任决定刑罚。换句话说，没有实施犯罪，就不负刑事责任，无罪即无责，从而也不受刑罚处罚。

《刑法》第十三条规定，一切危害国家主权、领土完整和安全，分裂国家、颠覆人民民主专政的政权和推翻社会主义制度，破坏社会秩序和经济秩序，侵犯国有财产或者劳动群众集体所有的财产，侵犯公民私人所有的财产，侵犯公民的人身权利、民主权利和其他权利，以及其他危害社会的行为，依照法律应当受刑罚处罚的，都是犯罪，但是情节显著轻微危害不大的，不认为是犯罪。

刑罚是刑事法律责任的表现形式。刑罚是统治阶级惩罚犯罪的一种制裁方法。我国的刑罚就是人民法院代表人民民主专政的国家对犯罪分子所适用的制裁方法。

我国的刑罚分为主刑和附加刑。主刑就是只能独立适用，不能附加于其他刑种适用的刑罚。《刑法》规定的主刑有：管制、拘役、有期徒刑、无期徒刑、死刑。附加刑就是作为主刑的补充而附加适用，但也可以独立适用的刑罚。《刑法》规定的附加刑有：罚金、剥夺政治权利、没收财产。此外，对于犯罪的外国人，可以独立适用或者附加适用驱逐出境，这实际上也属于附加刑。

我国刑罚就是通过有主有从、互相配合，有轻有重、互相衔接的设计方式，形成了严格的体系。在这个体系中，每个刑种都有它特定的内容和作用。刑种的多样性，是为了适应犯罪性质和情节的多样性，便于体现惩办与宽大相结合的政策，实行区别对待的原则。所以，这些刑种是切合我国与犯罪做斗争的实际需要的。

21.4.3　土地刑事法律责任的适用

1. 土地犯罪的《刑法》规定

土地违法行为的刑事责任在《刑法》中有明确规定，共涉及三个条款、四项罪名：第二百二十八条非法转让、倒卖土地使用权罪，第三百四十二条非法占用农用地罪，第四百一十条非法批准征收、征用、占用土地罪和非法低价出让国有土地使用权罪。

《刑法》第二百二十八条规定："以牟利为目的，违反土地管理法规，非法转让、倒卖土地使用权，情节严重的，处三年以下有期徒刑或者拘役，并处或者单处非法转让、倒卖土地使用权价额百分之五以上百分之二十以下罚金；情节特别严重的，处三年以上七年以下有期徒刑，并处非法转让、倒卖土地使用权价额百分之五以上百分之二十以下罚金。"

《刑法》第三百四十二条规定："违反土地管理法规，非法占用耕地、林地等农用地，改变被占用土地用途，数量较大，造成耕地、林地等农用地大量毁坏的，处五年以下有期徒刑或者拘役，并处或者单处罚金。"

《刑法》第四百一十条规定："国家机关工作人员徇私舞弊，违反土地管理法规，滥用职权，非法批准征收、征用、占用土地，或者非法低价出让国有土地使用权，情节严重的，处三年以下有期徒刑或者拘役；致使国家或者集体利益遭受特别重大损失的，处三年以上七年以下有期徒刑。”

2001 年 8 月 31 日，第九届全国人民代表大会常务委员会第二十三次会议对《刑法》第二百二十八条、第三百四十二条、第四百一十条的规定做了立法解释：刑法第二百二十八条、第三百四十二条、第四百一十条规定的“违反土地管理法规”，是指违反土地管理法、森林法、草原法等法律以及有关行政法规中关于土地管理的规定。《刑法》第四百一十条规定的“非法批准征收、征用、占用土地”，是指非法批准征收、征用、占用耕地、林地等农用地以及其他土地。

2. 土地刑事案件审理的司法解释

为依法惩处破坏土地资源犯罪活动，根据《刑法》的有关规定，2000 年 6 月 16 日最高人民法院审判委员会会议通过了《关于审理破坏土地资源刑事案件具体应用法律若干问题的解释》，并于 2000 年 6 月 19 日公布，自 2000 年 6 月 22 日起实施，就审理这类案件具体应用法律的若干问题解释如下：

(1)“以牟利为目的，违反土地管理法规，非法转让、倒卖土地使用权，具有下列情形之一的，属于非法转让、倒卖土地使用权‘情节严重’，依照《刑法》第二百二十八条的规定，以非法转让、倒卖土地使用权罪定罪处罚：(一) 非法转让、倒卖基本农田五亩以上的；(二) 非法转让、倒卖基本农田以外的耕地十亩以上的；(三) 非法转让、倒卖其他土地二十亩以上的；(四) 非法获利五十万元以上的；(五) 非法转让、倒卖土地接近上述数量标准并具有其他恶劣情节的，如曾因非法转让、倒卖土地使用权受过行政处罚或者造成严重后果等。”“具有下列情形之一的，属于非法转让、倒卖土地使用权‘情节特别严重’：(一) 非法转让、倒卖基本农田十亩以上的；(二) 非法转让、倒卖基本农田以外的耕地二十亩以上的；(三) 非法转让、倒卖其他土地四十亩以上的；(四) 非法获利一百万元以上的；(五) 非法转让、倒卖土地接近上述数量标准并具有其他恶劣情节，如造成严重后果等。”

(2)“违反土地管理法规，非法占用耕地改作他用，数量较大，造成耕地大量毁坏的，依照《刑法》第三百四十二条的规定，以非法占用耕地罪定罪处罚：(一) 非法占用耕地‘数量较大’，是指非法占用基本农田五亩以上或者非法占用基本农田以外的耕地十亩以上；(二) 非法占用耕地‘造成耕地大量毁坏’，是指行为人非法占用耕地建窑、建坟、建房、挖沙、采石、采矿、取土、堆放固体废弃物或者进行其他非农业建设，造成基本农田五亩以上或者基本农田以外的耕地十亩以上种植条件严重毁坏或者严重污染。”

(3)“国家机关工作人员徇私舞弊，违反土地管理法规，滥用职权，非法批准征用、占用土地，具有下列情形之一的，属于非法批准征用、占用土地‘情节严重’，依照《刑法》第四百一十条的规定，以非法批准征用、占用土地罪定罪处罚：(一) 非法批准征用、占用基本农田十亩以上的；(二) 非法批准征用、占用基本农田以外的耕地三十亩以上的；(三) 非法批准征用、占用其他土地五十亩以上的；(四) 虽未达到上述数量标准，但非法批准征用、占用土地造成直接经济损失三十万元以上；造成耕地大量毁坏等恶劣情节的。”“具有下列情形之一的，属于非法批准征用、占用土地‘致使国家或者集体利益遭受特别重大损失’：（一）非法批准征用、占用基本农田二十亩以上的；（二）非法批准征用、占用基本农田以外的耕地六十亩以上的；（三）非法批准征用、占用其他土地一百亩以上的；（四）非法批准征用、占用土地，造成基本农田五亩以上，其他耕地十亩以上严重毁坏的；（五）非法批准征用、占用土地造成直接经济损失五十万元以上等恶劣情节的。”

（4）“国家机关工作人员徇私舞弊，违反土地管理法规，非法低价出让国有土地使用权，具有下列情形之一的，属于‘情节严重’，依照《刑法》第四百一十条的规定，以非法低价出让国有土地使用权罪定罪处罚：（一）出让国家土地使用权面积在三十亩以上，并且出让价额低于国家规定的最低价额标准的百分之六十的；（二）造成国有土地资产流失价额在三十万元以上的。”“具有下列情形之一的，属于非法低价出让国有土地使用权，‘致使国家和集体利益遭受特别重大损失’：（一）非法低价出让国有土地使用权面积在六十亩以上，并且出让价额低于国家规定的最低价额标准的百分之四十的；（二）造成国有土地资产流失价额在五十万元以上的。”

综上，民事法律责任、行政法律责任和刑事法律责任的适用，既可以同时施用，也可以单独施用；既可以对违法单位单独施用，也可以对责任人员单独施用。究竟采用哪种法律保护措施，追究何种法律责任，一方面应根据违法者行为的危害程度和情节的轻重来决定；另一方面要切实分清不同法律责任的根本区别。为此，对三种法律责任的区别归纳如下：（1）民事责任以行为人的违法行为造成的实际损失为前提，主要是赔偿损失；行政责任以违反行政义务为前提，主要是责令承担法律规定的行政义务；刑事责任是以对社会产生危害行为为前提，主要是依法判刑。（2）民事责任执行的对象只限于物；行政责任执行的对象既可以是物，也可以是行为或人身；刑事责任执行的对象是人身。（3）民事责任的执行机关是人民法院，行政责任的执行机关是主管行政机关，刑事责任的执行机关是公安机关、人民检察院和人民法院。（4）民事责任案件可以适用调解程序；行政责任案件不适用调解程序；刑事责任案件的申诉案件可以通过人民法院调解或自行调解撤诉来解决，公诉案件则不适用调解程序。总之，对土地违法者无论追究什么样的法律责任，其目的主要是应用社会主义土地法律制度，惩戒违法者，预防和减少土地违法犯罪行为的发生，维护土地的社会主义公有制，贯彻“十分珍惜、合理利用土地和切实保护耕地”的基本国策。

关键术语

土地法律责任　　土地民事法律责任　　土地行政法律责任　　土地刑事法律责任

复习思考题

1. 简述土地法律责任的特征。
2. 简述土地民事法律责任的特征。

3. 简述土地民事法律责任的形式。
4. 简述土地行政法律责任的特征。
5. 简述土地行政法律责任的形式。
6. 简述土地刑事法律责任的特征。
7. 简述土地刑事法律责任的形式。

参考文献

［1］沈守愚．土地法学通论．北京：中国大地出版社，2002.

［2］江平．中国土地立法研究．北京：中国政法大学出版社，1999.

［3］王利明．物权法论．北京：中国人民大学出版社，2008.

［4］林增杰，沈守愚．土地法学．北京：中国人民大学出版社，1989.

［5］王卫国．中国土地权利研究．北京：中国政法大学出版社，1997.

［6］唐世力，刘俊．关于土地法学的几个问题．中国土地科学，1996（5）.

［7］严金明．土地立法与《土地管理法》修订探讨．中国土地科学，2004（1）.

［8］严金明，陈昊，夏方舟．深化农村“三块地”改革：问题、要义和取向．改革，2018（5）.

［9］严金明，迪力沙提，夏方舟．乡村振兴战略实施与宅基地“三权分置”改革的深化．改革，2019（1）.

［10］龙翼飞．完善我国土地立法的思考．中国土地科学，1996（5）.

［11］张文显．法学基本范畴研究．北京：中国政法大学出版社，1993.

［12］刘光远，王志彬．新编土地法教程．北京：北京大学出版社，1999.

［13］陈海秋．论土地管理法的适用范围．国土经济，1999（6）.

［14］李元．新土地管理法学习读本．北京：中国大地出版社，1998.

［15］甘藏春，魏莉华，李炜．《土地管理法》的修订与自然资源立法的发展趋势．中国法学，1999（1）.

［16］魏莉华．“十三五”时期国土资源法治建设的十大重点任务．中国土地，2016（1）.

［17］魏莉华．《土地管理法》的修订背景和主要特点．农村经营管理，2017（9）.

［18］李炜．《土地管理法》遗憾后的价值回归．中国土地，2008（9）.

［19］史敏．中华人民共和国土地管理法释义．北京：中国法制出版社，1998.

［20］房维廉．《中华人民共和国土地管理法》实用讲话．北京：中国民主法制出版社，1998.

［21］胡锦光．行政处罚法适用手册．北京：红旗出版社，1996.

［22］支馥生．行政诉讼法教程．武汉：武汉大学出版社，1993.

［23］胡穗．中国共产党农村土地政策的演进：从农村土地所有权和经营权角度进行考察．长沙：湖南师范大学，2004.

［24］张志红，杨士泰．简论抗战前南京国民政府的土地立法．历史教学，2005（4）.

［25］樊志全．揭秘中国共产党不同历史时期的土地法规．人民网，2012－11－17.

［26］毕宝德．土地经济学．7版．北京：中国人民大学出版社，2016.

［27］学习土地管理法辅导讲座．中国土地，1998（10）.

［28］蔡卫华．不动产统一登记究竟为了什么．国土资源，2013（12）.

［29］冷宏志，孙宪忠．不动产统一登记权威访谈精粹．国土资源，2014（9）.

［30］荣孟源．中国国民党历次代表大会及中央全会资料．北京：光明日报出版社，1985.

［31］孙中山．孙中山选集．北京：人民出版社，1981.

［32］吴文晖．中国土地问题及其对策．上海：商务印书馆，1947.

［33］武树臣．中国传统法律文化．北京：北京大学出版社，2000.

［34］郭成伟．中国法制史．北京：中国法制出版社，2003.

［35］胡志刚．不动产物权新论．上海：学林出版社，2005.

［36］唐莹莹．浅论我国土地所有权．当代法学，2003（12）.

［37］高富平．土地使用权客体论：我国不动产物权制度设计的基本设想．法学，2001（11）.

［38］江虹，罗晓春，李涛．当前我国土地产权体系存在的问题及思考．资源·产业，2004（2）.

［39］张少鹏．“土地使用权”是独立的不动产物权．中国法学，1998（6）.

［40］张军连．土地法学．2版．北京：中国农业大学出版社，2007.

［41］潘世炳．中国城市国有土地产权研究．北京：企业管理出版社，2006.

［42］鹿心社．研究征地问题探索改革之路（一）．北京：中国大地出版社，2002.

［43］严金明．美国西部开发与土地利用保护的教训暨启示．北京大学学报（哲学社会科学版），2001（2）.

［44］严金明．土地规划立法的导向选择与法律框架构建．中国土地科学，2008（11）.

［45］王先进．土地法全书．长春：吉林教育出版社，1990.

［46］郑振源．征地制度需要改革．中国土地，2000（10）.

［47］崔建远．物权法．5版．北京：中国人民大学出版社，2021.

［48］高圣平，杨旋．建设用地使用权期限届满后的法律后果．法学，2011（10）.

［49］金辉．法学家热议住宅土地使用权续期．经济参考报，2016－04－27.

[50] 靳相木，欧阳亦梵．住宅建设用地自动续期的逻辑变换及方案形成．中国土地科学，2016 (2).

[51] 史尚宽．债法总论．北京：中国政法大学出版社，2000.

[52] 孙宪忠．为什么住宅土地期满应无条件续期．经济参考报，2016-04-25.

[53] 袁志锋．城市住宅建设用地使用权期满自动续期初探．中国地质大学学报（社会科学版），2016 (S1).

[54] 马振．我国土地使用权出让制度存在的问题与完善．经济师，2004 (5).

[55] 汪东．我国土地使用权出让制度与操作实务．上海土地，2007 (1).

[56] 王万茂．土地资源管理学．北京：高等教育出版社，2003.

[57] 国土资源部土地估价师资格考试委员会．土地管理基础．北京：地质出版社，2000.

[58] 王守智，吴春岐．土地法学．北京：中国人民大学出版社，2011.

[59] 胡康生．中华人民共和国农村土地承包法释义．北京：法律出版社，2002.

[60] 梁亚荣．土地承包经营制度研究．北京：中国大地出版社，2006.

[61] 张红宇．中国农村的土地制度变迁．北京：中国农业出版社，2002.

[62] 王景新．中国农村土地制度的世纪变革．北京：中国经济出版社，2001.

[63] 梁慧星．中国物权法研究．北京：法律出版社，1998.

[64] 陈华彬．物权法原理．北京：国家行政学院出版社，2002.

[65] 胡吕银．土地承包经营权的物权法分析．上海：复旦大学出版社，2004.

[66] 蒋月，等．农村土地承包法实施研究．北京：法律出版社，2006.

[67] 童旭．近代中国土地征收的立法与实践．上海：上海人民出版社，2024.

[68] 孙宪忠．物权法．2 版．北京：社会科学文献出版社，2011.

[69] 张凤荣．土地保护学．北京：科学出版社，2006.

[70] 刘丽．世界地籍管理的发展趋势．国际动态与参考，2002 (44).

[71] 孙宪忠．论不动产物权登记，中国法学，1996 (5).

[72] 王利明．试论我国不动产登记制度的完善（下）．求索，2001 (6).

[73] 民盟中央．关于加快我国土地规划立法提案．中国国土资源报，2007-03-06.

[74] 严金明．惩治土地违法行为格外重要．人民日报，2006-09-09.

[75] 严金明．中国土地利用规划．北京：经济管理出版社，2001.

[76] 王万茂，等．土地利用规划学．北京：中国大地出版社，2008.

[77] 严金明，刘杰．关于土地利用规划本质、功能和战略导向的思考．中国土地科学，2012 (2).

[78] 严金明，夏方舟，马梅．中国土地整治转型发展战略导向研究．中国土地科学，2016 (2).

[79] 严金明，陈昊．住宅建设用地使用权续期的思考．公共管理与政策评论，2016 (2).

[80] 严金明，夏方舟，李强．中国土地综合整治战略顶层设计．农业工程学报，

2012 (14).

［81］刘书楷，曲福田．土地经济学．北京：中国农业出版社，2004.

［82］刘维新，谢经荣．中国土地租税费体系研究．北京：中国大地出版社，1994.

［83］陈共．财政学．5 版．北京：中国人民大学出版社，2004.

［84］宫香玲．我国土地租税费体系存在问题与对策研究．天津：天津师范大学，2006.

［85］陈红霞．中国土地税收制度改革研究．哈尔滨：东北农业大学，2002.

［86］张立彦．土地租税费制度存在的问题与政策建议．价格月刊，2007 (7).

［87］汪峰．我国土地税制改革的基本方向．国土经济，2000 (5).

［88］张军连，许皞，谢经荣．土地法学．北京：中国农业大学出版社，2001.

［89］胡建淼，等．行政诉讼法学．北京：法律出版社，2004.

［90］葛恒美，沈雯辉，傅丽杰．土地管理中的行政诉讼．北京：法律出版社，1993.

［91］宋朝武．仲裁法学．北京：中国政法大学出版社，2006.

［92］赵立伟．谈土地纠纷．国土资源，2002 (2).

［93］杨珍惠．土地行政诉讼：问题与出路．中国土地，2001 (11).

［94］本书编写组．土地管理法释义．北京：中共中央党校出版社，1998.

［95］毕宝德．中国地产市场研究．北京：中国人民大学出版社，1994.

［96］甘藏春，刘兆年．论我国的土地使用权．中国土地科学，1998 (4).

［97］郭璇，钟娴君．集体建设用地使用权流转法律问题探析．中山大学学报论丛，2005 (1).

［98］孙佑海．土地流转制度研究．北京：中国大地出版社，2001.

［99］王卫国，王广华．中国土地权利的法制建设．北京：中国政法大学出版社，2002.

［100］周建春．集体建设用地使用制度改革中的几个问题．中国土地科学，2003 (3).

［101］周其仁．中国农村改革：国家和所有权关系的变化．管理世界，1995 (3).

［102］严金明，王晓莉，夏方舟．重塑自然资源管理新格局：目标定位、价值导向与战略选择．中国土地科学，2018 (4).

［103］严金明，张东昇，夏方舟．自然资源资产管理：理论逻辑与改革导向．中国土地科学，2019 (4).

［104］严金明，迪力沙提·亚库甫，张东昇．国土空间规划法的立法逻辑与立法框架．资源科学，2019 (9).

［105］刘俊．中国土地法理论研究．北京：法律出版社，2006.

［106］高富平．土地法学．北京：高等教育出版社，2016.

［107］谭贵华．农村土地经营权流转法律制度研究．北京：法律出版社，2024.

［108］沈思言，农村承包土地经营权抵押制度研究．北京：对外经济贸易大学出版社，2022.

[109] 程雪阳．中国土地法治与土地法研究．北京：社会科学文献出版社，2020.

[110] 房绍坤，等．土地承包经营权益实现机制研究．北京：法律出版社，2023.

[111] 阎巍．土地征收核心原理与规范适用．北京：法律出版社，2023.

[112] 陈晓军．农村集体产权改革法律问题研究．北京：中国社会科学出版社，2021.

[113] 王瑜．土地股份合作法律制度研究．北京：中国社会科学出版社，2020.

[114] 庄斌．土地承包权与经营权分置制度研究：改革逻辑与立法选择．北京：中国社会科学出版社，2018.

[115] 国土资源部不动产登记中心（国土资源部法律事务中心）．不动产登记暂行条例实施细则释义．北京：北京大学出版社，2016.

[116] 钟澄，王勇飞，黄俊峰，等．国有土地上房屋征收理论与实务研究：基于司法案例和深圳实践．北京：法律出版社，2022.

[117] 王利明，周友军．论我国农村土地权利制度的完善．中国法学，2012（1）.

[118] 蔡立东，姜楠．农地三权分置的法实现．中国社会科学，2017（5）.

[119] 严金明，张东昇，迪力沙提·亚库甫．国土空间规划的现代法治：良法与善治．中国土地科学，2020（4）.

[120] 袁震．农民土地权利论．北京：法律出版社，2020.

[121] 鄢斌．立法理念与制度逻辑：国有土地上房屋征收与补偿制度研究．北京：科学出版社，2018.

[122] 于凤瑞．土地立体化利用中的权利冲突及其法律规制研究．北京：人民出版社，2023.

[123] 高圣平，陈睿凝．稳定土地承包关系与“二轮延包”时的承包地调整．中国人民大学学报，2024（5）.

[124] Yan J M，Xia F Z，Bao H X H. Strategic Planning Framework for Land Consolidation in China：A Top-level Design Based on SWOT Analysis. Habitat International，2015，48（8）.

[125] Yan J M，Chen H，Xia F Z. Toward Improved Land Elements for Urban-rural Integration：A Cell Concept of An Urban-rural Mixed Community. Habitat International，2018，77（7）.

[126] Yan J M，Shen Y，Xia F Z. Differentiated Optimization of Sustainable Land Use in Metropolitan Areas：A Demarcation of Functional Units for Land Consolidation. Sustainability，2017，9（8）.

人大版公共管理类教材

公共管理类专业教材——学科基础课教材

书名	作者
现代管理学原理（第三版）（“十一五”国家级规划教材）	娄成武　魏淑艳
一般管理学原理（第四版）	张康之　周　军
管理学基础（第三版）	方振邦
政治学原理（第三版）	景跃进　张小劲
现代政治学原理（第四版）	石永义　刘玉萼　张　璋
公共管理学（第二版）	陈振明
公共管理学——一种不同于传统行政学的研究途径（第二版）	陈振明
公共管理学（第三版）（数字教材版）（“十二五”国家级规划教材）	蔡立辉　王乐夫
公共管理学（精编版）	王乐夫　蔡立辉
公共管理学（第三版）	张康之　郑家昊
公共管理概论（第二版）	朱立言　谢　明
公共政策导论（第六版）（数字教材版）	谢　明
公共政策概论（第二版）	谢　明
公共政策学——政策分析的理论、方法和技术（“十一五”国家级规划教材）	陈振明
公共政策学（第二版）	杨宏山
政策科学——公共政策分析导论（第二版）	陈振明
公共经济学（第三版）（“十二五”国家级规划教材）	高培勇
公共经济学教程	秦立建
政府经济学（第四版）（“十一五”国家级规划教材）	郭小聪
政府经济学（第四版）	潘明星　韩丽华

公共管理类专业教材——方法课教材

书名	作者
公共管理研究方法	何兰萍　张俊艳
行政学研究方法与应用案例	萧鸣政　等
管理定量分析：方法与技术（第三版）	刘兰剑

公共管理类专业教材——行政管理、公共事业管理专业教材

书名	作者
行政法学导论（第二版）	姜晓萍
公共部门人力资源管理（第四版）	孙柏瑛　祁凡骅
公共部门人力资源开发与管理（第五版）（“十二五”国家级规划教材）	孙柏瑛　祁凡骅
公共部门人力资源管理（第三版）	滕玉成　于　萍
公共部门人力资源管理概论（第二版）	方振邦
公共部门人力资源管理案例	周均旭
行政管理学（第五版）（数字教材版）	郭小聪
公共行政学（第五版）	彭和平
公共行政学（第二版）	张康之　张乾友
行政学导论（第三版）	齐明山

书名	作者
行政管理学导引与案例	陈季修
管理心理学（第三版）	范逢春
公共组织行为学（第三版）（“十一五”国家级规划教材）	孙　萍　张　平
公共组织学（第四版）	李传军
行政组织学（第二版）	张　昕　李　泉
公共组织理论	陆明远　冯　楠
公共事业管理概论（第三版）	朱仁显
公共组织财务管理（第三版）（“十一五”国家级规划教材）	王为民
国家公务员制度（第五版）（数字教材版）（“十二五”国家级规划教材）	舒　放　贾自欣
国家公务员制度概论（第二版）	刘碧强　郗永勤
公务员制度概论	李如海
公务员制度	温志强　王彦平　郝雅立
当代国家公务员制度：理论与实践	胡春艳
行政领导学（第三版）	朱立言　李国梁
领导学（第五版）	邱霈恩
领导学	孙　健
现代市政学（第五版）（数字教材版）	王佃利
市政管理学（第五版）（“十一五”国家级规划教材）	杨宏山
社区管理（第四版）	汪大海　魏　娜　郇建立
社区管理原理与案例	魏　娜
电子政务教程（第三版）（“十一五”国家级规划教材）	赵国俊
电子政府与电子政务（第二版）（“十一五”国家级规划教材）	张锐昕
行政伦理学教程（第四版）（“十二五”国家级规划教材）	张康之　李传军
公共危机管理概论（第二版）	王宏伟
公共危机管理	唐　钧
当代中国政府与政治（第二版）	景跃进　陈明明　肖　滨
当代中国政府与行政（第三版）	魏　娜　吴爱明
地方政府学概论（第二版）	方　雷
地方政府管理（第二版）	陈瑞莲　张紧跟
管理秘书实务（第三版）	赵锁龙
行政秘书学	唐　钧
公文写作与处理	赵国俊
机关管理的原理与方法（第三版）	赵国俊　陈幽泓
公共部门绩效管理（第二版）	方振邦
政府绩效管理（第二版）	方振邦　葛蕾蕾
政府绩效评估	蔡立辉
政府公共关系（第二版）（“十一五”国家级规划教材）	廖为建　张　宁
西方行政学理论概要（第二版）（“十一五”国家级规划教材）	丁　煌
公共行政学史（第二版）	何艳玲
西方公共管理名著导读	汪大海
文化管理学（第三版）（“十二五”国家级规划教材）	孙　萍
文化创意产业导论	魏鹏举
卫生事业管理（第二版）（“十一五”国家级规划教材）	李　鲁
现代公用事业管理	崔运武

公共管理类专业教材——劳动与社会保障专业教材

书名	作者
社会保障概论（第七版）	孙光德　董克用
社会保障学	戴卫东
劳动经济学（“十一五”国家级规划教材）	董克用　刘　昕
劳动法与社会保障法	黎建飞
社会保险学（第四版）	孙树菡　朱丽敏
社会保障基金管理	李春根
社会保障国际比较	仇雨临

公共管理类专业教材——土地资源管理专业教材

书名	作者
土地经济学（第八版）（“十一五”国家级规划教材）	毕宝德
土地法学（第二版）	严金明
土地资源学	张正峰　赵文武
土地资源管理学（第二版）	张正峰
国土空间规划学	张占录　张正峰
国土空间规划学导论	刘润秋　唐　鹏
不动产估价（第二版）（“十一五”国家级规划教材）	叶剑平　曲卫东
土地信息系统	曲卫东　韩　琼
地籍管理（第五版）（“十一五”国家级规划教材）	谭　峻　林增杰

公共管理类专业教材——城市管理专业教材

书名	作者
城市管理学（第四版）	杨宏山
城市管理学：公共视角	陆　军　等
城市经济学（第二版）	叶裕民　周　麟
城市总体规划原理	郐艳丽　田　莉
中国城市管理史概论	郑　国

公共管理类专业教材——应急管理专业教材

书名	作者
应急管理导论：原理与案例	李燕凌　朱正威 张海波　章文光
应急管理概论	王宏伟
应急管理理论与实践	唐　钧
突发事件风险管理	张小明
应急管理新论	王宏伟
新媒体时代的应急管理与危机公关	唐　钧
公共安全风险治理	唐　钧

公共管理硕士（MPA）教材——核心课教材

书名	作者
全国公共管理硕士（MPA）核心课程教学指导纲要	全国公共管理专业学位 研究生教育指导委员会
社会主义建设理论与实践（第三版）	李景治　蒲国良
公共管理英语（修订版）	顾建光
学术规范和论文写作	胡宏伟
公共管理学（第三版）（全国优秀教材二等奖）	张成福　党秀云
公共管理学原理（修订版）	陈振明
公共管理导论	竺乾威　朱春奎　李瑞昌
公共政策分析	陈振明
公共政策分析导论	陈振明
公共政策分析概论（修订版）	谢　明
公共部门经济学（第三版）	高培勇　崔　军
公共经济学	唐任伍
行政法学（修订版）	皮纯协　张成福
行政法学概论（第三版）	胡锦光
非营利组织管理概论（修订版）	王　名
非营利组织管理	王　名　王　超
公共管理伦理学（修订版）	张康之
社会研究方法	陈振明
电子政务理论与方法（第五版）	金江军
公文写作概论	高永贵

公共管理硕士（MPA）教材——专业方向必修课、选修课教材

书名	作者
公务员制度教程（第六版）	舒　放　王克良
比较政府与政治（修订版）	卓　越
当代中国政府与政治（第三版）	吴爱明　朱国斌　林　震
公共部门人力资源管理及案例教程（第三版）	陈天祥
公共部门绩效评估（修订版）	卓　越
公共部门危机管理（第三版）	张小明
应急管理通论（第二版）	李雪峰
公共部门战略管理（修订版）	陈振明
MPA 学位论文写作指南	汪大海

图书在版编目（CIP）数据

土地法学 / 严金明编著．-- 2 版．-- 北京：中国人民大学出版社，2025. 7. --（新编 21 世纪土地资源管理系列教材）. -- ISBN 978-7-300-34212-2

Ⅰ. D922. 301

中国国家版本馆 CIP 数据核字第 2025XT0865 号

新编 21 世纪土地资源管理系列教材
土地法学（第二版）
严金明　编著
Tudi Faxue

出版发行	中国人民大学出版社		
社　　址	北京中关村大街 31 号	**邮政编码**	100080
电　　话	010－62511242（总编室）		010－62511770（质管部）
	010－82501766（邮购部）		010－62514148（门市部）
	010－62511173（发行公司）		010－62515275（盗版举报）
网　　址	http://www. crup. com. cn		
经　　销	新华书店		
印　　刷	北京七色印务有限公司	**版　　次**	2020 年 5 月第 1 版
开　　本	787 mm×1092 mm　1/16		2025 年 7 月第 2 版
印　　张	24. 5 插页 1	**印　　次**	2025 年 7 月第 1 次印刷
字　　数	542 000	**定　　价**	69. 00 元

中国人民大学出版社　管理分社

教师教学服务说明

中国人民大学出版社管理分社以出版工商管理和公共管理类精品图书为宗旨。为更好地服务一线教师，我们着力建设了一批数字化、立体化的网络教学资源。教师可以通过以下方式获得免费下载教学资源的权限：

★ 在中国人民大学出版社网站 www.crup.com.cn 进行注册，注册后进入“会员中心”，在左侧点击“我的教师认证”，填写相关信息，提交后等待审核。我们将在一个工作日内为您开通相关资源的下载权限。

★ 如您急需教学资源或需要其他帮助，请加入教师 QQ 群或在工作时间与我们联络。

中国人民大学出版社　管理分社

教师 QQ 群：648333426(工商管理)　114970332(财会)　648117133(公共管理)
教师群仅限教师加入，入群请备注(学校+姓名)

联系电话：010-62515782，82501868，82501048，62514760

电子邮箱：glcbfs@crup.com.cn

通讯地址：北京市海淀区中关村大街甲 59 号文化大厦 1501 室（100872）

管理书社　　人大社财会　　公共管理与政治学悦读坊